미워할 수 없는 신은
신이 아니다

미워할 수 없는 신은 신이 아니다
: 틸리히의 역설적 통찰과 종교 비판

2019년 8월 22일 초판 1쇄 인쇄
2019년 8월 29일 초판 1쇄 발행

지은이 | 정재현
펴낸이 | 김영호
펴낸곳 | 도서출판 동연
등   록 | 제1-1383호(1992년 6월 12일)
주   소 | 서울시 마포구 월드컵로 163-3
전   화 | (02) 335-2630
팩   스 | (02) 335-2640
이메일 | yh4321@gmail.com
블로그 | https://blog.naver.com/dong-yeon-press

ISBN 978-89-6447-523-2 93200

이 도서의 국립중앙도서관 출판예정도서목록(CIP)은 서지정보유통지원시스템 홈페이지
(http://seoji.nl.go.kr)와 국가자료종합목록 구축시스템(http://kolis-net.nl.go.kr)에서 이
용하실 수 있습니다. (CIP제어번호 : CIP2019032591)

미워할 수 없는 신은
신이 아니다

틸리히의 역설적 통찰과 종교 비판

정 재 현

동연

우리 지성의 등을 때리는 '죽비'

　　정재현 교수는 방대하고도 심원한 '20세기의 사도'라 일컬어지는 폴 틸리히의 사상 내용을 해부해서 독자들에게 보인다. 틸리히라는 큰 산을 덮고 있는 각종 나무보다는 숲 전체를 보게 하되, 산을 덮고 있는 생태계 동·식물들의 군락지와 그들의 유기체적 삶의 그물망을 보도록 한다. 학문적으로 말하면 이 책은 틸리히 사상의 내용보다는 그 구조와 방법론과 관점을 보게 한다. 즉, 신체의 살가죽과 겉에 나타난 모습을 보게 하려는 것이 아니라, 뼈조직, 신경조직, 심혈관계의 역동적 순환운동을 보여주려 한다. 그 점에서 이 책은 독특하고 독보적이다.

　　정재현 교수는 신학자이자 종교철학자요, 틸리히처럼 '철학적 신학자'로 초지일관하는 대표적 학자이다. 종교와 철학, 신학과 철학의 경계선상에서 신학하다는 것은 마당굿판에서 외줄타기하는 기예자처럼 위험하고, 또 항상 긴장을 유발한다. 저자는 인간실존의 특징이 자기 존재 이유, 근거와 삶의 목적을 '묻는 존재'이기 때문에 주어진 대답과 결정된 운명을 살아가는 본능적이거나 기계적 존재가 아니라고 한다. 틸리히의 '상관의 방법'이란 단순하게 인간은 질문만 하고 신이나 성경은 모든 대답을 해준다는 단순한 아날로그적 사유방식이 아니다. 질문 속에 이미 대답이 부분적으로 희미하게나마 포함되고 있고, 대답은 또 다른 질문을 창발시킨다. 진정한 의미에서 변증법적 관계를 말한다.

저자 정재현 교수가 명의(名醫)로서 이 책을 통하여 방대하고도 심원한 틸리히의 정신세계를 해부해 보이는 집도 칼은 '역설의 변증법'이다. 인간실존 자체는 유한한 자유와 존재론적 제약성의 상호 길항작용으로 말미암아 모순 충돌과 대립 긴장 속에 있게 마련이다. 인간은 인간실존의 그러한 근원적 특성을 견디어 내지 못하고 '자유로부터 도피'를 택하여 종교를 아편과 환상으로서 애용하거나 가부장적 신정론 교리 안에 안주하려 든다. 그래서 결국은 '우상숭배자' 혹은 '우상제작자'로서 안심입명을 꾀하거나 자기과대망상증과 자기애에 집착하는 '자아도취적 우상숭배'에 빠진다. 정재현은 이 책에서 현재 한국기독교의 자기도취적 종교왕국과 자폐증 환자 같은 무종교적 이기주의 사회 풍조를 우상숭배라고 질타한다. 그리고 자기가 믿는 하느님, 절대적 이념체계, 세계관을 의심하고, 도전하고, 항쟁하면서 역설적으로 참 하나님의 현존을 체험하고, 참된 '자유와 해방'을 얻으라고 권고한다.

저자는 새로운 눈으로 틸리히를 보도록, 폴 틸리히가 지난 세기를 살고 간 그 시대의 아들이지만 그의 사상과 종교철학자 및 신학자로서의 대안과 대답은 시효 지난 '서가에 꽂아있는 고전'이 아님을 일깨운다. 연대기적 관점에서 지금은 21세기요, 분자생물학적으로는 유전자 복제기술 효과와 전자공학적으로는 소위 4차산업 시대 팡파르가 요란하지만, 인간의 성숙성이나 실존적 자기소외라는 관점에서 보면 한국교회와 사회는 물론 미국과 유럽 공동체마저도 아직 '틸리히 이전 시대'를 살고 있다고 진단한다. 그런 시대의 공통된 특징은 흔들리고 무너질 것들을 영원한 것이라고 착각하도록 하며, 정치·문화·경제·과학의 각종 이념들이 '절대'를 주장하면서 우상숭배하도록 인간을 협박한다. 심지어 깨어있지 않은 대중들이 자발적 자기선택과 결단이라고 착각하도록 교묘하게 유혹하는 '매스콤과 언론의 마법 시대'이기 때문이다. 한마디로 이 책은 독자로 하여금 "우상숭배에서 깨어나라!"고 우리 지성의 등을 때리는 '죽비'임에 틀림없다.

김경재
한신대학교 명예교수

'하느님 자유'와 '인간 자유'의 만남을 향하여

　　정재현 선생의 『미워할 수 없는 신은 신이 아니다』를 읽으면서 욥
기가 떠올랐다. 욥은 부조리한 악과 고난에 직면하여 하느님과 친구
들에게 불경스러울 정도로 독설을 내뿜는다. 엘리바스와 빌닷과 소발
세 친구는 인과응보라는 정통신학으로 욥의 고난을 해석하고, 훈수를
걸어온다. 하지만 욥이 체험하는 악과 고난은 이 세상이 더 이상 전지
전능하시고 선하신 하느님이 다스리시는 세상이 아님을 보여준다. 따
라서 이 세상은 "콩 심은 데 콩 나고, 팥 심은 데 팥 나는" 인과응보의
도덕법칙이 어김없이 작동하는 과학적 세상이 아니다.

　　"왜 착한 사람에게 나쁜 일이 일어나는가?"는 하느님이 나타나서
답을 주시지 않으면 해결될 수 없다. 그러므로 욥기 저자가 가장 공을
들였고 독자들 역시 오매불망 고대하는 장면은 하느님이 출현해서 욥
과 대화를 나누는 장면이다. 실망스럽게도 하느님은 악과 고난에 대
해서 직답을 하지 않고 본질적 질문을 던지신다. "네가 어디에 있었느
냐?", "네가 아느냐?", "네가 감히 할 수 있느냐?", "도대체 네가 누구
냐?" 욥의 **인간중심적** 사고방식(mindset)을 전복시키는 질문들이다.

　　그제야 욥은 잘 알지도 못한 채 시건방을 떨었다며 고개를 숙인다.
"그동안 하느님에 관하여 귀로 듣다가 비로소 눈으로 봅니다." 간접
지식으로만 알았던 하느님을 실존 체험으로 알게 되었다는 고백이다.

욥기 끄트머리에 가면 하느님은 구구절절이 옳은 정통신학을 말한 친구들이 잘못되었고, 사무친 원한 감정으로 하느님을 향하여 종주먹질을 해댄 욥이 옳다고 선언하신다. 고난의 실존 체험이 추상적 정통교리에 우선한다는 사실을 보여준 것이다.

욥이 겪은 모순에 가득 찬 악과 고난은 고스란히 예수께로 넘어간다. 민중의 몰이해와 증오, 배신과 국가 공권력의 폭력이 맞물려 예수는 십자가에서 불가해한 악과 고난의 절정을 체험했다. 고전 신정론이 대답할 수 없는 극한 상황이었다. 그럼에도 십자가는 하느님의 자유와 인간의 자유가 만나는 접점이었다. 십자가는 은총의 신비가 과학적으로 엄밀한 윤리법칙에 따라서 일어나는 것이 아니라, 전적인 하느님의 자유와 하느님이 인간에게 부여하신 최고의 선물인 자유 사이에 역동적 변증법으로 일어나는 신비 사건이라는 사실을 웅변적으로 보여주었다.

정재현 교수는 '고전적 신정론의 신'은 나쁜 신이라고 단언한다. 그러면서 "신을 미워한다는 것은 모순과 부조리의 현실에서 겪을 수밖에 없는 아픔에 정직하겠다는 뜻"이라고 주장한다. 틸리히가 하느님을 '존재의 근거'(the ground of being)이자 '존재 그 자체'(being itself), 혹은 '하느님 위의 하느님'(God above God)이라고 주장했을 때, 많은 이들이 '성서의 인격적 하느님'을 '철학자의 존재론적이고 추상적 신'으로 대체했다고 맹공을 퍼부었다. 하지만 하느님이 하나의 개체 존재자가 아니라 우주의 모든 존재를 존재케 하는 존재의 근거이자 존재 그 자체라는 주장이야말로 인간의 모든 우상숭배적 경향성에 쐐기를 박는 쾌거가 아닐 수 없다.

정 교수는 시종일관 한국교회가 리처드 니이버가 말한 '철저 유일신론'(radical monotheism)이 아닌 '단일신론'(henotheism, 여러 신들 중에 하나를 돌아가며 선택하며 섬기는 것)이나 '다신론'(polytheism)에 빠져 있다는 사실을 폭로하면서, 일체의 우상숭배에서 벗어나 참 하느님을 찾는 근본 대안을 틸리히 신학에서 찾아내려고 한다. 예컨대 '타율적 신앙의 우상숭배'와 '자율적 비신앙의 자아도취', 무엇보다도 우상숭배와 자아도취가 절묘하게 결합된 '자기도취적 우상숭배'(narcissistic idolatry)를 질타하며 한국교회를 진정한 하느님 한 분 앞에 세우려고 한다. 틸리히가 예리하게 짚어낸 "유한자를 무한자와 동일시하는 마성적 오류"와 "여하한 인간의 공로와 성취, 자랑을 무력화시키는 이신칭의의 개신교 원리"를 새로이 끄집어내어 한국교회를 진리와 생명의 신앙으로 재정향시키려고 한다. 한마디로 정재현 선생의 틸리히 신학의 핵심에 대한 통찰과 분해는 자신의 구미에 맞게 온갖 우상잡신을 만들어 섬기는 '교회'라는 이름의 우상 시장에 경종을 울리며, 우리가 일체의 우상을 깨뜨리고 하느님이 주신 참 자유의 선물 안에서 해방과 자유의 하느님께로 돌아설 것을 촉구하는 예언자적 외침이다.

김홍규
내리교회 담임목사

들 어 가 면 서

신을 미워하다니?/!

미워할 수 없는 신은 신이 아니다!

틸리히의 표현대로 하면, "잠시라도 미워할 이유가 없는 신은 결코 하느님이 아니다!" 그의 저서 『흔들리는 터전』에서 토해낸 사자후다. '신을 미워하다니? 무슨 망언인가' 하고 의아해하실 분도 계실 터이다. 그러나 뒤집어 보자. 우리가 좋아하기만 하는 신은 우리가 원하는 신이 기는 하지만 사실 우리가 만들어놓은 신일 가능성이 많다. 틸리히는 그런 신은 신이 아니라 우상이라고 고발한다. 그런데 우리 현실은 어떠한가? 우리가 좋아하는 신의 모습들로 넘쳐난다. 물론 신을 좋아하고 사랑하는 것은 마땅하고 자연스러운 일이다. 문제는 그렇기만 하다는 데에 있다. 그런 경우 우리는 우리도 모르는 사이에 우리가 그리고 싶은 대로 그려놓고 믿고 싶은 대로 믿으면서 하느님이라고 부르고 있을 수도 있다. 이름은 '하느님' 또는 '하나님'인데 실상은 우상일 수 있다. 틸리히는 이렇게 우리 안에서 꿈틀거리고 있는 우상화의 성향에 대해 예리하게 비판한다. 그리고는 신을 미워할 수도 있는, 아니 미워할 수밖에 없는 경우도 있는 삶을 솔직하게 받아들여야 한다고 일갈한다. 그리고는 그런 믿음으로 신을 기다려야 한다고 호소한다.

******

　　교회는 '노아의 방주'인가, '하느님 나라의 전위대'인가? 아니면 '십자가를 따르는 무리'인가? 물론 이 중 하나만 골라야 할 이유는 없다. 그러나 애석하게도 우리의 종교적 현실은 그렇게 해 왔고 그걸 즐기고 있다. 신학도 별반 다르지 않아 '교회를 위한 신학'을 구실로 '교회의 신학'으로 스스로를 위치 지으려 하는 것 같다. 예언자들의 경고에도 불구하고, 종교개혁자들의 재론에도 불구하고, 하느님 나라를 하늘 위로 되돌려 보내려는 듯 이 땅의 교회들은 높은 첨탑을 위해 옹벽 쌓기에 분주하다. 종전에는 그 안의 떡고물이 괜찮았던지 군침 흘리던 사람들이 꽤 있었지만 이젠 뭔가 아쉬운 사람들끼리 모이는 동병상련(同病相憐)이 된 채 교회와 세상 사이의—무엇보다도 의사불통의— 벽을 적어도 그 바깥에서 넘보려는 사람들은 거의 없는 것 같다.

　　이런 현실에 안타까워한 사람들이 조금 있었다. 폴 틸리히도 그중의 한 사람이었다. 그는 특히 이미 머리가 커져버린 현대인들에게 그리스도의 복음이 말이 되고 뜻이 통할 수 있을 뿐 아니라 나아가 그 뜻을 삶에서 도모할 수 있는 길을 찾아 나선 몇 안 되는 사람 중의 하나였다. 사실 많은 신학자들이 자신과 교회에 익숙한 틀 안에서 정당성을 높여보려고 했었다면 틸리히는 자기의 밖을, 그래서 교회의 바깥을 향해 나가려는 노력에서 차이를 보인다. 현대적 변증신학의 대표 주자로서 그를 말할 수 있는 것도 이 때문이다. 물론 변증이라는 것이 상황을 향할진대, 복음을 구실로 상황을 넘어서는 선포나 대언으로 던져져 온 일방성의 횡포를 극복하고자 상황의 요구와 복음의 응대를 주고받는 상관성으로 엮어내려는 노력을 일컫는다. 구체적으로, 틸리히는 인간을 그저 일방적으로 선포되는 복음을 '듣기만 하는 존재'가 아니라 보다 앞서 '물음을 묻는 실존'으로 새김으로써 상황에 연관시킬 가능성을 일구어내고자 했다. 더욱 주목할 것은 물음이 대답으로만 향해 가는 일방을 넘어 대답이 거꾸로 물음으로도 향해 움직인다는 점을 들추어냄으로써 명실공히 상관을 입체적으로 엮어내고자 했다는 점이다. 그가 말하는 체계라는 것이 바로 이것을 일컬으니, 그에게서 체계란 상관을 담아내는 '틀'이고, 상관은 체계가 움직이는 '꼴'이었다. 이러한 틀과 꼴로 우리 시대를 위한 의미 구현을 통한 복음의 설득 가능성을 도모하고자 했으니 명확성을 명분으로 한 일방성의 유구한 역사에 대해 가히 혁명적일 수밖에 없는 이유가 바로 여기에 있다.

그런데 사실 그가 상관을 제안할 수밖에 없었던 데에는 더 깊은 이유가 있었으니, 일방이라는 동일성의 지배이념이 삶의 현실에서 겪을 수밖에 없는 대립과 긴장을 모순과 충돌로만 몰아감으로써 빠지게 되는 왜곡과 억압을 극복하기 위함이었다. 그가 벌어지는 모순을 적나라하게 들추어내고 이에 대한 대안으로 제시하는 역설의 '길'은 크고 작은 범위에서 가히 전율적이라 하지 않을 수 없다. "잠시라도 미워할 이유가 없는 신은 신이 아니"라는 이 책의 제목처럼 말이다. 그러한 역설의 길이 왜곡과 억압으로부터 해방이라는 '얼'을 향하고 있음은 두말할 나위도 없다. 한 마디로 틸리히의 사상은 일방에 의해 모순으로 내몰리면서 억압으로 치닫는 인간과 종교의 현실에 대해 그러한 모순을 싸안는 역설의 길을 더듬고서 그러한 역설이 얽히는 꼴로서 상관을 고안하며 그렇게 벌어지고 흩어졌던 모순들을 그러한 상관 안으로 끌어 역설적으로 엮으니 이것이 바로 체계라는 틀이며, 결국 이 체계는 모순에 의한 억압으로부터의 해방이라는 얼을 향한 것이었다고 평가된다. 그의 사상을 이처럼 역설-상관-체계-해방으로 추릴 수 있다면 그가 종교뿐 아니라 인류문화사에 기여한 소중한 통찰을 헤아리는 데에 자그마한 도움이라도 되지 않을까 생각한다.

******

이 책은 연세대학교 연합신학대학원과 대학원 신학과에서 〈틸리히의 종교철학〉이라는 이름으로 진행했던 수업에서 필자가 했던 강의를 기초로 한다. 그런데 필자의 수업운영 방식에 따라 틸리히 저작들의 내용 요약과 비평 등 소개를 목적으로 하기보다는 그러한 저작들을 어떻게 읽을 것인가에 더 주목한다. 대학원 교실에서 책을 대신 읽어주고 요약하며 이해시키려고 애쓰는 것은 적절하지 않다. 그것은 연구자 개인의 몫이다. 말하자면 틸리히가 말한 '무엇'은 각자 챙길 일이로되, 함께 모여 논하는 자리에서는 그러한 무엇을 '어떻게' 새기고 엮어야 하는지 그리고 '왜' 애써 틸리히는 그렇게 목청을 돋우었고, 또한 '왜' 우리는 나온 지도 한참 지난 그의 글을 오늘날 수고로이 되돌아 읽고 새겨야 하는지에 더욱 관심하고자 한다. 말하자면 틸리히의 작품을 훑어가되 내용보다는 형식에, 즉 주장보다는 방법과 근거에 더욱 관심하여 읽어가고자 한다. 그렇게 하지 않으면 내용에만 매몰되어 새로운 구도를 창조적으로 개진하는 그의 통찰을 놓쳐버리고 말 것이기 때문이다.

이를 위해 이 책은 다음과 같이 이야기를 짜 나간다. 먼저 틸리히가 무엇을 목적으로 그의 사상을 개진했는지 그 목적과 이유에 주목하고, 그 목적을 어떻게 이루어가는지 전개 구도에 주목하여 살핀다.

종교에 대한 철학적 성찰이 이에 해당할 것이다. 이런 논의가 먼저 추려져야 그 안에 담긴 내용에 대해 접근하는 눈이 생기기 때문이다. 그리고는 그런 구도를 가지고 구체적인 현실에 대해 주장하고 개진한 내용들을 분석한다. 물론 여기서 각 저서들이 다룬 내용을 요약하는 방식으로 세세히 다루지는 않을 것이다. 그런 책들은 이미 많이 나와 있다. 이 강의록은 그보다는 그러한 내용 중심의 저서들에 대해서도 읽어내는 방법에 주목하여 살필 것이다. 독자로서는 이러한 전개를 통해서 그의 저서들을 읽고 이해하며 나아가 비평도 할 수 있는 혜안을 조금이라도 얻을 수 있다면 더 바랄 것이 없겠다.

이 대목에서 이 책의 구성에 대해 좀 더 자세히 안내하는 것도 독자들을 위해서 도움이 되리라 여겨진다. 먼저 '종교에 대한 철학적 성찰'을 다루는 1부에서는 틸리히 사상의 목적과 방법 그리고 근거에 초점을 두고 살핀다. 이를 위해서 종교철학에 해당하는 그의 주저를 형식과 구도의 눈으로 분석할 것이다. 그리고 이를 토대로 그의 사상을 집대성한 주저를 역시 같은 방식으로 훑을 것이다. 이렇게 사상의 기본구도를 간단하게나마 추리고 나서, 2부에서 그러한 전개를 현실에 적용하여 끌어낸 통찰들을 구체적인 주제들에 따라 살피고자 한다. 종교와 철학이 실제의 사상사적 과정에서 대조와 수렴을 이루어간다는 독특한 통찰을 새롭게 추리고 이를 토대로 밀접하게 연관되는 신앙과 문화 등 그가 관심한 사상의 얼개를 따라 점차로 적용 범위를 확대하는 흐름으로 순서를 잡았다. 그리고는 그러한 학문적 논의가 보다 일상적이고 대중적인 현실에 어떻게 적용될 수 있는지를 보여주는 그의 설교집을 함께 읽을 것이다. 여기서도 현실의 모순에 대한 해법의 실마리를 위한 역설적 통찰에 주목함으로써 학문적 논의가 상아탑에서만 공허하게 맴돌지 않고 이를 넘어설 가능성을 함께 도모한다. 그리고 마지막으로 3부로 가서는 우리가 틸리히의 사상을 읽어내는 핵심 구도인 '모순에서 역설로의 전환'을 탁월하게 보여줄 수 있는 그의 인간학에 대한 필자의 논문을 첨부한다. 필자의 석사학위 청구논문인데, 번역하면서 이 책의 구도에 맞추어 보완하고 수정하였다. 이시대가 당연하게 요청하는 새로운 인간상은 이전 시대의 환원주의를 넘어서는 '전인'(全人)일진대 이에 부응하려는 틸리히가 제안하는 '유한한 자유'를 보다 면밀히 분석하고 종합하는 방식으로 구성된 논문이다. 구체적으로 대조관계에 있는 인간 실존의 구성요소인 유한과 자유 사이에 긴장이 불가피함에도 불구하고 오히려 서로 역설적으로 얽힘으로써 더욱 넓고 깊은 인간 이해를 도모할 수 있다는 통찰을 상세히 구성하고자 했다. 이로써 전문성을 기치로 파편화되어버린 인간상들의 충돌을 겪고 있는 우리 시대가 절실히 필요로 하는 전인적 인간 이해에 기여하는 뜻을 지닐 것으로 기대된다.

출판에 앞서 걱정이 없지는 않다. '언제 나온 틸리히를 지금 새삼스레 들추어 곱씹고 되새기며 한마디 더 하려 하는가'라는 물음이 고개를 쳐들기 때문이다. 그러나 그의 통찰과 사자후는 지나간 고전이 결코 아니다. 한국 그리스도교와 교회는 말할 것도 없고, 틸리히가 인생 후반부 활동했었던 미국도 그리고 그의 고향인 유럽도 아직 틸리히 이전의 시대를 살고 있기 때문이다. 어째서 그런지는 강의록이 진행되면서 자연스럽게 설명될 것이다. 그런 안타까움에 그의 저작을 살피고 또 추려서 강의록과 논문을 묶어 펴낸다. 이 대목에서 연세대학교 대학원과 연합신학대학원에서 함께 읽고 열띤 토론으로 그의 통찰을 헤아리는 길에 참여해준 종교철학 전공생들에게도 고마움을 전한다. 그들은 필자의 수업 중 강의를 녹취록으로 만들어 나에게 전해주었으니 이 책은 여기서부터 시작될 수 있었다. 그러한 제자들 덕분에 필자가 석사학위 논문과 박사학위 논문을 작성하면서 틸리히에게 진 엄청난 빚을 조금이라도 갚을 수 있으리라는 감격과 함께 이들에게 고마움을 표한다. 또한 이러한 과업의 필요성에 깊이 공감해 기꺼이 출판해주시는 도서출판 동연에 감사를 드린다.

2019년 여름 연세대 무악산 기슭에서

정 재 현

차 례

1부

|

종교에 대한 철학적 성찰
– 역설과 상관 그리고 체계화

현실의 모순을 동일성의 원칙으로 접근했던 전통 형이상학과 근대 인식론에 대한 현대의 반동은 바야흐로 우리 시대의 정신이고, 길이었다. 그 반동이 여러 갈래로 표출되었지만 그렇게도 잘난 듯이 보였던 이성적이고 자율적인 주체였던 인간이 비의지와 무의식에 둘러싸인 욕망의 충돌을 겪을 수밖에 없는 자기모순적 실존으로 내던져졌다는 절규에서 절정에 달했다. 결국 모순의 지양적인 봉합이나 유기적인 정합이 현실과는 동떨어진 이상일 수밖에 없다는 것을 확인하게 된 우리 시대는 대안의 길을 찾아 나서게 되었으니 모순의 쪼가리들을 모아 현실에 다가가는 몸부림을 치게 되었다. 이 대목에서 모색되는 역설은 그래서 현대 사상가들이 여러모로 되돌아 살피는 가장 중요한 통찰이었다. 틸리히도 이러한 흐름을 직시하고 현실의 모순이 역설적으로 얽히는 역동적 상관을 엮어내었으니 그가 말하는 체계화라는 것은 바로 그러한 상관이 작동하는 장치였던 것이다.

이러한 구도로 전개된 틸리히의 사상은 인간과 종교의 관계에 대한 철학적 성찰을 거쳐 역설의 체계화 또는 체계적 역설을 구성하기에 이르렀으니 이것이 『종교란 무엇인가?』로 대표되는 그의 종교철학을 이루었고, 신학의 체계화가 철학적 신학의 형태로 나타났으니 필생의 역작인『조직신학』이 이를 웅변한다. 물론 그에게는 주옥같은 역작들이 많이 있지만 이제 1부에서는 그 중에서도 이와 같은 핵심적인 저서들을 집중적으로 살피고자 한다. 이를 위해서 먼저 그의 사상을 영역의 차원에서 볼 때 신학으로서는 철학적 신학으로, 철학에서는 종교철학으로 규정할 수 있다는 데에서 우리의 논의를 시작하고자 한다. 물론 양자는 서로 구별되지만 또한 밀접하게 연관되어 있으니 틸리히 사상을 이해하는 데 있어서는 의미 있는 영역 규정이라 하겠다. 우선『종교란 무엇인가?』라는 물음으로 이루어진 제목의 저서는 여러 곳에 흩어져 있는 틸리히의 종교철학적 성찰의 집약으로서 향후의 방향과 취지를 다듬어준다는 점에서 중요한 의미를 지닌다. 흔히 시중에 나와 있는 종교철학 서적들이 종교에 대한 변증을 목적으로 하거나 또는 지엽적인 비판에 머무르는 경우가 많은데, 이와 달리 틸리히의 종교철학은 종교로부터 나와서 오히려 스스로를 벗고 넘어서자는 비종교화의 주장과 함께 자성적인 비판의 논조로 개진되고 있다. 이러한 점은 특히나 온갖 종교들의 존재 이유를 부정하고, 심지어 무관심하기에 이르는 무종교인들이 급속히 늘어나고 있는 오늘날의 현실에 대해 시사하는 바가 실로 지대하다고 하겠다. 아울러 해당하는 부분에서 보다 자세히 논하겠지만 '조직신학'이라는 표현이 지닐 수 있는 오도 가능성을 경계하기 위해서도 '신학의 체계화'라는 뜻으로서의 '철학적 신학'으로 규정하는 의의도 역시 적지 않다고 하겠다.

　물론 틸리히 사상의 핵심을 우리가 망라해서 다룰 수는 없다. 책이라는 공간의 제한도 큰 이유려니와 공유와 전달 효과의 면에서도 반드시 바람직하지 않을 수 있기 때문이다. 그래서 우리는 내용으로 들어가 세세히 요약하고 정리하는 일은 하지 않을 것이다. 그보다는 그러한 주요 저서들을 어떻게 읽고 질러 우리의 성찰에 도움이 되는 통찰을 길어낼 것인가에 초점을 맞추고자 한다, 말하자면 내용보다는 형식에 주목하여 전개 방법과 목적을 분석함으로써 나무보다는 숲을 보는 감각으로 살펴가고자 한다. 그것이 이를 참고로 삼는 우리의 삶을 위해 보다 더 큰 의미를 지닐 것이라 기대하기 때문이다.

1 장

철학적 신학과 종교철학
: 목적과 동기

신학을 체계화하는 철학적 신학

폴 틸리히(Paul Johannes Tillich)는 20세기의 대표적인 신학자이다. 물론 그를 이렇게 평가하는 데에 혹 주저하는 입장이 있을 수도 있다. 그러나 개신교 신학계에서 사용하는 이름으로서 '조직신학'이라는 것이 신학 안에서 중요하게 자리 잡고 있는데 그 분야 이름이 그의 주저인 『조직신학』(*Systematic Theology*)으로부터 온 것이라는 점을 주목한다면 그렇게 주저하고 있을 일이 아닌 것은 분명하다. '조직신학'이라고 번역했지만 사실 그 뜻으로 살핀다면 '체계적인 신학' 즉 '신학의 체계화'를 가리킨다. 그리고 바로 그러한 발상이 그로 하여금 신학계에서 새로운 이정표를 세운 인물이 되게 한 결정적인 요인이다. 그러나 이렇게 새긴다면 우리는 다음과 같이 묻지 않을 수 없다. '신학의 체계화가 무엇이기에 새롭다는 것인가? 이전에는 신학이 체계적이지 않았다는 말인가?'라고 말이다. 그리고 틸리히에 대한 우리의 이해는 이러한 물음에 대한 대답을 더듬는 데에서 시작한다.

그러나 체계에 관한 이야기로 들어가기 전에 먼저 짚고 가야 할 것이 있다. 사실 신학의 체계화를 가리키는 취지로 '조직신학'이라고 했지만, 그렇게 체계화한 틀 안에 전통적으로 다루어왔던 교리적인 내용들이 들어가 자리를 차지하면서 펼쳐지다 보니 독자들의 눈이 틀을 잡으려는 취지의 체계보다는 이미 익숙해 왔던 교리의 내용들을 어떻게 풀고 있는지에 대한 관심으로 쏠리기 일쑤였기 때문이다. 틸리히의 대표적인 저작으로 『조직신학』을 말하지만, '조직신학'이라고 하면서 도로 신론, 기독론, 성령론, 신국론 등의 교리적인 내용으로 빠져들고 말기 때문이다.[1] 그러다 보니 '체계'라는 발상의 전환은 어디론가 사라져버리고 그가 개진한 교리 내용이 자신의 기존 이해에 부합되는가의 여부만이 관건이 되어 초점을 벗어난 부질없는 논의들만 일삼게 되었다. 말하자면 틸리히가 그토록 부르짖은 체계화의 정신을 이해하고 공유하는 일은 안타깝게도 일어나지도 않았던 것이다.

그러나 무릇 모든 사상이 그러하지만 특히 틸리히의 경우와 같이 새로운 구도를 개척하는 창조적인 통찰이 넓고 깊게 담겨 있는 사상을 이해하기 위해서는 내용보다는 형식에 먼저 주목해야 한다. 이런

---

1 『조직신학』 한글 번역본에 각 권의 제목이 전통적인 교리 이름으로 다시 표기되고 있다. 그러나 교리로 이름을 붙이게 되면 또 상관의 반쪽으로 향하는 일방으로 오도할 가능성이 있다. 틸리히에게 있어서 교리 논의는 체계화의 필요성과 체계를 이루어야 할 상관에 대한 예증을 목적으로 전개하고 있으니 교리로 환원시키기보다는 상관을 담으려는 체계에 초점을 맞추어야 한다.

점에서 그의 사상이 취하고 있는 형식을 살피기 위해서 한 걸음 뒤로 물러서 좀 더 크게 볼 필요가 있다. 결국 그러한 사상이 나타나게 된 배경을 거슬러 살펴야 하니 역사적 분석이 중요할 터이고, 아울러 새로이 개진된 발상이 향하는 과녁이 무엇인지를 살펴야 그 목적과 동기를 더욱 깊이 이해할 수 있을 것이다. 그런 점에서 역사-문화적 배경을 훑어가는 것은 필수적이라고 하지 않을 수 없다.

먼저 『조직신학』이라는 대표 저서뿐 아니라 그의 사상을 신학 안에서 흔히 '조직신학'으로 분류하는 그간의 관습이 우리를 시작부터 오도하고 있다는 점에 주목해야 한다. 그의 '조직신학'을 종래 '교의학'(Dogmatics)에 대한 대안 정도의 교리신학으로 간주해버리면 핵심을 놓치게 되니 말이다. 한편으로는, '조직신학'이라는 표현 자체도 신학계에서는 이미 다른 표현들로 대체하려는 움직임이 있어 왔고, 더욱이 체계화에 대한 반동으로 해체라는 주장까지 나가버린 사회 일반의 현실에 비춘다면 때늦은 이야기가 아닌가 싶어 보이기도 하는 상황이다. 그런가 하면 다른 한편으로, 그리스도교 현실은 아직도 체계화의 단계에 이르기까지도 요원한 형국이니 갈팡질팡, 복잡다단하지 않을 수 없다. 이런 상황을 고려한다면 그의 독창적 통찰을 헤아리려는 우리의 목적을 위해서 오도 가능성을 줄일 수 있는 표현으로 추리고 가는 것이 효과적이다. 이를 위해서 이제 우리는 틸리히의 학문과 사상을 굳이 분류함에 있어 신학적으로는 '철학적 신학'이라 하겠고, 철학적으로는 '종교철학'이라 부르고자 한다.

먼저 우리가 틸리히의 사상을 철학적 신학이라 부르는 것에 대해서부터 살펴보자. 사실 이 이름이 개신교에서는 아직도 생소하니 철학에 엄청난 오해를 씌워 폐기처분해야 할 것으로 간주했던 오욕의 역사에 기인한 바도 없지 않다. 철학적 신학은 가톨릭 신학에서는 '기초신학'이라는 이름으로 자리 잡고 있기도 한데, 이도 시대에 따라 그 의미는 달라져 왔었다. 좀 더 자세히 살펴보자. 철학적 신학은 고전 시대에는 주로 '자연신학'(theologia naturalis; natural theology)이었다. 자연신학은 자연을 창조행위의 결과로 보고 이로부터 원인인 창조자로 거슬러 올라가는 방식을 취한다.[2] 굳이 말하자면 계시신학과 대비하여 자리 잡아 왔는데 이런 이유로 개신교에서는 이에 대해서 왜곡된 저항감을 과도하게 갖다 보니, 뭔가 견제되어야 할 것으로 치부되어왔다. 그런데 오늘날 틸리히를 가리켜 철학적 신학이라고 할 때는 사뭇 다른 뜻을 지닌다. 고전 시대의 자연신학은 방법보다 내용이 중점이었다면, 현대적 의미에서 철학적 신학은 내용보다는 방법, 즉 형식에 관한 것이다. 틸리히의 철학적 신학에서 철학은 신학의 시녀가 아니다. 즉, 신학이 목적이고 철학이 방법인 것이 아니라, 철학과 신학이 동가적인 관계로 형식과 내용을 엮어낸다. 이는 동시대 신학의 거성으로 간주되는 칼 바르트(Karl Barth)와도 구별되는 틸리히의 특징이기도 하다. 구체적으로 틸리히는 이 시대의 사유와 이해에 걸맞은 방식으로 그리스도교의 내용을 재구성하고자 했으니 내용과 형식의 대등적 균형관계라는 틀에서 보면 틸리히의 학문을 철학적 신학이라 부르는 데에는 재론의 여지가 없다.

틸리히는 철학과 신학을 그토록 대등적 균형의 구도에서 다루었음에도 불구하고 철학자라기보다는 신학자로 간주되었다. 거슬러 본

---

2 요즘 관심하는 자연의 신학(theologia naturae; theology of nature)이라는 것이 있는데 이는 자연환경의 생태문제를 신학적으로 성찰하는 작업을 가리키는 것으로 자연신학과는 다르다. 앞의 것이 내용적인 것이라면, 뒤의 것은 형식적 차원에 더욱 주목한다는 차이를 보인다.

다면, 토마스 아퀴나스(Thomas Aquinas)가 활동했던 중세 시대라면 철학자와 신학자의 구분은 무의미했다. 아퀴나스는 철학자이며 신학자였고, 신학자이며 철학자였다. 그런데 오늘날 현대 학문적 분류 체계에서는 틸리히를 철학자로 분류하는 것에 사람들이 별로 동의하지 않는다. 그의 작품이 처음부터 끝까지 철학으로 도배되었음에도 불구하고, 아니 더 나아가 철학을 신학의 시녀로서가 아니라 대등한 균형 구조에서 쓰고 있음에도 불구하고 아퀴나스와 같은 칭호를 받을 수는 없었다. 그런 눈으로 역사를 거슬러 가보면 '현대 신학의 시조'라 일컬어지는 슐라이어마허(Friedrich Schleiermacher)는 철학자이며 신학자이고, 신학자이며 철학자라고 불린다. 말하자면 근세 말기까지는 그런 분류방식에 의한 칭호가 가능했었고, 슐라이어마허는 마지막 열차를 탔던 것이다. 다소 의아한 것은 오늘 우리에게 익숙한 학문 분류가 근세 초기 자연과학이 형이상학으로부터 독립하면서 이미 시작되었다는데 근세의 수 세기 동안 여전히 학문의 경계를 넘는 듯한 분류방식을 유지하고 있었던 이유가 무엇일까 하는 것이다.

이런 의문을 가져 마땅한데 이는 또 시대배경을 살피면서 대답될 수 있으리라 본다. 말하자면 근대에는 자연과학이 선두에서 치고 나가면서 다른 분야들도 분리하고자 하는 요구나 성향들이 넘쳐났지만 철학자들은 물론 당대의 과학자들조차도 종교나 신과 같은 신학적인 논의에 어떤 방식으로든지 연관시키지 않고서는 자신들의 이야기를 전개시킬 수 없었다. 철학계에서만 보더라고 인식론이 시작되는 근세 초기 이성론자들은 말할 것도 없고 경험론자들 조차도 그렇다. 데카르트, 스피노자, 라이프니츠와 같은 이성론자들 중 신 이야기를 하지 않은 사람들은 없다. 그냥 지나가면서 이야기하는 정도가 아니고 그게 그들의 몸통이었다. 인식론을 전개하면서도 형이상학을 목적으로 하고 있었다는 것은 좋은 증거이다. 그런데 형이상학의 가능성을 시비하고 부정한 로크, 버클리, 흄과 같은 경험론자들도 종교나 신과 관련된 이야기에서 벗어날 수 없기는 마찬가지였다. 특히 버클리는 교회의 주교로서 모든 경험적 지각을 가능케 하는 근거로서 신을 그리기까지 했다. 이후에 독일 관념론으로 넘어가면서 칸트, 피히테, 쉘링, 헤겔도 종교와 신 이야기를 집요할 정도로 이어갔다. 칸트는 『순수이성비판』에서 신론을 다루면서 경험론자들의 통찰에 힘입어 신에 대한 형이상학적 접근의 불가능성을 질러댔지만, 그럼에도 불구하고 종교를 다시 자리매김하겠다 싶어서 『이성의 한계 안에서의 종교』라는 책도 썼다. 상세한 논의를 생략하지만 이후 피히테, 쉘링, 헤겔에게서는 종교에 대한 논의가 더욱 방대하게 펼쳐졌던 것은 말할 것도 없다.

근세의 이런 시대적 분위기 덕분인지 그 끝자락에 서서 현대라는 새로운 시대를 선구한 슐라이어마허는 철학자이면서 신학자요, 신학자이면서 철학자라는 평가를 받을 수 있었다. 그런데 거기까지였다. 당장 바로 이어 등장한 헤겔에 대한 반동으로 일컬어지는 현대 사조들도 종교에 대한 성찰을 진하게 했지만 사정은 매우 달랐다. 포이어바흐의 투사, 마르크스의 아편, 니체의 우상, 프로이트의 환상 등 현대의 서주에 울려 퍼진 종교비판은 비단 종교만 아니라 문화 전체에서 전통으로부터 현대로의 대전환의 절정에 이른 듯 메가톤급 반동의 포화를 쏘아대었다. 이런 이유로 현대라고 하는 새로운 시대를 열어주는 시대정신의 선구자로 평가되었음은 물론이다. 그러나 그들의 집요한 종교적 관심과 비판에도 불구하고 그들은 신학자라고 불리지는 않았다. 헤겔도 후기에는 철학으로 돌아섰지만 초기에는 신학적 성향이 매우 강한 저서들을 출간했었다. 하이데거도 가톨릭 신부가 되려고 신학을 공부하다가 철학으로 옮겨갔는데, 이들이 없었다면 현대 신학이 불가능했을 정도로 영향력을 지닌 인물임에도 불구하고 그들도 역시 같은 이유로 그저 철학자로만 간주된다. 전문성을 기치로 한 현대의 학문적 세분화(departmentalization) 때문에 어느 학자이든 한쪽에만 속해야 했고 이런 이유로 헤겔과 하이데거가 철학자로만 간주되는 것과 같이 틸리히는 그저 신학자로 간주될 뿐이었다.

그런데 오늘날 학문의 전문성을 기치로 하는 세분화가 야기하는 소통의 문제를 누적적으로 경험하게 된 상황에서 이미 오래전부터 간학문적 접근(interdisciplinary approach)과 통섭(conscilience)을 거쳐 요즘에는 융합(confluence)에까지 이르는 통전적 유기성의 회복이 각계에서 다각도로 시도되고 있다. 인문학이 사회과학과 공동연구를 해도 융합으로 평가되지 않을 정도이고, 오히려 꽤 멀어 보이는 자연과학 분야와 공동연구를 기획해야 융합연구라고 평가되는 오늘날의 학문적 상황은 틸리히를 살펴려는 우리에게 그를 새삼스러이 보고 읽을 필요와 가능성을 시사해준다. 말하자면 그동안 철학과 신학의 경계를 넘나드는 틸리히의 사상을 읽으면서 전문적 세분화를 명분으로 어느 한쪽으로 몰아야만 직성이 풀렸던 협소한 시각을 넘어서 이제는 융합이라고도 할 수 없는 철학과 신학의 관계를 떼어 놓고 어느 한쪽으로 소속시켜야만 하는 강박에서 벗어날 수 있는 여유 공간이 생기게 되었기 때문이다. 그리고 이런 점에서 그의 풍부한 사상과 심오한 통찰을 교의학에 대응하는 정도의 '조직신학'이라는 분류에 더 이상 가둘 일이 아니라는 점도 분명하다고 하겠다. '철학적 신학'이라는 이름은 그런 취지에 부응하는 보다 적합한 이름이다. 그리고 조직신학이라기보다는 체계적인 신학이고, 신학의 체계화라면 '철학적 신학'이 그의 사상에 더욱 부합되는 이름이라는 것도 재론의 여지가 없다.

철학적 신학과 종교철학

이렇게 볼 때, 우선 그의 사상을 '철학적 신학'이라고 하는 것은 매우 타당하다. 그리고 이제 우리는 더 나아가 그에게서 '종교철학'도 끌어내고자 한다. 철학적 신학과 종교철학은 무엇이 어떻게 다른가? 많은 경우 신학의 입장에서 보면 철학적 신학이고, 철학의 입장에서 보면 종교철학이라고 할 수도 있다. 그러나 양자의 구별이 필요하기도 하고, 의미를 지니기도 한다. 그리고 경계에 서있는 틸리히에게서는 오히려 그렇게 되어야 한다.[3] 그래야 할 절실한 이유는 우선 세상을 향해 그리스도교 복음의 설득력을 높이려는 틸리히 자신의 취지에서 찾을 수 있지만, 더 나아가 현대 사회의 문화와 정서에 비추어서는 더욱 절박하게 필요하기 때문이다. 말하자면, 우리 시대인 현대에 반종교의 단계를 거쳐 무종교가 더욱 빠르게 확산되는 상황에서 그리스도교의 사회적 영향력이 축소되는 것을 경험하게 되니 이 시대에 합당한 그리스도교의 정체성을 꾸리기 위해서는 그리스도교만으로는 불

---

3 굳이 덧붙인다면, 종교철학은 철학 안에서도 응용철학에 속한다. 철학의 기본은 형이상학, 인식론, 가치론, 논리학과 같은 형식학으로 이루어진다. 이를 토대로 하여 현실에 적용하는 응용철학에는 정치철학, 경제철학, 법철학, 사회철학 등으로 갈라진다. 여기서 종교철학도 응용철학 중 하나이다. 다른 한편, 종교학에서는 좁은 의미의 종교이론이 나름대로 가로축을 형성한다면 세로축에는 종교사가 있다. 그러한 구도를 토대로 비교종교학이나 종교현상학이 있고, 이어서 인접 학문들과 관련해서 종교철학, 종교사회학, 종교심리학 등이 전개되고 있다.

충분하다는 것을 점차 절감하게 되었기 때문이다. 이제는 그리스도교와 신학의 테두리 안에 머무를 일이 아니라 '종교'라는 일반 범주로 시야를 확장하지 않을 수 없기 때문이다.

급변하는 요즘의 짧은 기간만 돌이켜도 엄청난 변화를 읽을 수 있다. 불과 한 세대 이전만 하더라도 그리스도교 신학 안에서 '종교'라는 범주는 주변부에 위치했다. 심지어 그리스도로 충분하던 중세에 대한 향수가 강하게 남아 있는 신학적 입장을 견지하는 곳에서는 '종교'라는 표현 자체에 대한 강한 거부감까지 가지고 있었다. 물론 이때의 거부감이란 종교학자 스미스(Wilfred Cantwell Smith)가 분석했던 것처럼, 종교에 대한 실체화-물상화에 대한 비판과는 오히려 정반대로 그리스도교의 종교적 실체화를 고수하는 입장에서 드러낸 거부감이었다. 그러나 그러한 고답적 거부가 오래갈 수 없는 노릇이었으니 그리스도교의 영향력 감소는 돌이킬 수 없는 현실이 되고 말았기 때문이었다. 그 변화는 실로 급격하게 이루어지고 있는데 특히 최근 30년 사이의 변화는 미래를 예측하기 어려울 정도로 빠르고 크게 일어나고 있다. 이런 상황에서 '종교'라는 일반 범주가 점차로 전면에 부상하면서 오히려 그리스도교와 신학이 그 중에 하나인 것처럼 작아지는 그런 경향을 보이기까지 한다. 그러면서 그리스도교 신학 안에서 하나의 과목으로 분류되었던 종교철학이 그리스도교 밖의 다른 종교들을 포함하여 사회 문화 일반과 소통하는 통로로 부상하게 된 것이다. 이는 종교철학이 특별히 어떤 위상을 지닌다기보다는 특정 종교를 그 종교의 테두리를 넘어서도 소통 가능하도록 뜻풀이를 하려는 근본 동기를 지니고 있어서 자연스럽고도 불가피하게도 그렇게 되었다는 것을 가리킨다.

그렇게 본다면 틸리히의 학문 분류를 일차적으로는 자연스럽게 철학적 신학이라고 하겠지만, 오늘날 틸리히의 후예들이 그의 학문을 연구하기 위해서는 더 적극적으로 종교철학으로 분류하는 것이 마땅하고 자연스러운 일이다. 특히 격동의 반세기 전의 학자임에도 불구하고 오늘날 종교문화 현실에 대한 탁월한 통찰을 선구적으로 개진한 그의 종교철학은 우리의 새삼스러운 주목을 요한다. 종교가 역사적 전개 과정에서 정형화하고 개념화함으로써 오히려 인간 해방이라는 본래의 목적을 거스르고, 도리어 억압하는 모순에 이르게 되는 현실의 역리를 예리하게 분석하고, 비판하기 때문이다. 종교 자체의 생리적 구조뿐 아니라 인간의 개입과 관여에 의한 왜곡이 그러한 모순을 피할 길 없게 만든다고 질타한다. 그럼에도 불구하고 폐부를 찌르는 통찰을 전개하는 그의 종교철학이 그 내용에서 다소 난해하고 구조가 복잡하다 보니 안타깝게도 공유되는 데에는 다소 한계가 있었던 것으로 짐작된다. 그러나 시대를 넘어서 종교적 인간의 실상을 파헤친 그의 종교철학은 이후 전개되는 그의 사상 전체를 관통하는 기틀이라는 점에서 그 위치와 중요성은 아무리 강조해도 지나치지 않다. 아울러 이로써 종교철학으로 시작한 그의 학문적 편력이 철학적 신학으로 이어졌다고 보아도 좋을 일이다. 더 나아가서 종교적 무관심이 점차로 확대되어 가는 상황에서 그리스도교를 그 바깥을 향해 설득력을 높이려는 시도로서 종교철학에 대한 수요가 확대되어 가는 상황에 비추어 틸리히의 사상을 이러한 눈으로 읽는 것이 보다 효과적일 뿐 아니라 나아가 그만큼 앞서 나간 틸리히의 넓이와 깊이를 가늠하는 데에도 도움이 될 것이다.

경계를 넘나드는 사상의 편력

틸리히의 사상을 살피는데 그 나름의 학문적 계보가 하늘에서 떨어진 것이 아니라면 이를 거슬러 살피는 것은 마땅하다. 틸리히의 사상 계보를 살핀다면 철학사적으로는 플라톤에 잇대어야 하겠지만 신학적으로는 아우구스티누스-프란체스코 전통까지 거슬러 갈 수 있을 것이다. 이로부터 근세로 건너와서는 독일관념론을 장식하는 피히테, 쉘링, 헤겔을 들 수 있겠다. 틸리히는 철학과 신학 분야에서 박사학위 논문을 쉘링의 사상 연구에 집중해서 썼다. 철학박사 논문은 쉘링의 자유 개념을, 신학박사 논문은 쉘링의 죄의식 논의를 다루었다. 박사학위 논문만 보더라도 그가 얼마나 경계선에 선 사람인지 알 수 있다. 그는 철학과 신학의 경계에도 서 있고, 근대와 현대 사이에도 서있으며, 자유와 죄의식 사이에도 서 있다. 그런데 그는 근대라는 토대 위에서 현대를 이끌고 나간다. 예를 들면, 소위 전통의 본질주의 대(對) 현대의 실존주의 사이에서도 양다리를 걸친 입장이다. 틸리히가 강의할 때 청중들로부터 "당신은 본질주의자입니까, 실존주의자입니까?"라는 질문을 많이 받았다. 이에 대해 틸리히는 "나는 반반씩 걸쳐 있다"고 답했다고 한다. 이처럼 그는 본질과 실존을 잇고, 근대와 현대를 넘나들며 저작 활동을 했던 것이다. 앞서 신학의 체계화라는 뜻풀이에서도 체계라는 표현은 사실 근대의 유산이기도 하다. 반면에 상관은 현대라는 시대정신의 가장 핵심적인 특징이다. 말하자면 틸리히가 상관을 체계로 담으려고 했다는 점에서 그가 근대와 현대의 경계에 서서 이를 이으려는 통찰을 엮으려는 것으로 볼 수도 있다.

틸리히는 상관을 체계로 잡음으로써 체계가 움직이는 작동방식을 상관으로 설명하려 한다. 그러나 사실 체계를 상호로 설명하려는 시도는 그보다 앞서 근세 후기에 이미 시작했다. 이미 그의 정신적 디딤돌인 쉘링과 헤겔에서 나왔다. 그런 의미에서 틸리히가 쉘링과 헤겔의 선취(先取)를 따라가는 것으로 볼 수도 있다. 세계 이해를 체계적으로 접근하려는 시도는 이미 근세 후기에 시작되었는데, 틸리히는 이를 그의 사상적 논의의 출발로 삼았다. 그러나 나아가 그는 현대 철학자들과의 교류 속에서 상관의 의미를 향한 해석학적 통찰을 함께 공유하면서도 자기 나름대로 사용하고 있었다. 비록 그가 그러한 용어나 개념들을 적극적으로 사용하지 않았다고 하더라도 이미 그 시대정신과 언어를 나누고 있었다는 것은 여실히 확인된다.

필자는 틸리히와 간접적인 인연이 있다. 석사와 박사학위 과정의 교수님들 중에 틸리히의 직계 제자도 계셨고, 개인적으로는 석사학위와 박사학위 논문 모두에 틸리히를 아주 적극적으로 사용했으니 말이다. 석사학위 논문은 틸리히를 자료로 썼다. 제목이 '유한과 자유'이고, 틸리히의 인간학에 있어서 유한과 자유의 관계에 대해 분석하고 종합했다. 익히 회자되는 것이지만, 그런 의제의 언저리에서 비슷한 이야기를 하는 사람들이 공유하고 있는 표현이 있다. 앞서거니 뒤서거니 틸리히는 '유한한 자유'(finite freedom)라는 표현을 썼고, 하이데거는 '유한한 초월'(finite transcendence)이라고 했다. 누가 먼저 썼는가는 중요하지 않다. 모두 시대정신의 반영이고, 발로이다. 다만 자유와 초월을 서로 바꿔가면서 쓰고 있다는 점만 유념해도 좋을 것이다. 유한한 초월은 그 개념들 사이의 관계를 시각적으로 확연하게 드러내준다. 유한은 한계 안에 있는 것이고, 초월은 한계를 넘는 것이니 유한과 초월이라는 말은 한계를 기준으로 놓고 안과 밖으로 갈라지는 것이다. 아예 한계가 없으면 우리는 그것을 무한이라고 말한다. 무한과 초월은 꽤 연관이 있어 보이지만 전혀 다르다. 무한은 형이상학적-인식론적 표현이라면, 초월은 실존철학이나 해석학의 경우에서 확인할 수 있듯이 반형이상학적으로까지 확장될 수 있는 개념이다.

고대-중세 시대에는 신을 완전이라 하고, 이를 기준으로 인간은 불완전이라고 했다. 근대에 와서는 인간이 기준인데, 그래서 인간을 적극적이고 긍정적으로 유한이라고 하고, 신을 그것과 관련해서 종속적 부정으로서 무한이라고 했다. 이 어휘는 종교개혁자들도 공유했다. 그래서 유한이 무한을 포함하는가의 여부에 대한 논의를 루터와 깔뱅이 주거니 받거니 했고, 데카르트를 비롯한 이성론자들도 유한과 무한을 버무려 쓰기를 아주 즐겨했다. 인식론자 가운데 특별히 이성론자들은 그 이전 고전 형이상학을 승계한 전통이 있다. 경험론자들은 그 형이상학을 심각한 물음표의 대상으로 여기고, 급기야 경험론의 끝자락에 등장한 흄 같은 사람은 그것을 아예 불가능한 것으로 부정해버렸고, 그것이 칸트를 등장하게 만들었다. 칸트에 의해서 무한은 저 뒤로 밀려나 버렸는데, 칸트 이후의 사람들이 무한을 다시 끌고 온다. 그래서 칸트가 오히려 독특한 예외이다. 근대를 근대로 만든 인물임에도 불구하고 상당히 예외이다. 유한과 무한의 밀고 당기는 관계라는 구도로 봤을 때 말이다.

칸트 이전은 인식론의 틀에서 형이상학에 봉사하기 위해서 나름대로 정리하는 것이었다면, 칸트 이후의 사람들은 그런 성찰을 거치면서도 칸트의 비판을 넘어서는 방식으로 극복해보고자 이 둘 사이의 관계를 다시 엮어보려고 애썼다. 틸리히의 정신적 지주인 쉘링도 그랬고, 헤겔도 그랬다. 그러나 현대로 넘어오면서 이 무한 이야기는 경계 너머로 밀려나고 다시금 새겨지는 것이 초월이다. 이제 초월은 무한과 견주어서 말하자면 체험 속에 들어온 무한이라고 말할 수 있다. 그러면 상대적으로 초월과 견주어서 무한은 인간의 체험에 담기는가 여부 이전에 설정된 것이다. 제한적으로 초월이라는 말은 무한을 대체하는 현대어라고 할 수 있다. 이것을 적극적으로 쓴 사람들이 실존주의자들이다. 키르케고르는 무한에서 초월로 넘어가는 자리에 있다. 처음에 헤겔을 비판하면서 헤겔이 적극적으로 쓴 유한과 무한의 관계를 그대로 가져와서, 정확히 반대되는 구도로 인간 실존의 분석을 위해 유한-무한 대조를 사용한다. 그러다 후기로 넘어가면서 무한이란 표현이 초월로 대체되는 과정을 거치게 된다. 이후의 사람들은 자연스럽게 무한이라는 고전적인 어휘를 서서히 뒤로 물리고, 초월이라고 하는 보다 설득력 있어 보이는 표현으로 모호성을 견디어간다. 말하자면 뭔가 형이상학적인 설정 불가능성의 퇴짜를 맞은 적이 있었으나 다시 복구하고자 했던 근대의 부침들을 뒤로하고, 어떤 식으로든지 다시 의미 있게 말할 수 있게 하려는 취지에서 초월이 대안으로 나타난 것이 우리 시대인 현대 초반의 이야기이다.

그러나 그것도 잠시였다. 유한-무한의 대립구도로서 감이 잡히지 않는 무한을 감잡히는 경험의 실마리로라도 어떻게 내뻗어볼 수 있게 대체한 언어인 초월을 잡아 유한-초월 구도를 그렸지만 잠시였다. 유한과 초월이 여전히 대립이지만, 그래도 함께 엮어볼 수 있다는 발상으로 유한한 초월이나 유한한 자유가 있었는데, 그것도 이미 이 시대에 옛날이야기가 되어버렸다. 이제는 초월을 아예 거부해버리기 때문이다. 초월의 상실, 초월의 거부다. 무한을 날려버렸는데 이제는 초월까지 날려버리는 방향으로 세상이 흘러가고 있는 것이다. 그런 점에서 초월의 현실적 의미를 되새기는 일은 우리의 유한한 삶을 위해서도 미루어둘 수 없는 일이 아닌가 한다.

필자는 박사학위 논문에서도 여전히 틸리히를 사용했다. 석사논문에서는 틸리히를 예찬하면서 썼다면, 박사 논문에서는 다소 비판한다. 죽음의 문제에 대한 보다 적절한 해석을 끌어내기 위해서 인간 실존을 구성하는 기틀로서 존재와 자유라는 구도를 설정하고, 이를 개진한 다양한 입장들을 대비적으로 분석하는 과정에서 틸리히를 모셔왔는데, 비판적으로 사용했다는 말이다. 그와 대조적인 입장에 있는 러시아정교회 철학자 니콜라스 베르자예프를 초청하여 이 두 분을 대립시켰다. 인간 실존에서 존재와 자유는 어느 하나도 없어서는 안 될 것이지만 사상가들의 입장에 따라 이들 사이의 관계를 엮어내는 방식은 다양했다. 물론 나름대로 그만한 이유와 근거가 있으니 타당성 또한 부정할 수는 없다. 다만 죽음에 대한 보다 적절한 이해를 구하려는 목적에 비추어 어떤 관계 구성이 더 맞갖게 부합될 수 있는가에 초점을 두고 살폈는데, 이 두 분이 매우 확연하게 대조를 보이는 것으로 읽었다. 그리고는 이 대립을 극복하는 구도에 하이데거를 놓았다. 물론 그렇다고 해서 하이데거가 모든 문제를 해소한다고 한 것은 아니었다. 존재와 자유의 관계에 대한 하이데거의 통찰은 '죽음을 향한 존재'(Sein-zum-Tode)와 '죽음을 향한 자유'(Freiheit-zum-Tode)로 추려지는데 이들의 정합성을 일구어내려는 데에서 의미 있는 것으로 새겼다. 그러나 여전히 그에게서도 남아 있는 문제에 대한 보완책으로 필자는 나름대로의 입장을 개진하는 방식으로 논문을 구성했다. 이 자리에서 더 상세히 논하는 것은 적절하지 않지만 강조하고 싶은 것은 한 사상가를 두고서도 연구 목적에 따라 다양하고 심지어 상충적으로 사용할 수도 있다는 것이다. 인물을 중심으로 두고 교조적으로 논하는 접근은 그러한 사상가들의 존재 이유에 비추어서도 적절하지 않다는 점을 말하고 싶을 뿐이다. 아울러 이 책도 그러한 자세로 틸리히를 살필 것이다. 그러기에 그의 사상을 읽어낼 기축을 먼저 설정하고, 이에 부합되는 자료들을 선택하여 논리적으로 구성하는 방식으로 전개하고자 한다.

2 장

종교의 역동성 회복을 위한 역설
:『종교란 무엇인가?』-1

종교철학의 목적
: 현실의 대립이 지니는 모순을 극복하기 위하여

틸리히의 초기 종교철학 주요 저작인『종교란 무엇인가?』는 종교적 현실에서 겪을 수밖에 없는 모순을 드러내어 비판하고, 이에 대한 대안으로 역설을 주장하는 것을 핵심으로 한다. 벌어지는 모순을 이루는 대립양항들을 지양하거나 제거하는 것이 아니라, 그들 사이의 긴장을 싸안으면서 종합함으로써 보다 크고 넓은 입체적 구도로 현실에 대한 대안을 제시하려는 것이다. 말하자면, 그가 가장 강조하는 것은 양항대립을 포함하고 초월하는 과정을 견인하는 역설이다. 포월적 역설인데 그 스스로는 '체계적 역설'(systematic paradox)이라고도 부른다.

이를 구성하기 위해 현실에서 다양한 의제를 들추어내는데 이를 관통하는 기본축은 자율-타율-신율이라는 삼각구도이다. 자율에 빠지면 자기도취로, 타율에 빠지면 우상숭배로 전락할 수밖에 없는데 여기서 신율은 우상 파괴와 자기 비움의 경지로 끌고 가는 역할을 한다. 그런데 신율은 위로부터 군림하는 것이 아니라 자율과 타율의 대립을 극복하는 포월적 역설이라는 점에 주목해야 한다. 자율과 타율 중 어느 것도 버리지 않고 싸안으면서 넘어서는 신율이 역설이라는 것이다. 헤겔에게서 종합의 방식은 지양이었지만, 틸리히에게서 종합의 방식은 역설이다. 이처럼 틸리히 사상의 형식적-내용적 핵심은 사실상 역설이다. 그 역설을 이루는 대립적인 양항이 극복이라는 명분으로 버려야 할 것이 아니라 싸안고 넘어서야 할 것이었다. 그래서 상호관계다. 그리고 이것이 지속적으로 작동하려니 체계가 필요했다. 결국 틸리히에게서 삶의 현실에서 겪고 있는 모순에 대한 해법으로서 역설이 모든 전개의 출발이고 동인이며, 그러한 역설적 종합을 이루는 대립적 양항 사이의 상호관계성 그리고 역설적 상관이 작동하는 구도로서 체계를 구성하고자 하는 것이다. 그래서 그가 말하는 체계는 기계적이라기보다는 유기적이다.

사실상 대립하는 양항을 종합하려는 시도는 적어도 근세 초기에 인식행위의 주체가 새로이 등장하면서 전통 형이상학의 실재가 객체가 되고 서로 마주하면서 벌어진 대립을 어떤 방식으로든지 엮어보려는 시도에서 시작된다. 그러니 그러한 움직임은 근세 초기로까지 거슬러 가야 한다고 봐야 할 것이다. 인식론의 갈래를 이루는 이성론과 경험론도 사실 모두 일방적인 입장을 취한 것인데, 근대 전기와 후기 사이의 결정적인 차이는 전기에서 주체와 객체의 관계 설정을 위해 양자 사이의 거리가 관건이었다면, 후기에 와서는 그러한 거리에 의해 한쪽으로 쏠리는 일방들을 잡아 이으려는 시도를 했다는 것이다. 서로 대조적인 일방을 각각의 반쪽으로 보고 이으려는 시도를 시작한 사람이 칸트다. 이른바 선험적 구성설에서 경험론은 감성으로, 이성론은 오성과 이성으로 분류되면서 단계적으로 이어진다. 그런데 칸트는 그렇게 인식을 이어놓고 존재에 대해서는 경계를 그어버렸다. 인식 저편의 존재는 알 수 없다고 하면서 말이다. 말하자면 칸트는 앎에서 두 갈래인 경험과 이성을 엮어보려고 했지만, 있음에 대해서는 물자체 불가지론으로 정리했다.

그런데 있음과 앎 사이에 그어진 경계를 넘겨받은 칸트의 후배들은 선배가 그렇게 그어놓은 선을 넘어보려고 했다. 구체적으로 대립적인 모순이 앎뿐 아니라 있음에도 있다는 발상을 피히테, 쉘링 그리고 헤겔이 이어가면서 완성한다. 앎만 쪼개져 있는 것이 아니라 있음도 그렇게 쪼개져 있어서 대립들 사이의 충돌이 벌어지는데 이를 극복하는 방향으로 계속 움직이고, 앎도 그러하다가 있음과 앎이 결국 만나게 된다는 그림을 그리는 것이다. 그러니까 근세 전기에 주체와 객체로 갈라져 대립하던 것에 대한 이음이 칸트에서부터 작은 규모로 시작했는데, 모양새는 다소 달랐어도 점차로 범위를 확대하면서 대립을 종합시키려고 하는 과정이었다고 볼 수 있다.

이것이 근대 안에서도 전기와 후기 사이의 차이다. 그리고 현대가 이것을 물려받았다. 돌이키건대, 근대 전기 사람들은 왜 그랬는가? 그보다 앞선 형이상학 시대의 있음에 대해서 앎을 이야기하기 시작하니까 있음의 통로 내지 수단/방법으로서의 앎이었다. 그러한 앎의 길은 있음을 잘 모시는 것이 중요했다. 그러려니까 복잡한 가닥들을 쳐내고 깔끔하게 정리하는 게 중요했다. 이것이 인식론이다. 이런 일련의 과정에서 작은 이야기들이 나름대로 역할을 했다. 그런데 그것들이 부분적이고 지엽적이라는 것을 이내 발견하게 되었다. 그래서 이를 물려받은 후기에 더 큰 이야기로 묶으려는 시도들이 벌어졌고, 이것을 틸리히가 받아서 '긴장과 충돌'이라고 표현한다. 본질의 차원에서는 긴장이다. 그러니까 하느님이 창조해주신 그대로의 모습인 본질 차원에서는 양극이 균형적인 긴장을 이룬다. 긴장은 좋은 것이다. 그런데 균형이 깨어지면 긴장(tension)은 충돌(conflict)이 된다. 긴장이 깨져 충돌이 일어나 한쪽으로 쏠리면 왜곡이 일어난다. 자기도취나 우상숭배가 된다. 같은 이야기를 인간에게 적용할 경우, 인간이 타락하면 본질에 머물러있지 않고 실존으로 소외된다고 표현된다. 그에게서는 타락/소외/죄 모두 같은 뜻이다. 그래서 충돌을 계도하고 극복하는 '균형적인 긴장'은 매우 중요하다. 앞서 말한 포월적 역설의 또 다른 표현이다.

종교철학의 방법
: 모순에서 역설로 전환하기

틸리히의 종교철학의 구성을 분석하는 가장 효과적인 방법은 목차를 자세히 뜯어보는 것이다. 특히 틸리히와 같이 사상을 체계적으로 전개하는 경우에 목차는 체계 자체를 보여주는 역할을 하기에 그 중요성은 아무리 강조해도 지나치지 않다. 『종교란 무엇인가?』라는 그의 종교철학은 기본 구도를 짜는 1부와 개념을 문제로 비판하는 2부로 엮어져 있다. 여기에서는 먼저 1부를 다룰 것이다. 1부에서는 내용에 해당하는 종교의 '본질'을 다루는 2장과 범주라는 이름으로 종교의 '형식'을 다루는 3장으로 몸통이 이루어져 있는데, 당연하게도 이를 탐구할 방법론을 1장에 배치함으로써 논의를 시작한다.

틸리히의 종교철학 방법론은 하느님의 행위로서의 '계시'와 인간의 행위로서의 '종교' 사이의 역학에서 '계시에 대한 교리'와 '종교를 다루는 철학' 사이의 종합적 해결책을 모색할 필요성과 가능성을 논하는 데에서 시작한다. 종합의 가능성을 위해 그는 종교철학이 단순한 현상 분석이나 사실 묘사를 넘어서 무엇보다도 규범적 당위성을 정립하는 역할을 해야 한다고 주장한다. 그리고는 구체적으로 의미실재(Sinnwirklichkeit),[1] 즉 스스로를 의미로 드러내는 실재로 접근하기 위한 방법으로서 실재가 의미를 드러내는 데에 있어 지닐 수밖에 없는 한계를 인정하면서 동시에 그러한 의미 한계가 실재에 의한 것이 되도록 해야 한다고 주장한다. 말하자면 실재에만 일방적으로 우선권을 부여했던 형이상학을 넘어설 뿐 아니라 의미만을 부각시키는 무정부적 상대주의도 배격하면서 있음과 삶 사이의 얽힘이 지닌 긴장을 그대로 인정하면서 시작하자는 것이다. 그런데 틸리히에 의하면 의미의 한계 인정이 비판적이라면, 실재와의 연관이 변증법적이라고 할진대 이 둘은 서로 얽혀 현실에 보다 근접하게 된다고 한다. 이를 한데 묶어서 '비판적-변증법적 방법'(critical-dialectical method)[2]이라고 부른다.

---

1 실재가 '무엇' 물음에 대한 대답으로서 '있음'이라면 의미는 '왜'라는 물음에 대한 대답으로서 '삶'을 가리킨다. '의미실재'라고 하면 한글 어법에서는 매우 어색하지만 결국 삶에서 의미로 얽히고 드러나는 것이 참이라고 주장하는 것이다. 현대의 시대정신을 반영하는 핵심이요 인식론을 넘어서는 해석학적 통찰의 요체를 틸리히는 이렇게 시작부터 들고 나온다.

비판적이라는 것은 이쪽에서 저쪽을 향해 가하는 것이고, 변증법적이라는 것은 저쪽이 이쪽에게 다가오는 것을 가리킨다. 좀 더 풀어본다면, 종교철학이 다루어야 하는 현실은 그저 있음이기만 있음이 아니라 삶으로 새겨지는 있음일진대 이때 있음이 삶으로 부득이 한계지어질 수밖에 없으니 이를 겸손하게 비판적으로 새겨야 할 것이다. 그러나 그렇다고 해서 아전인수로 빠져서는 안 될 일이니 그렇게 새겨진 삶은 부단히 있음과의 연관에서 벗어나서는 안 된다는 것이다. 한 마디로, "삶을 통하여 있음을 성취시키는 앎의 과정"(the spiritual process fulfilling being through meaning)3이어야 한다는 것이다. 있음을 가리키는 실재 또는 존재, 삶을 뜻하는 의미, 이를 잇는 앎에 해당하는 인식으로서의 정신 중 어느 하나만으로 축소되거나 환원되는 것을 철저히 거부하는 비환원주의의 방법론을 시작부터 구축한다. 이유인즉 대립항의 긴장을 흡수하는 방식으로 해소하는 일방주의가 초래한 왜곡과 억압의 폐해를 극복하고자 하기 때문이다.

이제 '비판적-변증법적 방법'은 한편으로는 저편의 실재를 현상 안에서의 본질에 대한 직관을 통해 다가가려는 현상학적 방법과 다른 한편으로는 정체와 본질보다는 이편에서의 필요에 따라 조작할 수도 있는 가능성을 허락하는 실용주의적 방법 사이에 위치하는 것으로 새겨진다. 이러한 역할을 보다 효과적으로 수행하기 위해서 그는 '메타논리적(metalogical) 방법'을 원용하여 제안한다. 형식과 기능에 대한 비판을 포함한다는 점에서 논리적이면서 또한 내용적 규범을 구성하는 목적을 지닌다는 점에서 메타적이기 때문에 합성적인 구조를 이룬

---

2 폴 틸리히/황필호 역, 『종교란 무엇인가?』 (서울: 전망사, 1983), 49.
3 『종교란 무엇인가?』, 50.

다. 그러나 이는 근대 후기 독일관념론자들처럼 한쪽으로 흡수하기를 거부하고, 형식과 내용 사이의 무한한 긴장에 철저하게 충실하려는 태도이다. 보편적 본질에 대해서는 직관적으로 다가가면서도 특수한 것에 대해서는 경험론적 접근을 받아들인다. 그래서 "메타논리적 방법은 본질에 대한 현상학적 영역을 한편으로는 의미의 요소에 대한 역동적인 변증법에 나누어 주고, 다른 한편으로는 객관적인 경험에 건네준다."[4] 말하자면, 현실에서 본질이라는 이름으로 오는 존재인 있음과 현상으로 새겨내는 인식인 앎이 서로 흡수하거나 환원하지 않고 여전히 긴장을 유지하면서 삶을 엮어가니 이런 구도로 계시와 종교의 관계가 엮여져야 한다는 것이다. 그러기에 형식을 떠난 내용이 있을 수 없고 내용을 떠난 형식이 있을 수 없다는 현실 이해를 근거로 메타논리는 이들 사이의 역동적 긴장을 입체적으로 재구성하는 것을 구체적인 목표로 설정한다.

무엇을 말하려는 것인가? 근대 후기까지 지배해왔던 동일성 및 이를 위한 일방성의 억압을 해결하기 위한 방안을 모색하려는 것이다. 이를 위해서 우선은 더 줄일 수 없는 현실적 대립의 모순을 정직하게 직시하면서 나름대로의 가치를 인정한다. 그러나 대립이 벌이는 모순이 각 대립항이 스스로를 가두는 부분적 환원에 의한 것임을 드러내고 이에 의한 모순의 왜곡을 교정하기 위해서 이를 포함하고 초월하는 방식으로 역설을 대안으로 제시하고자 한다. 그래서 어느 하나도 놓칠 수 없다는 뜻으로 '비판적-변증법적 방법'을 택할 뿐 아니라 양쪽 극단에서 더 벌어져 가는 방향으로 움직이는 현상학적 방법과 실용주의적 방법까지 싸안는 메타논리를 엮으려고 하는 것이다. 이제

---

4 『종교란 무엇인가?』, 60.

종교의 본질을 논하는 2장에서 항목별로 이 방법을 적용하여 현실 문제를 분석하고 대안을 제시하는데 이 대목에서 모순으로부터 역설로의 전환이 구체적으로 전개된다.

종교의 본질 ― 요소와 그 얽힘을 중심으로

1부 2장에서 틸리히는 '종교의 본질'이라는 제목을 달고서는 1절에서 종교의 본질, 진리, 의미를 논하는 데에서 시작한다. 본질 개념이라는 표현도 나올 뿐 아니라 결국 그러한 개념이 객관화를 명분으로 물상화하여 실재로 간주되는 문제를 다루는 것이라 할 때 본질을 실재라고 새겨도 좋을 것이다. 결국 실재, 진리, 의미를 순환적으로 논의하는 것으로 볼 수 있는데, 필자가 사용하는 메타언어로 서술하면 실재가 있음이고 진리가 앎이며 의미가 삶이라고 다시 읽을 수 있으니 1절은 명실공히 종교의 있음과 앎 그리고 삶을 다룬다고 하겠다.5 그런데 더욱 주목할 것은 의미에 대한 이야기로 시작해서 본질과 진리의 관계로 마무리한다는 것이다. 즉 삶에서 시작해서 이를 토대로 있음과 앎의 관계를 논한다. 그리고 이러한 전개 순서는 사실상 틸리히 사상 전반을 관통하는 기틀이기도 하다. 해당되는 대목마다 이를 반복하여 언급함으로써 이러한 전개의 중요성을 강조할 것이다.

먼저 의미를 다룬다. 사실 전통적으로 보면 이것부터가 생소하다.

---

5 사상의 구조라는 씨줄과 역사라는 날줄을 교차적으로 엮어 읽는 방법으로 필자는 메타언어를 제안하여 사용하고 있는데, 이에 대해서는 필자의 다음 저서가 도움이 될 것이다. 참조: 정재현, 『신학은 인간학이다: 철학읽기와 신학하기』(왜관: 분도출판사, 2003), 전권.

마땅히 실재부터 시작하여 이를 앎에 담는 진리를 논한 후에 삶에 드리워지는 의미를 다듬는 것이 순서일 터인데, 순서를 뒤집었다. 종교철학에서의 이러한 논의 방식이 후에 '조직신학'이라는 이름의 신학의 체계화에서도 여실히 나타난다. 계시의 실재를 계시의 의미로부터 시작할 뿐 아니라 신의 실재도 신의 의미에서 시작한다. 사실 이는 혁명적인 전환이다. 이 전환에 주목하지 않으면 전개하는 순서에 비중을 두지 않게 되고 따라서 주장의 취지를 이해하는 데에서 그만큼 멀어질 수밖에 없다. 그런데 의미도 구성되는 방식에 따라 구별하여 자신의 방법을 설정한다. 실재가 의미를 준다고 하는 실재론, 의미를 부여한다는 관념론 그리고 이를 싸안아 의미를 완성시키는 메타논리로 구별함으로써 그의 메타논리 방법이 주객 구도를 포함하되 넘어서는 구도임을 다시금 강조한다.

종교의 본질과 진리를 논하는 마지막 소절에서 틸리히는 메타논리의 필요성과 역할을 다시금 강조한다. 이는 결국 상징이 실재와 관련하여 해야 할 역할을 설정하기 위함이었다.

실재는 진정한 상징으로만 파악할 수 있다. 그러면서도 상징은 사물의 본질을 적절히 표현할 수 없을 때 사용되는 비적절한 표현 형태라는 것을 잊지 말아야 한다. … 종교를 비상징적으로 말하려는 모든 의도는 반종교적이다. 이러한 의도는 절대자로부터 절대성을 빼앗아버림으로써 그를 마치 한낱 환상의 동물과도 같이 하나의 객체로 변형시키는 길로 인도하기 때문이다.[6]

---

6 『종교란 무엇인가?』, 80.

실재에 대해 상징일 수밖에 없는데 상징조차도 부적절하다는 단서를 잊지 않는다. 상징이란 바로 그런 것이다. 그렇지만 상징이 부적절하게나마 어떤 역할을 할 수 있는가? 여기서 의미가 중요하게 부각된다. 상징이 실재와 관련될 수 있는 근거가 바로 의미이기 때문이다. 의미가 아니고서는 그 넘을 수 없는 거리에서 가리킬 수조차 없기 때문이다.

여기서 분석하는 것은 단순히 기능을 기능으로 분석하는 것이 아니라 기능 속에서 완성을 가지고 오는 의미, 즉 기능과 대상의 대립을 초월하는 의미를 말한다. 의미의 분석은 바로 존재의 분석이다. 의미는 존재를 정신적 완성의 단계로 불러오기 때문이다. 그리고 의미의 모든 행위는 의미의 심연과 마찬가지로 절대적인 의미에 연관되어 있으므로, 의미의 분석으로부터 존재의 분석이 나타날 수 있다.[7]

같은 말이다. 의미가 삶을 가리키고 존재가 당연히 있음을 가리키니 삶을 드러내면 거기에서 있음이 드러난다는 말이다. '정신적인 완성의 단계'라는 표현은 삶의 차원을 뜻한다. 기능과 대상에 주목하자. 기능이 주체가 되겠고 대상이 객체이겠다. 그것의 대립을 초월한 의미를 또 말한다. 이토록 그에게 있어서는 의미가 핵심이다. 의미의 중요성을 현대 시대정신과 진하게 공유하고 있다. '의미'란 말에 눈여겨 주목하지 않으면 아무 뜻도 없는 말처럼, 의미가 의미 없이 지나가버린다. 우리 일상에서는 대부분 그렇다. 우리 일상생활에서 실재라는 말, 진리라는 말, 의미라는 말을 보자. 실재라는 말은 막강한 비중을

7 『종교란 무엇인가?』, 81.

지니고, 진리는 이에 필적한다. 그런데 의미는? 앞의 둘에 비하자면 아무것도 아닌 것처럼 보인다. 있으나 마나 한 것이다. 아무 무게가 없어 보인다. 그렇게 보이는 게 우리의 일상이다. 그런데 만일 그러하다면 이것은 아직도 우리 사유가 전 근대적이라는 이야기다. 의미라고 하는 것이 아직도 아주 작게 자리 잡고 있다면 말이다. 큰 실재, 큰 진리, 심지어 결합하여 실재적 진리 또는 진리적 실재라고 할 수도 있다. 그래서 많이 쓰는 말로 '실체적 진실'도 있다. 이토록 실재와 진리는 큰데, 의미는 작다. 이렇게 자리 잡혀 있다. 그러니 의미에 집중하는 것이 어색하다. 심지어 거부당하기 일쑤다. 그러나 틸리히는 의미에 집중한다. 의미로 시작한다. 의미로 실재와 진리를 아우르려고 한다.

이런 설정을 간략하게 추린 한 마디는 사실 이보다 앞서 나왔었다: "그리하여 종교의 본질에 대한 메타논리적 이해는 종교의 진리에 관한 문제를 절대적인 의미에 대한 지향성으로 답변한다."[8] 매우 추상적이어서 난해하게 들린다. 풀어내기 위해 우선 본질을 실재라고 새겨보자. 그러면 이 문장은 실재, 진리, 의미를 동시에 등장시키면서 간결하게 추려내는 공식 같은 서술이라 하겠다. 좀 더 풀어보자. 실재가 '참'이라면 진리는 그렇게 '참이라고 알려진 것', 의미는 '참되게 살게 하는 것'으로 풀 수 있다. 그렇다면 위 문장은 다음과 같이 풀어진다. "종교의 정체에 대해 성찰적으로 이해하게 되면 종교가 내세우는 진리를 삶에서 받아들여지는 의미의 차원에서 새기게 된다."

아닌 게 아니라 틸리히가 시작부터 계속 강조하고 있는 핵심은 '의미'였다. 의미 때문에 비판적 방법과 현상학적-직관적 방법을 비교하여 분석하다가 그걸 묶어내는 메타논리적 방법을 말한 것이다. 앞서

---

8 『종교란 무엇인가?』, 79.

우리는 비판과 직관을 말했지만, 비판은 무엇이고 직관은 무엇인가? 비판은 이쪽에서 저쪽으로 지르는 것이다. 그러나 지를 때 저쪽을 알지도 못하고 지른다. 그럼에도 불구하고 우리는 비판을 통해 지르는 틀을 가지고 있다. 그러니까 형식이다. 거리를 두고 멀리서 틀을 보게된다. 그게 형식이다. 그런데 또한 직관을 강조하는 현상학을 끌고 들어온다. 여기서 현상학은 무슨 뜻인가? 저쪽에서 이쪽으로 오는 것이다. 현상학의 기본 구호가 '사태 자체에로'(zu den Sachen selbst!)라고할 때 이것은 내가 뭘 하는 게 아니라, 저쪽에서 오는 것을 보는 것이다. 이것이 근대 인식론과 대립각을 세우는 현대 방법론으로서의 현상학이다. 그런데 현상학이 인식론적인 경향으로 다시 기울다보니 단명할 수밖에 없었다. 그래서 해석학으로 전환한다. 어쨌든 현상학의 지론에서 소중하게 새겨야 될 통찰은 저쪽에서 오는 것에 주목한다는 것이다.

무슨 이야기인가? 현상학에서 말하는 현상은 플라톤의 현상도 아니고, 칸트의 현상도 아니다. 후설이 말하는 현상은 다르다. 어떻게 다른가? 플라톤의 현상은 그림자다. 이데아 세계가 진짜고 현상은 그로부터 드러난 그림자이니 가짜이다. 원래의 있음을 잘 되새겨서 다시금 닮아보려고 애쓰는 것이다. 그런데 칸트는 현상이 진짜이고, 현상 너머는 모른다고 말했다. 너머가 없다는 게 아니다. 없지도 않고 가짜도 아닌데 모른다는 것이다. 모르는데 무슨 이야기를 할 수 있나? 우리가 알 수 있는 범위 안에서만 이야기하자는 것이다. 그러니까 앎에 초점을 맞춘다. 그러나 현상학에서 현상은 전혀 다르다. 후설도 역시 현상과 본질이라는 표현을 쓰는데, 현상 안에 본질이 있다고 말한다. 앎속에 있음이 있다고 말한다. 현상이 앎이고 본질이 있음이다. 현상학이라는 것은 현상 너머가 아니고, 현상만도 아니며, 현상 안에서이다. 왜? 있음이 그렇게 드러내주기 때문이다. 그러니까 앎을 잘 붙잡으면 그 안에서 있음이 드러나는 것을 볼 수 있다는 것이다. '사태 자체로 돌아가자!'는 구호는 바로 이런 뜻이다. 현상학에서의 현상은 저쪽에서 이쪽으로 쏴주는 것이다. 후설에 의하면 우리는 그걸 다만 직관의 방식으로 알 수 있게 된다. 그럼 저쪽에서 이쪽은 그 모양새가 어떻게 되든지 이쪽에서 틀을 가지고 있지 않으면, 질러주는 대로이다. 그게 바로 직관이다.

이제 틸리히는 이쪽에서 저쪽을 향해 지르는 비판뿐 아니라 저쪽에서 이쪽으로 향해 오는 것에 대해서 열고 받아내는 직관도 필요하다고 한다. 그것을 한꺼번에 싸잡는 것이 메타논리다. 그리고 메타논리가 궁극적으로 지향하는 바는 의미이다. 이쪽에서 저쪽만도 아니고 저쪽에서 이쪽만도 아니니 저쪽과 이쪽이 만나는 것이다. 그의 사상 초기에서부터 나중에 본격적으로 등장하게 될 상호관계성을 향해 한 발씩 다가가고 있다. 틸리히의『조직신학』을 이루는 내용들이 1950-60년대 십여 년 걸쳐서 쓴 글이지만, 그 안에 그가 젊은 시절 사고를 다듬어가며 썼던 글들이 여기저기에 자리를 차지하고 있다. 그러니까 이게 어느 날 쓰기도 10여 년 걸렸지만, 10년만의 작품이 아니고 평생 역작의 집적이고 농축인 것이다. 상호관계는 그렇게 일찍이 시작되었다.

이렇게 메타논리적 방법으로써 종전에 벌어지고 있었던 대립을 포함하고 넘어설 가능성을 깔고 나서 틸리히는 구성요소를 중심으로 종교의 내용을 구체적으로 분석하고 문제를 진단한다. '종교와 문화'라는 소절 제목은 구체적이고 현실적인 논의를 시작한다는 표시다. 상황을 향해 복음을 변증하는 틸리히의 신학적 기조에서 종교와 문화의 관계는 그 핵심이다. 그런데 종교는 무한한 의미이고, 문화는 유한한 형식에 관한 지향성이라고 한다. 또는 종교는 문화의 실체적 내용이고 문화는 형식이라고도 한다. 같은 이야기다. 중요한 것은 둘이 심층과 표층의 관계로 얽혀야 하고 따라서 의미의 완전한 통일을 추구해야 한다. 그런데 이들이 벌어지고 소외되면 문화는 자율로 치닫고 종교는 타율로 전락한다는 것이다. 각각 그리고 서로에게 비극이다. 이를 극복하기 위해서 마땅히 신율이 요청된다. 그리고 자율과 타율은 신율 안에 긴장을 유지한 채 포함되고 결국 초월되어야 한다는 것이다.

> 자율성과 타율성은 신율성 안에 존재하는 긴장이며, 이 긴장이 부서지면 정신의 재난을 초래한다. 문화와 종교의 본질적인 관계는 어디까지나 신율성이기 때문이다. 그러므로 자율성과 타율성 중에서 한 쪽만 지지하고, 양자의 종합을 기도함으로써 한 쪽의 결점을 보완하지 않는 모든 종교철학을 우리는 비판해야 된다.[9]

우선 '긴장'에 주목하자. 모순이라는 관계는 일반적으로 지양되거나 극복되어야 하는 것이라면 긴장은 끌고 가야 한다. 왜? 한쪽으로만 쏠려서는 안 되기 때문이다. 그것이 파행에 의한 온갖 왜곡과 억압을 일으키기 때문이다. 그렇다면 어떻게 하자는 것인가? 결국 대립적인 긴장을 이루는 자율과 타율의 대립을 싸안고 넘어서는 역설로 가자는 것이다. 포함하고 초월하니 '포월적 역설'이라고 불렀다. 틸리히가 궁

---

9 『종교란 무엇인가?』, 84. 자율-타율-신율의 삼각구도는 후에 『조직신학』의 존재-신의 상관을 논하는 데에서 보다 내용적으로 적용된다.

극적 차원을 설명하는 절묘한 방식이다. 드디어 기다리고 기다리던 틸리히의 종교철학의 기본 구도에 대한 명시적인 선언에 이르렀다. 대립을 모순으로 겪을 수밖에 없는 현실에서 어느 한 쪽으로 쏠리는 환원주의에 의한 왜곡과 소외를 극복하고자 이를 긴장을 유지하고 넘어서는 역설로 이끌어가려는 그의 과업이 본격적으로 시작되는 것이다. 일상적인 것에서 동떨어진 궁극성이 아니라 일상에서 겪을 수밖에 없는 온갖 긴장과 갈등에 주목하여 각각의 장점을 살리고 문제 가능성을 보완하는 데에서 궁극성이 의미를 지닌다는 방식으로 연관 짓는다. 그래서 그에게 있어 궁극성은 역설이다. 그리고 그렇게 엮어져야 하는 자율-타율-신율의 삼각구도를 기축으로 해서 종교의 여러 요소들을 입체적으로 분석한다. 자율-타율-신율이 이후의 분석을 관통하는 진단과 처방의 기축이다.

신앙과 비신앙

탁월한 사례를 신앙과 비신앙의 관계에서 볼 수 있다. 언뜻 보기에는 신앙과 정반대이고 얽히기는커녕 배제되고 부정되어 마땅한 비신앙을 동원하는 것 자체가 동의하기 어려워 보인다. 그러나 그런 눈으로 읽어서는 그 혜안에 다가갈 길이 없다. 그렇다면 어떻게 해야 하는가? 틸리히는 먼저 신앙이란 "정신의 모든 기능이 절대자로 향하는 것"이라고 형식적으로 규정한다. 그리고는 이것은 이론적이거나 실천적인 기능 중 하나로만 귀속되어서는 안 된다고 강변한다. 즉, 동의나 수긍과 같은 지성적인 행위만도 아니고 감정적인 의존을 뜻하는 신념만도 아니라는 것이다. 오히려 이들은 그렇게 분리될 수 없이 얽혀 있다.

> 신앙의 모든 행위는 단순한 동의(assensus)도 아니며 단순한 신념(fi-
> ducia)도 아니다. 그러나 모든 믿음직스러운 동의에는 신념이 있으며,
> 모든 믿음직스러운 신념에는 동의가 있다.[10]

동의는 지적인 것이고 신념은 좀 더 정적인 것이다. 여기에 의지적
인 차원도 추가되어야 한다. 어느 대목에 가면 틸리히가 이에 대해 언
급한다. 그러나 여기서는 동의와 신념이 교차적으로 얽혀 있다는 것
을 강조함으로써 요소환원주의를 거부한다는 점에 주목하는 것으로
충분하다. 그러한 수평적 얽힘보다는 수직적 구조를 살피는 것이 더
욱 중요하다. 아래의 구절은 이를 입증한다.

> 신앙은 이론적 및 실천적 행위에 나타난 절대자에 대한 지향성이다.
> 그러나 절대자는 하나의 대상이 될 수 없고, 절대자는 직관하고 의향
> 하는 상징으로서만 파악될 수 있다.[11]

여기서는 '상징'이라는 말이 '대상'과 대립된다. 실재를 놓고 기호,
개념, 상징 등이 유기적으로 얽히면서 뜻을 엮고 풀어내는 일에 종사

---

10 『종교란 무엇인가』, 85. 틸리히는 여기서도 동의와 신념을 대비시키고는 다시 얽혀내
는 방식을 취한다. 크고 작은 범위로 대립적 모순에 주목하고 다시금 역설적으로 얽혀
야 할 당위성과 얽힐 가능성을 논한다. 그러나 틸리히가 신앙의 갈래를 이렇게 둘로만
분류하는 것은 아니다. 그의 다른 저서 『믿음의 역동성』 등에 확인할 수 있는바 인간 정
신의 세 요소에 따라 신앙의 유형들이 주지주의, 주정주의, 주의주의로 형태화하고 환
원주의적 왜곡을 자아낸다는 비판에서 보다 다양한 분석을 확인할 수 있다.
11 『종교란 무엇인가』, 85.

한다. 그중 상징과 대립하는 대상에 해당하는 것이 바로 개념일 터이다. 결국 위 구절은 '절대자는 개념적으로 대상화할 수 없고 다만 상징으로 더듬어질 뿐'이라는 것을 뜻한다. 말하자면 절대자는 인간의 생각 안에 들어가도록 잘려질 수 없고 다만 그로부터 불러내어 모양을 새길 수 있을 뿐이라는 것이다. 인간의 인식행위 안에 잡힐 수 없고 단지 가리켜질 뿐이라는 것이다. 잡아낸다는 것은 더 많이 잡는 것을 목표로 한다. 그것이 개념의 목적이다. 곧 아는 것이 개념의 목적이다. 이와는 달리 상징은 가리키는 것이다. 가리켜지는 저쪽과 가리키는 이쪽 사이에 엄청난, 아니 측정할 수 없는 거리가 있다. 다만 가리킬 뿐이다. 잡을 수 없다. 다만 잡을 수 없으니 앞을 향해서 달려간다는 것처럼 그저 가리킬 뿐이다. 그 거리를 어떻게 상징이 싸잡을 수 있는가? 어림도 없다. 그래서 상징은 모름이다. 개념은 앎이라면 상징은 모름이다. 대상이라는 것은 주체가 주도권을 쥐고 주체 안으로 끌고 들어오니 그것을 알 수 있고 안다는 것을 뜻한다. 그러나 대상이 아니고 상징이라고 했을 때 틸리히는 인간이 절대자와 관련하여 결코 인식 주체가 아니라는 것을 분명히 하는 것이다. 다만 상징으로만 더듬거릴 수밖에 없는 절대자와 관련하여 우리는 모름을 적극적이고 긍정적으로 받아들여야 한다. 이것을 거부하면 우리는 우리가 알고 있는 것을 신이라고 하게 돼 있다. 그게 대상이다. 그리고 그렇기 때문에 바로 우상이 된다. 대상이 우상이다. 그런데 이게 무슨 뜻인가? 도대체 왜 중요한가? 교회가 절대자를 신앙의 대상으로 옹립하면서 매우 자연스럽게 대상화하고 있는데 그렇게 하면서 인간이 주체의 자리에 스스로 앉아서 인간이 원하는 모습대로 우상화하고 있다는 것을 전혀 의식하지 못하고 있는 현실에 대해 상징이 바로 비판의 준거로 작용할 수 있기 때문이다.

> 성스런 대상으로 직접 지향하고, 다른 한편으로는 그 객체를 직접 의
> 향하지 않고 그 객체에 상징적으로 나타난 절대자를 지향한다.[12]

성스런 대상이라고 하더라도, 그건 상징일 뿐이다. 마리아상 앞에
서 고개를 숙이고 기도를 하더라도 그 상에다가 경배를 하는 것은 아
니다. 그런데 현실 종교는 퇴락했다. 상을 세우지 않았다고 상이 없는
가? 내 마음속에, 내 신념 안에, 내 믿음에 상이 들어앉아 있다. 엄청
난 상이 있다. 그게 개념이고 대상이다. 남들도 볼 수 있는 어떤 상을
세우지 않았다고 우상화를 비껴가고 있는 것이 아니다. 성스러운 대
상을 직접 의향하는 순간 그런 일이 벌어진다. 그래서 대상이 상징하
고 있는 절대자를 지향하는 것이 중요하다. 지향은 대상화가 아니다.
손으로 움켜잡는 것이 아니라 두 팔 벌리고 기다리는 것이다. 그런데
이 차이를 주목하지 않으면 다음과 같은 상황이 벌어진다.

> 신앙에 반대되는 것으로서는 믿음직스럽지 못한 태도가 있다. 비신앙
> 의 본질은 객관적인 어떤 것을 인정하지 못하거나 완성하지 못하는 것
> 이 아니라, 직접성에 나타난 현실성이나 객체의 유한한 형태에 머무르
> 면서 근원적인 의미의 의미로 침투하지 못하는 것이다.[13]

이 구절은 틸리히가 비신앙을 논하는 이유를 분명하게 보여준다.

---

12 『종교란 무엇인가?』, 85.
13 『종교란 무엇인가?』, 86.

그가 말하는 비신앙이란 신앙이 없는 것이 아니라 잘못된 신앙을 가리킨다. 신앙이 절대자를 객관적으로 인정하는 태도라고 오해하게 되면 인정하지 않는 것이 비신앙이 될 터이다. 그러나 신앙은 그런 따위의 인정, 동의, 수용 등의 인식행위가 아니다. 신앙을 근원적이고 궁극적인 의미에 대한 총체적인 지향성으로서 새긴다면 비신앙은 비록 궁극에 이를 수는 없더라도 향하려는 삶의 자세를 저버리고 눈에 보이는 유한한 것들 예를 들면 교리나 제도 행위 등에 머물러 이를 궁극적인 것으로 새기는 잘못된 신앙 유형을 가리킨다. 이러한 분석이 중요한 이유는 틸리히가 말하는 비신앙이 종교 현실에서는 오히려 매우 독실한 신앙으로 오인되고 있기 때문이다. 유한을 무한으로, 예비적인 것을 궁극적으로 착각하는 우상화를 독실한 믿음으로 간주하는 자가당착이 종교의 이름으로 자행되는 현실에 대한 비판으로서의 뜻을 지니고 있기 때문이다. "객체의 유한한 형태에 머무르면서"가 이를 가리킨다. 구체적으로, 원시시대에는 자연물로 형상화시켰다. 고목나무로, 큰 바위로, 금송아지로 형상화시켰다. 십계명에서 나오다시피, "나를 위해서 어떤 형상도 만들지 말라"는 명령에도 불구하고 말이다. 그런데 그 형상은 자연물만이 아니다. 지금 틸리히가 대상이라고 한 것, 즉 개념에 해당하는 것이 바로 그런 형상물이다. 객체의 유한한 형태, 대상화해서 잡아낸 모양, 그러한 개념이 우상이 될 재료다. '객체의 유한한 형태'라고 하니까 나에게는 해당하지 않는다고 쉽게 생각하지만 개념화의 상을 가리킨다면 쉬이 벗어날 수가 없음을 우리가 인정하지 않을 수 없게 된다.

자율과 타율의 대립을 신앙과 비신앙에 적용하여

이제 틸리히는 앞서 논했던 자율과 타율의 긴장을 신앙과 비신앙의 대립에 교차적으로 적용하여 참으로 경이로운 분석을 전개한다. 문화를 설명할 때 자율을 비신앙과 연결하여 '자율적인 비신앙'이라고 비판하고, 종교에 대해서 타율과 신앙을 결합하여 '타율적인 신앙'이라고 비판한다. 문화가 궁극이라는 심연을 망각하거나 무시하고 자체 안에서 충족될 수 있다는 방식으로 전개되는 모습을 자율적인 비신앙이라고, 즉 신앙의 궁극성을 무시하고 표피의 자율성에만 머물렀다고 비판한다. 같은 방식으로 이제 종교는 신앙을 표방하기는 하는데 절대자로 지향하기보다는 절대적인 것으로 간주된 유한한 형식을 붙들고 이를 고수하려하니 오히려 이로부터 지배를 받게 되는 타율적인 신앙으로 전락하고 말게 된다고 비판한다.

여기서 신앙은 이제 유한한 형식을 통한 절대자에로의 지향성이 아니라, 절대적으로 본 유한한 형식을 지향하는 것이다. 그리고 여기는 타율적인 신앙도 유한한 형태로 끝나고 만다. 단지 그것을 자율적인 비신앙과 같이 유한한 것으로 해석하지 않고, 절대자의 심부름꾼으로 해석할 뿐이다. 그러므로 비록 악마적으로 왜곡된 타율적 신앙도 어디까지나 하나의 신앙이며, 자율적인 비신앙은 악마적이지는 않더라도 영원히 신적인 것은 될 수 없다. 그것은 법칙에 대한 공허한 복종일 뿐이다.[14]

---

14 『종교란 무엇인가?』, 86-87.

그런데 종교를 비판하는 통찰인 타율적인 신앙은 매우 중요한 의미를 갖고 있다. 우리의 종교적 행태들이 이러고 있을 가능성이 굉장히 많기 때문이다. 겉으로는 신율인 것처럼 보이지만, 또한 명분은 그러하지만, 절대자를 신앙의 대상으로 모시는 순간, 의식도 하지 못하는 대상화가 일어난다. 그런데 대상에 대한 대상화로 들리니 당연한 동어반복이라 별다른 문제가 없어 보이지만, 이것이 바로 엄청난 함정이라는 비판인 것이다. 간단히 말해서 하느님을 대상화하면 타율적인 신앙이 된다는 것이다. 이유인즉, 대상은 주체 안으로 끌고 들어와 새기니 주체내재화적 대상화로서 주체가 주도권을 지닌 것 같지만, 주도권이라는 것이 주체가 자발적으로 행사하는 것이라기보다는 실상 주체를 끌고 가는 욕망이 시키는 것이어서 원하는 대로 대상을 그려내니 우상이 될 수밖에 없기 때문이다. 말하자면, 신이라고 간주하고 모시기 때문에 거꾸로 그것이 나를 타율적으로 지배할 수밖에 없다는 것이다. 타율적인 신앙이 결국 이르게 되는 '절대자의 심부름꾼!', 이게 틸리히에게서 길어낼 수 있는 종교비판의 언어이다. 실로 얼마나 많은 인간들이 가증스럽게도 스스로를 '절대자의 심부름꾼'으로 자임하면서 군림하고 있는가를 살핀다면 이러한 비판적 통찰에 전율하지 않을 수 없다.

하느님과 세계: 자율-타율-신율의 변증법

이러한 분석은 '하느님과 세계'의 관계에도 그대로 적용된다. 여기서는 앞선 논의와 같은 방식인데 개념 결합을 뒤집어서 한다. 하느님과 세계라는 관계가 작동하는 방식에 관한 논의이기 때문이다. 이를 논하는 짧은 절 안에서 마지막 세 문단이 간결하게 세 유형을 대비하는데, 비신앙적 자율성, 신앙적 타율성 그리고 신율성이 바로 그것이다.

우선 비신앙적 자율성은 인간이 스스로 충분히 잘났기에 그런 인간을 싸안고 있는 정합적인 세계가 곧 신으로 간주되니 범신론이 고개를 쳐든다. 그것이 종교 안에 들어와서 자리 잡으면 성례전주의가 되는데, 성례전에서 모든 예물, 예전 자체가 상징이 아닌 실재의 자리에 등극하게 되면서 그런 것들이 그 자체로 거룩함으로 새겨진다. 이러한 비신앙적 자율성은 세계를 신으로 간주하는 오류이다. 그러다 보니 "'하느님 안에 있는 심연을 무시함으로써 형식의 종합에 나타나는 절대자의 부정성을 보지 못한다.'"15 세계로 세계를 모두 설명하고 이해할 수 있다는 태도로서 초월을 망각하거나 무시하는 우리 현대 문명을 진단하는 데 한 축이 될 수 있겠다.

이와는 반대로, 신앙적 타율성은 앞서 타율적 신앙에 대한 논의와 마찬가지로 우리 종교의 현실적 모습을 정곡으로 찌르는 예표이다.

존재와 의미, 인격과 사랑의 근거가 되는 절대자를 객관적으로 파악함

---

15 『종교란 무엇인가?』, 89. 여기서 특히 주목해야 할 것이 '심연'과 '부정성'이다. 인간이 스스로를 자율적 주체로 설정하는 데에만 머무르면 자기가 알고 있는 것이 전부가 된다. 물론 안정욕구 충족을 목표로 하는 인식론적 횡포이지만 이 과정에서 신도 계시라는 이름으로 알려진 존재로 설정된다. 예를 들면, 그리스도교 경전과 신학이 공유하고 있는 신의 인격성 개념이 나름대로 중요한 역할에도 불구하고 부정성, 즉 인격성으로 싸잡을 수 없는 무인격적 차원을 망각하게 하는 결과를 초래한다. '하느님의 뜻'이라는 표현을 남용하다 못해 폭력적이게 만드는 오류를 판단하는 준거로서 부정성은 중요하다. 심연은 특히 '높이'로만 표현되는 신의 위상이 지닐 수도 있는 우상화에 대한 경계 장치로서의 뜻을 지닌다는 점에서도 중요하다.

으로써 하느님은 이 세계와 나란히 있는 세계가 된다. 말하자면 절대자에 관한 진리를 비진리로 변용시키고 타락시킨다.[16]

'나란히'란 말이 감이 안 잡히거나 불편하면, '위에'라고 해도 좋다. 특히 틸리히에게 있어서는 세계 위의 하느님, 또는 자연 위라는 공간적인 이미지를 가지고 있는 초자연적 차원은 세계 위에 얹어놓았을 뿐 여전히 세계라는 것이다. 초자연이라는 '세계 위'는 여전히 세계의 연장이다. 세계 위에 얹혀 있을 뿐이다. 예를 들어 칸트가 토마스 아퀴나스의 신 존재증명을 비판한 대목이 여기에서 좋은 증거가 될 터이다. 아퀴나스의 우주론적 증명은 결과로부터 원인으로 거슬러 올라가는 방식을 취하는데 결과로서 피조물이 있으니 원인으로 거슬러 가야 하며 마땅히 최초의 원인이 있을 수밖에 없다. 그 존재가 바로 피조물의 최초 원인인 창조주로서 곧 신이라는 것이다. 아퀴나스의 이런 증명에 대해서 칸트는 결과로부터 원인으로 거슬러가는 인과율적 관계방식은 유한한 세계에만 적용될 수 있을 것인데, 무한자인 신과 유한자인 피조물 사이에 인과율을 들이댄 것은 부적절하다고 비판한다. 아퀴나스는 거룩하게 그 작업을 했지만 칸트가 보기에는 무한자를 유한화한 것이다. 최고이고 최대이며 최초라고 하더라도 여전히 유한자 위에 얹힌 유한자라는 것이다.

그런데 우리가 그런 식으로 생각하고 있다. '왕 중 왕', '주 중 주'라는 표현들을 우리는 은유가 아니라 직설적으로 생각한다. 직설이 더 힘 있고 압도적이게 보이기 때문이다. 그런데 그러다가 결국 대상화되고, 도리어 그 대상으로부터 지배를 받게 되고 따라서 타율적이게

16 『종교란 무엇인가』, 90.

된다. 신을 드높이 잘 모신다는 명분으로 대상화와 이를 통한 복종을 열렬하게 강조하는 교회 언어의 문제에 대해 진단할 탁월한 준거다. 우리에게 다가오시는 하느님이 어느 방향으로 들이닥칠지 모르는데, 위에다 모셔다놓고 내려오시는 것으로 고정시켰다. 그런데 틸리히가 이걸 뒤집어 버렸다.

어떻게? 바르트가 자유주의에 대한 반동으로 다시 위에다 모셔 놓은 하느님을 틸리히가 아래로 모시고 내려온다. 물론 자유주의의 방식과는 전혀 다르다. 그런데 '아래'를 표현하는 틸리히의 묘사가 절묘하다. 하나는 '근거'(ground)이고, 다른 하나는 '심연'(abyss)이다. 근거란 말은 합리주의의 뿌리 언어이고, 심연은 신비주의의 뿌리 언어이다. 틸리히는 기회가 있을 때마다 자신은 합리주의와 신비주의의 두 전통을 용광로처럼 종합하려고 한다고 밝힌다.[17]

그렇다면 신율성은?

신율성은 하느님 개념이 가지는 내적인 변증법적 성격을 발견해서 찾아낸다. 그리하여 신율성은 단순한 세계 형식의 종합을 초월해서, 세계적도 아니며 초세계적도 아니면서도 모든 완성된 세계 형식을 파괴하는―세계와 병행하는 하나의 형식이 되지 않는― 세계의 근거와 심연에 도달하게 된다.[18]

신율은 '단순한 세계 형식의 종합'을 초월하는데 '모든 완성된 형식을

---

17 바르트가 '위에', 틸리히가 '아래'라고, 몰트만은 '앞에서'라고 했다. 종교문화사의 거대한 대조구조를 읽어내는 틀로서의 합리주의와 신비주의의 대비에 대해서는 필자의 다음 저서를 참조하라. 정재현, 『신학은 인간학이다』.
18 『종교란 무엇인가?』, 90.

파괴하는' 방식으로 한다. 완성을 파괴하는 방식으로의 초월이다. 종합은 초월되고 완성은 파괴된다. 신율이 역설인 이유가 바로 이것이다. 틸리히는 이러한 신율의 역설로써 유한한 세계만으로 종합하여 완성하려는 세속적 사유를 기치로 내건 근대정신에 대해 통렬하게 비판한다. 심연의 종교를 잃어버린 표층의 문화로 세계를 싸잡아 해결할 수 있다는 근대적 발상이 오히려 더욱 증폭되고 있는 우리 시대인 현대에 더 솔깃해지는 통찰이 아닐 수 없다. 종합과 완성, 얼마나 그럴듯한 이념이고 목표인가? 그런데 이것이 오히려 우리 스스로를 기만에 빠지게 한다는 것이다. 신율로써 틸리히가 자율과 타율에 대해 가하는 비판이다. 그런 방식으로 신율은 자율과 타율 사이의 적당한 타협에 의한 종합과 이를 통한 완성이 오히려 인간을 옭아매고 나락으로 떨어뜨릴 수밖에 없는 현실로부터 구원하는 동력이 된다.

성과 속: 대립이 아니라 연관

틸리히의 이런 논의는 성(聖)과 속(俗)의 관계에서 취합된다. 그는 의미가 무조건적인가의 여부에 따라 성과 속을 구분했다. 무조건적인 의미와 연관되면 성으로, 그렇지 않으면 속이라고 했다. 이제 성과 속은 서로 반대라기보다는 앞의 것이 뒤의 것을 싸안으면서 넘어서는 관계로 새겨진다. 그럴 때 성과 속은 서로 별개의 것이 아니라 아래 설명처럼 깊이 연관되어 있다.

절대자의 입장에서 보면, 모든 성스러운 실재는 긍정과 부정을 동시에 간직하고 있다. 존재하는 실재가 모든 개별적인 실재를 절대적으로 초월하는 의미의 의미에 의하여 보조를 받고, 더 나아가서 이러한 의미의 의미로부터 모든 유한한 존재가 진정한 본성과 의미와 중요성을 획득한다는 뜻에서는 긍정이다. 그러나 존재하는 실재에게 이러한 성격을 부여하는 것은 성스럽게 보이는 것 자체가 아니라, 모든 진실한 존재의 경우와 같이, 거룩한 자의 입장에서 보면 완전히 부정된 것이라는 뜻에서는 부정이라고 말할 수 있다. 그러므로 성스러운 물체는 그 자체로서 거룩한 것이 아니라 오히려 그 자체의 부정으로서만 거룩한 것이다. 그리고 그 자체의 부정은 존재하는 모든 것의 부정을 포함한다.[19]

좀 더 살펴보자. 위 인용구의 두 번째 문장에서 '존재하는 실재'가 성(聖)을 가리킨다면, '개별적인 실재'는 속(俗)을 뜻한다. '유한한 존재'는 당연히 '개별적 존재'의 또 다른 표현이니 속에 해당한다. 이렇게 풀면서 읽어가면 위 인용구는 간단히 다음과 같이 정리된다. '성과 속은 서로 밀접하게 연관되어 있되, 성은 그렇게 거룩함을 담아내는 그 자체에 대한 그 자체의 자기부정에서 비로소 성을 가리킬 수 있다. 말하자면, 성은 속과의 관계에서 부정과 상징으로서 그리고 그렇게만 이 세계에 자리한다.' 그리고 인용구의 마지막 문장 "존재하는 모든 것의 부정"은 '이 세계에 있는 어떠한 것도 그 자체로 거룩한 것은 없다'는 프로테스탄트 원리를 또다시 천명한 것이다.

이제 현실적으로, "그 자체의 부정으로서만"을 교회에 적용해야 한다. 교회가 과연 하느님 나라를 향해서 그 자체를 부정하고 있는지

---

19 『종교란 무엇인가?』, 91.

를 되돌아보게 하는 기준이다. 앞서 개념이 앎을 잡는 것이라면 상징은 모름을 더듬는 것일 터인데, 모름을 더듬는다는 것이 막연하게 다가온다면 이 대목에서 '그 자체의 부정'에 주목할 일이다. 그 자체의 부정이 중요할 뿐 아니라 그 부정을 견뎌야 한다. 상징의 모름은 이것을 가리킨다. 본디 상징에서 가장 중요한 것이 실재를 향한 자기부정성이다. 실재를 향해서 상징이 자기부정을 거부하면 상징이 실재로 둔갑한다. 그러면 바로 우상이 된다. 상징이 실재로 둔갑한다는 것은 모름이 앎이라고 나댄다는 것을 뜻한다. 돌이나 금으로 만들어야만 우상이 아니다. 내가 가지고 있는 이 세상의 어떤 것도 모두 자기부정을 잊어버리면 우상이 될 소지가 있다. 초월과 파괴 같은 부정이 무시되는 순간 우상이 되니 말이다. 그래서 성과 속은 이토록 밀접하게 얽혀 있으되 그 안에서 그렇게도 확연하게 구별된다.

　이제 그런 성과 속의 관계는 급기야 아래와 같이 얽혀 역설을 향하게 된다.

　　거룩한 자가 가진 내부에서의 탈자적 성격을 우리는 세 가지로 해석할
　　수 있다. 타율성의 입장에서 보았을 때 거룩한 자는 초자연적인 존재
　　이며, 자율성의 입장에서 보면 이상적인 존재이며, 신율성의 입장에서
　　보면 역설적인 존재이다.[20]

---

20 『종교란 무엇인가』, 92. 신성의 위상에 대한 틸리히의 절묘한 비교분석을 특별히 주목
　해야 한다. 신에 대한 전제군주적 관계는 형이상학적으로 '초자연'으로 그려지고, 인간
　이 주체가 되는 시민사회체제에서는 신은 인식론적으로 '이상'의 존재로 설정되며, 신
　율과 밀고 당기는 실존의 현실에서는 신은 위이면서도 아래, 앞이면서도 뒤, 안이면서
　도 밖이 되는 '역설'이라고 새겨진다는 것이다. 우리 시대의 현실이면서도 동시에 수행
　해야 할 과제를 탁월하게 드러내주는 것으로 평가된다.

교회 안에서 가장 흔하게 설정되고 있는 초자연적 이미지는 자연물일 뿐인 종교적 상징을 초자연화하여 실재의 위치로 격상시키는 권위주의에 대한 복종을 미덕으로 삼는 타율적 관계망에서 나온 그림이다. 자연물에 초자연적인 위상과 기능을 부여하니 우상화의 유혹이 노골적이다. 고·중세 시대에 당연하게 받아들여졌던 신관이지만 성을 속으로 새겨 군림하도록 했으니 우상숭배의 맹종밖에 다른 길이 없다. 다른 한편, 근세를 지배했던 자율성은 인간의 최고 이상을 신과 동일시한 구도였으니 눈앞의 세계가 전부인 양 착각함으로써 인간 삶이 비롯된 근거와 심연의 차원을 무시하여 스스로 소외에 빠지는 결과를 초래하였다. 자아도취에 의한 자가당착이었다. 말하자면 속을 성이라고 간주함으로써 성을 제거해버리는 오류를 피할 길이 없었다. 타율성은 속을 성으로 추앙하는 초자연주의로 갔다면, 자율성은 성을 속으로 대체하는 자연주의로 간 것으로 볼 수 있다. 어느 쪽 손도 들어줄 수 없는 난황을 타개할 묘책을 찾고자 나선 틸리히는 어느 한 쪽으로도 기울어지지 않되 어느 하나도 버리지 않는 길을 모색한다. 이것이 바로 역설이다. '종교란 무엇인가?'라는 제목으로 전개되는 그의 종교철학에서 드디어 '역설'이 내용적인 차원에서 본격적으로 전개된다. 무엇보다도 타율과 자율 사이의 긴장을 포함하고 초월하는 역설로서의 신율을 끌어들이기 위해서이다. 그러나 틸리히가 말하는 신율은 결코 군림하지 않는다. 신율을 말하면서 타율을 떠올리는 습성은 뿌리 깊은 초자연주의와 권위주의 때문이다. 그렇다면 신율은 무엇인가? 어떻게 역설을 이루는가?

신율은 거룩한 자와 황홀경과의 역설적인 성격—내적으로는 초월하는 성격—을 들추어내고, 직접적인 형식을 깨뜨리고, 그 형식을 상징적으로 해석하는 성격을 들추어낸다. 초자연주의와 이상주의를 동시에 배척함으로써 거룩한 상태는 단순히 초자연적인 영역이나 이상적인 요청의 영역이 아니라 은총의 상태라는 통찰력을 갖게 된다. 은총은 언제나 역설이다.[21]

역설에 대한 탁월한 설명이다. 위 문장대로 따라 읽으면, 역설은 초월하고 폭로하며 파괴하고 해석한다. 내용적으로 순서를 정리해본다면, 역설은 폭로하고 파괴하며 초월하고 해석한다. 그러기에 역설은 초자연주의는 물론 자연과 인간에 대한 이상화를 일삼는 이상주의도 넘어선다. 그리고는 은총으로 향한다. 한편으로 은총이 힘과 권위로 다가온다면 도로 타율로 전락할 터이다. 다른 한편으로, 은총이 노력의 대가라면 자율로 퇴보할 터이다. 그러나 은총은 무조건이다. 어떤 조건에도 구애되지 않는다. 그럼에도 불구하고, 우리는 과연 은총을 역설로 이해하는가? 은총을 거의 인과율적으로, 즉 조건적으로 이해하고 있지 않은가? 선행을 쌓고 좋은 믿음을 가졌으니 은총을 받는다는 식으로 말이다. 원인과 결과의 조건적인 관계에서 새겨야만 직성이 풀리는 우리의 관념은 은총마저도 그렇게 새기게 한다. 그런데 인과율이라는 것은 원인과 결과의 관계 안에서 벌어지는 일이다. 콩 심은 데 콩 나고 팥 심은 데 팥 나니 사실상 동어반복이다. 칸트의 언어를 빌리면 분석판단이다. 주어 안에 술어가 있는 것이다. 은총이 끼어들 여지가 없다. 그러나 역설은 깨는 것이다. 파괴하고 초월하니 예측 불허인 것이다. 그래서 은총이 역설인 것이다. 그리고 은총은 그런

---

21 『종교란 무엇인가?』, 93.

것이다. 자율과 타율의 긴장을 포함하지만 그저 대립을 용인하고 마는 것이 아니라 그러한 대립의 각항이 지니는 맹점들을 파괴하는 방식으로 포함한다. 그러니 초월이라 하고 이것이 바로 역설이 작동하는 방식이다. 파괴하고 포함하여 초월하는 역설이다. 역동성이 그 핵심이라는 것은 새삼 강조할 필요도 없다.

그러한 역설이 신율의 핵심이어야 하는 이유가 무엇인가? 아래 틸리히의 설명을 들으면 보다 확연해진다.

> 이상적인 통일의 관점에서 모든 것을 통합하는 자율적인 접근은 거룩한 것의 세속화를 일으키고, 이와 반대로 타율적인 접근은 운명적으로 성화된 것의 거룩함을 유지하려고 노력하고, 그것을 의미의 형식적인 상호관계를 넘어서는 초자연적인 것으로 숭배한다. 그러나 두 가지 접근 방법 모두 성스러운 것이 가진 역설적인 성격에 모순되는 것이다.[22]

자율이 자행하는 '거룩한 것의 세속화'는 인간이 자신 안으로 끌어들이는 것이니 자아도취로 빠질 수밖에 없다. 반면에, 타율은 본디 자연적인 것일 뿐인데 일단 성화되고 나니 '성화된 것의 거룩함을 초자연적인 것으로 숭배'하게 되는데 이것이 바로 우상숭배의 기본구조이다. 자율의 자아도취나 타율의 우상숭배 모두 성과 속 사이의 긴장을 견디지 못하고 한쪽으로 환원시키니 성이 속에 대해 지니는 역설을

---

22 『종교란 무엇인가?』, 94. 성스러움의 역설이 왜곡된 신-인 관계에 대한 비판과 교정의 기준이 된다는 점은 새삼스러운 주목을 요한다. 한쪽으로 몰아가는 일방이나 부분으로 축소시키는 환원이 다른 일방이나 다른 부분을 억압하는 것이기에 왜곡일 수밖에 없으니 이에 대한 해결책으로 부분으로서의 축소에 저항하고 쌍방적인 구도를 견지하는 방안으로서 역설은 현실적인 의미를 지니기 때문이다.

붕괴시키는 오류에 빠지고 만다. 신율이 역설이어야 하고 역설일 수밖에 없는 이유를 틸리히는 자율과 타율의 환원주의로의 전락이라는 문제를 지적함으로써 에둘러 설명하고 있다.

이러한 논의는 급기야 가장 일상적인 어휘들을 등장시켜 현실적인 의미를 설명하는 데에까지 나아간다. '신성과 악마성'이라는 제목이 바로 그것이다. 그러나 내용으로 보면 앞선 논의를 마무리하는 단계이니 '역설의 자리, 위치 그리고 움직이는 방식'이라고 부제를 붙여도 좋다. 신과 악마라고 했는데, 무엇이 악마인가? 여기서도 틸리히는 예리한 통찰을 보여준다. 악마가 매우 거룩하게 신적인 모습을 취할 수 있다는 점에 주목하여 지극히 상반되어 보이는 이들 사이의 통교 가능성을 말한다. 그는 말한다. "그러므로 악마적인 것도 성스러운 것을 획득할 모든 형식을 가지고 있다."[23] 좀 더 구체적으로 본다면, 거룩한 것으로부터 신적인 것과 악마적인 것이 나온다는 것이다. 맞는 말이다. 종교적으로 '거룩하시다, 거룩하시다'라는 것 속에 악마적인 것이 있을 수 있다는 것이다. '거룩함'이란 이름의 악마, 즉 하느님이라는 이름의 우상이 도사릴 가능성을 진솔하게 살펴야 한다. 우리가 상징의 자기부정성을 잃어버리는 순간, 그것은 악마가 된다. 겉모습은 매우 거룩하지만 악마라는 것이다.

다시 말해서 심연의 성스러운 부정성이 무조건적인 형식을 상실함으로써 악마적인 부정성이 된다. 그러나 악마적인 것도 신적인 것과 마찬가지로 사물의 내적인 성격 자체에 근거하고 있다는 뜻은 아니다.[24]

---

23 『종교란 무엇인가?』, 95.
24 『종교란 무엇인가?』, 96. 성스러움의 역설과 같은 맥락에서 성스러운 부정성은 성스러

악마가 되는 것은 매우 간단하다. 틸리히에 의하면, "무조건적인 형식을 상실함으로써 악마적인 부정성이 된다." 상징의 자기부정성을 잃어버리면 바로 악마가 된다. 자기부정성은 이토록 소중하다. 파괴와 초월로 풀어질 부정이다. 이것을 잃어버리면 악마가 된다는 것이다. 그런데 그런 악마는 '내적인 성격 자체'에 의한 것이 아니라고 했다. 악마는 무슨 별개의 실체 존재가 아니다. 초자연주의적 세계관에서는 그런 식으로 상정했었지만 말이다. 그렇다면 무엇이란 말인가? 어떤 것도 그 자체로 우상인 것이 아니라 인간이 그것과 관계하는 방식으로서 우상화를 하게 되니 우상이 되는 것이다. 우상인 것이 아니라 우상이 되는 것이다. 악마인 것이 아니라 악마가 되는 것이다. 그래서 절의 제목을 '신과 악마'라고 하지 않고 '신성과 악마성'이라고 했다. 사뭇 다르다. 신과 악마라고 하면 마치 신화 속의 이야기처럼 신과 악마가 모두 의인화되어 대결하는 장면을 연상하게 한다. 그러나 그런 따위의 이야기가 전혀 아니다. 인간이 종교 안에서 벌여내는 몸짓으로서 악마화인 것이다. 그래서 실체적 존재로 이름 부르기보다는 인간이 관계하는 방식 및 이에 의해 부여되는 성질로서 이름을 붙여 '신성과 악마성'이라고 한 것이다. 신에 대한 형이상학적인 이야기가 아니라 종교에 대한 현상학적 분석과 해석학적 통찰을 이토록 선구적으로 개진하고 있다. 그가 해석학이라는 장르를 적극적으로 등장시키지는 않았지만 이미 그 통찰을 공유하고 있다는 것은 해석학에 대한 기본 이해를 갖고 있다면 두말할 나위 없이 동의할 수밖에 없다. 그 자체가 아니라 인간

움이 인간의 범주에 잡히지 않는다는 것을 가리킨다. 그런데 인간의 자기절대화에 대한 경고의 뜻을 지니는 부정성이 무조건성을 잃어버리면 악마적이 된다는 것은 나아가 조건화의 유혹을 고발하는 이중적인 경고로서의 뜻을 지닌 것으로 새겨야 할 것이다.

의 현실에 새겨지는 의미에 대한 분석과 비판에서 시작하니 말이다. 종교라는 이름으로 인간의 믿음이 엮이고 움직이는 틀과 꼴에 대한 밀도 있는 분석이고 예리한 통찰이다.

형식적 범주로서의 계시와 신화 사이의 긴장

이제 종교의 내용을 다루는 요소론에서 나와 종교의 형식적 차원을 논하는 범주론으로 넘어가보자. 현실적 범주를 논하려니 이론과 실천으로 나눈다. 먼저 이론에서 신화와 계시를 나누어 다룬다. 제목의 분류에서 이미 시사하는 바가 있다. 종교에서 신화가 차지하는 비중과 역할은 재론의 여지가 없다. 신화란 풍부하게 다의적인 해석이 가능함으로써 다양하고 상충된 입장들을 받아들일 수 있는 넉넉한 품을 지닌 언어로서 종교에서는 탁월한 기능을 한다. 물론 그것이 상징과 은유로 점철되었으니 때로 뜻의 모호함이 지적될 수 있다. 그러나 모호성이란 다의성의 이면일 뿐이니 평가절하의 빌미가 될 수는 없다. 오히려 다의성의 이면인 신화의 모호성이야말로 삶의 현실이 불가피하게 지니는 모호성에 보다 근접하는 기능을 지닌 것으로 새겨져야 한다. 그런데 모호함을 견디어냄으로써 성숙과 풍부를 도모하지 못하고 문자 그대로 뜻을 새기려는 미숙함이 성경주의로, 즉 근본주의적 문자주의로 전락하게 한다. 불트만의 탈신화화와 유사한 방식으로 틸리히도 신화의 본래적 기능회복을 주장한다.

무한정자(無限定者)가 스스로를 신앙에 드러내는 것이 계시이며, 그 내용을 표현하는 것이 신화이다. 그런데 신화로부터 교리가 제정되더니 교리가 개념의 옷을 입으면서 타율이 되어버렸다고 개탄한다. 교리가 거꾸로 신화를 오도하고 심지어 계시마저 왜곡한다는 것이다. 이런 어조로 틸리히는 교리주의와 성경주의를 비판한다. 그다음에 계시로 넘어가서는 앞서 논했던 자율적인 비신앙과 타율적인 신앙에서 왜곡되는 문제에 대해 비판한다.

> 의미의 무조건적인 내용이 의미의 형식을 타파했을 때 우리는 그것을 계시라고 말한다. 그러므로 신앙이 무조건적인 내용을 조건적인 형식을 통하여 지각하는 것이라면, 그것은 언제나 계시에 그 근거를 두고 있다. 그런데 자율적인 비신앙은 다만 형식의 창조만 알고 있기 때문에 계시를 알 수 없다.[25]

계시는 형식을 깨고 들어오는데 자율은 자율이라는 이름으로 그렇게 들이닥친 계시조차도 자율적 형식으로만 보려고 하기 때문에 결국 파기하고 돌파해 들어오는 계시를 알 수 없다는 것이다. 그런데 자율적인 비신앙뿐 아니라 타율적인 신앙도 계시를 곡해하기는 마찬가지다. 타율적이라는 것은 계시의 주체를 대상화했으니 손쉽게 잡힐 듯한 계시의 매개자가 그 자리를 차지하도록 함으로써 매개를 원천으로 둔갑시키는 오류를 범한다. 그러다 보니 종교적 교리와 체제, 제도 등이 신성화되고 절대화되는데 여기에 복종하는 것을 신앙이라고 새기니 그저 타율적이게 되고 만다.

타율적인 신앙도 이런 계시의 파격적인 성격을 알 수 없다. 그리하여

---

25 『종교란 무엇인가?』, 117.

타율적인 신앙은 계시의 매개자를 계시 자체의 절대성으로 인정함으로써 형식의 자율적인 창조조차 파괴시키고 만다.[26]

타율적인 신앙, 이것이 바로 우리의 현실 종교에서 벌어지고 있고 저지르고 있는 짓거리라고 보면 된다. 얼마나 우리가 신에 대하여 대상화하고, 그러다 보니 모르는 사이에 우상이 되고, 그것이 도리어 우리에게 전제군주적인 지배형태로 군림하는가? 특히 구약성서에 그런 이미지가 강한데 이것을 문자대로 새겨 교회 안에서 종교적 권위를 세우는 데 남용되고 있다. 신약에서의 다른 서술이나 고백들은 상대적으로 비중이 약하게 다루어지면서 계속 타율을 부추긴다. 그래서 타율적인 신앙이 된다. 종교적 대중이 구하는 안정이 무조건적 복종이라는 명분의 맹종을 뿌리로 한다는 것이 좋은 증거이다. 그래서 어떻게 되는가? 계시를 전달하는 매개를 계시 자체로 보게 된다. 상징을 실재로 둔갑시킨다. 타율적인 해석과 자율적인 배척이 계시를 놓고 절묘하게 대비적인 태도를 보이지만 귀결은 동일하게도 계시의 실종이다. 이는 "계시가 가지고 있는 역설적이면서도 상징적인 성격을 이해함으로써만 해결될 수 있다."[27] 그런데 종교 안에서는 신의 현현으로서의 계시가 영감을 근거로 한 문서로 대체된다. 아울러 말이 글이 되면서 전달효과가 높아지는 대신에 무수한 왜곡과 축소가 벌어진다. 신앙에서 현현하는 신과의 만남 대신에 문자에 대한 준수가 교리의 이름으로 강조된다. 결국 계시가 문서화되면서 벌어지는 왜곡, 즉 성서를 우상화하는 성경주의라는 문제가 대두되지 않을 수 없다. 한편

---

26 『종교란 무엇인가?』, 117.
27 『종교란 무엇인가?』, 117.

으로, 계시를 자율적으로 새기면 기적을 초자연적인 사건으로 간주하여 배척하고 영감을 인간의식에 괴리를 가져다주는 초자연적인 제시로 몰아간다. 다른 한편으로, 계시를 타율적으로 새기면 기적은 자연 안에서의 특수한 자연적 사건이 되고 영감은 인간 의식을 파괴하는 초자연적 통신이 된다. 어느 경우에도 계시는 자연적 차원이나 정신적 차원에서 모순으로 간주될 수밖에 없다. 이것이 바로 계시문자주의의 맹점이다. 틸리히는 계시를 우상화하는 경향에 대해 다음과 같이 비판한다.

> 계시는 절대로 객관적인 정보의 전달이 아니다. 계시에 대한 이런 객관적인 견해는 곧 하느님이라는 개념에 대한 객관화와 연결되어 있으며, 이러한 견해는 무한정자를 지각하고 해석하는 모든 개념은 상징적일 수밖에 없다는 진리를 체득함으로써만 극복될 수 있다.[28]

계시는 객관적인 정보의 전달이 아니다. 아무리 강조해도 지나치지 않다. 그러나 우리는 의식적으로뿐 아니라 무의식적으로도 이렇게 학습 받았다. 아니 그렇지 않고서는 애매할 뿐 아니라 저마다 마구 떠들어대는 무정부상태가 될 것이라는 깊은 우려 때문에 계시의 위상에 대한 재론의 여지가 없는 기준처럼 받아들이고 있다. 그러다 보니 계시의 매체(through)가 계시의 원천(from)으로 둔갑한다. 왜 이런 일이 벌어지는가? 눈앞에, 손안에 무엇인가를 잡고 싶은 인간의 본유적 욕구 때문이다. 확실성에 대한 욕망 때문이다. 확실성이 왜 중요한가? 안정을 보장해 주기 때문이다. 그런데 그런 안정은 손안에 들어온 것,

---

28 『종교란 무엇인가?』, 121.

즉 자기로 만든 타자를 확인함으로써 얻어진 것이니 사실상 동어반복이다. 자기확인이 결국 자기기만일 수밖에 없는 이유가 여기에 있다.

확실성의 부정으로서의 상징, 우상 파괴의 길

이를 해결하는 길은 무엇일까? 확실성에 대한 부정이다. 그래서 틸리히는 이렇게 말한다: "종교적 확실성만이 그 자체의 상징의 확실성까지도 '아니다!'라고 부정함으로써 무한정자의 권위를 한정된 물체로 환원시키려는 실수를 범하지 않을 수 있다."29 '무한정자의 권위를 한정된 물체로 환원시키는 실수'가 바로 우상화이다. 그런데 그러한 실수를 범하지 않으려는 노력은 안정 욕구의 포기를 뜻한다. 그래서 쉽지 않다. 아니 거의 불가능하다. 안정 욕구를 포기해야 한다면 도대체 종교가 무슨 의미가 있을까 되묻지 않을 수 없기 때문이다. 그러나 참으로 이 대목에서 돌이켜 생각해보자. 무한정자를 한정된 물체로 환원시키면서 얻어지는 안정이 과연 우리 삶에서 진정하게 평안을 제공해주던가? 오히려 기만적일 수도 있는 확실성에 대한 과감한 거절의 결단이야말로 믿음을 참되게 하는 것이 아닌가?

게다가 상징은 실재를 가리킬 뿐이다. 상징이 다 할 수 있는 게 아니다. 그래서 상징의 불확실성이다. 상징과 함께, 상징을 통하여, 우리는 다 알 수 없음을 견뎌야 한다. 아직도 인식론에 사로잡혀 더 알아야 하고, 다 알 수 있다고 애를 쓰지만 그리고 현실적으로 마땅히 그러해야 하기도 하지만, 상징의 불확실성은 현실이 불확실하니 모를 수

---

29 『종교란 무엇인가?』, 121.

밖에 없고, 얼마나 모르는지도 모르는 한계일 수밖에 없다는 것을 오히려 정직하게 반영하고 있다. 이것이 바로 근대 인식론을 넘어서는 현대 해석학이 가르치는 것이다. 불트만, 본회퍼, 리꾀르 등 해석학은 이구동성으로 이걸 가르친다. 그런데 이것이 교회로 오면 거부된다. 어려워서라기보다도 불확실해서이다. 그런데 믿음은 고사하고 우리 삶이 그렇게 확실하던가? 그렇게 확실하게 알면서 살고 있는가?

의례에서의 우상화의 유혹

2장으로 가면, 실천 영역의 범주가 나온다. 먼저 의례가 있다. 제목은 '의례'라고 했지만, 내용으로 들어가면 종교주의, 또는 보다 구체적으로 교회주의에 대한 비판이다. 무릇 인간의 절박한 아우성이나 몸부림에 의해 추동된 종교가 문화와 역사에서 전통을 이루면서 제도화하게 되니 이 대목에서 의례가 요구되고 조성되기 마련이다. 말하자면 종교의 제도화 과정에서 의례는 종교의 원초적인 비일상성을 일상화시키는 중요한 기능을 수행한다. 그런데 의례는 그런 소중한 동기에도 불구하고 형식주의로 전락할 소지를 안고 있다. 일종의 매너리즘인데 부정적 표현이긴 하지만 우리를 편하게 해주고 편안하게 해준다. 그러다보니 매너리즘을 깨려면 굉장히 힘들 뿐 아니라, 우연한 계기로 인해서 깨지게 되면, 굉장히 불안해진다. 매너리즘이 주는 안정감이 깨지는 것이다. 몸의 기억에 의한 익숙함, 익숙함에 의한 편안함이 그 요체인데 이를 종교적 경지로 오인할 수도 있다. 이렇게 되면 의례주의에 빠지게 된다. 우리나라 교회들에서 유행하는 '경배와 찬양'이 전통적 의례를 대신하여 이 기능을 담당하는 것으로 보인다. 심지어 어떤 교회들은 경배와 찬양으로 한껏 달구어야만 예배라고 길들이고는 곧장 설교로 끝내는 경우도 많다. 통속적 의례주의일 터인데 거룩함과의 만남이라기보다는 감정에 대한 예찬일 가능성이 농후하다. 이런 것이 문제인 이유는 인간이 이에 노예가 되기 때문이다. 자율과 타율은 나름대로 역할과 기능이 있는데, 한 쪽으로만 쏠리게 되면 문제가 생긴다. 자율로 쏠리면 자아도취에 빠지게 되고 타율로만 쏠리면 우상숭배에 빠진다. "상징적 내용이 없는 행위는 감정의 주관성에 사로잡히고, 실천적 행위가 없는 상징은 사물의 객관성에 사로잡힌다."[30] 행위는 주관으로 빠지고, 상징은 객관으로 빠진다. 그리스도교 안에서 정교회, 가톨릭교회, 개신교가 주고받는 많은 논쟁들의 핵심적 구조다. 믿음과 행위의 관계도 이런 맥락에서 논쟁의 오랜 역사를 지니고 있다. '행위로 구원받나 믿음으로 구원받지'라는 말과 '행위 없는 믿음은 죽은 믿음'이라는 말이 이 논쟁에 등장하는 주요 명제들이다. 그런데 인간의 행위나 업적, 노력이 구원의 근거가 될 수 없다는 점은 마땅하고 옳지만 과연 믿음으로 구원받는다는 것은 에누리 없이 타당한가? 행위나 업적, 노력 등이 구원의 근거가 아니라고 애써 부정했는데 이런 맥락에서 믿음으로 구원받는다고 하면 이때 믿음은 무엇인가? 행위도 노력도 아닌 그 무엇이어야 한다. 무엇인가? 마술인가?

---

30 『종교란 무엇인가』, 122. 행위와 상징 사이의 주객구도는 자율과 타율의 관계에 대한 또 다른 표현이다. 용어들은 달라도 많은 논의들은 대부분 이렇게 주객구도를 기축으로 전개되어가다가 이를 쌍방적이거나 초월적으로 엮어가는 방식을 취하게 된다. 바르트와 불트만의 논쟁에 대해 본회퍼가 대안으로 제시한 '행위와 존재'도 역시 비슷한 맥락에 속한다고 볼 수 있다. 참조: 디트리히 본회퍼/김재진·정지련 옮김, 『행위와 존재』(서울: 대한기독교서회, 2010).

이러다 보니 자칫 또 다른, 더 근본적인 문제를 초래한다. 믿음이 구원에 대한 수단이 된다. 믿음과 구원이 수단과 목적이라는 조건적인 관계를 맺게 되는 것이다.[31] 당연하다고 생각할지 모르지만 틸리히의 아래와 같은 통찰을 보면 결코 간단하지 않다는 것을 부정할 수 없다.

> 여기서 우리는 희생을 합리적으로 해석해서 그것을 일종의 규범으로 만드는 실수를 범하기 쉽다. 희생을 마치 신을 위한 봉헌이라는 공식에 의하여 합리적인 거래수단으로 파악하는 실수를 범하기 쉽다.[32]

믿음이 본디 희생인데 의례 안에서 봉헌이라는 규범 또는 공식이 되고 이는 구원을 받는 수단이 됨으로써 믿음과 구원이 거래관계가 된다는 것이다. 아니라고 부정할 수 있는가? 우리의 종교적 실상이 이러고 있지 않은가? 거래라는 것은 주고받는 것인데 믿음을 주고 구원을 받는다. 믿음으로 구원받는다고 말하면 그럴듯하고 믿음을 주고 구원받는다고 말하면 이상하다고 할지도 모르지만 같은 말이지 않은가? 구원이 무조건적인 은총일진대 믿음과 구원 사이의 거래관계는 조건 중의 조건이니 구원의 무조건적인 차원을 부정하는 처사가 아닐 수 없다. 이것이 바로 종교적 의례가 지니는 함정이요 맹점이다.

사례를 덧붙여보자. 교회에서 성만찬 의례를 집행할 때 흰 장갑을 끼는 경우를 매우 자주 본다. 그러나 과연 성서적 근거가 있는가? 최

---

31 믿음과 구원의 관계에 대해 수단과 목적의 구도로, 나아가 원인과 결과의 구도로 조건화하는 오류에 대한 비판을 필자는 다음의 저서에서 시도한 바 있다. 정재현, 『'묻지마 믿음' 그리고 물음: 아주 열심히 믿는 분과 도저히 못 믿겠다는 분을 위하여』(서울: 동연, 2015), 3장 참조.
32 『종교란 무엇인가?』, 124.

후의 만찬 때 예수와 제자들이 흰 장갑 끼고 각 잡고 의례를 집행했을까? 유치한 문자주의를 말하려는 것이 아님은 말할 필요도 없다. 그게 의례이다. 거룩함이 객관화하니 매개체가 실재의 위상을 덧입게 된다. 그러니 거룩한 몸이 될 떡에 인간의 더러운 지문이 묻어서야 되겠는가 하는 생각으로 장갑을 끼는 것이 아닌가 한다. 희생이 규범이 되었다. 그러더니 급기야 거래가 되어버린다. 희생이 규범이 되고 거래가 된다. 두 단계의 전환인데 각 단계가 각각의 문제를 안고 있다. 희생이 의례를 명분으로 규범이나 공식이 되는 순간 객관화되고 따라서 타율적인 매너리즘으로 전락할 가능성이 짙어진다. 게다가 일단 규범이 되면 규범 자체가 목적이라기보다는 수단이기 때문에 주고받는 수단으로서의 기능을 자연스레 지니게 되면서 거래로 전환할 소지를 강력하게 지닌다.

희생이냐 거래냐

문제는 거래이다. 내가 구원받기 위해서 믿음을 준다. 구원이 목적이고, 믿음이 수단이다. 그 수단을 일상적으로 아주 편하게 하는 것이 의례다. 구원이라는 목적이 막연하니까 의례라는 형식 안에서 봉헌이라는 공식으로 희생을 대체한다. 이렇게 짜놓고 살짝 한 바퀴 돌리니 "나 이미 드렸습니다. 이제 당신께서 나에게 주실 차례입니다"라고 하게 된다. 희생이 규범이 되니 거래로 이어지는데, 희생이 거래가 되는 결정적인 징검다리가 규범이다. 규범은 명분이 있다. 자율이나 타율이나 모두 규율인데 이게 도구적 가치를 지니기는 하지만 동시에 우리를 옭아맨다. 타율만 옭아매는 것이 아니라 자율도 사실 스스로가 스스로를 옭아매는 것이다. 여기서 신율은 자율이나 타율 중 어느한 쪽으로 쏠리는 환원주의에 대한 경계 장치로서의 뜻을 지닌다. 그리고 그러한 신율은 이제 은혜의 역설이고 역설의 은혜다: "그러나 은총의 종교에서 희생의 원초적인 의미는 역설적인 방법으로 전개된다."33

　　희생은 역설의 방식으로 행해진다. 역설은 조건적인 관계를 파괴하기 때문이다. 조건적인 관계를 파괴해야만 희생이다. 그래야만 은총이라는 종교적 가치를 지닌다. 규범에 따르는 희생은 희생이 아니다. 더욱이 거래의 결과를 기대하는 희생은 전혀 희생이 아니다. 오히려 투자이다. 대가를 기대하는 투자요 심지어 투기일 수도 있다. 그러나 희생을 희생이게 하는 역설은 이제 규범이나 거래와는 정반대이다. 규범이나 거래는 합리성을 핵심으로 한다. 따라서 여기에는 역설이 담길 수 없다. 규범은 형식논리적일 수밖에 없다. 복잡하다 못해상충하는 상황들을 고려하면 규범을 세울 수 없다. 규범이라는 것은당연히 개별적인 경우들을 관통하는 보편적 기준이어야 하니 다름들을 넘어서는 같음이어야 한다. 앞에 대해 뒤가 필연적인 관계에 있어야 한다. 말하자면 앞에서 뒤로 간다. 그런데 역설은 현실에서 겪을수밖에 없는 '거꾸로'에 주목한다. 앞에서 뒤로 뿐 아니라, 뒤에서 앞으로도 온다. 상관의 또 다른 표현이다. 상관이라는 표현은 부드럽다.그러나 역설이라고 표현하면 거칠어 보인다. 그런데 역설이 얽히는방식이 상관이다.

　　다른 한편, 거래는 합리성의 절정이다. 언뜻 거래가 상호적이고

---

33 『종교란 무엇인가?』, 124.

33 『종교란 무엇인가?』, 124.

33 『종교란 무엇인가?』, 124.

33 『종교란 무엇인가?』, 124.

쌍방적인 것처럼 보이지만 거래는 사실상 반대되는 일방을 서로 주고 받는 것이다. 인간이 신에게 믿음을 주고, 신이 인간에게 구원을 준다. 주고받는 거래다. 지극히 이치에 맞다. 조건적일 뿐 상관적이 아니다. 그러나 역설은 상호적이다. 이어서 살필 틸리히의 저서『조직신학』에 서는 역설이라는 표현이 수면 아래로 깔렸다. 왜? 영어권에서는 상대 적으로 생소하기 때문이다. 유럽에서는 익숙하고 사실 우리나라를 포 함하여 동양에서는 익숙한데 말이다. 그런데 우리도 영어권 흐름을 따 라가다가 어느덧 잊어버렸다. 상호관계는 질문에서 대답으로뿐 아니 라 대답에서 질문으로 움직이는 방향도 함께 뒤섞이니 역설이다. 인간 에서 신으로 가는 방향과 신에서 인간으로 가는 방향이 선후를 가를 수 없이 때로 충돌하기도 하니 역설이다. 은총이란 그런 이치와 조건을 넘 어서니 역설이다.

그러한 의례도 앞서 말한 대로 형식주의로 빠지는 왜곡의 문제가 없을 수 없다. 자율과 타율 사이의 거리 때문이다. 한쪽으로 쏠리면서 왜곡이 벌어진다. 먼저 의례에서 자율성으로 기울어지면 의례주의, 형식주의, 제도주의, 교회주의로 전락한다. 이에 대한 비판의 절정을 다음과 같은 문장에서 확인할 수 있다. "봉헌은 실재의 형식에 대한 미적인 직관이 되고, 기도는 개인적인 삶의 통일과 찬양이 된다."[34] '미적인 직관'이라는 것이 무엇인가? 의례에서 인간의 자율성으로 기 울면 형식을 부각시키면서 자아도취의 극치를 이루게 되더라는 말이 다. 종교적인 거룩함 체험, 또는 틸리히의 표현으로 무한정자와의 합 일을 일상화시키려다 보니 인간이 의례를 개발하게 되었는데 이제는 신이 홀연히 등장하는 것이 아니라, 인간이 언제든 부르고 싶을 때,

---

34『종교란 무엇인가?』, 129.

의례를 통해 신을 불러들인다는 것이다. 그러니 자율적인 움직임이다. 그러니까 미적인 직관이 된다. 거룩함 체험에서 시작했는데 일상적으로 다듬으려니까 아름다움에 대한 관조가 등장한다. 이게 미적인 직관이다. 이를 담은 형식이 바로 의례이다. 예전 또는 예배라고 부르는 형식이 바로 여기에 해당한다. 하느님을 예배하는 것이 아니라 미적 직관의 충만함을 은총으로 새긴다.

또한 '기도는 개인적인 삶의 통일과 찬양이 된다'는 말은 기도를 통해서 자기 삶을 찬양하게 된다는 말이다. 결국 충만해진 자기감정을 찬양한다. 의례에서 벌어지는 깊은 유혹이며 심각한 오류이다. 이에 대해 틸리히는 무한정자의 부정에 호소한다. 이를 해결할 길은 오직 이 길뿐이기 때문이다. "이런 뜻에서 진실한 모든 것은 무한정자의 '아니다!'라는 부정 안에서 가능한 것이다."[35] 이렇게 부정성에 적극적으로 주목하여 긍정성을 끌어내는 것은 역설적인 통찰에 의한 것임은 물론이다. 설교집 『흔들리는 터전』에서 더 다루게 될 것이다.

무한정자의 '아니다!'

우리가 혹시 종교체험의 깊은 차원에서 은총의 충만으로 들어간다고 느낄 때, 그것이 감정 충만일 가능성을 살펴야 한다. 그렇지 않은가를 묻기 위해서 '무한정자의 아니다!'라는 부정에 열어둬야 한다. 그것은 내가 하는 부정이 아니다. 그분이 하시는 부정이다. 거기에 대해서 내가 열어야 한다. 그런데 나의 충만을 더욱 극대화시키고 고조시

---

35 『종교란 무엇인가』, 130.

키기 위해서 열지 않는다. 열면 고조된 감정이 깨지고 가라앉을 수도 있기 때문이다. 그런데 무한정자의 부정은 극단적으로 '그리 아니하실지라도'의 경지를 가리킨다. 앞서 살폈던 상징의 자기부정성과 같은 맥락이다. 상징은 스스로 부정함으로써만 본래의 위치에서 본래의 역할을 할 수 있다. 그러니까 충만된 감정도 사실 상징일 뿐이다.

틸리히가 열심히 강조하는 프로테스탄트 원리가 바로 이것이다. 지상에 어떤 것도 그 자체로 거룩한 것은 없다. 예배드리는 곳이라고 해서 교회 건물 자체가 거룩하다고 할 수 없다. 만일 그렇게 하면 그 순간 그게 우상이 된다. 이제 의례적 공동체를 다루는 절에서는 본격적으로 교회주의에 대한 비판이 펼쳐진다. 교회주의 비판에 대해서도 역시 자율과 타율 사이의 긴장 관계를 가지고 계속 논한다. 아래 인용은 의례적 공동체 형성에서의 긴장과 갈등에 대한 집약적 분석이라 하겠다.

> 하느님의 왕국은 순수한 형식이 아니라 현재 여기에 존재하면서도 성스러운 공동체가 추구하는 역설적인 왕국이 된다. 물론 이러한 종합의 완전한 실현이란 이상에 불과한 것이다. 역사적으로 이 갈등은 성례적인 것과 신중심적인 것의 갈등으로 나타나고, 종교적으로는 성례적 민중종교와 신 중심적 파벌이나 공동체적 운동의 갈등으로 나타난다.[36]

반복하지만 이러한 상황에 대한 틸리히의 처방은 역시 앞서 반복

---

36 『종교란 무엇인가』, 132. 성례전적인 것이 자율성의 역사적인 모습이라면, 신중심적인 것은 타율성에서 비롯된 것일 터이다. 역시 여기에서도 자율과 타율 사이의 긴장이 이러한 대결로 나타나게 되고 실제로 종교사에서도 지속적으로 이런 대립이 좌파와 우파, 또는 진보와 보수의 대립을 배태해왔다.

해서 주목했던 역설의 통찰이다. 즉 스스로를 부정하고 자신마저도 가리키는 상징일 뿐이니 '무한정자의 아니다'를 준엄하게 받아들이는 의례 공동체이어야 한다는 것이다.

간략히 살펴본바 틸리히는 『종교란 무엇인가?』의 전반부에서 종교를 내용의 차원에서 요소론적으로 분석하고, 형식적 차원에서 범주론적으로 분석했다. 그리고는 자율-타율의 대립이라는 구도로 현실의 모순을 적나라하게 드러내고 이에 대해 신율의 역설인 '무한정자의 아니다!'라는 결정적 선언을 처방으로 제시하고 있다. 관건은 '아니다!'가 종교에, 결국 인간의 믿음에 어떤 방식으로 연관되고 의미를 지니는가에 있을 것이다. 그런데 틸리히에 의하면, 우리는 바로 여기서 무한정자의 부정이야말로 우리를 옭아매는 온갖 형태의 속박과 왜곡에서 해방시켜주는 우상 파괴의 결정적 선언이라는 것을 체험하게 된다고 한다. 2부에서 종교 개념의 극복을 통해서 이를 본격적으로 개진할 뿐 아니라 이어지는 신학의 체계화 그리고 종교와 신앙 등에 적용하는 현실적 분석과 설교에 이르기까지 무한정자의 부정이 역설적으로 우리를 해방시켜주는 복음이라는 것을 틸리히는 단호하게 선언해나간다.

3 장

종교적 우상화 극복을 위한 역설
:『종교란 무엇인가?』-2

종교의 우상화 파괴로서 프로테스탄트 원리

틸리히가 중요하게 강조한 것 중에 하나로 프로테스탄트 원리
(protestant principle)라는 것이 있다. 자고로 이 세상에 그 자체로서 거
룩한 것은 없다는 것이다. 이와 대비되는 것으로 가톨릭적인 실체
(catholic substance)도 있다. 둘을 비교하면 그가 강조하는 것의 뜻을
짐작할 수 있을 것이다. 가톨릭 전통은 나름의 이유로 눈앞에 보이는
것들에 대해 때로 거룩하게 보는 전통을 가지고 있다. 그래서 성인도
있고, 성지도 있고, 성화들도 있다. 가톨릭교회에 이런 전통이 강하지
만 동방정교회는 더 발달했다. 여기에 대해서 프로테스탄트는 저항한
다. 물론 가톨릭교회나 동방정교회 전통 안에 성상 파괴 운동도 있었다.

그렇다면 프로테스탄트 원리는 무엇에 저항했는가? 거룩함을 빙자한 온갖 것들이 저항의 대상이었다. 반복하지만 이 세상에 어떤 것도 그 자체로 거룩한 것은 없기 때문이다. 여기서 '그 자체로'라는 단서가 붙는다. 그것이 자체로서는 거룩하지 않고 다만 거룩함을 가리킬 뿐이라는 것이다. 실재(reality)가 아니고 상징(symbol)이라는 것이다. 자체로 거룩하다고 하면 우상이 된다. 이제 "『종교란 무엇인가?』-2"에서는 이런 이야기를 본격적으로 한다. 둘러서 말하기도 하고, 곧바로 지르기도 한다. 실재와 상징의 관계가 관건이 된다. 궁극적 실재와 관련하여 상징이 이를 어떻게 불러내고 가리키는가가 말이다. 그러다 보니 그 관계에서 개념이 중요한 역할을 한다. 그런데 개념이 명분에 따른 역할에도 불구하고 오도하는 성향이 있다는 것이다. 특히 거룩함과 관련하여 실재와 상징 사이에서 개념이 그러해왔다는 것이다. 그런 개념들의 총합으로서 종교라는 개념 자체가 결국 문제라는 것이다. 이에 대해 근본적으로 시비하는 것이 그가 종교철학이라고 부르는 영역에서 펼친 작업의 핵심이다. 저마다 입장에 따라서 강조점이 다른데 이를 분석하고 연결하며 통괄하는 위치에 종교철학, 즉 종교에 대한 철학적인 성찰이 있다고 주장한다.

프로테스탄트 원리로 다시 돌아가 보자. "세상에 어떤 것도 그 자체로서 거룩한 것은 없다"는 것이다. 흔히 이스라엘에 여행갈 때 '성지순례'라고 말한다. 지역이 성스럽다는 것이다. 과연 그런가? 성(聖)이 지(地)를 가리키는가? 그러나 땅이 거룩할 수는 없다. '성직자'라는 표현도 해부해야 한다. 다른 저서에서도 언급한 것이지만, 맥락에서 볼 때 의미가 있을 것이라 여겨 여기에 간단히 소개하겠다.[1] 성직자에서 '성'

---

1 필자의 저서『티끌만도 못한 주제에: 사람됨을 향한 신학적 인간학』(왜관: 분도출판사,

은 어떤 역할을 하는가? 聖-거룩함, 職-일, 者-사람. 이 셋이 묶여서 성직자이다. 그러면 성은 수식하는 역할을 하는가? 성직인가, 성자인 가? 이렇게 물으면 손사래를 친다. "자를 수식하는 것이야 아니겠지요. 어떻게 인간 따위가 감히"라고 하면서 말이다. 그러면 일이 거룩한가? 종교주의자들은 암암리에 그렇게 생각하기도 한다. "'자'는 아니지만 '직'은 거룩하다"고 말이다. 그런데 그것을 명분으로 살짝 나아가면 어 느덧 '자'에까지 닿기도 한다. 그러니까 직도 거룩하다고 하면 안 된다. 더 중요하게, '성'은 형용사가 아니다. 명사이고 뜻으로 보면 동사이다. 그리고 목적어이면서 근본적으로는 주어이다. '성'이 뜻으로는 주어이 고, 문법구조에서는 목적어가 되어야 한다. 표기대로 풀자면 '거룩함 을 수행하는 사람'이지만 뜻으로 보아 '거룩함이 시키는 일을 하는 사 람'으로 새겨야 한다. 그런데 우리가 말은 그렇게 하는데 실제 행태는 형용사로 둔갑한다. 그래서 성직이고 성자이니 합쳐서 성직자라고 한 다. 이러면 무슨 일이 벌어지는가? 틸리히가 조목조목 이야기를 끌고 가면서 예리하게 비판한다. 종교라는 개념이 부추긴 우상화에 대한 철 저한 비판을 전개하면서 이를 파괴해야 한다고 열변을 토한다. 이 책에 우상 파괴라는 단어가 거의 나오지 않지만 철저히 그 이야기를 하고 있다.

종교의 제도화에 수반되는 개념화

『종교란 무엇인가?』-2의 제목은 '종교철학에 있어서의 종교 개념 의 극복'이다. 이것이 핵심 주장이다. 도대체 왜 개념을 극복해야 하는

1999), 2부 참조.

가? 잘 새겨보겠다는 취지로 개념을 만들었지만 일단 개념이 만들어지면 불가피하게 대상화하게 된다. 개념이 무엇인가? 한자어로 뜻풀이하는 것이 큰 도움이 될 터이다. '개념'에서 '개'(槪)는 '찍어 누른다'는 뜻에서 평미레질로 풀이되고, '념'(念)은 '떠오르는 생각'이다. 예를 들어, 해내는 생각을 뜻하는 '사'(思)와는 사뭇 다르다. 개념은 자연스레 떠오르는 생각을 눌러 찍어낸 것이다. 삶에 대한 앎의 억압이다. 주체가 마주하여 잡아낸 모양이고, 나아가 주물러낸 꼴이다. 대상화란 이것을 가리킨다. 그런데 여기서 끝나지 않는다. 결국 우상화가 일어난다. 앞에서 논의한 것을 떠올려 보자. 규범이 결국 거래가 되는 것과 마찬가지로 개념의 대상화는 우상화로 전락한다. 대상화가 곧 우상화는 아닌데, 철학적 대상화가 종교적 우상화로 이어진다. 주목할 것은 철학적 대상화에서는 인식 주체가 주도권을 지니는 데 비해 종교적 우상화에서는 오히려 인간이 그렇게 옹립한 우상의 노예가 되어버린다. 종교에서는 주체가 주도권을 쥐지 않고, 우상이 주도권을 지닌다. 물론 자율성을 강화하는 방식으로 움직이는 경우 비신앙적인 세속 문화의 형태로 가고, 신앙에서는 주도권이 오히려 대상 쪽으로 넘어가기 때문에 우상이 된다. 그러니까 타율적이게 된다.

이를 보다 자세히 논하기 위해서 틸리히의 한 마디를 가져와 보자. 2부를 다음과 같은 선언으로 시작한다. "우리들이 논의하려는 것은 곧 무한정자 혹은 무조건자가 객체가 된다는 모순이다."[2] 자고로 신과 관련해서는 우상화 이전에 대상화 자체가 이미 문제라는 것이다. 우상화로만 전락하지 않으면 괜찮을 수 있는 것이 아니다. 틸리히가 보기에 종교에서 가장 심각한 문제는 무조건자를 객체로 간주하는 오류

---

2 『종교란 무엇인가』, 137.

이다. '예배의 대상'이라는 표현을 떠올려보자. 하느님이 예배 행위에서 대상인가? 언어의 한계이지만 또한 언어가 우리의 의식을 지배하게 되는 생리를 떠올린다면 결코 간단한 문제가 아니다. 무조건자를 객체로 간주하고, 예배의 대상으로 떠올린다는 것은 무조건자를 조건화하는 오류다. 더 이상 무조건자가 아니게 된다. 그런데 예배한다. 그러니 우상을 예배하는 꼴이 된다. 이런 현상이 종교 안에서 일어난다. 종교의 개념화에서 비롯되는 왜곡이다. 그래서 종교 개념을 극복하자는 것이다. 결국 틸리히가 말하는 종교 개념의 극복은 우상 파괴이다. 이를 위해서 그는 구체적으로 개념을 파괴하는 실재의 역설에 주목하자고 주장한다: "종교라는 개념이 그 개념 속에 이미 역설을 포함하고 있다는 것을 증명할 필요가 있다. '종교'란 원래 그 개념이 그 개념 자체를 파괴하는 실재에 대한 개념이다."[3] 무슨 말인가? 종교가 가리키는 실재는 종교 안에서 벌어지는 온갖 개념을 거부한다는 것이다. 종교가 그렇게 개념들로 이루어져 있으니 종교 자체까지도 거부한다는 것이다. 오히려 종교를 통하여 가리키는 궁극적 실재가 종교 스스로를 절대화하려는 성향을 파괴하는 자기부정의 장치로 작동해야 한다는 것이다. 종교적 절대성을 구가하려는 현실 종교에 대한 예리한 비판의 준거라 하지 않을 수 없다.

구체적으로 예를 들어보자. 종교공동체가 갖는 경전도 좋은 예가

---

3 『종교란 무엇인가』, 138. 종교 개념에 대한 이와 같은 역설적 통찰은 현대 종교학자들에게서도 널리 공유되어 왔다. 스미스 같은 종교학자는 '종교'가 본래 경건한 삶과 이를 위한 가르침을 뜻했는데 제도화 과정을 거쳐 물상화하기에 이르렀기 때문에 해체하고 다시 그 생동성을 회복해야 한다고 주장한다. 구체적으로 종교를 '신앙과 전통의 축적과정의 얽힘'으로 풀어냄으로써 삶의 역동성에 접근하려고 시도한다. 참조: 윌프레드 캔트웰 스미스/길희성 옮김, 『종교의 의미와 목적』(왜관: 분도출판사, 1997).

될 것이다. 공동체는 의례나 의전도 갖지만 경전도 갖는다. 그러나 그리스도교 초기 역사에 본디 경전은 없었다. 그리스도교 역사에서 언제 경전이 채택되었는가? 초대교회에는 아직 경전이 없었고, 다만 자료들이 흩어져 있었을 뿐이다. 4세기에 제국 종교가 되니까 종교적인 제도화가 필요했고, 혼란스러운 논의들을 정리하려고 교리 논쟁부터 시작했고, 이를 떠받치고자 경전도 제정되었다. 경전 이전에 교리 논쟁이 먼저 있었으니 2세기부터 교리 논쟁은 시작되었다. 오리게네스, 이레네우스, 터툴리아누스, 벌써 이런 사람들이 삼위일체 논쟁을 시작했다. 왜 시작했는가? 당시의 문화를 지배하는 삼신론이 있었기 때문이다. 플라톤에 뿌리를 둔 삼신론은 신피타고라스주의와 중기플라톤주의를 거쳐 신플라톤주의에 이르는 긴 과정으로 엮어져갔으니 이 방식으로 새롭게 만난 하느님을 설명해야 하는 수요가 압도적이었다. 게다가 신약성서가 희랍어로 씌어졌으니 그러한 수요와 공급을 더욱 가중시켰다고 하겠다. 이미 물려 있었던 것이다.

하여튼 그렇게 돌아다니던 문서들이 나중에 제국 종교의 구성을 위해 제도화가 필요하니 경전이 된다. 많은 문서들을 놓고 경전과 외경, 배제와 포함 등 논의와 판결이 이루어졌다. 외경에 들어가는 것만 해도 대단한 영광이다. 여기에도 못 들어가는 문서가 얼마나 많았는가. 4세기 종교회의에서 경전을 채택했지만, 역사가 더 흐르면 새로운 수요의 임계점에 이르게 되면 경전회의로 모이게 될 수도 있다. 언제 시대적 요청이 있을지 모르는 일이다. 계시의 이름으로 마치 하늘에서 뚝 떨어진 것처럼 경전을 모시는 태도는 결코 적절한 것일 수 없다. 타율적 신앙의 사례이다. 공동체가 제도를 꾸리고 공동체를 엮기 위한 역학으로서 경전화는 나름대로 숭고한 취지와 목적이 있지만 그럼에도 불구하고 경전에 대한 신격화와 같은 문제들이 생겨난다. 그래서 개념 극복이라는 주장이 나온다.

'종교 개념의 극복'이라는 표현도 생소한데 틸리히는 이에 대한 본격적 논의를 위해 '종교 개념에 대한 종교의 항변'이라는 색다른 제목으로 시작한다. 제목만 보아도 전율적이다. 여기서도 벌써 관건은 개념이라는 것이 드러난다. 개념화해온 왜곡에 대해 진정한 종교가 마땅히 이의를 제기한다는 것이다. 구체적으로 하느님을 인간이나 세계에 의거하여 논하니 종교를 문화로 새기고 계시를 역사로 치환하는 종교의 개념화 왜곡 문제를 구체적으로 비판한다. 개념이 단순히 도구적인 역할에 머물러야 하고, 상징도 가리키고 말아버려야 되는데, 실재로 등극하니 우상이 된다.

종교에서 개념화란 무엇인가? 신을 인간의 차원에서나 세계의 차원에서 새기는데 이때 벌어지는 일이다. 본디 '힘'이었는데 '신'으로 옹립되었다가 '참'으로까지 새겨진다. 그런데 그러면서 인간과 세계에 의거하여 되새겨진다. 시대적으로 본다면, 자아에 의존하게 된 것은 주로 근세의 일이고, 고 · 중세에는 주로 세상에 의존해서였다. 여기서 세상은 가장 우선적으로 자연이다. 말하자면 자연이라는 세상을 근거로 신을 이해한다. 그러니까 신은 초자연이 된다. 이것이 바로 고 · 중세 시대에 초자연이라는 지평이 지배하게 되는 이유다. 자연이라는 세상을 터전으로 신을 이해했기 때문이다. 그러다가 인간이 전면에 등장하면서 인간을 중심으로 해서 신을 말한다. 이때 인간은 주체이고 자아이니, 자아의 확실성을 근거로 신의 확실성을 끌어내려 했다. 종교를 문화로 새기는 것도 이러한 구도의 연장선상에서다. 이제 신을 자연-사회-역사-문화의 방식으로 이야기한다. 구도의 전환인데 이 과정에서 오히려 무한정자의 파괴가 일어난다.

다시 말해서 종교 개념을 통해서 무한정자는 한정자에 근거를 갖게 됨
으로써 그 자신을 한정시키고 결국에는 그 자신을 파괴시킨다는 것이
다.[4]

개념화에 의한 우상화 ― 무조건자의 조건화를 통하여

이것이 바로 종교 개념이 하는 짓이라는 것이다. 종교 안에서 무한
정자(無限定者)가 거꾸로 한정자로부터 근거를 가져온다. 완전히 뒤집
어지는 꼴이다. 더 나아가 무한정자가 자신을 한정시킨다. 결국은 자
신을 파괴시킨다. 자신을 한정시킬 때, 우상화가 일어난다. 인간은 우
상화시키고 신은 우상이 된다. 반복하여 말하지만 우상은 돌이나 황금
으로 만들어서가 아니라 마음에서 그려지면 우상이 된다. 우상의 이름
이 하느님(또는 하나님)이다. '나를 위하여 어떠한 형상도 만들지 말라'
는 계명은 개념으로 만들지 말라는 것이다. 문제가 무엇인가? 신의 개
념을 만든다는 것은 자아의 필요에 부응한다는 뜻이다. 결국 자아를 근
거로 하느님을 이야기하게 된다. 절대의 근거를 상대적인 것에서 찾는

---

4 『종교란 무엇인가』, 139. 이러한 현상은 비단 종교뿐 아니라 모든 개념들이 지니고 있는
생리적 한계이기도 하다. 따라서 개념은 도구적 가치로 새겨져야 할 뿐 목적적 위상을 지
닌 것으로 둔갑해서는 안 된다는 점을 새삼 확인하게 된다. 그런데 이런 깨달음은 형이상
학에서 인식론으로 전환한다고 해서 쉬이 주어질 수는 없다. 인식이 개념화의 터전인데
인식론은 자기정당화를 기본 생리로 하기 때문이다. 개념과 개념화의 한계는 앎이 삶에
서 비롯된 것이라는 깨달음에서 드러난다. 결국 실존적 통찰과 해석학적 성찰까지 가야
비로소 개념주의가 인식론적 천박함이라는 것을 받아들이게 될 터이다.

것이다. 그러다가 세계의 차원에서는 그렇게 자기절대화를 세계에까지 확장하니 신이 공허하게 된다. 자아에 있어서는 상대를 절대화시키는 문제, 세계와 관련해서는 절대를 무력화시키는 문제를 지적하고 있다. 그러다가 결국 종교와 문화에 가서 "종교는 인간 정신의 기능이 됨"[5]으로써 문화와 동일시된다.

오늘날 종교는 그저 인간 정신의 기능으로 간주된다. 심지어 정신 기능도 아니고 신경의 기능으로까지 분석된다. 정신 중에서도 신경세포가 팔딱거리는 종교적 인간이 된다. 그러나 이런 문화적 환원에 대해 틸리히는 분명하게 경고한다: "진정한 종교는 인간으로 하여금 동시에 종교적이도록 허용하지 않는다."[6] 무슨 말인가? 이런 경고를 만났을 때는 경외감을 가져도 좋다! 진정한 종교는 인간으로 하여금 종교적이도록 허용하지 않는다. 본회퍼가 말한 비종교화와도 맥이 통한다. 신 없이! 신 앞에! 신과 함께! 그러니 기계장치로부터의 신이나 임기응변의 신(Deus ex machina)은 없어야 한다는 것이다. 왜냐하면, "종교란 인간 정신의 모든 자율적 기능들에 대항해서 싸우면서 소멸시키는 불"[7]이기 때문이다. 계시와 문화의 관계도 같은 맥락에서 분석되고 비판된다. 무조건의 조건화, 절대를 상대화하는 문제에 대한 논의는 계속 이어진다.

II부에서의 전개방식과 비슷하게 III부에서도 이런 요소론적 분석을 토대로 종교철학에 대한 범주적 분석으로 나간다. 마침 정신의 세 요소가 각 시대의 지배적 요소로 작동했다는 전제로 시대정신에 따른

---

5 『종교란 무엇인가?』, 141.
6 『종교란 무엇인가?』, 142.
7 『종교란 무엇인가?』, 142.

종교철학의 유형 분류를 개진한다. 지성이 지배한 고·중세 시대의 합리적 종교철학, 의지가 지배한 근대의 비판적 종교철학 그리고 감정이 본격적으로 전면에 등장하게 되는 현대의 직관적 종교철학으로 유형을 분류한다. 중세를 지배하는 합리적 종교철학에서는 인간의 지성을 근거로 해서 뭔가 아귀가 맞도록 설명하는 시도들을 많이 했다. 신 존재 증명이 대표적인 사례에 해당한다. 그런데 근대의 비판적 종교철학이 거기에 대해서 이의를 제기한다. 의지에 초점을 맞춰서 벌어지는 근세적인 방식이다. 비판적 종교철학은 도덕과 윤리에 대한 강조가 기축을 이룬다. 근세는 이성의 시대이고, 인간의 자율성과 주체성이 부상하던 시대이다. 그러니까 고·중세의 종교 이야기와는 사뭇 다르다. 근대에는 종교를 교리가 아닌 윤리로 대체하거나 치환한다. 그러더니 급기야 근대는 세계를 신격화하기에 이른다: "세상을 흡수해버린 하느님이 아니라, 하느님을 흡수해버린 세계의 관점에서 이루어진 연합이다."[8]

근대는 연합하긴 하는데, 흡수해버린다. 칸트가 찢어놓은 것에 대한 해결 시도가 과도한 반동으로 나타난 결과이다. 이름은 절대정신이라고 했다. 정신이 겉으로 드러난 게 자연이다. 자연의 후천적이면서 또 다른 이름이 세계이다. 그러니까 세계사는 절대정신의 자기전개 과정이다. 전개 과정일 뿐 아니라 자기 귀환 과정이다. 그런 방식으로 세계 개념이 하느님 개념을 흡수한다. 그래서 다시 세계사는 절대정신의 자기 귀환 과정이 된다. 정신으로 다시 되돌아간다. 그러면 결국 어떤 일이 벌어지는가?

---

8 『종교란 무엇인가?』, 148.

헤겔과 마르크스의 영향을 받은 노동자들에게 있어서 과학은 종교의 자리를 차지하고, 윤리적인 것을 지향하는 중산 계급에 있어서는 도덕이 종교가 남긴 자리를 채우고, 고도로 개명한 사람들에게 있어서는 예술이 종교를 대체한다. 그러나 종교를 하나의 특수한 기능으로 보존하려는 모든 시도는 실패하기 마련이다. 이러한 기능적 절대성은 상대화의 길을 모면할 수 없으며, 여기서 요청된 종교적 기능은 마치 자연신론자의 하느님이 세계로 흡수되어버리듯이 문화로 흡수되지 않을 수 없기 때문이다.[9]

과학, 도덕, 예술 등은 각각 진, 선, 미라는 가치를 추구하는 영역 또는 기능일 뿐인데 어느덧 종교의 자리를 차지하면서 스스로를 각각 절대화하니 절대들의 각축에 의한 상대화로 전락할 수밖에 없다고 비판한다. 결국은 기능일 뿐인 것을 절대화하다 보니까 종교를 대체하는 듯하지만 문화로 흡수되는 과정을 거쳐 상대화될 수밖에 없었다는 것이다. 현실에서 겪을 수밖에 없는 모순이 이처럼 '표방된 절대'와 '폭로된 상대'의 대비로 절묘하게 분석된다. 말하자면, 지성, 의지, 감정이라는 인간정신 기능의 세 요소를 종교가 취하기는 하지만 그중 하나의 기능을 붙잡고 늘어지다 보니까 부분으로 축소될 수밖에 없는 기능적 환원주의에 빠지게 된다. 그러니까 틸리히가 기능적 절대성이라고 말한 것은 정신 요소론적 환원주의를 조소하듯 비판하는 표현이라 하겠다.

---

9 『종교란 무엇인가?』, 148-149. 종교는 본래 전인적 삶이어야 하는데 단순히 정신의 요소 또는 앎의 기능으로 간주되어온 근대후기의 환원주의에 대해 비판한 것이다. 틸리히의 다음 저서에서 보다 자세히 분석하고 비판한다. 참조: 폴 틸리히/최규택 옮김, 『믿음의 역동성』 (서울: 그루터기하우스, 2010), 2장.

우상화로 전락하는 종교 개념의 극복

> 과거의 종교철학에 대한 우리들의 가장 강력한 반대는 무한정자를 한
> 정자와 동일시하거나, 혹은 이것이 불가능하면 무한정자를 아예 한정
> 자 속으로 몰입시킴으로써 무한정자를 한정자에게 의존하는 것으로
> 파악했다는 것이다.[10]

종교가 한 짓은 시대별로 위와 같이 쪼개어 분석된다. 무한정자를
한정자와 동일시하는 것은 고·중세가 한 짓이다. 그렇지 않겠다고 했
지만 결과가 그렇게 되어버렸다. 왜? 앎이라는 행위를 인간이 한다는
것에 대해 적극적으로 인지되지 않은 상태에서 있음이 있음 그대로
그 자체라고 생각했기 때문이다. 사실 앎에 담긴 있음일 뿐인데, 그래
서 한정된 무한정자일 뿐인데 그냥 무한정자라고 불렀다. 앎에 담긴
있음을 있음 자체라고 질러댔던 것이다. 고·중세인들은 그런 자성적
인 비판을 하지 못했지만, 근세로 넘어오니까 그것이 드러났다. 근세
는 그렇게 해서는 안 된다는 것을 깨달았다. 따라서 무한정자와 한정
자는 동일시될 수도 없고 되어서도 안 된다고 보았다. 물자체 불가지
론은 그 정점이다. 그러나 근대인은 여기서 멈추지 않았다. 대안을 찾
았다. 동일시가 불가능한 상황에서 대안은 흡수였다. 무한정자를 아
예 한정자 속으로 몰입시켰다. 이게 근세가 한 짓이다.
　그런데 기실 시대를 유형화하기 위해 고·중세, 근세, 현대로 쪼개
놓고 본다면, 인간이 하는 짓은 늘 근대적이다. 근대인만이 아니라,
원래 인간이 하는 짓이 그러하다. 고·중세인들은 그게 인간이 하는

---

10 『종교란 무엇인가?』, 154.

짓인 줄 몰랐을 뿐이다. 그래서 무한정자 자체인 줄로 착각했다. 그러나 근대는 인간이 한다는 것을 노골적으로 드러냈다. 이제 인간은 주체이고, 곧 신이 될 터이었다. 그러니 무한정자를 한정자로 흡수시켰던 것이다. 그런데 그것이 갈길이 아닌가 보다 하고 궤도 수정을 한 건 우리 시대인 현대에 와서의 일이었다. 물론 현대의 궤도 수정은 비로소 선각자들이 조금씩 시작하려고 하고 있다. 아직도 이게 대중화되려면 멀었지만 말이다. 일상에서는 이미 진도가 앞서 나가고 있는데도, 종교는 원래 생리적으로 보수적이라 가장 늦다. 그래서인가? 교회는 근세라는 시대의 세상 사람들이 발견한 인간의 꼴, 자화상을 아직도 외면하고 있다. 세속사회는 자화상을 발견하고 아우성 치고 있는데, 교회 안에서는 그것을 아직도 깨닫지도 받아들이지도 못 한다. 그것을 '인간적인 것'이라고 하면서 말이다. '인간적인 생각이야'라고 하면서 철저히 쳐낸다. 마치 스스로는 인간이 아닌 듯이 말이다.

그러나 "무한정자에게 어긋나지 않는 종교철학은 한정자에 깃들어 있는 무한정자가 한정자를 근거지우는 근원이라는 것을 파악하는 것을 주된 목표로 해야 한다."[11] 종교철학의 주된 목표는 무한정자가 한정자 속에 깃들어져 있을 뿐 한정자에게 한정되는 것은 전혀 아니라는 것을 드러내는 것이다. 무한정자가 신이고 한정자가 인간이니 바로 대입해서 새기면 된다. 무한정자가 한정되는 것은 조상들이 벌였던 오류이다. 대상화하고 우상화해버렸다. 그러기에 한정자 속에 가두어져 있는 무한정자가 아니라 한정자를 근거지우는 근원으로서

---

11 『종교란 무엇인가?』, 154. 틸리히에게서 종교철학은 이처럼 철저하게 우상 파괴를 근본 주제로 하고 있다. 다양한 각도에서 종횡무진 분석하지만 모두 이 하나의 주제로 집중하고 있다는 것을 분명하게 보아야 한다. 그렇지 않으면 또 하나의 교리서나 참고 교재로 보일 뿐이다.

의 무한정자로 상정하는 것을 주된 목표로 해야 된다. 아울러 "한정자는 스스로가 무한정자를 파악하는 매개체라는 것을 인정해야 된다"[12] 같은 말인데 여기서 중요한 건 매개이다. "그리고 이 매개체에 지각하는 주체도 달려있다는 것을 알아야 한다." 주의해야 할 것은 '매개체가 주체에 달려있다'는 것이 전혀 아니다. 만일 그랬다면 주체가 주도권을 지니고 있게 되는 것이다. 틸리히가 주체의 주도권을 내려놓는 현대적인 발상으로 전환했으니 이를 염두에 두고 새겨야 할 일이다. 매개체가 주체에 달려있는 것이 아니라 '매개체에 지각하는 주체도 달려있다'는 것이 중요하다. 매개체가 주체에 달려있는 게 아니고, 주체가 매개체에 달려있는 것이다. 물론 여기서 매개체는 근거가 아니고, 통로이거나 장소이다. 결국은 이런 역학 구조를 가지고 있으니, 또 다시 '체계적인 역설'[13]의 형식이 동원된다. 한정자가 매개 역할을 하지만 그리고 지각 주체도 여기에 의존하지만, 무한정자는 매개인 한정자 안에 깃들어 있으면서도 이를 깨고 넘어선다는 것을 가리키기 위함이다.

종교 개념의 극복을 위한 요소론적 분석과 비판

'종교 개념의 극복'이라는 핵심적인 장은 4개의 절로 이루어져 있다. 자아, 세계, 종교, 문화가 그것이다. 종교의 항변을 논할 때 이미 이러한 요소를 열거한 적이 있었다. 그러나 단순 나열은 아니다. 자아와 세계가 한 묶음이고, 문화와 종교가 또 다른 묶음이다. 자아와 세계는

---

12 『종교란 무엇인가?』, 154.
13 『종교란 무엇인가?』, 154.

주체와 객체라는 근대 언어를 대체하는 표현이며 구도이다. 근대에 확립된 주체-객체는 표현 자체가 가리키듯이 주체가 객체에 대해 주도권을 지니는 위치와 관계를 뜻한다. 그러나 이렇게 살아가는 것이 행복하지 않을뿐더러 더욱이 현실에도 맞지 않다는 것을 누적적으로 체험하게 된 현대인들이 그런 거만한 주체의 허상에서 벗어나야 한다고 절규하게 되었다. 그것이 바로 삶이고 실존이었다. 이를 떠안은 인간은 이제 단순히 주체가 아니라 그를 둘러싸고 그를 떠받칠 뿐 아니라 그를 만들어가고 있는 세계와 서로 속해 있으니 스스로를 자아로 새기고 나아가 세계와 서로를 엮어간다는 것을 발견하게 되었다. 따라서 자아-세계는 주체-객체와는 전혀 다른 혁명적인 전환을 가리킨다. 용어의 치환은 임의적인 것이 아니다. 관계방식의 전환에 따른 것이니 이를 혼동한다면 출발부터 꼬일 수밖에 없다.

현대 철학자나 신학자들은 주-객 구도라는 근대 유산을 받아들이지만, 근대적인 방식으로 정리하지는 않는다. 근대의 방식이 무엇인가? 주-객 구도에서 주체가 주도권을 지니는 것이다. 주체-객체라는 표현에서 객(客)을 아무리 잘 모셔도 그것은 주(主)가 하는 일이다. 손님을 모시는데 안방에 모시든 헛간에 모시든, 주체가 하는 일이다. 이미 주체가 주도권을 지니고 있다. 주-객은 내내 그럴 수밖에 없다. 그리고 주-객은 그런 방식으로 인식론적인 구도이다. 그러나 앎만으로 세상이 돌아가지는 않는다. 몰라도 돌아가는 세계에서 주체가 아니라 자아로, 그것도 가련한 실존으로 살아간다. 이제는 단순히 인식론적이기만 한 게 아니라, 실존적이다. 있음의 차원과 앎의 차원이 물론 깔리지만 그걸 싸안은 삶의 차원이다. 결국 자아-세계는 삶의 역학구도이다.

먼저 자아의 문제를 보자. 어떤 일이 벌어지는가? "종교 개념이 지배하는 곳에서는 자아의 확실성이 하느님에 대한 확실성의 근거가 된다."[14] 종교는 자고로 인간이 스스로를 정립하기 위해서 신을 동원하는 체제로 전락했으니 종교적 신앙은 인간이 지니고 있는 자기 확신을 반복적으로 확인하는 데에서 안정을 얻는 것을 목표로 하게 된다. 말하자면 자기 믿음을 믿으면서 하느님 믿음이라고 착각하게 된다. 이것이 종교 안에서 인간이 벌이는 행위이다. 그러나,

> 자아로부터 하느님으로 나아가는 길은 있을 수 없다. 본질적인 면이 아니라 지향적인 면에서 볼 때 하느님으로부터 자아로 나아가는 길이 있을 뿐이다… 의식의 자율적인 형식을 통하여 자아 인식 속에 은연중에 임재하고 있는 근거를 파괴하고 이탈함으로써만 그는 하느님으로부터의 강압적인 분리로부터 방지될 수 있다.[15]

"자아 인식 속에 은연중에 임재하고 있는 근거"란 바로 인간이 종교 안에서 가지고 있는 자기 믿음을 가리킨다. 그런데 이것이야말로 자기 신념에 대한 믿음이어서 우상화의 지름길일 수밖에 없으니 이를 파괴하고 이탈해야 한다고 틸리히는 호소하고 있다. 하느님이 아니라 자아를 붙잡고 있으니 자기 믿음을 믿는 것은 결국 자기를 믿는 것이기 때문이다. 우상 중에서 가장 근본적인 자기 우상의 문제이다. 달리 말하

---

14 『종교란 무엇인가』, 156.
15 『종교란 무엇인가』, 157. 틸리히의 이런 언술에도 불구하고, 그를 자유주의자라든지 이와 비슷한 범주로 오해하는 부류들이 적지 않다. 이뿐 아니라 틸리히는 필요한 대목마다 자유주의를 비판한다. 그가 말하는 자율적 비신앙, 또는 비신앙적 자율성이라는 규정이 자유주의에도 바로 해당될 터이다.

면 자기도취라 하겠다.

마찬가지로, 종교가 세계를 토대로 하여 신을 말하는 방식으로 가게 된다면 하느님의 실재성이 세계의 실재성에 근거를 두게 되는 오류에 빠질 수밖에 없다. 이유인즉,

> 세계를 근거로 '하느님은 존재한다'는 명제는 형식적으로 보면 어디까지나 하느님을 세계 질서 안으로 끌어들이는 것이기 때문에 결과적으로 하느님을 뒤로 제쳐놓는 무신론이 된다. 또한 이 명제는 내용적으로 보면 하느님의 신성을 파괴하는 것이 된다. 그러므로 무한정자에 대한 인정은 역설적으로 표현될 수밖에 없다.16

'하느님은 존재한다'는 명제가 오히려 무신론이 된다고 한다. 무슨 뜻인가? 이와 같은 혜안들이 모두 역설적 통찰에서 파생된 것임은 물론이다. 존재라는 개념으로 신을 어찌해보려는 인간의 발상이 세계의 시점이든 종점이든, 최고이든 최대이든, 세계 안으로 끌고 들어와 최상급으로 옹립하니 신의 자리가 아닌 곳에서 신을 찾는 신성의 파괴라는 오류에 봉착할 수밖에 없다는 것이다.

그렇다면 무한정자를 도대체 어떻게 역설적으로 표현할 수 있는가? 문화의 문제를 다루면서 틸리히는 대답한다. 종교는 문화를 이루는 온갖 가치를 실현하는 기능과 병존하는 것이 아니고 이를 통합하는 것도 아니며 이들을 돌파하는 무조건적 실재에서 비롯된 것이어서 "종교가 정당화될 수 있는 유일한 길은 이러한 자체의 역설적인 변증법을 통하여 무한정자에게 무한정자의 가치를 그대로 돌려드리는 길

---

16 『종교란 무엇인가?』, 158.

뿐"[17]이라는 것이다. 그런데 어떻게 그리할 수 있는가? 인간이 되돌려 드린다는 것은 무엇인가? 되돌려드리지 않으면 무한정자는 그러한 가 치를 갖지 못하시는가? 어불성설이라면 어떻게 새겨야 하는가? 무한 정자의 무조건성, 즉 하느님의 절대성이 막연하여 종교를 절대화하려 는 유혹에서 손을 떼어야 한다는 것이다. 되돌려드린다는 것은 지금까 지 해왔던 종교의 절대화를 중단한다는 것이다. 무엇을 해야 하는 것이 아니라 무엇을 하지 않아야 하는 것이다.

종교 개념 극복에 대한 틸리히의 이러한 논의는 '종교의 문제'라는 소절에서 절정에 이른다. 먼저 종교 개념의 폐해를 한 마디로 다음과 같이 추린다:

> 종교 개념은 하느님의 차원과 인간의 차원을 동일선상에 놓아버리는 수평대이다. 그러므로 우리가 어느 종교를 절대적으로 만드는 것은 이 미 무조건자를 상대화시키는 종교 개념의 결과일 뿐이다. … (예를 들 면)… 은혜의 계시는 은혜의 수단의 종교가 된다. … 그리하여 종교는 하느님으로부터 멀리 동떨어진 자율적이면서도 그 자체로서 충분한 것이 될 수 있고, 그 자체를 절대적인 종교로 우상화할 수도 있다.[18]

한 마디로, 종교 안에서 인간은 하느님을 인간 자신과 동일한 차원 과 층위로 환원시킨다. 이것이 사실상 종교적 인간이 원초적으로 하는 일이다. 신화로 표출된 무수한 의인화뿐 아니라 교리적인 표현 양식도

---

17 『종교란 무엇인가?』, 162. 종교인으로서의 인간뿐 아니라 종교가 그 자체로서 자기를 비워야 한다는 것이다. 그래서 종교인의 자기부정뿐 아니라 종교의 자기부정도 중요한 덕목이다.
18 『종교란 무엇인가?』, 163, 165, 166.

역시 이해하고 정리 가능한 방식으로 신성을 추스르는 것이니 종교사가 그 좋은 증거이다. 막연한 신 대신 종교를 절대화해 왔던 유구한 역사는 차라리 인간의 정체를 드러내는 과정이었다. 그러니 은혜의 계시도 예측불허로 들이닥칠 가능성에 두지 못하고 언제든지 가동 가능한 체제로 엮어내고자 했으니 종교는 은혜를 제공해주는 수단적 장치가 된 것이다. 결국 하느님과는 무관하게 종교가 하느님의 자리에 군림하도록 몰아갔으니 종교 안에서의 우상화를 넘어서 종교 자체의 우상화로까지 치달아갔던 것이다. 이런 비판은 다음과 같은 결론적인 주장에서 절정에 이른다.

> 종교들은 모두 하느님 대신에 자신을 내세운다. 그리하여 이러한 형식을 절대적인 종교로 만든다는 것은 아주 틀린 일이다. … 그러나 진정한 종교는 무한정자를 무한정자로 인정하고 종교라는 개념을 무한정자의 임재를 통해 소멸시킬 때에만 존재할 수 있다. 그러므로 진정한 종교의 존재는 언제나 숨겨져 있다. … 하느님은 그 자신의 절대성을 종교의 절대성 주장을 파괴함으로써 증명하신다.[19]

종교의 절대성을 파괴함으로써 하느님은 자신의 절대성을 증명하신다. 현실의 종교는 정반대로 스스로를 절대화하고 있지 않은가? 이런 종교 이념들이 문명충돌로, 정치적 갈등, 전쟁 등으로 이어지고 있는 현실이라면 틸리히의 이와 같은 외침은 우리 시대를 위한 예언자적 사자후(獅子吼)라고 하지 않을 수 없다.

---

19 『종교란 무엇인가?』, 183.

4 장

역설의 꼴로서의 상관과
그 뿌리인 신비적 선험

틸리히 사상을 읽어가는 방법

지금까지 우리는 모순에서 역설로 가는 구도로 틸리히의 종교철학을 개괄했다. 이 대목에서는 보다 크게 틸리히 사상을 관통해 읽어가는 전략에 대해 추리고 가는 것도 좋을 것이다. 여러 가지가 있겠지만 내용보다는 형식과 방법에 관심하는 본 연구의 목적에 따라서 다음과 같은 단계로 새기고자 한다.

1. 모순을 엮어내는 길로서의 역설
2. 역설이 얽혀 움직이는 꼴로서의 상관
3. 상관이 주고받는 틀로서의 체계

4. 체계가 향하는 얼로서의 자유

이렇게 네 단계로 풀어본다면, 우리는 틸리히가 현실의 모순을 분석하는 데에서 시작하되 그러한 모순을 이루는 조각들이 엄연히 배제될 수 없는 현실이므로 어느 하나도 버리지 않고 싸안으면서 넘어서는 역설의 혜안을 제시하고 있다는 점을 주목한다. 그리고는 그러한 역설이 모순일 수밖에 없는 현실의 조각들을 싸안았으니 구체적으로 작동하는 방식이 주고받는 상호관계일 수밖에 없다는 점을 확인한다. 그런데 그러한 상호관계는 일시적이거나 부분적이라면 다시 일방으로 쏠리는 환원으로 내몰리면서 도로 모순으로 되돌아갈 수밖에 없으니 현실의 가능한 범위로 확장하고 심화하기 위해서 체계화를 필요로 한다는 것을 도출한다. 그리고는 그러한 체계화는 역설적 상관의 목적인 해방을 향해가는 것으로 설정한다. 한 마디로, 틸리히를 읽어가는 우리의 전략은 '현실의 모순을 풀어내는 길[역설]-꼴[상관]-틀[체계]-얼[해방]'이라고 할 수 있겠다. 이제부터 체계화의 틀 안에서 그의 사상을 논하는 우리의 이야기는 이러한 과정을 완성해가는 것을 목표로 한다. 보다 상세한 설명이 필요할 때마다 보완해야 하기 때문에 위에서 열거한 단계의 제목을 그대로 사용하지는 않더라도 기본적으로는 이러한 단계의 순서로 흘러갈 것이라는 점을 일러둔다. 물론 위에서 언급한 단계 중 첫째인 '모순을 엮어내는 길로서의 역설'은 앞서 『종교란 무엇인가?』를 살핀 두 개의 장(2장, 3장)에서 이미 논의를 시작했다는 것을 이 대목에서 충분히 되짚을 수 있으리라 기대한다.

역설이 얽혀 움직이는 꼴로서의 상관

『종교란 무엇인가?』에서의 핵심이 대립적인 모순에서 포월적 역설로 전환하는 것이라면, 체계적인 신학인『조직신학』에서는 그러한 역설이 얽혀 움직이는 꼴로서의 상관과 그 상관이 작동하는 틀로서의 체계가 관건이다. 물론 여기서 체계보다는 상관이 중요하다. 체계라는 말을 조직으로 새기다 보니 상관이 상대적으로 덜 주목받고 있지만, 모순을 다루는 거친 역설이 보다 일상화되는 단계로 들어와 엮어낸 꼴이 바로 상관이기 때문이다. 하여 역설도 동사이고, 상관도 동사이다. 상관은 현실의 모순을 동일성의 원칙으로 난도질했던 과거를 반성하고 보다 진솔하게 접근하여 해법을 모색하려는 치열한 시도에서 나온 발상이니만큼 그 의도와 의미를 새기는 일은 중요하다. 다만 일방에서 상호로의 전환이 중요했고, 이를 담고 돌리려니 체계가 필요했던 것이다. 물론 겉보기에는 상관과 체계는 반대방향으로 느껴질 수도 있다. 체계는 고정적인 틀이고, 상관은 움직이는 꼴인데 틸리히는 체계가 작동하는 방식으로서의 상관을 말한다. 고·중세의 일방, 근대의 일방이 모두 왜곡하고 억압하는 문제를 지니고 있다고 보고 삶이 요구하는 주고받는 상관이라는 꼴로 인간과 신의 관계, 인간과 세계의 관계, 신과 세계의 관계를 엮어내려고 했다. 그러한 상호관계 작동의 틀이 바로 그가 말하는 체계다.

상관: 상황과 복음

바르트의 『교회교의학』을 읽어보시라. 틸리히가 『조직신학』 서론에서 바르트의 전개 방식을 비판하고 있다. 성서 구절의 단순한 반복이라고. 성서에 공감하지 않고 동의하지 않는 사람이 그것을 동의할 수 있겠는가라고 하면서 말이다. 그런데 그게 케리그마다. 일방적인 말씀선포다. 일방적으로 갖다가 쏟아붓는다. 돌밭에 떨어지든 옥토에 떨어지든 씨는 뿌려진다. 밭이 돌밭이면 말라 죽는 것이고, 옥토는 성능에 따라서 30배, 60배, 100배의 열매를 맺는다. 씨는 잘못한 게 없고 밭이 잘못한 것이다. 일방적으로 선포하면서 씨는 뿌려야 한다는 것이다. 그 밭이 돌밭인지 옥토인지 그것은 밭의 문제이지 씨의 문제가 아니라는 것이다. 이것이 말씀선포의 신학이다. 그런데 선포가 효과를 보려니 같은 내용을 반복한다. 계속 반복하면 부양된다. 사람들에게 이미 아는 것을 반복적으로 확인시켜주니까 얼마나 안정감을 주겠는가! 그래서 사람들이 환호한 것이다.

그런데 틸리히는 '당신들이 말하는 것에 대해 나는 내용을 달리하지는 않는다. 메시지는 마찬가지다. 그런데 상황이라는 게 있지 않은가'라고 반문한다. 돌밭이나 옥토로 비유되는 상황이라는 것이 있다는 것이다. 그런데 상황을 고려하지 않고 메시지를 던져버리기만 한다면 어떻게 되겠는가? 실제로 이런 방식의 선교가 어떻게 되었는가? 무모한 희생들을 얼마나 많이 낳았는가? 상황에 맞는 전략이라는 것도 필요한데, 일단 메시지라는 기름통을 들고 불구덩이에 들어가는 것을 더 숭고한 선교로 착각하고 있지 않은가를 물을 일이다. 순교를 폄하할 것은 아니지만 순교를 불사하는 선교가 그렇지 않은 선교보다 더 가치 있고 위대한 것이라고 생각하도록 부추긴다. 상황을 메시지에 잇대어 고민하지 않은 결과가 얼마나 엄청난 것인지 되돌아볼 일이다.

틸리히: 근대와 현대 사이

상호관계가 대안으로 등장한 배경에는 일방의 횡포가 짧지 않은 역사로 흘러오고 있었다. 겪을 수밖에 없는 현실의 모순에 대해 동일성의 원칙은 혼란을 정리하는 탁월한 기준이고 이념이었다. 그런데 바로 그런 원칙으로 인하여 가차 없이 양자택일을 요구했으니 하나를 택하고 다른 하나는 버릴 수밖에 없었다. 삶을 택하고 죽음을 버렸고, 앎을 택하고 모름을 버렸으며, 옳음을 택하고 그름을 버렸다. 그 결과 영원히 살고, 모든 것을 알며, 언제나 옳다는 자기동일성이 만고불변의 진리로 옹립되고 추앙되었다. 그런데 그러한 자기동일성을 내세우거나 적어도 붙잡을 수 있는 사람은 '가진 자'였다. 권력이든 금력이든 '가진 자'의 이념이었던 것이다. 그러니 대다수의 '못 가진 자들'에게 그러한 이념은 억압일 수밖에 없었다. 그러기에 모순에서 역설로의 전환은 상아탑에서의 지적 유희의 산물이 아니라 이와 같은 억압으로부터 해방을 향한 절규의 선언이었던 것이다.

틸리히도 이러한 시대정신의 요구에 부응하고자 씨름하면서 치열한 역설을 일상화할 방안을 모색했다. 여기서 이르게 된 착상이 상관이라고 했다. 시대적으로 보면 앞선 근대와의 관계로도 설명할 수 있을 것이다. 근대 전기 인식론에서 이성론이 취하는 연역법과 경험론이 취하는 귀납법 사이의 긴장도 좋은 사례가 되겠다. 보편에서 개별로 가는 연역과 개별에서 보편으로 가는 귀납은 서로 대조적인 추론 방법인데 저마다의 명분이 있으니 한 쪽 손만 들어줄 수는 없는 노릇이었다. 해법을 모색한 칸트는 귀납과 연역이라는 대조적인 일방적 추론조차도 하나의 뿌리로부터 파생된 것이어서 결국 엮이고 이어진다고 갈파했다. 이른바 선험적 구성설이라는 것이었다. 칸트는 귀납으로 시작해서 그 결론이 연역의 전제에 이르고 연역의 결론은 귀납의 시작에 이른다는 것을 발견했다. 우리가 경험하는 세계에 대해서는 우리가 일단 감지할 수 있다, 즉 감(感)하고 지(知)할 수 있다는 것이다. 먼저 느끼는데 후에 알 수 있도록 느낀다. 그러니 서로 다른 느낄 꺼리들에서 시작하는데 이리저리 분류할 수 있을 만큼 알게 된다. 이걸 지각이라고 불렀다. 감각에서 시작해서 지각이 된다. 귀납의 재료들이 추려지는데 이것을 하는 인식기능을 감성이라고 불렀다. 그렇게 감성을 통해 이르게 된 지각, 즉 알 수 있게 된 감각자료들을 이제 먼저 짜여 있는 틀로 뽑아내고 추려낸다. 그 틀을 범주라 하고 그렇게 추려진 것을 개념이라고 한다. 그리고 이런 과정을 수행하는 기능이 바로 오성이다. 여기서 범주라고 불리는 틀은 연역의 전제에 해당하고 추려진 개념은 개별적 진리나 사례에 해당할 것이다.

그런데 틸리히는 이런 방식으로는 여전히 일방성은 극복되지 못한 것으로 본다. 칸트의 인식론은 사실상 철저히 일방적이다. 알 수 없다는 물자체는 그 자리에 그대로 있어야 하고 인간의 앎이 그 자체로서는 그것에 대해 어떤 짓도 할 수 없다. 감성이 물자체로부터 시간과 공간이라는 틀 안에서 알려질 만한 감각재료들을 받아올 뿐이다. 그때 시간과 공간이라는 범위로 잘라서 받아들인다. 당연하면서도 불가피하게도 초시간-초공간적인 것은 받아들이지 못한다. 이 상황에서 물자체는 스스로 할 수 있는 게 없다. 칸트가 죽여 놓았다. 아니 이미 이성론자들이 죽여 놓았다. 물론 물자체라 불리던 그 실재를 다시 살린 자들은 근세 후기를 장식하는 관념론자들이었다. 피히테, 쉘링, 헤겔이 다시 살려냈다. 피히테와 쉘링을 거쳐서 헤겔은 급기야 '물자체가 가만히 있는 것이 아니라 움직이는데 우리에게 밀고 들어온다'고 하면서 살려냈다. 주체의 처분만 기다리면서 꼼짝 못 하고 있던 물자체가 이제 살아 움직이고, 자아를 향해 밀고 들어오는 세계가 되었다. 세계는 이제 단순히 주체에게 주도권을 넘겨주고 가만히 버티고 있는 객체가 아니라, 오히려 스스로 움직이는 실체이고 그런 의미에서 심지어 주체라고까지 기염을 토했다. "실체는 주체"라고 선언한 것이 헤겔이다.

그런데 우리 시대로 넘어오면서 하이데거는 실체와 주체를 다 깨버린다. 실존이라는 인간 주체가 혼자 군림하는 실체가 아니라 세계와 얽혀 서로를 구성한다는 것이다. 이런 도도한 흐름의 중간쯤에, 즉 헤겔과 하이데거의 중간쯤에 틸리히가 있다. 틸리히는 쉘링을 중심으로 헤겔적인, 즉 독일관념론적인 구도를 자기의 기본 토양으로 가지고 있다. 그게 그의 근대다. 그런가 하면 하이데거와의 관계에서 현대로 전환하는 통찰도 함께 나눈다. 그래서 그는 '근대와 현대 사이'라고도 할 수 있다. 기실 상관이 현대적 발상이라면 체계가 근대의 유산이라고도 할 수 있는데 바로 그의 이러한 시대사적 위치로서도 그의 과업이 설명될 수 있을 것이다.

상관일 수 있는 이유
: 신비적 선험에 뿌리를 둔 궁극적 관심 때문에

그렇다면 거칠어 보이는 역설을 일상적으로 엮어내는 상관은 구체적으로 어떻게 움직이는가? 나중에 보다 상세히 설명하겠지만 틸리히에 의하면 질문과 대답을 주고받는 관계로 엮여 움직인다는 것이다. 그런데 질문에서 대답으로 가는 방향뿐 아니라 반대로 대답에서 질문으로 향해가는 움직임이 있다는 것이다. 이런 이유로 상관적이고 또한 대등적이라는 것이다. 어떻게 그렇게 될 수 있는가?

이를 살피기 위해 틸리히가 체계라는 틀 안에 담은 상관을 이루는 항목들을 보자. 『조직신학』을 펼쳐 우선 목차를 음미하는 것이 효과적이다. 서론에 이어 1장에서 관점 그리고는 메시지와 상황의 관계가 나오는데 이것이 조직신학이라는 과업의 전제이고 목적이다. 또한 선포의 신학이 아니라 변증신학이어야 하는 가장 원초적인 이유이다. 메시지와 상황이라고 했는데, 사실 상관을 말하려면 상황과 메시지라고 순서를 바꿔야 한다. 그런데 거꾸로 메시지와 상황이라고 순서를 잡았다. 이것은 변증하는 사람으로서의 배려다. 아직 메시지를 우선하는 사고방식에 젖어 있어서 상황과 무관하거나 초월적으로 메시지를 새기려는 사람들을 향한 배려이다. 메시지가 당연한 출발점일 것이라고 전제하고 있는데, 이를 공유하면서 거기에다가 상황이란 걸 붙였다. 그리고는 결국 상관을 통해서 그 순서를 뒤집어서 상황과 메시지로 바꿔가는 것이다. 메시지를 상황에 잇는 게 변증신학이다. 변증신학에서 변증은 상황을 향한 것이고 상황을 위한 것이다. 물론 그 안에 당연하게도 케리그마가 담겨져 있다. 많은 사람들이 케리그마

신학과 변증신학을 대비하지만 틸리히가 말하는 변증신학은 케리그마와 대립되는 게 아니라 이를 싸안는다고 주장한다. 그에 의하면 케리그마는 변증 안에서 한 쪽에 위치한다. 틸리히는 변증신학을 통해 케리그마와 마주하는 다른 쪽이 있다는 말을 하고 싶었던 것이다. 이것이 바로 상관이어야 할 중요한 현실적 이유다.

서론의 2장에서 우리가 특별히 주목해야 할 부분이 있다. 본질을 언급하면서 순환을 소개한다. 이어서 형식적인 기준 그리고 철학과 신학을 질문과 대답의 관계로 설정한다. 1절과 2절은 상관의 근거로서 순환을 다룬다. 순환의 구체적 방식을 2절에서 논한다. 순환에서 상관을 어떻게 끌어내며 상관일 수밖에 없는 절박한 이유가 무엇인가?

그동안 신학을 경험적인 귀납의 학문이나 형이상학적인 연역의 학문으로, 또는 이 둘의 결합의 학문으로 만들려는 시도는 많이 있었지만 오히려 이러한 시도는 성공할 수 없다는 것을 충분하게 증거해 왔다.[1]

귀납이란 구체적인 개별 사례들로부터 일반명제를 끌어내어 보편 진리로 만들려는 시도다. 연역은 소위 보편적인 진리를 전제로 개별 사례의 진리 가치를 추론해내는 방식이다. 귀납법은 인식론 중에서 경험론자들이 주로 썼고, 연역법은 이성론자들이 주로 썼다. 그런데 귀납적인 방법이 마치 아무런 전제 없이 출발하는 것 같지만 무수한 경험 사례들을 무작위로 나열할 수는 없으니 앞서 선험적 판단이 깔릴 수밖에 없다. 그런 보편 명제에 도달할 것을 가정하고, 그 가정에

---

1 폴 틸리히/유장환 옮김, 『조직신학』 1권 (서울: 한들출판사, 2001), 22.

취합되는 사례들을 모으기 시작하는 것이다. 말하자면 없던 것에 이르는 것이 아니라, 이미 깔아놓고 거기에 이르는 것이다. 이미 깔아놓으니 선험적이다. 귀납은 무전제가 아니라, 귀납이 도달하고자 하는 목적을 설정해놨다는 것이다.

연역적인 방법도 마찬가지다. 보편명제가 옳으니 이로부터 추론되는 개별판단도 옳다는 것인데 전제하는 보편명제는 도대체 어디에서 주어지는가? 하늘에서 뚝 떨어질 수 있는 것이 아니라면 앞서 받아들여지고 통용되어 온 것인데 이미 사례들의 누적을 통해 반복 가능성이 인정되는 것을 보편명제로 전제한다. 말하자면 경험적 사례의 축적과 추출 과정이 있었다. 이런 과정을 통해 일반화된 큰 이야기가 시작에 위치한다. 그리고 그런 큰 이야기가 타당하니 이로부터 나오는 작은 이야기들도 옳다는 것이다. 그런데 시작에 있는 큰 이야기보다 뒤에 나올 작은 이야기들이 앞서 도도히 흐르고 있었다는 것이다. 그래서 결국 귀납과 연역은 물고 물린다. 마치 자기 꼬리를 물고 들어가는 메두사처럼 귀납의 끝은 연역의 시작이고 연역의 끝은 귀납의 시작이다. 그래서 이 둘을 결합하고자 했다. 인식론의 역사에서는 칸트가 했다. 그런데 신학사에서는 이제 틸리히가 신비적 선험으로 이에 필적하는 통찰을 내어놓는다.

간단히 말해 관념론자들과 자연주의론자들 양자 모두의 신학적 개념의 뿌리는 모두 신비적인 선험성, 주관과 객관 사이의 분열을 초월한 것에 대한 의식이다.[2]

---

2 『조직신학』 1권, 23.

여기서 관념론자란 위에서 말한 이성론에 견줄 수 있고, 자연주의 자는 경험론에 비길 수 있다. 각각 보편에서 개별로 가거나 개별에서 보편으로 간다고 팽팽히 맞서는 것처럼 보이지만 실상은 반쪽 이야기 일 뿐이라는 것이다. 뿌리는 한 방향으로만 추려낼 수 없는 원초적으로 주어진 것이어서 선험적이고 따라서 어느 한 방향으로만 규명되고 알려질 수 없으니 신비하다는 것이다. 그래서 '신비적 선험'(mystical a priori)이다.

> 우리는 경험적 방법과 형이상학적 방법뿐 아니라 둘의 무수한 혼합의
> 경우에 있어서도 귀납과 연역을 선행하는 선험성이 존재한다는 것과
> 선험성이 일종의 신비적인 경험이라고 하는 것을 관찰할 수 있다.[3]

귀납과 연역에 앞서 '신비적인 선험'이 있다는 것이다. 그래서 귀납과 연역은 양자택일 관계가 아니라 순환적이고 그럴 수밖에 없다는 것이다. 이게 틸리히가 속해 있는 아우구스티누스-프란체스코 전통이다. 선험적인데 신비하다. 앞서 깔려 있는데 알 수는 없다. 순수한 무전제적인 지평에서 출발하는 것이 아니라, 비록 알려지지 않지만 선험적인 그 무엇인가가 이미 있다. 그런데 신비적 선험이 우리 삶의 체험 안에 들어오는 방식을 틸리히는 '신학적인 순환'(theological circle)이라고 설명한다. 귀납과 연역이라는 일방적 도출의 뿌리에 깔려 있는 신비적 선험은 우리가 알지는 못하지만 전제되어 있을 뿐 아니라 그로부터 서로 반대되는 방향의 도출이 파생되니 그 뿌리는 순환적일 수밖에 없다는 것이다. 상관의 작동방식인 질문과 대답의 순행과 역행도

---

3 『조직신학』 1권, 22.

여기서 비롯된 것이다. 말하자면 질문이 대답을 향해 갈 뿐 아니라 거꾸로 대답이 질문을 향해 간다. 질문이 대답을 요구하는 것은 상식적이라고 하겠지만, 대답이 질문에 영향을 줄 수 있는 이유는 선험적으로 순환하고 있기 때문인데 이걸 우리가 알지 못하니 신비라는 것이다. 도대체 앎으로 추려질 수 없어서 신비요 겪어서 알게 되기 전이니 선험이요 이로부터 펼쳐지는 연결고리가 대조적이니 순환이다. 그렇다면 이것은 무엇을 가리키는가? 모르고도 이미 살고 있는 삶이다. 삶이라는 것이 그렇지 아니한가? 앞서 말한 역설이란 그렇게 알 수 없는 신비에 대해 사람이 내지르는 '뒤얽힌 말'이다.

그런데 순환적으로 작동하는 신비는 우리가 경험하기 전에 먼저 우리 안에 깔려 있으니 우리가 주도적으로 알고 파악하면서 믿는 것이 아니라 실존적으로 사로잡힌 바에서 결단하는 믿음을 일으킨다. 아우구스티누스와 그 학파가 '먼저 믿고, 나중에 이해한다'(credo ut in-telligam)고 선언한 것과도 같은 맥락이다.

> 그러나 공공연하게 신학적인 순환에 들어간 사람조차도 다른 심각한 문제에 부딪힌다. 신학적인 순환 안에 있는 이상 실존적인 결단을 했음에 틀림없다. 곧 그는 신앙의 상태 속에 있는 것이 틀림없다.[4]

신비적 선험, 신학적 순환, 실존적 결단, 신앙의 상태라는 중후한 언표들은 결국 신앙에 대한 정의인 '궁극적 관심'으로 모여드는 도도한 물결이었으니 이에 이르기 위한 예비적인 항목들이었다. 이 언표들은 모두 같은 이야기를 각도를 달리해서 말하는 것이다. 궁극적인

---

4 『조직신학』 1권, 25.

관심에 대한 간결하면서도 밀도 있는 설명을 살펴보자.

> 나는 앞에서 아무런 설명 없이 궁극적인 관심(ultimate concern)이라는 용어를 사용했다. 여기서 궁극적인 관심이란 성서의 위대한 계명, "주 곧 우리 하나님은 유일한 주시다. 네 마음을 다하고 목숨을 다하고 뜻을 다하고 힘을 다하여 주 너희 하나님을 사랑하라"(막 12:29)의 추상적인 번역이다. 먼저, 종교적인 관심은 궁극적인 것이다. 곧 종교적인 관심은 모든 다른 관심에게서 궁극적인 의미를 박탈함으로써 그것들을 예비적인 관심으로 만든다. 다음으로 이 궁극적인 관심은 무조건적인 것이다. 궁극적인 관심은 모든 성격이나 욕망이나 환경의 조건으로부터 독립되어 있다. 다음으로 이 무조건적인 관심은 총체적인 것이다. 곧 우리 자신이나 우리의 세계의 어느 부분도 이것으로부터 배제되어 있지 않다. "그로부터 도피할 수 있는 곳은 아무 곳에도 없다"(시 139편). 끝으로 이 총체적인 관심은 무한한 것이다. 따라서 우리가 궁극적이며, 무조건적이며, 총체적이며, 무한한 것인 종교적인 관심에 직면한다면 우리에게는 이완이나 휴식의 어떤 순간도 있을 수 없는 것이다.[5]

'궁극적인 관심'에서 궁극을 설명하는 것이 무조건, 총체적, 무한이었고, 관심을 설명하는 것이 실존이다. 우리가 관심하는 상관은 결국 관심과 궁극 사이에, 즉 실존과 무한 사이에서 벌어지는 역동성인 것이다. 그런데 위 구절에서 보다 주목해야 할 대목이 있다. 종교가 담는 궁극적인 관심은 여타의 것을 예비적인 것으로 강등시킨다는 점이다.

---

5 『조직신학』 1권, 27.

오늘날 저마다 궁극의 표상들을 다양하게 설정하는 시대에 참으로 궁극적이지 않은 것이 궁극적인 것으로 등장하게 된 이른바 초월상실의 시대에 보다 절실하게 주목해야 할 대목이 아닌가 한다. '궁극적 관심'이라는 표현은 간단하게 보이지만 궁극이 간단하게 주어지는 것은 아니라는 점을 주목한다면 더욱 그러하다. 많은 경우 궁극, 절대, 무한 등의 언표가 절대자 또는 무조건자로 표상되는 최고의 존재를 가리키는 기호 정도로 사용되니 그런 존재를 인정하고 받아들이는가의 여부가 신앙의 관건인 것처럼 오도되고 있는 것이 현실이다. 그러나 틸리히는 다음과 같이 경고한다.

> 궁극이란 우리가 초연한 객관성(detached objectivity) 속에서 그에 대해서 절대자 또는 무조건자라고 부를 수 있는 최고의 존재가 아니다. 궁극적인 것은 전적인 포기의 대상이며, 또한 우리가 그것을 바라볼 때는 우리의 주체성의 포기를 요구한다.[6]

신을 가리키는 언표로서 절대-무한-궁극이라는 표현을 쉽게 쓰는데 그러면서 마치 객관적으로 입증 가능한 방식으로 존재하는 것처럼 간주하지만, 틸리히는 그런 존재는 신일 수 없고, 그런 존재와의 관계는 신앙일 수 없다고 갈파한다. '초연한 객관성'은 '실존적 결단'과 정반대 표현이다. 객관성은 설정하려고 하지만 실존은 오히려 포기를 통해 결단한다.

보다 자세히 살펴보자. 플라톤과 아리스토텔레스가 형이상학의 구도에서, 그야말로 초연한 객관성에서 설정한 신은 무엇이었던가?

---

6 『조직신학』 1권, 28.

있음의 정도에서 보면 최고로 있는 것, 없음이 조금도 없는 있음이다. '있음 자체'다. 그래서 지고의 완전자, 부동의 원동자, 지고의 선, 존재 중의 존재, 최고의 존재로 그려진다. 형이상학이 그려낸 그림이다. 가장 탁월한 사례를 우리는 존재론적 증명을 완성한 안셀무스가 전해 준 "신이란 그것보다 더 큰 것을 생각할 수 없는 가장 큰 존재이다"라는 명제에서 확인할 수 있다. 물론 이것과 정반대 전통이 있다. 최고의 있음은 높이로서의 신이지만, 신이 최고로 높다고 하더라도 있음 자체로 규정된다는 것은 신의 성질에 부합되지 않는다고 주장한다. 어떤 규정도 거부하는 '무규정'으로서의 신, 없음으로서의 신, 깊이로서의 신을 가리킨다. 그래서 틸리히는 있음의 최고봉으로서의 신만이 아니라, 없음 차원의 신이 덮여져서는 안 된다고 역설한다. 그래서 어떤 대목에 가면 그는 합리주의나 신비주의 중 어느 한 쪽 편만을 들어주지 않으며 이 양자를 결합하고자 한다고 말한다.

그러니 궁극적 관심에서 궁극을 형이상학적 최고봉으로 새겨서는 안 된다. 궁극적 관심에서 궁극이 초연한 객관성에서 사심 없이 설정되는 무한자나 절대자가 아닌 것처럼, 관심도 주체가 주도권을 지니고 둘러싼 대상을 조정하고 지배하는 대상화와는 사뭇 다른 것이다. 오히려 주체성의 포기가 뜻하는 바와 같이, 즉 관심된 상태라는 수동태가 가리키는 바와 같이, 앎이라는 행위를 넘어서 이미 엮어지는 삶을 가리킨다. 아래의 인용구는 우리의 이해를 더욱 든든하게 떠받쳐준다.

우리의 궁극적인 관심은 우리의 존재와 비존재를 결정하는 것이다. 우리와 존재와 비존재의 문제를 대상으로 하는 명제만이 신학적인 진술이다.[7]

사느냐 죽느냐? 그것이 바로 궁극적인 것이다. 이 차원에서는 내가 관심의 주도권을 지니고 취사선택할 수 있는 주체의 위치에 있지 않다. 나는 다만 관심되는 것이다. 다시 말하면, 그 무엇이 나로 하여금 관심하게 만드는 것이다. 그러니 궁극자, 무한자, 절대자와 같이 대상화의 방식으로 상정되는 신이 그렇게 설정되고 군림하던 종래의 방식은 이제 부적절하다. 그래서 틸리히는 저 높고 높은 보좌에 앉으신 이미지의 신을 존재의 기반, 즉 아래로 끌고 들어와 '깊이의 신'으로 그렸다. 틸리히의 사상사적인 노작은, 양대 전통을 철학사적으로 꿰고 결합시키려고 한 것이다.

추린다면, '선험적인 전제', '신학적 순환', '궁극적으로 관심되는 것', 이것이 근본 전제가 되어서 질문과 대답 사이의 관계를 일방향으로 머무르지 아니하게 한다. 쌍방적인 구조를 요청한다. 이게 바로 상호관계이어야 하는 이유인데 여기에서 이어져야 하는 징검다리가 있다. '신비적인 선험 전제'가 질문과 대답 사이의 관계를 일방향이 아닌 쌍방향이 되도록 요구한다. 왜 그런가?

상관의 근거인 신비적 선험은 무제약자에 의한 비매개적 의식

우리가 지금 '상관'이라는 것을 이해하기 위해서 주목하고 있는데, 귀납과 연역을 넘어서는 상관이란 무엇인가? 나아가 역설이 일상적으로 엮이는 꼴로서의 상관이란 무엇인가? 상관이란 대조적인 귀납

---

7 『조직신학』 1권, 31.

과 연역이 각각 반쪽에 불과한 본래적 순환을 이루는 요소들의 관계 방식이라고 했다. 일방을 넘어서서, 쌍방일 수밖에 없게 하는 원초적인 전제로 인하여 상관이 마땅하고 당연한데 그러한 전제는 앞서 살핀 대로 알 수 없지만 경험하기 전에 먼저 깔려 있다는 뜻에서 '신비적 선험'이라고 했었다. 이를 다른 저서에서는 이렇게 설명한다.

> 인간은 무조건적인 것을 비매개적으로 의식하는데, 그 무조건적인 것
> 은 주체와 객체의 분리 및 상호작용보다 실천적으로 그리고 이론적으
> 로 우선한다.[8]

이처럼 '신비적 선험'을 달리 풀면 '무제약자에 대한 비매개적 의식' (immediate awareness of the Unconditioned)이라고 할 수 있다. 신비가 무한자 또는 무제약자로, 선험이 비매개적 의식으로 새겨질 수 있으니 말이다. 신비적 선험보다는 뭔가 더 묘사해주는 듯하다. 그러나 여전히 풀이가 필요하다.

원래 의식(awareness)이라고 하는 것은 앎이다.[9] 앎이라는 행위는 그 자체가 이미 매개인데 당연하게도 있음에 대한 매개다. 있음은 있음 자체 그대로, 즉각적이고 비매개적으로, 우리에게 알려지는 것이 아니라 앎이라는 틀을 통해서, 즉 앎이라는 매개를 통해서(through the

---

8 폴 틸리히/남성민 옮김 · 정재현 해설, 『문화의 신학』 (서울: IVP, 2018), 39.
9 의식은 앎의 최초형태로서 '일어나고 주어지는 앎'이다. 이에 비해 의도적으로 '하는 앎'을 인식이라 하고, 이로부터 '나오는 앎'이 지식이라면, 그러한 지식이 '향하는 앎'은 진리라고 하겠다. 이렇게 본다면 의식은 모든 앎을 가능케 하는 원초적인 앎이다. 그러나 의식도 대상을 향하는 지향적 구조를 지니고 있어 인식의 주객관계에 기초를 제공하니 이미 매개적일 수밖에 없다. 그런데 이를 거슬러 '비매개적 의식'이라 하니 특별한 주목을 요한다.

medium of knowing) 알려진다. 이게 근대정신의 핵심 중 하나다. 고·중세인들은 '매개를 통해서'라는 것을 깨닫지 못했다. 그냥 보면 그게 그것 자체라고 생각했다. '내가 본다'고 하는 것에 대한 의식이 없었고, 봐서 뭘 알아내는 것이 아니고, 그냥 저기 그것이 그대로 나에게 온다는 것이었다. 그래서 앎이라는 행위가 매개를 통해서 알려진다는 것을 적극적으로 깨닫지 못했다. 그러다가 그것을 발견하게 된 것이다. 과학 덕분이다. 그래서 등장한 것이 인식론이고, 그래서 새로운 시대로 넘어갔고, 그게 근대다.

그런데 앎이라는 행위는 이미 매개다. 있음 자체가 아니라 앎에 담긴 있음이니 말이다. 매개 장치로서 이성과 경험을 말했다. 이성론과 경험론이 대표적인 사례. 보편이성이라는 기준으로 대상을 보는 이성론과 개별경험을 전제로 대상을 파악하려는 경험론 모두 매개 기능과 장치를 보다 효과적으로 다듬으려는 노력이다. 앎이라는 행위가 별도로 또 다른 매개를 추가하는 것이 아니라, 앎이라는 것이 이미 매개다. 있음에 대해서 앎은 앎의 틀과 꼴로 새겨내기 때문이다. 안다는 것은 있음을 앎에 담는 것이고, 그렇게 담는 것이 바로 매개다. 자고로 무엇을 안다고 하면 이런 매개를 피할 길이 없다. 안다는 것이 이미 매개한다는 것이기 때문이다. 그런데 앎은 매개이기 때문에 별다른 일을 해서는 안 된다. 있음을 매개라는 통로에 잘 담아서 앎의 주체에게 잘 갖다 바치는 것이 매개가 할 역할이다. 매개란 그런 것이다. 그래서 매개는 텅 비어있어야 한다. 그래서 이성론이나 경험론 모두 비어 있다고 주장한다.

이성론이 말하는 보편이성이 무엇인가? 보편적이어야 한다. 구체적이거나 개별적인 것에 의해 오염되거나 왜곡되어서는 안 된다. 그러니 그 무엇을 시작하기 전에 애당초 주어져 있어야 한다. 그래서 데카르트에게서 보듯이 본유관념(idea innata)이라고 한다. 날 때부터 타고난다는 뜻에서 생득관념이라고도 한다. 그리고 이건 누구에게나 동일하다. 이것 자체는 특수하거나 구체적인 내용을 갖고 있지 않다. 무엇이든지 대상을 만나면 그것을 스스로의 텅 빈 틀에다가 넣고 뽑아내니 왜곡과 굴절 없이 보편적인 명제를 추려낼 수 있다는 것이다. 이것이 보편이성이고, 생득관념이라고 불렀다. 이 기준에 충족된 지식은 보편진리로서의 자격을 갖춘다고 주장한다.

경험론도 마찬가지다. 대표적으로, 로크는 우리 앎이 백지상태(tabula rasa)에서 시작한다고 주장한다. 개별적인 경험은 대상을 향해 수동적이고 수용적이니 그 자체로는 깨끗하게 텅 비어 있다. 대상이 무엇인가 쏘아대면 투명한 종이에 무엇인가 그려지고 새겨진다는 것이다. 경험이 그렇다는 것이다. 투명하고 텅 비어있어 그저 받아들이고 새기기만 한다는 것이다. 그리고 이렇게 새겨진 쪼가리인 개별 경험들을 모아서 추리면 일반화 과정을 거쳐 그럴듯한 개연적인 진리에 이른다고 주장한다.

그런데 실제로 그러한가? 앎의 작동을 보니 그렇지 않다는 것을 발견하게 된다. 매개라는 것이 뭔가를 한다. 이를 발견한 칸트가 선언한다. 투명한 종이라고 해도 가로와 세로로 잘라져 있듯이 개별 경험은 감성이라는 기능에서 이미 시간과 공간에 의해 잘라져 있어서 시·공간을 넘어서는 것을 담아낼 수는 없다. 경험론의 전제인 개별 경험은 백지상태라고 하더라도 이미 시공적인 유한성의 차원으로 제한된다. 게다가 이성론의 목표인 보편이성도 그저 보편적인 것이 아니라 결국 그렇게 새길 나름대로의 틀을 가지고 추린다는 것이다. 이 틀에 잡히지 않는 것은 도저히 알 수 없다. 칸트는 이를 범주라고 불렀는데 경험하기도 전에 앞서 있으니 선험적이라고 했다. 즉, 보편이 선험으로 대체된다.

떡볶이를 만드는 재료인 가래떡을 만드는 경우가 좋은 비유가 될 터이다. 떡 반죽을 만들어 기계에 집어넣고 뽑아내는데 그런 빈 파이프에게 집어넣으면 반죽이 가래떡으로 나온다. 그 파이프가 비어있긴 하지만 뽑아내는 모양은 가래떡이다. 그 빈 것이 그냥 빈 게 아니다. 아무 짓을 안 하는 것이 아니다. 가래떡 모양을 만들어내고 있다. 매개가 텅 비어 있지만 아무것도 하지 않고 가만히 있는 것이 아니다. 매개는 이미 변형이다. 물론 앎이 있음에 대해서 하는 일이다.

그런데 앞서 말한 대로, 틸리히는 상관이 가능하고 필요한 근거인 신비적 선험을 설명하면서 '무제약자에 대한 비매개적인 의식'이라고 했다. 이게 중요하다. 앎의 기본 구조인 매개를 넘어선다는 것이다. 다시 옛날이야기로 되돌아가자는 것인가? 만일 그렇다면 의식이나 앎이라는 용어도 쓸 수 없다. 그런데 의식이라고 썼다. 고전 형이상학으로 되돌아가자는 이야기는 결코 아니다. 그렇다면 도대체 '비매개적 의식'이라는 것은 무엇을 가리키는가? 아니 도대체 어떻게 가능한가? 앎의 작동이 어쩔 수 없이 매개적일 수밖에 없다면 '비매개'라는 것은 우리가 앎이라는 행위의 주체로서 그렇게 매개적인 인식행위를 하기 전에 이미 벌어지고 있는 차원을 가리킨다. 그리고 그것은 바로 삶이다. 현대인들이, 현대 사상이 주목하고 있는 삶이다. 삶은 이미 그렇게 주어져 있고 그래서 내가 모르고도 산다. 여기서 '모르고도'가 비매개적 차원을 가리킨다. 그러기에 신비적이기도 하다. 신의 비밀이다. 하느님만 아시는 비밀인데 인간은 몰라도 산다. 모르고도 살 뿐 아니라 살고도 모른다. 이런 모름이 삶의 전제이고 지평이며 터전이다. 알량한 앎으로 그 모름을 가늠할 수 없다. 그 모름을 조금 더듬으면서 살다가 가는 것이다. 신비적 선험이란 이러한 영역을 가리킨다. 결국 우리에게는 삶이 매개 이전에 비매개적으로 깔려 있다. 모르지만 이미 산다. 이미 살고 있는데 알 수 없다. 알지 못하는데 어찌 있는가라고 반문한다면 아직도 모르고도 사는 현실에 대한 깨달음이 부족하다는 증거다. 성찰할 일이다. 그러니 틸리히가 '신비적 선험'을 말했을 때 그가 말하는 선험은 앎이 작동하는 기본 구도로서의 범주 따위를 일컫는 것이 아니다. 무엇인가를 겪고 경험하여 알게 되기 전에 이미 삶이라는 것이 모른 채로 살아지고 있었다는 것을 가리킨다. 그렇다면 '비매개적 의식'에서 의식이라는 것도 이런 맥락으로 새겨야 한다. 여기서 인식은 매개적일 수밖에 없는 앎을 가리키는 것이 아니라 모르고도 사는 삶에서 새겨지고 추려지는 것을 뜻하는 것으로 보아야 한다. 이른바 해석학에서 말하는 선이해 또는 원초적인 의미에서의 해석에 해당한다. 다만 틸리히가 이해나 해석과 같은 현대적 개념보다 의식이라는 근대적 용어를 사용한 것은 근·현대의 경계에 서서 아직 근대적 사고방식에 머물러 있는 사람들을 향한 깊은 배려에 의한 것이라고 봐야 할 것이다.

'비매개적 의식': 먼저 믿고 나중에 안다, 또는 알기 전에 먼저 믿는다

그렇다면 비매개적 의식이 앞서 말한 본유관념과 비슷한 것이 아닌가라는 물음이 나올 수 있다. 좋은 착상이다. 이런 비교를 통해서 우리는 차이를 드러내고 그리함으로써 틸리히의 새로운 통찰에 대해 보다 깊이 이해할 수 있을 것이기 때문이다. 본유관념이나 생득관념은, 데카르트의 주장에 의하면, 그 어떤 내용도 담지 않고 있다. 그러나 비매개적인 의식은 이미 내용을 담고 있다. 모르고도 사는 것이기 때문이다. 모름과 삶의 얽힘이다. 우리는 알지 못한 채로 산다. 모른다고 내용이 없이 텅 빈 것은 전혀 아니다. 모를 뿐 뭔가 이미 있고, 살고, 얽혀진다. 그러니 모르고 있다는 것을 좀 알아야 한다. 그럼에도 불구하고 모른다는 것을 아는 것조차도 얼마 되지 않는다. 더 나가면 뭘 모르는지도 모른다. 그러나 살고 있다. 굳이 그림을 그리자면, 그 끝을 알 수 없으니 개곡선이요 명백하기만 하지 않으니 점선으로 그려질 수밖에 없는 삶 안에 앎이 약간의 실선으로 떠 있을 뿐이다. 그러나 앎도 깔끔한 실선일 수가 없으니 삶이 계속 소용돌이치는데 그 안에 담겨져 있는 앎이 홀로 독야청청할 수 있을까? 삶은 말할 것도 없고 앎도 계속 바뀐다. 어제 옳다고 알고 있었던 것이 오늘 그렇지 않은 경우는 허다하다. 다만 삶을 꾸려가려니까 점선을 실선으로 그려가면서 잠시 그것이라도 붙잡고 가려는 것이 아닐까?

이렇게 생겨먹은 삶이니 앎이라는 매개 안에 잡힐 수 없어 비매개적이고 그렇게 새겨지니 의식이라 했지만 의식보다는 이해로, 그것도 선이해로 읽어야 한다고 했다. 신비적 선험 전제라는 것도 이걸 가리킨다. 그리고 바로 무제약자라고 상징적으로 칭할 수 있는 무한자 즉 신의 들이닥치심이 이미 그렇게 일어나고 있었다는 것이다. 이것이 앞서 말한 대로 아우구스티누스-프란체스코 전통이 공유하고 있는 대전제이다. 그러니까 '믿고, 알고'다. '먼저 믿고, 나중에 알고'(Credo ut intelligam) 말이다.10 아우구스티누스의 앞선 구도를 후에 가져온 에리우게나와 안셀무스가 한 이야기다. '먼저 믿고, 그다음에 안다.' 무슨 말인가? 모르지만 일단 믿는다는 것이다. 모르고도 믿는 것이다. 모르고도 사는 것처럼 모르고도 믿는다는 말이다. 그렇게 먼저 믿고 서는 그다음에 그런 믿음을 자신 안에서도 추리고, 다른 사람과도 공유하기 위해서 앎을 추구한다는 것이다. 모르고도 살고, 모르고도 믿는다. 그 모름이 신비적 선험이요, 비매개적 의식이다. 이런 통찰은 앎에만 머무르면 도저히 납득되지 않는다. 그러나 삶에 겸손하면 받아들이지 않을 수 없는 통찰이다. 내가 삶을 살고 있기도 하지만, 보다 앞서 삶이 나를 살고 있기 때문이다. 그 어떤 것을 시작이라고 할 수 없을 만큼 서로 얽혀 있다.

이러한 원초적인 순환이 바로 상관이 가능한 근거이다. 그렇게 애당초 순환적인데 모호하고 혼란스러워 보인 나머지 한 쪽을 붙잡고 정리해보려던 심산이 일방에 손을 들어주었었을 뿐이다. 이처럼 상관이란 마땅한 본래의 순환을 회복하려는 발상에서 착안된 것이다. 그리고 본래의 순환이란 현실의 역설적 얽힘을 가리킨다. 말하자면 삶이 이미 그렇게 역설적이며 그래서 순환적으로 생겨먹었기 때문이며 이제 그걸 새삼스럽게 발견한 것뿐이다. 아닌 것을 억지로 그렇다고 주장하는 것도 아니고, 하지 않았던 것을 새삼스럽게 하자는 것도 아니다. 믿음도 마찬가지다. 믿음도 이미 그렇게 생겨먹었기 때문이며 이제 그걸 새삼스럽게 발견한 것뿐이다. 내가 애써 믿으려고 하기보

---

10 때로 번역이 우리를 오도하기도 하는데 '이해하기 위해서 믿는다'(I believe in order to understand)라고 직역하면 이해가 목적이고, 믿음이 수단이 되는 곡해가 일어난다. 그러니 좀 더 뜻에 맞게 번역하면 '나는 믿는다, 그래서 이해할 수 있게 된다'(I believe so that I may understand)고 풀어야 할 것이다.

다도 믿어져서 믿는다는 고백이 이런 통찰을 반영하는 것일 수도 있다.[11] 아울러 앎에만 머무르는 사람이 믿음을 가지기 어려운 이유도 여기서 찾을 수 있다. 이런 경우 그는 믿음보다도 자신의 삶에 조신하게 정직하려는 노력이 우선되어야 할 것이 아닌가 한다. 그러기에 이런 철학적 성찰은 이렇게 현실적인 진단과 처방의 기능도 지니고 있다.

그렇다면 신비적 선험 또는 비매개적 의식에 대해 무제약자는 도대체 어떻게 자리하는가? 여기서는 선험이나 의식이 주도권을 지니고 대상을 주무르는 앎이 아니라고 했다. 삶이 생긴 꼴이라고 했다. 그렇다면 무제약자는 결코 선험이나 의식의 대상일 수 없다. 오히려 무제약자는 선험의 근원이고 의식의 원천이다. 선험과 의식을 가능케 하는 원초적 터전이고 전제이며 사건이라는 말이다. 그렇다면 '무제약자에 대한 비매개적 인식'이라는 표현도 고쳐야 한다. '무제약자에 의한 비매개적 의식'이다. 굳이 풀자면, '알 수 없되 이미 살게 하는 (그리고 이미 믿게 하는) 무제약자가 펼쳐내는 삶(또는 믿음)의 뜻'이라고 할 수 있지 않을까? 그래서 설령 그 비매개적 의식을 넓히고 늘려나가더라도 무제약자가 점차로 그 의식에 의해 잡혀가는 것이 아니라 오히려 그만큼 아니 그 이상 뒤로 물러난다고 했다. 틸리히는 이를 '포함하고 초월하는'(include and transcend) 신으로 그렸다. 이후 고든 카우프만(Gordon Kaufmann)은 배와 수평선에 비유하였다. 배가 수평선을 향해 점차로 다가가면 거기에 도달하는 것이 아니라 수평선은 뒤로 더욱 물러난다. 더 다가가면 더 뒤로 물러난다.[12] 무제약자로 인한 비매

---

11 물론 이런 고백이 통속적으로 나오기도 하는데 많은 경우 폭력적일 수도 있다는 점을 명심해야 할 것이다.

12 고든 카우프만/기독교통합학문연구소 옮김, 『신학방법론』(천안: 다신글방, 1983), 전권 참조.

개적 의식에서 비매개적 의식이 무제약자에 대해 지니는 관계가 바로 이렇게 움직인다고 하겠다.

앎이 도달할 수 없는 삶은 모르지만 없지 않으니 신비이고 선험이고 비매개이다. 삶이 그렇고 믿음이 그렇다. 내가 사는 것이 아니라 삶이 나를 사는 것처럼 내가 믿는 것이라기보다는 삶이 나로 하여금 믿게 한다. 무제약자의 차원, 즉 신비라고 불리는 영역은 모름이되 삶이고 믿음의 근거이니 앎과의 관계에서 계속하여 다가가면 물러서는 긴장관계를 이룬다. 앞서 말한 역설이 이 대목에 연관될 터이다. 역설은 신비에 대한 인간의 외마디일 따름이다. 삶과 앎 사이의 어찌할 수 없는 거리에 정직함이요, 믿음과 삶의 관계에 대해서도 마찬가지일 터이다. 만일 이 둘이 만날 수 있다면 긴장관계는 사라지고 상관은 가능하지도 않지만 필요하지도 않게 될 것이다. 그런데 가면 또 밀려나고 더 나가면 더 밀려난다. 계속 주거니 받거니 밀고 당기는 관계가 엮어진다. 이래서 신비적 선험이 상관을 가능케 하고 필요하게 하는 근거라고 했다.

5 장

역설적 상관이 주고받는 틀로서의 체계화

: 『신학의 체계화』-1

신비적 선험 또는 비매개적 의식 덕분에 대답이 질문을 만든다

틸리히는 명백성을 구실로 강요된 일방적인 구도들이 신과 인간의 관계를 일그러뜨리거나 억압적인 방식으로 만들어왔다고 종교 현실을 진단한다. 인간이 앎의 주체가 되면서 주도권을 쥐고 세상을 살 수 있으리라는 낙관적이면서도 거만한 자화상이 자가당착에 이르게 되면서 소외와 허무, 불안과 절망의 나락으로 떨어진 현실과도 같은 맥락이었다. 틸리히는 그 이유를 신비적 선험을 잊어버리고 잃어버린 현실에서 찾는다. 그가 종교와 문화의 관계에 주목하여 표층의 문화를 심층의 종교가 떠받쳐야 하고 또한 거꾸로 심층의 종교는 표층의 문화로 드러나야 한다고 주장한 것도 같은 맥락이다. 그런데 현실 문화가 세속화의 방식으로 급속히 탈종교화하면서 신비적 선험을 망실했고, 종교도 심층적 초월의 의미 구현에 실패했다고 진단한다. 그러기에 종교와 문화의 바람직한 관계 구성을 위해서 그리고 일그러진 인간-신 관계의 회복을 위해서 절실하게 필요한 상호관계를 재구성할 것을 역설한다. 이러한 과제를 수행하기 위해서 틸리히는 상호관계의 작동 방식을 무엇보다도 근본적으로 질문과 대답의 관계를 기축으로 구성하고 설명한다. 그런데 질문과 대답이 흔히 생각하는 것처럼 질문에서 대답으로 가는 일방향으로만 움직이는 것이 아니라, 대답에서 질문으로도 간다는 것이다. 쌍방향이라는 것인데, 구체적으로 질문은 대답에게 형식을 꾸며 주고, 대답은 질문에게 내용을 만들어 준다는 것이다. 그래서 쌍방적이고, 상관적이라는 것이다. 여기서 우리가 주목해야 할 것은 당연하게도 대답에서 질문으로 가는 것인데, 이것이 도대체 무슨 뜻이고 어떻게 가능한가가 관건이 될 터이다. 단도직입적으로 말하면 앞서 논했던 신비적 선험, 또는 비매개적 의식 덕분에 먼저 대답이 삶에 내용으로 주어져 있는데 아직 알려지지 않았으니 이를 갈구하는 질문을 던지게 된다는 것이다. 앎의 차원에서는 비논리적으로 보이지만 삶의 생리로서는 불가피할 정도의 틀이라는 것이다. 틸리히가 그토록 신비적 선험이나 비매개적 의식을 강조했던 것은 대답에서 질문으로 움직이는 방향의 근거이기 때문이었음은 물론이다.

상관의 꼴인 질문과 대답의 쌍방향

상관이라는 꼴이 움직이는, 즉 주고받는 방식을 틸리히는 질문과 대답의 관계로 설명한다. 그런데 우리의 상식으로 본다면 질문과 대답 사이의 움직임은 우선 질문에서 대답으로 가는 것이다. 재론의 여지가 없는 방향이다. 그런데 그는 상관의 꼴을 설명하면서 대답에서 질문으로 움직이는 방향을 말한다. 상식과는 정반대로, 거꾸로 움직인다는 것인데 그러면 어떻게 된다는 것이고 무슨 뜻인가? 적어도 두 가지 면에서 틸리히가 말하는 질문-대답의 상관은 중요한 뜻을 지니는데, 하나는 방향의 역전이고, 다른 하나는 인간의 정체성 전환이다.

우선 역전을 보자. 질문에서 대답은 상식적인 것인데, 거꾸로 대답에서 질문으로의 움직임은 도대체 무엇인가? 이것은 있음과 앎의 구도, 즉 전통 형이상학이나 근대 인식론에서는 꿈도 꿀 수 없는 것이다. 그러나 틸리히는 현대 해석학의 용어를 쓰지 않을 뿐 이것이 전제하는 '선이해'(先理解; Vorgriff)에서 시작하기 때문에 대답에서 질문으로 움직이는 방향을 말하지 않을 수 없었다. 구체적으로, 자고로 물음을 물을 때 모르기 때문에 묻지만 아예 모르고서는 물을 수도 없으니 모른다는 것을 알고 묻는다. 물음은 그래서 모름과 앎의 뒤얽힘이다. 헌데 경계를 갈라내기가 간단하지 않게 뒤얽혀 있다. 삶이기 때문이다. 어제 앎인 듯했던 것이 오늘 모름으로 드러나고, 옳음이었던 것이 그름으로 판명되니 어찌 갈라낼 수 있을 것인가? 하여 물음을 묻게 한 모름과 앎의 뒤얽힘은 바로 삶이니 모르고도 이미 살아가는 삶의 생리를 앞서 깔려 있는 '선이해'라고 한다면 이것이 바로 그것을 대답으로 드러내도록 질문을 던지게 하는 실마리가 된다는 것이다. 대답이 질문을 그렇게 하게 하니 대답에서 질문으로의 움직임이 있다는 것이다. 말하자면 질문에 앞서 대답이 대답으로 받아들여질 수밖에 없게 하는 근거가 삶으로 이미 깔려 있기에 대답이 질문을 향해 가는 움직임이 있다는 것이다. 이게 상식적인 방향에 대한 역전이다. 앎에서는 가당치도 않겠지만 삶에서는 그럴 수밖에 없고 그래야 하기도 하는 것이다.

물음의 의미: 인간 정체성의 전환

또 하나 주목해야 할 것은 질문이라는 것에 대한 것이다. 도대체 그리스도교와 신학사에서 질문이라고 하는 것이 의미 있게 자리 잡은 적이 있었던가? 신학사에서 질문이 중요하게 그의 사상체계를 형성한 작품들이 있던가? 번뜩 떠오르는 것이 토마스 아퀴나스의 『신학대전』이다. 질문-대답의 고리가 숨 막힐 정도로 연이어진다. 그러니 얼마나 질문이 많겠는가? 그런데 당장 자세히 읽어보지 않고도 멀리서만 봐도, 질문과 대답이 매우 불균형적이다. 질문이 몇 줄 되는가? 이에 비해 대답은 훨씬 길다. 어떤 건 질문이 한 줄인데 대답은 서너 페이지를 차지한다. 그냥 부피로만 따져도 그렇다. 그러나 더 중요한 것은 그걸 대답으로 끌고 나오기 위해 그 대답에 아귀를 맞춰서 질문을 깔은 것이다. 결국 자기주장을 하기 위해서 반대의 질문을 던지고, 그 반대의 반론을 제기하는, 그런 방식으로 자기주장을 펼치고 있다. 참 절묘한 철학적 분석인 것은 하나의 주장과 이에 정반대되는 주장에 대해 모두 성서적, 철학적, 역사적 근거를 동원한다는 것이다. 그러니까 성서에 이런 주장도 있고, 그 반대의 주장도 있다는 것이다. 아퀴나스가 이렇게 질문과 대답의 방식으로 그의 작품을 전개하지만, 그것은 대답을 위한 질문이었다. 그러니까 대답이 이미 설정되어 있었다. 그리고 거기에 맞추어서 질문을 던진다. 반론에 반론을 다시 돌려치는 방식으로 자신의 입장을 개진하는 독특한 논법을 쓰고 있다. 그러니까 자신의 질문에 대한 반론이 있을 수 있다는 것을 염두에 두고 이를 드러낸 후 그 반론의 맹점까지도 짚어주는 논조라는 말이다. 질문이 질문으로서의 위상을 가진 적이 결국은 있지 않았다고 평가할 수밖에 없다. 질문이 고·중세 시대의 정신문화사에서는 아직 그만한 위치를 차지하지 못했었던 것이다. 인간을 둘러싸고 있는 것들, 즉 인간 자신, 타인, 세계, 신과의 관계에서 인간이 질문자의 위치로 스스로를 자리매김하는 것은 현대에 와서 일이다. 그럼 그 전에는 어떤 식으로 관계되었었는가?

묻지 않아도 거기에 그것이 이미 그렇게 있다. 고전 철학과 신학의 방식을 보자. 중세는 물론 근세도 마찬가지다. 묻지 않아도 거기 그것이 이쪽을 향해 질러주는 것이다. 있음은 묻지 않아도 거기 있는 것이고, 앎은 있음에 대한 앎이었으니, 내가 안 물어도 이미 있고 알려졌다. 그러니까 물음이라는 것이 필요도 없고 설 자리도 없었다. 그러나 현대에 와서 인간의 자화상에 물음이라고 하는 것이 들어왔다. 이제는 물음이라는 것이 더 이상 대답을 향해 가기 위한 교두보이거나, 들어가기 위한 문이 아니다! 대답을 이렇게도 저렇게도 주무를 수 있는 질문이니 대답만큼의, 아니 대답 이상의, 무게를 지니게 되었다. 질문의 위상이 이렇게 등극하니 그것이 인간의 정체성에 아주 핵심적으로 자리 잡는 발상의 전환이 일어나게 되었다. 말하자면 이제 인간은 '물음을 묻는 인간'이라는 것이다. 이러한 혁명적 전환이 삶 때문이었음은 물론이다.

있음이나 앎에서는 '물음을 묻는 인간'의 자리를 찾기 어렵다. 거기는 '대답을 받는 인간'이 있을 뿐이다. 묻기도 전에 대답이 군림하니 말이다. '물음을 묻는 인간'의 자리는 바로 삶이다. 앎과 견주면, 삶에는 앎보다 모름이 훨씬 더 많다. 그렇기 때문에 물음이 삶의 꼴이 되고 사람의 얼이 된다. 모름을 힐끗 알게 되면 바로 물음이 나올 수밖에 없다. 물음은 몰라서 묻지만 모름을 알아서 묻는 것이다. 모른다는 걸 모르면 묻지도 못한다. 즉 물음은 모름과 앎의 결합이다. 앎만 갖고는 안 된다. 모름과 앎의 결합이 물음인데 이것이 바로 삶의 구조이다. 삶이 앎과 모름의 뒤얽힘으로 생겨먹었기 때문이다. 삶이 전면에 깔리면서 앎만큼, 아니 앎 이상으로, 모름이 오히려 가치를 지니게 되었다. 앎을 내세워서 모름을 줄이기만 하는 게 목표가 아니라, 모름이 앎을 살아있게 하는 동인이라는 것에 주목하게 되었기 때문이다. 우리 시대에 와서는 물음의 이러한 의미와 가치를 공유한다. 현대 철학자나 신학자들이 이구동성으로 전제하고 동의하는 통찰이다. 물음을 묻는 인간이니 이제 물음은 단지 대답을 위한 도입부가 아니고 그저 지나가는 이야기가 아니다. 오히려 대답을 규정하고 선택하는 엄청난 비중을 차지하게 된 것이다.

이제 '물음을 묻는 인간'이란 질문이 인간의 구성요소라는 것을 가리킨다. 이것은 우리에게 무엇을 말해주는가? 이 책을 시작하는 서두에서 상관을 담는 체계가 결국 해방을 향한다고 했다. 실재에 대한 논의를 의미로 시작한다는 것도 이를 목적으로 하는 것임은 두말할 나위도 없다. 게다가 물음과 의미는 함께 간다. 물음은 단순히 대답만 얻는 것이 목적이 아니다. '물음을 묻는 인간'이라는 것은 '의미를 구하는 실존'이라는 뜻이다. 물음과 의미가 얽혀 해방을 향한다. 대답을 받기만 해야 하고 이를 명령으로 알고 순종해야만 했던 시대를 뒤로 하고 물음의 몸부림을 통해 자유를 찾아 나선다. 상관을 담는 체계가 해방을 향한다고 했는데 물음이 이를 향하고 있으며 그 물음이 구하는 의미가 결국 자유라면 물음과 의미가 얽혀 해방을 향한 도정을 수행한다.

또한 같은 이야기지만 '물음을 묻는 인간'이 우리 시대의 자화상이 되었다는 것은 대답 강박에서 벗어나라는 것을 가리킨다. 내 삶이 여러 모로 일으키는 물음에 대해서 어떻게든 대답을 갖다 붙여야 된다는 강박 말이다. 대답을 붙여놓고 마침표를 찍고 더 나아가 느낌표로 확실히 마무리해주어야 제대로 된 삶이라고 생각한다. 물음표로 삶의 과정을 끌고 가는 것은 문제라고 본다. 그러나 질문과 문제는 다르다. 질문(question)은 대답(answer)을 살아있고 의미 있게 만든다면, 문제(problem)는 해결(solution)을 통해서 제거되어야 할 것이다. 그런데 질문을 모조리 문제로 생각한다. 해결되어서 사라져야 할 것으로 생각한다. 질문 단계로 남아있는 걸 견디지 못하니 가만두지 않는다. 특히 종교 안에서 질문은 여지없이 의심이나 회의로 간주된다. 그래서 묻는 것은 마귀의 짓이다. 질문이라는 것이 해결되거나 제거되어야 할 문제라기보다는 삶을 그렇게 살게 만드는 동인이고, 바로 그 질문 덕분에 삶의 깊이와 넓이를 진득이 파헤치게 될 것이라는 성찰을 종교는 허락하지 않는다. 종교는 늘 '대답'이라는 이름으로 '해결'만 찾으려고 한다. 그런 종교의 현실에 비춘다면 질문과 대답의 상관에서 질문이라는 것이 대답에 앞서 그만큼의 비중을 지닌다는 것을 주목하는 이 통찰을 우리가 틸리히를 통해 진하게 새겨야 할 것이다.

이제 질문과 상호관계에 있는 대답을 살펴보자. 틸리히의 상호관계 방법의 기본 구조에서는 두말할 나위도 없이 대답도 중요하다. 당연하게도 인간과 신의 관계에서 신은 대답이다. 인간은 질문하고 신은 대답한다. 이게 틸리히의 신학적 전제이고 구조이다. 이전에는 신은 대답하는 존재가 아니라 명령하는 존재였다. 일방 중에서도 아주 권위주의적인 일방이었다. 그러니 인간과 신의 관계를 질문과 대답으로 주고받는 상호관계로 새로 짠다는 것은 가히 혁명적인 일이었다. 일방에서 상호로의 대전환이 질문과 대답의 상관을 바탕으로 인간과 신의 관계에서 이루어지는 순간이다. 그런데 틸리히의 질문-대답의 상관은 여기까지다. 이것이 그의 철학적 신학의 내용적 구도인데 또한 한계이다. 왜 한계인가? 그렇게 설정하고 나면 신은 언제나 우리에게 대답해줘야 하기 때문이다. 이렇게 물어보자. 신이 언제나 대답이기만 한가? 신이 우리 인간을 향해 물을 수는 없는가? 삶에서 겪는 많은 모름은 오히려 이렇게 새길 수도 있지 않은가? 이렇게 묻고 보면 상관 및 이를 담는 체계화에 대한 과도한 강조가 또 다시 교조주의로 끌고 가지 않을까 하는 우려를 피할 수 없다. 그래서 틸리히 이후의 신학자들은 그 틀마저 깨고 넘어서려 한다.[1]

그러나 다시 추린다면, 틸리히의 질문-대답 상관은 '대답에서 질문으로'라는 역전과 '물음을 묻는 인간'이라는 전환 이 두 가지만 고려한다고 해도 창조적이고 혁명적인 이정표로서 평가되어야 할 것임은 재론의 여지가 없다. 물론 여기에만 머물지 말고 더 나아가서 대답으

---

1 많은 수정과 보완이 나타났지만 대표적으로 다음의 작품에서 이러한 노력의 탁월한 사례를 확인할 수 있다. 카우프만, 『신학방법론』, 전권; David Tracy, *The Analogical Imagination: Christian Theology and the Culture of Pluralism* (New York: Crossroad, 1987), 전권.

로 그렇게 마무리 지어져야 된다는 주장이 대담 강박으로 작동하게 되지 않는지 되돌아보는 것도 중요하다. 말하자면 물음과 대답의 체계 내적인 정합성의 역할과 동시에 한계의 문제도 곱씹어야 한다.

체계화를 향한 상호관계 방법

그러나 물음과 대답의 상관이 지엽적인 것일 수는 없었다. 그래서 틸리히는 이를 현실의 차원에 가능한 한 넓고 깊게 적용하기 위해 체계화를 시도했다. 그가 이것을 들고 나온 또 하나의 중요한 이유는 '환원주의의 일방성이 지니는 억압' 때문이었다. 신으로 환원되고 신앙으로 환원되는, 그래서 결국 정신으로 매몰되는 데 대한 육체의 반동과 여기서 촉발된 전인성을 향한 몸부림은 환원을 거부할 수밖에 없다. 이러한 시대정신이 동부 유럽에서는 '유물론'으로, 서부 유럽에서는 '실존주의'로, 영·미에서는 '실증주의'로 나타났는데 이게 모두 몸의 몸부림이다. 이런 시대정신에 정직하게 호응하려는 그의 노력이 이렇게 환원의 일방을 거부하고 상관을 회복하려는 체계화라는 형식으로 나온 것이다.

이제 상호관계의 방법을 논하는 『조직신학』 서론으로 들어가 보자. 체계라고 하는 것을 이해하기 위해서 놓치지 말아야 할 가장 중요한 대목으로 대립항목 사이를 '역접'의 관계로 보는 것이다. 모순인데 모순을 역접으로 처리하는 것이다. 역접이 역설로 된 것은 반동과 저항이 분출한 현대에 이르러서야 비로소 시도되었다. 『조직신학』 서론에 '상호관계의 방법'이 나오는데, 이게 전통을 이루어왔던 신-인 관계의 유형들을 세 가지로 나누어 비판하면서 나온다. 시대배경으로 논하자면 첫째는 고·중세, 둘째는 근대, 셋째는 스콜라주의의 이분법이다. 고전적 유형은 위로부터, 근대적 유형은 아래로부터 일방의 문제가 비판의 도마에 올랐다. 그리고 스콜라주의는 나름대로 체계화하려는 시도로 평가될 수 있을 만큼 양방향을 얽으려 했는데 서로 주고받기보다는 영역 구분을 통해서 따로 놀게 했다고 비판된다. 예를 들면, 자연과 은총이 상하관계로 새겨진다. 자연 위의 은총이다. '위로부터'와 '아래로부터'를 묶으니 위와 아래라는 상하구조는 달리 엮을 수 없는 대전제였던 것이다. 중세 당대로서는 최선이었다. 그런데 틸리히는 나름대로 근거를 내세우면서 세 가지를 모두 거부하고 상호관계를 제안했다. 그는 무엇을 거부했는가?

고·중세를 지배하는 사고유형은 '위로부터 아래로'이니 시작이나 기준이 하나라는 것이다. 동일성의 원리를 철저하게 옹립하고 신봉한다. 이유는 안정성이다. 하나가, 그것도 위로부터 오는 것이라면 안정 보장의 욕구를 충족시켜 주기에 더욱 적합하다. 위로부터 아래로 오는 것이 무엇인가라고 하면 그에 대한 대답은 무엇이든 하나로 추려져야 할 것 같다. 당연히 여섯 개의 물음 중 동일성을 요구하는 '무엇' 물음이 군림한다. 다른 물음들은 동일성에 방해가 되는 것들이니 위상이 낮거나 억제되어야 할 것으로 여겨졌다. 물론 현실에서는 하나로 추려지지 못하지만 동일성을 향한 물음은 그렇게 되지 않는 현실에서 이념으로라도 제기되어 왔었다. 동일성의 기준을 충족시키려면 여러 이야기를 훑을 수는 없다. 그저 위에서 내려와야 한다. 그래서 초자연주의다. 초자연주의는 무엇보다도 신의 완전성이 근거이고 기준이다. 그러니 세계와 인간은 말할 것도 없이 불완전성으로 평가된다. 액면 그대로 놓고 보면 아무런 하자가 없어 보인다. 그러나 초자연주의는 나름대로 그만한 의미와 역할에도 불구하고 틸리히는 이를 다음과 같이 비판한다.

> 이와 같은 초자연주의적인 방법은 전통적인 이단의 관점에서 보면 가현론설적이며 단성론적인(monophysitic) 특성을 가지고 있다고 볼 수 있다. 특히 이 방법은 성서를 (인간의 수용성을 완전히 배제한) 초자연적인 '신탁'의 글로서 평가하고 있다는 점에서 그렇다. 그러나 인간은 그가 결코 묻지 않은 물음에 대한 대답을 받아들일 수 없다.[2]

"인간은 결코 그가 묻지 않은 물음에 대한 대답을 받아들일 수 없다." 이를 좀 더 잘 새겨야 한다. 이를 위해서 표현을 달리해보자. "그는 그가 묻지도 않은 물음에 대해 대답이라고 하는 것을 그의 물음에 대한 대답이라고 받을 수는 없다." 왜 그런가? 그리스도교 현실을 보면 바로 와 닿는다. 교회 설교를 떠올려보자. 회중 개인의 관심과 질문이 무엇인지 아랑곳하지 않고 선포라는 명분으로, 대언을 구실로, 일방적으로 쏟아붓는 것을 권위라고 착각하는 종교적 습관이 좋은 증거이다. 이러니 복음이 공허하게 들린다고 한다. 위로부터의 일방은 오히려 복음에 대한 모독이다. 복음이 그래야만 전달된다던가? 그랬다면 성육신 사건은 무엇이란 말인가? 이런 현실의 문제의식에서 틸리히는 '위로부터'를 주장하는 초자연주의를 거부한다. '무엇'만으로 다 싸잡으려는 시도이기 때문이다.

거부돼야 할 둘째 방법은 자연주의적-인본주의적 방법이다. 이것

---

2 『조직신학』 1권, 110.

은 초자연주의와는 정반대로 아래로부터 위로 향하는 방식이다. 인간에서 신으로 향한다는 것이다. 그런데 그러다 보니 인간에서 시작해서 신으로 향하는 듯하지만 다시 인간으로 되돌아온다. 아래로부터 시작하니 아래에서 끝나버리기 일쑤라는 것이다. 종교를 결국 도덕으로 설명하는, 아니 종교를 도덕으로 해소하는 대부분의 종교교육과 설교가 사실상 이 방법에 속한다. 설교에서 보면 결국 착하게 잘 살아야 한다는 논조가 지배적이라는 것이 그 증거다. 결과적으로 아래에서 공회전하고 만다. 그래서 틸리히는 "물음과 대답이 인간의 창조성이라는 같은 수준에 놓여있다"[3]고 비판한다. '어떻게'로 '무엇'까지 해결해보겠다는 것으로 평가되기 때문이다.

틸리히가 거부하는 세 번째 방법은 스콜라철학에서 보이듯이 위와 아래를 포개어 놓는 이분법이다. 즉, 인간과 신의 관계를 '자연적 하부구조와 초자연적 상부구조로 보는 것'이다. 일단 일방을 극복할 수 있는 좋은 구도로 보인다. 그러나 결과는 주고받는 상호관계가 아니라 대조적인 일방을 병렬적으로 교차시킨 것에 머무르고 말았다. 그럴 수밖에 없었던 이유는 신과 인간의 관계를 여전히 위계적으로 보았기 때문이다. 이에 대해 틸리히는 "그것의 문제는 대답을 물음의 형식에서 끌어오려고 하는 점에서 옳지 않다"[4]고 비판한다. '무엇'과 '어떻게'가 만나지 못한 채 그저 아래와 위로 포개져 있을 뿐이기 때문이다.

일방성의 구도에서 벌어질 수 있는 가능한 모든 경우의 수가 다 나왔다. 이를 들추어내 분석하고 비판했다. 그리고는 거부했다. 바로

---

3 『조직신학』 1권, 111.
4 『조직신학』 1권, 112.

이 지점이 그가 상관 이야기를 시작할 곳이기 때문이다. 틸리히의 사상을 체계적이라 말하지만 이건 사실 상관을 담기 위한 틀이다. 체계가 틀이고, 상관이 꼴이라고 했다. 틸리히의 체계는 상관을 담기 위한 설계이니 기본적으로 유기적인 체계이다. 체계의 유기적인 작동을 여러 방식으로 설명할 수 있을 텐데 물음의 역학으로 설명해 볼 수 있겠다.

각 시대마다 핵심적이고 지배적인 물음이 있는데, 먼저 고·중세에는 '무엇' 물음이 지배적이었다. 그런데 이 물음 하나로 동일성을 구했지만 실제로는 그렇지 않다는 것을 경험한 세월이 '어떻게'를 묻게 했고, 이로써 시작한 근세는 이를 수행하는 '누가'의 등장으로 '무엇'과 주-객 관계를 구성했다. 그것도 전기와 후기로 나누어 구도가 달라지는데, 근세 전기에는 주객 구도의 성립이 관건인지라 '누가'와 '무엇'의 관계가 초점이었고, 결국 이를 아우르는 '어떻게'가 중심 물음이 되었다. 이것이 바로 인식론이 중요했던 이유다. 그러다 근세 후기에는 보다 큰 틀에서 정체를 가리키는 '무엇'과 방법을 가리키는 '어떻게'가 얽힌다. 그래서 인식론적 형이상학이 엮어졌다. 말하자면 있음과 앎이 얽히면서 결국 일치를 향하는 구도가 완성된 것이다. 틸리히가 역설이 움직이는 꼴로서 상관을 강조하면서도 굳이 '체계'를 꾸려야만 했던 이유가 바로 여기에 있다. 그가 향하고자 했던 상황은 아직도 세계를 그런 식으로 이해하고 있었으니 말이다. 틸리히의 설명을 직접 들어보자.

> 한편 실재가 방법이라는 그물을 통해서 사로잡힌다고 할 때 방법은 실재와 아무 관계가 없는 무관심한 그물이 아니다. 오히려 방법은 실재 자체의 한 요소이다.[5]

---

5 『조직신학』 1권, 102.

실재가 '무엇'에 해당하고 방법이 '어떻게'에 해당한다. 그런데 실재는 '무엇'에 대한 대답으로 홀로 군림하는 것이 아니고, 방법도 아무런 관심이나 사심 없이 '무엇'을 잡아내는 것이 아니다. '방법은 실재자체의 한 요소'라고 할 때 실재가 스스로를 드러내는 나름의 방식을 지닌다는 것을 가리킨다. 이것이 어떻게 가능한가? 실재는 고정적으로 정지해 있는 사물이 아니라 스스로를 그렇게 일으키고 드러내는 사건이라는 것이다. 실재가 이미 방법을 가지고 있다는 것은 그런 뜻이다. 근세 전기까지만 해도 실재는 아직 정지된 채 스스로 있는 실체로 간주되었다. 그러나 후기로 넘어와 실재가 움직이기 시작한다. 세계가 움직인다. 물론 이미 움직이고 있었지만 이제 그렇게 보기 시작한 것이다. 칸트가 찢어놓은 실재와 현상을 다시 이어보려는 시도에서 발상의 전환이 일어났다. 실재가 나름대로 현상한다는 주장들이 나타났다. '어떻게' 없는 '무엇'이 어디에 있을 수 있는가 하면서 말이다. 구체적으로, '정신이 볼 수 있게 된 자연으로 나타났다'는 셸링과 '정신이 자연으로 드러났다가 다시 정신으로 되돌아간다'는 헤겔은 틸리히에게 큰 영향을 준 사상적 가교에 서 있다. 이를 주목하지 않으면 틸리히의 통찰을 이해할 수 없다.

그런데 틸리히에게 이러한 구도에서 큰 영향을 준 셸링과 헤겔이 공유하고 있는 틀은 당연히 '무엇'과 '어떻게'의 얽힘에서 멈추지 않는다. 이들은 그러한 '무엇-어떻게'의 얽힘을 '누가'가 떠받치고 있다는 주장으로까지 나간다. 사실 '어떻게'가 '무엇'의 요소가 되는 것은 '누가'와의 관계 때문이다. 이유인즉, '어떻게'가 '누가'를 끌어들이기 때문이다. '어떻게'가 '무엇'을 향한 것이기 하지만 '누가'로부터 지시나 요구를 받기 때문이다. 사실 물음으로 그렇게 갈라서 말할 뿐 현실에서는 그렇게 되지 않기 때문이다. 물론 여기서 '누가'는 그러한 '무엇-어떻게'와 마주하는 선험적 자아나 보편적 주체이다. 그래서 관념론으로 평가된다. 그런데 이 구도에서 착상을 가져온 틸리히는 종래 신과 인간의 관계를 어느 한 방향으로만, 즉 한 개의 물음으로만 처리하려던 사고방식의 폐해를 절실하게 겪은 현실을 꿰뚫어 보면서 이제 쌍방향에서, 즉 '누가'와 '무엇-어떻게'가 주고받는 관계로 그려내고자 한다. 말하자면 '무엇'과 '어떻게'의 불가분리관계를 당연히 전제하지만, 그렇다고 '누가'로 끌고 들어가는 관념론도 현실과는 동떨어진 것이니 어느 한 쪽으로 귀속되지 않는 긴장구도를 그려내고자 했다. 그래서 틸리히의 '누가'는 쉘링이나 헤겔의 그것과는 사뭇 다르다. 그가 실존주의를 끌어들인 것도 이 때문이다. 이제 이런 착상의 얽힘에서 '무엇-어떻게'와 '누가'가 서로 밀고 당긴다고 주장한다. 이렇게 주고받는 방식을 '상관'이라 했고, 그러한 상관이라는 것이 현실의 모순을 싸안는 역설이 일상화하는 방식으로서 바로 그 현실에 폭넓게 적용되니 '체계'라고 부른 것이다. 이와 같이 '무엇'과 '어떻게' 사이의 밀접한 관계를 기본 축으로 놓고, 그것과 '누가' 사이의 상관을 설정하는 방법이 현실에 적용되도록 체계가 엮어져야 한다는 통찰이다. 구체적으로 틸리히의 저서『조직신학』에서 '누가'에 해당하는 것과 '무엇-어떻게'에 해당하는 것을 각 장과 절에서 조목조목 확인할 수 있다. 틸리히의 체계는 이런 삼각구도를 기본 축으로 얽혀 있으니, 그 삼각구도를 필요한 맥락에 따라 세로와 가로로 적용시켜 전개해나가는 것을 볼 수 있다.

상관으로 새롭게 엮어지는 인간과 신의 관계

상호관계의 방법을 논한 후에 1부로 들어가면 내용적인 논의가 본격적으로 나오는데 '이성과 계시'로 시작한다. 2부에 '존재와 신'에 대한 논의가 나오는 것을 보면 앞서 이성과 계시를 다루는 이유를 짐작할 수도 있다. 상식적으로 보면 존재 이야기부터 해야 할 것 같은데 인식에 해당할 이성부터 논한다. 틸리히가 현대와 이으려는 근대가 초점을 두고 있는 인식 문제부터 다룬 것이다. 아울러 상호관계의 방법 논의를 마치고 내용으로 들어가는 첫마디이니 방법적인 차원의 이야기로 시작하는 것이 보다 자연스러웠을 것이기도 하다. 물론 2부에서 존재와 하느님에 이어 실존과 그리스도, 삶과 영이라는 상관구도들을 연이어 다루는 것이 보다 자연스러우니 그렇게 순서를 조정한 것도 한몫했을 것이지만 말이다. 먼저 논의를 시작한 이성도 기술적 이성과 존재론적 이성으로 대비시켜 긴장구도를 조성하지만 이성과 충돌할 것처럼 보이는 계시와 결국 만나게 되는 탈아적(ecstatic) 이성으로 승화하면서 하부의 긴장을 포함하고 초월하는 역할을 하는 것으로 그려진다. 그리고 그러한 탈아적 이성은 다름 아닌 신비적 선험이나 비매개적 인식에 상응하는 역할을 담당한다. 이로부터 시작하는 상관을 이루는 모든 항목들이 인간과 신의 상호관계 재구성을 위한 노작들이다.

존재에 대한 논의에 이어서 3부에서는 실존이 나온다. 존재와 하느님이라는 한 쌍 그리고 이어서 실존과 그리스도라는 상호관계를 말한다. 그렇게 본다면 여기서 존재라는 말은 본질이라는 뜻도 포함한다. 그래서 창조에 의한 본질 그리고 타락에 의한 실존이라는 교리를 재해석하는 기틀이 된다.[6] 그러한 뜻과 역할을 지닌 존재는 틸리히의 독특한 분석의 출발이 된다. 여기서 그는 존재가 그저 무색무취의 사물을 가리키는 명사가 아니라 특정한 내용을 지니는 사건으로서 동사적으로 사용한다. 구체적으로 존재를 이루는 요소들을 분석하는데 단순하게 나열하고 이들이 얽혀 존재라는 사물을 이루고 있다는 고전형이상학과는 전혀 다르게 요소들이 서로 긴장하고 충돌하기도 한다고 분석한다. 그런 요소들은 존재라는 사건이 지니는 세 가지 차원, 즉 존재적, 영적, 도덕적 차원에서 서로 긴장하는 관계를 이룬다.

예를 들면, 존재적 차원에서 개체화와 참여는 서로 긴장 관계에 있는데 그러한 긴장관계를 균형적으로 엮어가는 상황을 창조적 본질로 간주하지만 그런 긴장관계의 균형이 파괴되어 개체화와 참여가 서로 충돌하면 파행과 왜곡에 의한 소외가 벌어질 수밖에 없으니 이것이 곧 타락이고 이로써 실존이 파생된다고 본다. 『조직신학』의 내용을 여기서 요약할 이유는 없으니 더 상세히 들어가지는 않겠지만 그에게

---

6 현대신학자들의 전개와 서술은 서로 다르지만 관통하는 언어가 있는데 그것은 바로 삶이다. 그런데 삶은 앎보다 앞선다. 있음-앎-삶의 연결구도를 생각해보자. '있음'은 내가 무엇을 하기 전에 이미 거기 있는 것이다. 그러나 '앎'은 내가 거기다 들이대어서는 그것을 나한테 끌고 오는 것이다. '앎'이라는 인식행위는 주체와 객체의 관계에서 일어나는데, 자고로 앎의 대상은 '언제나 주체 안으로 끌고 들어오는 방식으로의 대상화', 즉 주체화적 대상화의 결과이다. 그러니 대상의 자리는 주체에 있을 수밖에 없다. 대상은 대상화의 산물인데 대상화는 거기에 그렇게 있는 대로가 아니라, 마주해서 잡아낸 모양을 나에게 갖고 오는 것이다. 망막이 상을 맺고 고막이 상을 맺는데 막이라고 하면 껍질이지만 껍질에서 끝나지 않고 안으로 끌고 들어와 자기 방식과 필요에 따라 주물러서 새겨낸다. 그래서 주체내재적 대상화라고 해야 한다. 그러나 삶에서 삶을 앎으로 새길 수 있는 것은 별로 없다. 있기는 하지만, 그래서 실존이라고 새기긴 했지만, 그렇게 씨름하긴 했지만 그게 전부가 아니다. 실존이란 삶에서 새겨지는 조각일 뿐 그게 삶 전체일 수는 없다. 앎에서 말하는 본질은 전체라고 주장되거나 상정되었지만 실존은 그럴 수 없다는 깨달음에서 엮어나가는 삶의 꼴이다.

서 존재가 그 존재를 이루는 구성요소들 사이의 긴장과 충돌이라는 역동적 구조로 엮어지는 사건이고 행위라는 점을 놓쳐서는 그의 통찰을 이해할 길이 없게 된다는 점만큼은 다시 강조하고자 한다. 이것이 앞서 살폈던 현실의 모순을 해결하려는 제안으로 등장한 역설에 대한 존재론적 분석의 결과이다.

창조와 타락이라는 교리를 변증적으로 보다 설득력 있게 재구성하려는 틸리히는 플라톤의 구도를 사용한다. 창조에서 주어진 본질(essence)이 타락을 통해 실존(existence)으로 나갔다가 구원에서 다시 본질을 회복하는 본질화(essentialization)에 이른다. 창조의 원래 모습, 즉 하느님이 그의 형상을 따라 흙으로 만들고 입김을 불어넣었을 때의 모습이 본질이었다. 그런데 선악과를 따먹고 실존이 된 것이다. 다시 되돌아가서 본질을 회복하는 것이 구원이다. 이 도식으로 보면 매우 강한 본질주의로 보인다. 그런데 실존에 대한 분석에서 그는 타락을 통한 적극적인 자기실현을 강조하고 나아가 창조와 타락의 초역사적 일치까지도 주장한다. 틸리히는 창조에 의한 피조성만 강조하거나 타락에 의한 죄성만 주목하면 현실의 문제를 왜곡해서 볼 수밖에 없고 결국 인간에 대한 억압을 초래할 수밖에 없었던 현실을 직시했다. 말하자면 한쪽으로 기울어졌을 때 일어나는 파행과 왜곡을 극복할 수 있는 장치를 마련하고자 했다. 그래서 누군가 틸리히에게 당신은 본질과 실존 중 어느 쪽이냐고 물었을 때 '나는 반반'이라고 대답했다. 본질과 실존에 걸쳐 있고, 근대와 현대에 걸쳐 있고, 철학과 신학에 걸쳐 있다.

본질(essence)	실존(existence)	본질화(essentializaion)
창조	타락	구원

존재론적 삼각구도에서의 상관

이제 간단하게나마 상관의 작동을 살펴보자. 그렇다고 해서 이성과 계시, 존재와 신 등을 세세히 살필 수는 없다. 넘치는 통찰들을 잡아내자면 한이 없으니 상관에 초점을 맞추어서 읽고자 한다. 그렇다면 이성이 왜 계시를 열망하는가, 계시는 무슨 근거로 이성에 맞닿을 수 있는가에 주목하자. 같은 방식으로 존재와 신에서도 존재는 왜 도대체 신을 향해서 두 팔 벌리고 앙망하는가, 신은 어떤 근거와 이유로 존재에 대해서 연관을 지을 수 있는가, 신이 '존재 자체'라던데 무슨 뜻인가? 여기서 살펴야 할 것이 바로 존재론의 삼각구도(triadic structure of ontology)이다. '존재와 신'이라는 제목을 존재론의 삼각구도에서 보면 '존재와 존재 자체'라고 바꾸어 표기할 수 있다. 그러나 존재가 비존재에 의해 제한된 가련한 존재라는 뜻을 지니니 '비존재에 의해 제한된 존재'와 '비존재를 넘어서는 존재 자체'의 상관이라고 고쳐 새겨야 한다. 이렇게 읽어야 '존재와 신'이라는 제목의 상관구조가 보다 구체적으로 드러나기 때문이다.

존재 자체는 신을 가리키고, 존재는 인간을 뜻하는데, 그러면 비존재는 무엇인가? 인간이 존재이기만 한 게 아니라 비존재에 의해서 제한되고 위협당한다는 것을 가리킨다. 그래서 유한이다. 그럼 존재는 비존재를 향해서 무엇을 할까? 또한 신이 존재 자체로서 존재와도 관계하고 비존재와도 관계한다. 그런데 모든 관계는 주고받는 상호관계다. 그래서 삼각구도이다.

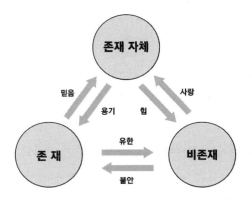

먼저 존재는 비존재에 의해 유한이 되고 비존재는 존재에게 불안의 근거가 된다. 이런 문제를 극복하고자 존재는 존재 자체에 믿음으로 관계하고 존재 자체는 비존재로 인한 불안을 겪는 존재에게 용기를 준다. 그러나 이것으로 끝나는 것이 아니다. 존재 자체와 비존재가 관계한다. 당연히 존재 자체는 비존재에게 힘을 행사한다. 그러나 이면에 비존재는 존재 자체에서 사랑을 촉발시키는 계기가 된다. 바로 이 지점에서 갸우뚱해질 것이다. 좀 더 자세히 보자.

옛날에는 존재 자체가 비존재를 제쳐버렸다. 불변부동(不變不動)해야 할 뿐 아니라 가장 높은 곳에 없음이 없이 있기만 한 있음으로 필연적으로 존재해야 했으니 말이다. 인간은 가련하게도 존재와 비존재가 소용돌이치고, 신은 존재 자체로서 힘으로 군림해서 문제를 해결해준다는 것이 전통적인 신-인 관계였다. 존재 자체로서의 신에게 비존재는 얼씬거릴 수도 없었다. 그러나 존재 자체에 비존재가 없으면 힘만 행사하는 폭군이 될 수도 있다. 그리고 실제 역사에서 신 이미지가 힘을 중심으로 군림하는 최고-최대 존재로 옹립되다 보니 '영광의 신학'(theologia gloria)을 거쳐 번영 신학이라는 통속적 파행까지 초래하게 되었다.

그런데 헤겔을 거치면서 존재 자체는 비존재를 싸안게 되었다. 비존재를 밀어내면 존재 자체는 오히려 비존재에 의해 존재 자체의 바깥에서부터 한계가 지어진다. 무한자가 유한하게 되는 모순이 일어나게 된다. 이건 안 될 일이다. 그래서 존재 자체는 비존재를 안으로 끌어들인다. 진짜 무한은 유한을 밀어내는 것이 아니라 안으로 포함해야 한다. 틸리히는 이런 통찰을 공유한다. 존재 자체가 비존재를 싸안는다. 그러면서 존재 자체는 사랑이 된다. 존재 자체는 비존재가 없애려 하는 것에 대해 있게 하는 힘으로 작동하면서도 동시에 비존재에 의해 사랑이라는 면모가 작동하는 계기가 된다. 충돌할 수밖에 없는 힘과 사랑의 관계에 대해 존재 자체와 비존재 사이의 이중관계를 통해 절묘하게 풀어낸다. 그래서 신은 힘을 행사할 뿐 아니라 사랑이 된다. 하느님은 사랑을 가지시는 정도가 아니라 아예 사랑이시다. 이는 성육신의 자기 비움에서 십자가의 초월에 이르는 그리스도 사건에서 탁월한 증거를 본다. 틸리히의 존재론적 삼각구도는 그리스도 사건과 그리스도 행위를 교회 바깥을 향해서 이렇게도 풀이할 수 있다는 하나의 사례로서 의미를 지닌다.

신-인 관계에서도 포함하고 초월하는 역설

전통적으로 모순으로만 간주되었던 존재 자체와 비존재의 관계는 이렇게 혁명적으로 전환된다. 이게 현대의 시대정신이다. 틸리히는 이를 그 누구보다도 탁월하게 채택하고 자신의 사상에 기초로 삼는다. 예를 들면, 앞서 『종교란 무엇인가?』에서 보았듯이 자율과 타율이 대립하는 경우 그것을 넘어서는 것이 신율이다. 그런데 이때 넘어선 다는 것은 자율과 타율을 배제하는 것이 아니라 이들 사이의 긴장을 싸안고 넘어서는 것이다. 대립을 배제하는 초월이 아니라 포함하는 초월이다. 그래서 그는 '포함하고 초월한다'는 표현을 매우 즐겨 사용 한다. 틸리히에게서 역설이 작동하는 방식이다.

신도 마찬가지다. 근세까지는 인간과 신, 또는 세계와 신의 관계는 유한과 무한의 대립이었다. 근세에서 인간은 유한자였고, 신은 무한자 로 설정되어 있었다. 인간과 신 사이가 그런 대립관계였다. 그러니까 헤겔이 나서서 '무한자가 유한자를 밀어내는 것이 아니라 싸안아야 한 다. 이것이 진짜 무한이다'라고 한 수를 가르쳐 주어야만 했다. 그런데 틸리히는 이를 넘어선다. 그에게 있어 신은 유한과 무한 사이의 대립 을 포함하고, 초월한다. 포함하고, 초월하는 구도의 전제는 그렇게 포 함되고 초월되는 대립항 사이의 양극적 긴장이 균형을 이루어야 한다 는 것이다. 이 균형이 깨어지면 한 쪽으로 쏠리는 파행이 일어나게 되 고 포월은 불가능하게 된다. 그런데 현실—특히 틸리히가 실존이라고 간주하는 현실—은 그러한 균형이 파괴되어 한 쪽으로 쏠리는 환원주 의가 지배하는 세상이다. 그래서 양극적 균형의 회복이 필요하다. 이 것이 바로 구원이다. 말하자면 틸리히가 말하는바 포함하는 초월은 구원의 구도이다. 그래서 구원의 역설이고 역설의 구원이다.

그래서 조직신학이 아니라 '신학의 체계화'

이제 인간과 신의 상관성에 대한 존재론적 삼각구도와 이를 이끌고 가는 역설까지 살폈으니 이러한 파노라마가 펼쳐질 체계에 대해 보다 구체적으로 검토해야 할 시점에 이르렀다. 그런데 그렇게 역동적인 역설의 작동방식인 상관을 담는 체계이니 정태화(靜態化)의 분위기를 띠고 있는 '조직'이라는 표현은 아무래도 부적합하다고 하지 않을 수 없다. 책 이름을 문자 그대로 풀어도 '체계적인 신학'(systematic theology)이다. 체계적인 신학이라는 말은 앞서 말한 대로 그 저작의 취지로 볼 때 '신학의 체계화'(systematization of theology)를 가리킨다. 그런데 '체계적'이라는 표현은 사실상 형용사가 아니고 동사이다. 동사의 결과인데 명사에 붙으려니 수식어 기능을 하느라 형용사의 꼴을 취했을 뿐이다. 어쨌든 그가 기획한 것은 신학을 체계화하는 것이다. '체계화'라고 하니 그것을 이루고 있는 구성 요소들이 있어야 할 곳에 있도록 규정하고 정리하여 재배열하는 듯한 느낌을 주지만 실상은 정반대이다. 틸리히가 '체계'라는 말을 쓸 때에 염두에 두었던 것은 그렇게 고정적으로 제자리에 배치-정리한다는 취지라기보다는 오히려 이와는 반대로 움직이고 유동적일 수밖에 없는 현실에 보다 부합하는 사고방식과 논리 구도를 엮어내고자 한 것이었다. 말하자면 그에 앞선 신학들이 신과 인간을 고정적인 위치에 두고서 신으로부터 인간으로이거나 아니면 반대로 인간으로부터 신으로라는 방식으로 일방적이고 기계적인 연결만을 주장했었다면 틸리히는 이런 구도로는 현실에 다가갈 수 없다는 비판에서 출발한다. '신으로부터 인간으로'가 소위 '위로부터의 신학'이라고 한다면, '인간으로부터 신으로'가 '아래로부터의 신학'으로 분류되었는데, 이러한 대조에도 불구하고 이들은 모두 현실과는 동떨어진 일방적인 외마디들의 이음새일 뿐이었다는 것이다. 결국 그가 말하는 체계란 그런 일방성이 현실을 외면한 구도일 수밖에 없을 때 이를 극복하는 대안으로 제시된 것이었다. 즉 신과 인간이 서로 주고받는 쌍방적이고 상호적인 관계가 우리의 현실이고, 이어온 역사의 모습이라는 것이다. 체계란 결국 기계적 일방(mechanical unilaterality)에 대한 대안으로서 유기적 상관(organic cor-relation)을 담는 틀이라고 하겠다. 그러기에 체계화는 있어야 할 자리에 배정하는 고정화가 아니라 오히려 역동적인 현실에 조금이라도 더 다가가려는 유기체적 발상이라고 하겠다. 일방이 아니라 쌍방이고, 기계가 아니라 유기체로 현실을 보려는 시도가 '체계'라는 이름으로 그가 뜻하는 바이었던 것이다. 이렇게 본다면 통칭해 온 '조직신학'에서 '조직'이라는 말이 이런 분위기를 담아 전할 수 있었을까를 되묻지 않을 수 없다. 번역의 오도가 빚어낸 비극이라 하지 않을 수 없다.

역설적 상관을 담으려는 체계화

현실은 모순투성이다. 새삼스러운 설명이 필요 없다. 그러나 모순이라고, 충돌한다고, 한탄만 하고 있을 수는 없었다. 겪을 수밖에 없는 모순들을 어찌할 길이 없어 하나를 취하고 모순을 이루는 다른 하나를 버려야 했다. 모순이 귀결시키는 양자택일이었다. 그런데 하나를 택하고 다른 하나를 버리고 보니 깔끔해지는 것이 아니라 일그러졌다. 일그러짐에 대한 경험의 축적 과정은 보다 적절한 대안을 모색하도록 몰아갔다. 더욱이 어느 동네에서는 한 쪽을 취하는데 다른 동네에서는 다른 한 쪽을 취하고 있었다. 버린 것이 반드시 버려야 할 것만은 아닐 수 있다는 것을 발견하고 깨닫게 되었다. 다름과의 만남에서 벌어진 일이었다. 그래서 모순의 쪼가리들을 잇고 묶을 방법을 더듬게 되었다. 더듬는다고 바로 찾을 수 있는 것은 아니었지만 그러다가 그런 삶이 살아지고 사라지는 꼴을 보면서, 즉 삶과 죽음의 얽힘을 보면서 실마리를 발견하게 되었다. 반대인데 떼어놓을 수 없을 정도로 한데 얽혀 있다는 것을 말이다. 그래서 거슬러 세상을 보게 되었고 신도 그렇게 보게 되었다. 이른바 역설이다. 우리는 『종교란 무엇인가?』에서 그런 역설의 궤적과 위치 그리고 역할을 보았다. 조직신학이 신학의 체계화라고 할 때 체계로 담으려는 것이 바로 그러한 역설일진대, 역설의 체계적 작동 방식을 상호관계라고 할 수 있다. 즉, 현실의 모순에 대한 해법으로서의 역설이 상관의 방식으로 체계를 이루게 된다는 것이다. 그리고 조직신학이라는 오도된 표현으로 회자되는 신학의 체계화는 본디 역설인 것을 보다 일상적으로 다듬어 상관이라 하고는 이를 담는 틀을 엮으려는 취지를 지닌다.

이제 『조직신학』에서는 바로 상관의 체계화에 초점을 맞춘다. 그런데 앞서도 말했지만, 체계라고 하면 뭔가 복잡다단한 이야기를 묶음으로 정리하여 정태적으로 만드는 데 반해, 상관이라는 것은 한쪽에서만 관계하는 게 아니라 쌍방적으로 움직이는 방식으로 보인다. 이렇게 보면 틸리히는 반대 방향으로 달리는 두 마리 토끼를 한 번에 잡으려는 것 같다. 상관에 대한 현대적인 요청에 적극 부응하면서도 그것을 또 근대적인 체계에 집어넣으려 한다. 오늘날 상관은 붙잡으려 하지만 체계는 풀어버리는 것이 대세인데 말이다. 틸리히의 후예들은 체계를 풀어버리지만 그는 여전히 붙잡고 있다. 왜 그랬을까? 물론 나름대로 숭고한 목적이 있었다. 체계주의자들과의 소통 가능성이다. 그는 이처럼 종교적으로나 철학적으로나 변증적이다. 물론 우리가 체계라고 하는 것에 대해서 비판해 볼 수 있다. 물론 그렇다고 성급하게 단점으로 뛰어들지는 말아야 한다. 해체가 나에게 밀도 있게 구현이 되기 위해서라도, 해체의 대상인 체계가 억압으로 경험되어야 한다. 그리고 그러한 경험은 인식의 수준이 아니 삶의 체험이라는 차원에서 우러나오고 빚어지는 소리여야 한다. 왜냐하면 체계는 인류 문명사에서 억압으로 경험되기 이전에 근대 문화를 건설하는 엄청난 순기능이 있었기 때문이다. 따라서 염증을 느끼기에 앞서 긍정적인 기여에 심취하는 과정이 있어야 한다. 그리고는 그만큼 무르익다가 곪아 터지는 과정이 있어야 한다. 그다음에 우리가 해체라는 그 복음의 맛을 느낄 수 있고 체감할 수 있고, 그것을 개인 단위로서의 삶, 학문의 장에서 구현할 수 있는 것이지, 그냥 뛰어들면 거기서 작은 이야기만 추리고 말아버린다. 오늘날 우리 시대정신에서 회자되고 있고 시대의 유행이기도 한 해체의 이야기들을 조금은 더 밀도 있게 곱씹기 위해서라도, 아주 새삼스럽지만 체계에 대해서 깊이 침잠해보는 시간이 필요하다. 그런 체계성의 첨단에서 '신학의 체계화'(systematic theology)가 현대 고전으로서 중후한 의미를 지니고 있음은 물론이다.

6 장

상관적 체계화의 양극적 역동성

:『신학의 체계화』-2

체계화의 목적: 환원주의적 일방을 넘어서

다시 강조하지만, 그야말로 체계적으로 총망라한 필생의 작품인 틸리히의『조직신학』, 즉『신학의 체계화』를 여기 제한된 공간에서 내용적으로 세세히 훑는다는 것은 물론 불가능하다. 또한 이 맥락에서는 바람직하지도 않다. 그렇게 하게 되면 교리적인 논의로 빠져들게 되어 나무를 보다가 숲을 놓치게 될 것이기 때문이다. 그보다는 '조직'이라는 말이 가리키는 '체계화'라는 것이 지니는 뜻을 형식과 방법의 견지에서 살피고자 한다. 이렇게 하는 것은 적어도 두 가지 의미를 지닌다. 하나는 틸리히가 체계라는 전략으로 추구하고자 하는 목적을 보다 효과적으로 이해할 수 있게 되고, 다른 하나는 내용보다 형식에 초점을 맞춤으로써 다른 내용들도 꿰뚫어 살필 수 있게 될 것이기 때문이다.

그렇다면 '체계화'라는 것은 왜 나왔는가? 체계화는 분명히 새로운 제안이었다. 그리고 제안이란 이보다 앞선 것에 대한 대안이다. 여기서 신학이 시작된 것이 아니니 그 전에 이미 유구한 흐름이 있었다. 그리고 그 흐름이 나름대로 의미를 지니고 역할을 해왔었지만 야기되는 문제들이 누적되는 현실에 대한 비판과 함께 해결책으로 제시한 것이 체계화라고 하는 대안이다. 그렇다면 이 대안은 무엇에 대한 것이었던가? 틸리히의 『조직신학』을 읽으면서, 아니 그 제목만이라도 보면서, 이런 질문을 제기했어야 한다. 아니었다면 책장을 열지 말고 제목에서 멈추어야 한다. 멈추어서 그 취지를 상상해보아야 한다. 무조건 책을 열고 목차를 훑다가 본문으로 들어가 버리면 내용에, 그것도 교리적인 것처럼 보이는 내용으로 쏠리게 되어 있다. 무엇에 대한 대안이었던가? 도대체 신학의 체계화가 왜 필요한 것인가? 그 전에는 신학이 체계적이지 않았던가? 오죽하면 그의 저서 제목이 분야의 이름이 되기까지 했을까? 그것은 하나의 새로운 시대를 여는 작품이라는 것을 가리킨다. 하이데거의 『존재와 시간』(Sein und Zeit)처럼 말이다. 존재의 반열에 시간을 함께 놓는다는 것은 이전 같았으면 꿈도 꿀 수 없었던 일이다. 그런데 이제 존재의 뜻을 새기는 맞갖은 길로, 아니 존재가 드러나는 터로, 더 나아가 존재를 이루는 꼴로서, 시간이 존재에 맞먹는 위상을 지녀야 한다는 발상이 그런 제목으로 나온 것이다. 『존재와 시간』이 새로운 사상적 전기의 서주로 평가되는 것처럼, 『신학의 체계화』라는 것이 그런 것이다. 그렇다면 체계화는 무엇을 향하고 있는가?

현대 신학의 쌍벽을 이루는 바르트를 틸리히에 견주어보는 것도 효과적인 방법이다. 공시적으로는 동시대의 바르트와 대결하고, 통시적으로는 전통과 대결하면서 그걸 싸잡아 현대로 넘어오는 가교의 자리에 틸리히가 서 있기 때문이다. 과거의 신학을 유형으로 분류하자면, 근대에서만 보더라도 주지주의, 주정주의, 주의주의라는 갈래들이 있었다. 유형이 그렇다는 것이고, 신학사조에서는 정통주의, 경건주의, 자유주의라고 불린다. 그들은 무엇을 하고 있었는가? 신학이라고 하지만 신(神) 이야기가 아니라 신(信), 즉 믿음 이야기를 하고 있었다. 신이 정통적이라든지 경건하다든가 하는 것은 어불성설이다. 이 사조들은 믿음, 즉 인간의 믿음을 말하고 있었다. 인간이 중심이었다. 왜 그럴까? 인간이 주체(subject)가 되더니 주제(subject)가 되었기 때문이다. 근대정신에는 부합되어 보이지만 어느 한 쪽 이야기다. 종교개혁으로 견인된 근세에 인간이 주체가 되었는데 그것이 주체인 이유는 정신이기 때문이었으니 정신을 이루는 요소들을 갈래지어 강조하면서 인간에게서 일어나고 있는 믿음 이야기를 하고 있었던 것이다.

물론 믿음 이야기가 당연하고 필요하지만 이는 그 이전 중세 시대 신학의 뼈대인 신(神) 이야기와는 사뭇 다른 것이었다. 그 시대에는 그 야말로 하느님의 존재와 본성에 대한 논의가 핵심이었다. 그 논의를 끌어가는 원동력인 합리주의와 신비주의라는 대조적 전통이 이미 신화 시대에서부터 형성되어 있었으니 성서에 반영되는 것은 당연하였고 자연스레 철학에도 들어와서도 대조적 기틀을 유지해나갔다. 합리주의라는 것은 신과 같은 절대 존재를 인간이 거슬러 올라가면 어느 정도 알 수 있다는 주장이고, 신비주의는 아무리 인간이 발버둥 쳐도 신을 알 수는 없고 다만 모른 채로 홀연히 연합할 수 있을 뿐이라는 입장이다. 따라서 이런 배경을 지닌 신학이 이를 기본 구도로 하는 것은 불가피했다. 중세 신학에서 '드러나시는 신'(Deus revelatus)과 '숨어계시는 신'(Deus absconditus)이라는 대비 구도도 이러한 대조의 반영이라 하겠다. 물론 그리스도교가 지배하던 중세에 그러한 대조로만 설명될 수 없는 신의 인격성과 자유 등 주요 의제가 부상하면서 이를 위한 제3의 구도로 의지주의가 그 시대의 끝자락에 등장하게 되었고, 이로써 합리-신비-의지라는 삼각구도를 완성하게 되었지만 말이다. 하여튼 이렇게 구성된 하느님(神) 이야기가 근세로 넘어가면서 사람 그리고 사람의 믿음(信) 이야기로 초점이 대이동하게 되었던 것이다.

근세 전기를 분기점으로 해서 이전의 하느님 이야기 그리고 근세에 부각된 믿음 이야기, 이 둘은 모두 중요하다. 어떤 것도 제껴둘 수 없다. 그런데 각 시대를 지배하고 있던 각각의 이야기는 반쪽일 뿐이었다. 각 시대 안에서 하나의 이야기에 집중할 동안 그들은 자신의 이야기를 반쪽으로 생각하지 않았다. 중세 시대에는 오직 신 이야기만 소중한 것이었다. 어디 감히 인간들이 신 이야기에 끼어들 수 있는가. 있을 수 없다. 토마스 아퀴나스의 『신학대전』(Summa Theologiae)을 보자. 펼치자마자 신의 존재와 본성에 대해 거대한 나열이 전개된다. 그 작품 전체를 볼 때 신 이야기의 비중은 엄청나다. 한참이나 뒤로 가야 좀 다른 이야기들이 나오는데 인간 이야기도 한 자리에 끼어들어 있기는 하다. 그러나 이도 앞의 이야기들에 짜 맞춘 정도에 불과하다. 그 시대는 그럴 수밖에 없었다. 형이상학이 지배하던 시대이다. '무엇' 물음 하나만으로 충분했기 때문이다. 여섯 개 물음 중에서 나머지 다섯 개 물음들이 없지는 않았다. 그저 아래 깔려 있었다. '무엇' 하나로 판도를 정리하는 것이다. 이른바 환원이다. 그런데 신을 환원이라고 생각하는 것은 신성모독으로 간주되었다. 환원이라는 것이 전체를 부분으로 축소한다는 것인데 신이 부분일 수는 없겠기 때문이었다.

그런데 근세로 넘어와서 이야기의 초점이 하느님에서 사람의 믿음으로 전환했다. 그랬음에도 불구하고 이들도 스스로 환원한다고 생각하지는 않았다. 믿음 안에서 신 이야기를 한다고 생각하니 믿음으로 정리할 수 있다고 보았던 것이다. 이걸 환원으로 보게 된 것은 현대의 반동이 있고 나서다. 정통주의가 주지주의로, 경건주의가 주정주의로, 자유주의가 주의주의로 분류되었던 것은 그것을 환원으로 보는 시각에 의해서다. 환원이란 전체를 부분으로 축소시키는 것이다. 신론주의자들에게 환원주의자라고 하면 결코 동의하지 않을 것이다. 신이 부분이냐고 분노할 것이다. 그러나 누가 신이 부분이라고 했는가? 신론이 부분라고 했을 뿐이다. 그런데 인간이 말하고 있는 이야기를 하느님 자체라고 착각했다. 긴긴 세월 동안 그런 오해를 해왔다. 사실 일부러 환원에 빠지려 하는 사람이 어디에 있겠는가? 그런데 다른 것을 못 보면 눈앞에 있는 게 전부라고 보게 되어 있다. 엄연히 꿈틀거리고 있고, 소용돌이 치고 있는 걸 못 보고, 내가 못 본 게 나오면, 내가 가진 걸로 교통정리 하겠다고 나오니 환원주의에 빠지는 것이다.

왜 이렇게 유구한 세월 동안 하느님과 믿음을 놓고 어느 한 쪽으로 몰아가는 환원주의가 지배했는가?[1] 거슬러 가보자. 잘 알다시피 아리

---

1 고ㆍ중세인들에게서 자연이라고 하면, 영혼과 정신을 머금고 있을 뿐만이 아니라, 어떤 면에서 영혼이 겉으로 드러난 것이기도 했다. 그들에게는 자연이라는 것은 살아 움직이고 활동하는 것이다. 밀레토스학파에서는 물질이 활동한다는 뜻에서 물활론이라고도 했고, 피타고라스와 그의 후예들은 만물에 영혼이 깃들어 있다는 뜻에서 정령론이라고도 했다. 플라톤은 정령론 전통을 타고 간다. 아리스토텔레스는 정령론과 물활론을 합치려고 한다. 그러다 갈라져서 정령론으로 끌고 가려한다. 고대에서 자연을 가리키는 피지스(physis)나 중세의 나투라(natura)라고 하는 자연(自然)이 '스스로 그러하다'는 것과 같이 스스로 움직이고 스스로 생겨나는 것이었다. 그런데 근대에는 인간이 주체가 되어 관계

스토텔레스는 '인간은 이성적 동물'이라고 했다. 그는 인간의 동물성에 대해서도 꽤 많이 이야기했다. 생물학 연구도 했다. 고전적 의미의 자연과학이다. 그런데 그 후예들은 어떻게 했는가? 아리스토텔레스의 작품들은 어디엔가 잠겨버리고, 플라톤이 그 후에 대세를 장식했다. 동물 이야기는 어디론가 사라질 수밖에 없었다. 제자가 좀 더 탁월한 착상으로 인간 이해를 진전시켰음에도 불구하고 스승 이야기가 더 크게 지배해 갔다. 아리스토텔레스에서 고대 형이상학이 절정을 이루었지만 곧 이어 붕괴되었다. 붕괴 과정에서의 소용돌이가 바로 서로 뒤섞이는 헬레니즘이다. 헬레니즘이라는 이름으로 벌어지는 다양한 사조들이 어떤 것들이었나? 거기에 아리스토텔레스는 거의 흔적도 찾기 어렵다. 스토아학파와 에피쿠로스학파로 시작되는데 선철들의 가르침을 가져와서 난세에 어떤 것이 우리 상황을 잘 견디어내게 하는 지혜일까 하면서 주위 모아 이리저리 주물러가지고 나왔다. 그 후에 보다 본격적으로 섞어보겠다고 절충주의가 나왔다. 신피타고라스주의, 중기 플라톤주의, 유태-희랍 철학, 이런 것들이 다 절충주의다.

해야 하니 객체에 해당하는 자연은 처분을 기다려야만 했다. 그래서 자연에서 영혼을 빼고 정신을 빼야 했다. 특히 자연과학은 과학의 대상이 되는 자연에서 정신을 과학의 칼로 빼냈다. 이걸 철학적으로 정당화시킨 게 데카르트의 인식론이다. 근대인에게 자연은 죽은 물질이었다. 그리고 정신이 인간의 본질이었다. 데카르트가 이렇게 자연을 쪼갰다. '생각하는 유한실체로서의 정신'과 '공간을 가지고 있는 유한실체로서의 물질' 그래서 두 개의 실체가 된다. 이러한 데카르트의 형이상학적 이원론은 곧 인식론적 주체-객체 구도와 맞물리는 것이다. 그러나 실체가 두 개라는 것은 모순이다. 데카르트의 제자들이 이렇게 말한다. "스승님 말씀이 옳습니다. 다만 얘네들이 다르지만 따로 놀진 않지 않겠습니까?" 그래서 육체와 정신이 만나는 데 그것이 바로 '송과샘'이다. 이런 애달픈 노력이 있었지만, 결국 다 지엽적인 해결시도고, 공감가능성이 적을 수밖에 없었다. 결국은 이게 후기로 넘어와서 관념론으로 가버린다. 피히테, 셸링, 헤겔까지 이르는 일련의 흐름들이 관념의 지배이고 정신일변도이었다.

피타고라스나 플라톤을 다시 복고시키는 이 흐름들은 영혼과 정신에 집중하는 사상들을 전개했다. 아리스토텔레스는 동물성에 주목했지만 바로 이후부터 동물성이나 육체를 껍데기나 그림자로 보았다. 피타고라스와 플라톤은 다시 등장했지만 아리스토텔레스는 어디론가 사라져버렸다. 동물성이 사라져버리고 영혼(psyche)에서 정신(nous)으로 그리고 그중에서도 이성이 인간을 규정하는 가장 중요한 요소가 되어버렸다. 당시 정신을 이성(ratio)과 감성(patio)으로 나누었는데 이 둘 사이에 확실한 우열관계가 있었다. 이성이 우위였으니 정신 중의 정신이었다. 그런데 이성은 형식적인 기능이다. 대상을 만나서 그것을 받아내는 텅 빈 틀이다. 감성도 마찬가지다. 외부로부터 자극을 받으면 일어나는 수동적인 반응 기능이다.

그런데 중세로 넘어오면서 라틴 사유의 반영으로 지성(intellectus)과 감정(sensum)의 대립구도에 의지(voluntas)가 추가되고 또한 내용을 가지게 된다. 정신 기능이 형식적 차원에서만 머무르지 않고 점차로 내용으로 진전한 것이다. 그런 면에서 이성과 지성 사이를 구별할 필요가 있다. 이성이 분별의 텅 빈 틀인 반면, 지성은 온갖 대상들과 관련해서 보편성, 필연성 등의 내용적 기준을 적용하고 판단하는 위상을 지니는 내용적인 기능이라 하겠다. 그래서 이성과 지성은 그렇게 구별되지만 때로는 그냥 통칭해서 써도 무방할 경우도 있다. 어쨌든 고대에서 중세로 넘어오면서 이성(reason)과 감성(sensibility)의 이분구도가 지성(intellect)과 감정(emotion) 그리고 제3의 요소로서 의지(will)로 분화된다. 그리고 그것을 하느님에게 적용한다. 신의 합리성, 신의 신비성, 신의 의지성이 바로 그것이다. 이러한 기능적 요소들이 신에 적용되니 신의 성질들로 간주된다. 이성적 동물이라는 아리스토텔레스의 선포에도 불구하고 동물은 가라앉았고 피타고라스와 플라톤이 승승장구했으니 중세 스콜라철학으로 넘어가면서도 플라톤을 승계한 아우구스티누스와 그의 후예들이 대세였다. 스콜라신학의 서두에 등장한 에리우게나나 안셀무스는 모두 플라톤주의자들이다. 그러다가 아리스토텔레스의 재발굴과 함께 토마스 아퀴나스가 등장한다. 이건 13세기를 기다려야 했다. 그럼에도 불구하고 동물 이야기는 아직도 빛을 보지 못했다. 그것이 토마스 아퀴나스, 즉 대주교의 손에 들어갔다. 세속 철학자가 아니라, 교황청의 관리로 들어갔다.

근세로 넘어오면서 인간의 자기 이해에 대한 재구성이 철학계와 신학계에서 다시 벌어졌다. 데카르트(Rene Descartes)와 동시대 인물인 파스칼(Blasise Pascal)은 '인간은 생각하는 갈대'라고 했다. '갈대'를 말함으로써 이천 년의 간격을 두고 아리스토텔레스와 비슷하게 인간의 자화상을 그렸다. 물론 '갈대'라는 은유가 파스칼로 하여금 현대 실존주의를 선구적으로 예고하는 위치로 평가받게 했다. 그럼에도 불구하고 여전히 초점이 '생각'에 머물러 있었다. 데카르트와 함께 '생각'을 공유하고 있었던 것이다. 데카르트에게 인간은 '생각하는 인간'이다. 이들이 합리주의와 신비주의라는 고전적 대결구도를 근세 초기에 재현했지만 그럼에도 불구하고 그들은 '생각'이라는 정신 행위와 요소를 중시하고 있었다.

이들의 대조와 공유는 이보다 조금 앞선 중세 절정기에 나타난 토마스 아퀴나스(Thomas Aquinas)와 에크하르트(Meister Eckhart)의 관계와 비슷하다. 이 둘도 동시대 사람들이다. 도미니코 수도회에서 함께 지내는 사이였다. 아퀴나스는 합리주의의 절정이었고, 에크하르트는 이에 필적하는 신비주의 통찰을 쏟아내었다. 물론 중세 신비주의의 최고봉은 쿠자누스(Nicolaus Cusanus)였다. 에크하르트는 신의 무성(無性; die Nichtigkeit)까지 말하지만, 그럼에도 불구하고 이성의 비중을 강조하는 도미니코 전통 안에서의 통찰이었다. 신비주의 전통과 성향이 더욱 강한 프란체스코수도회와 비교하면, 에크하르트의 신비주의는 아퀴나스를 배출한 도미니코수도회의 분위기를 전제하지 않으면 안 될 것이다.

무슨 뜻인가? 합리주의와 신비주의라는 양대 사조의 대비가 중세 말기의 아퀴나스와 에크하르트 사이의 절묘한 대비로 나타나더니 근세 초기의 데카르트와 파스칼에게로 이어지지만 이들은 철저히 이성 또는 생각이라는 근본 토대를 공유하고 있었다는 것이다. 대결이라고 하더라도 그 시대가 전제하는 터전 위에서의 대결이었다. 동시대를 장식한 이들의 횡적인 대결은 그래서 작은 대결이다. 그래서 종적으로 역사를 읽어내는 게 중요하다. 그렇지 않으면 작은 대결로 큰 대결을 흡수 통합하여 보는 아전인수의 오류를 벌일 수밖에 없다. 단적으로, 이 세계를 데카르트 대 파스칼로 나눌 수 있는가? 어림없는 일이다. 그건 그냥 지엽적인 대조이다. 이들은 작은 대조를 뛰어넘는 훨씬 더 큰 전제를 공유하고 있다. 그들은 생각을 공유하고 있었다. '생각하는 갈대'에서 일렁이는 갈대가 상황에 의해서 오락가락하는 육체를 가리키는 것일 수 있지만 생각이 갈대에 의해서 무너질 수도 있다는 것은 현대에 와서야 비로소 내놓고 하게 된 이야기다. 그러니 이런 전환의 대결에 비하자면 동시대인들 사이의 대조는 작은 이야기일 뿐인 것이다. 이토록 집요하게 정신이나 이성, 또는 생각으로 환원되는 인간의 자화상이 하느님과 믿음 사이에서 어느 한 쪽으로 몰아가는 거대한 환원주의의 흐름에 짙게 깔려 있었던 것이다.

물론 이러한 비판의 시각은 현대에 와서 펼쳐진 것이다. 그런데 현대라고 다 전통을 환원이라고 비판하는 데에 동조했던 것은 아니었다. 환원에 대한 복고 주장도 만만치 않았다. 비환원주의란 막연하고 불안했다. 환원을 불사하고서라도 명백성을 구실로 잡아내어야 직성이 풀리고 안도감을 가질 수 있으니 말이다. 환원을 불사하고서라도 뭔가 잡히는 것에 대한 열망은 우리 시대인 현대에 와서도 여전히 집요했다. 이래서 정통주의를 다시 복고하자는 주장이 대중적으로 폭넓은 지지를 얻었다. 이 흐름의 필두에 서 있던 분이 바로 바르트였다. 왜 대중이 환호했는가? 자유주의가 벌여낸 과도함과 불러온 불안함 때문이다. 자유주의는 예수의 신성도 부정하고 종교의 초월성도 부정하며 종교를 거의 윤리 도덕으로 치환시켜버리는 듯한 분위기로 몰고 가고, 역사적 예수의 연구의 반쪽만 취해서 예수를 성인군자나 도덕 교사로 잘 모시면 된다는 식으로 몰아가는 듯했기 때문이다. 이걸 보고 종교가 붕괴되게 생겼다느니 신학의 위기라느니 하는 소동이 일어났다. 신학의 위기에 대한 위기의 신학, 즉 위기를 관리하는 신학, 이것이 신정통주의다. 신정통주의가 나오니까 다시금 종교를 복구시켜 주고 재천명해주는 것 같으니, 많은 사람들이 환호성을 터뜨리게 되었다.

그럼에도 불구하고 요소들의 갈래를 모아봤자 정신일 뿐이었으니 인간이 그렇게만 생겨먹지 않았다는 육체의 반동이 전인적 절규로 터져 나오게 되면서 환원으로의 회귀에 강력한 제동이 걸렸다. 몸의 몸부림이라 할 전인적 해방을 향하는 현대의 요구에 부응하려는 남다른 문화적 감수성이 틸리히로 하여금 각 시대가 저마다 끌고 간 환원들을 극복하려는 시도에 종사하게 했다. 당연히 그러한 시도는 기존의 갈래들인 하느님 이야기와 믿음 이야기를 묶고 이으니 이야기가 더 커지고 복잡해질 수밖에 없었다. 그런데 틸리히가 옆에서 보니 신정통주의라는 이름으로 이전으로 돌아가자는 소리가 일어나고 있었다. 그래서 비판한다. 『조직신학』 첫 페이지서부터 비판의 화살을 날리는 과녁이 신정통주의. 유럽의 정통주의나 미국의 정통주의 모두 비슷하다. 그의 비판은 여기서 멈추지 않는다. 더 큰 포문을 근본주의를 향해서 날린다. 근본주의자들은 초월적 진리를 말한다는데, 사실 초월이 아니라 단순히 과거를 가져오는 것이라고 의표를 찌른다. 유한한 것을 무한하다고 마구 주장해대니 결국 우상이 되고 악마적으로 작동한다고 기염을 토한다.

틸리히가 주목한 몸의 몸부림에서 비롯된 전인적 절규는 인간을 '내던져진 실존'으로 새겼다. 그런 실존에서 이성, 생각, 정신은 아주 작은 이야기다. 이런 전환을 틸리히와 동시대에 다른 신학자들이 곱씹었는가? 당시에는 그리 많지 않았다. 익숙하지 않았기 때문이다. 아주 생소했다. 철학은 이후 진도가 나가고 있었으나, 신학계에서는 신학의 위기에 대한 위기의 신학을 다시 주장한 신정통주의자 바르트에게 몰려가고 있었고, 그에 의해서 다시 재구성된 케리그마 신학, 말씀 선포의 신학을 답습하고 있었다. 물론 말씀도 중요하고 선포도 중요하다. 그러나 말씀을 명분으로, 선포를 구실로, 카리스마를 도모하는 부류들이 종교적 권위주의를 일삼기 일쑤였다. 당연하고도 불가피하게도 일방적으로 던져지는 것이다. 마치 그것이 더 큰 권위를 담지하고 표방할 수 있다는 듯이. 그래서 틸리히는 이를 다음과 같이 비판한다.

그러나 신학이 상황 안으로 들어갈 수 없다면 어떠한 대답도 상황이 안고 있는 물음에 대한 대답으로서 주어질 수 없다. 적어도 어떤 대답도 대답으로서 느껴질 수 없다. 메시지는 마치 돌이 던져지는 것처럼 상황 속에 있는 사람들에게 던져질 것이다.[2]

마치 돌이 던져지는 것처럼 메시지가 상황 속에 있는 사람들에게 던져진다는 것이다. 말씀 선포 신학에서 케리그마란 그런 것이다. 틸리히에게 가장 혐오스러웠던 것은 말씀선포의 일방이었다. 받아들이든 말든 그건 관건이 아니다. 일단 선포되어야 한다. 신정통주의의 파행이겠지만 종교적 권위의 명분으로 쉽게 행사할 수 있으니 이를 남용하고 오용하는 것은 너무 손쉬운 유혹이다. 얼마나 가증스러운 일이 벌어지고 있는지는 새삼스러운 언급을 필요로 하지 않는다.

역설적 상관의 체계가 향하는 의미

이미 주어진 '실재'라는 것이 있고, 그것이 담겨지는 '진리'라는 것이 있으며, 다시 새겨지는 '의미'라는 것이 있다. 앞서 대목마다 언급했던 '무엇', '어떻게', '왜'라는 물음과 얽혀 있는 것들이다. 무엇 물음은 '참인 것'으로 풀어질 실재를 향하고, 어떻게는 '참이라고 알려지는 것'인 진리를 요구하며, 왜는 '참되게 살게 하는 실마리'인 의미를 구하니 말이다. 이토록 밀접하게 연관이 되어 있지만 여전히 층위나 차원은 다르다. 그래서 어떤 논의를 하게 되면 이것들의 관계에 대한 정리도 필요하고, 어떤 대목에서 어떤 목적으로 이야기를 하면 어떤 것이 어

---

2 『조직신학』 1권, 19.

디에서 어떤 것들과 자리를 잡아야 하는지 고민을 하게 된다. 틸리히도 그러한 고민을 진하게 했다. 『조직신학』의 목차로 훑어보면 아주 효과적이다. 시각적으로 두드러지게 드러나기 때문이다.

1부 '이성과 계시'에서 첫째 장 제목이 '계시의 실재(reality)'인데 시작하는 첫 번째 절이 '계시의 의미(meaning)'라는 제목을 달고 있다. 2부 '존재와 신'으로 들어가 보면, 역시 첫 장 제목이 '신의 실재(reality)'인데 시작하는 말이 '신의 의미(meaning)'이다. 무엇을 말해주는가? 그냥 아무런 의도도 없이 임의로 선택된 말이 아니다. 앞서 말한 진한 고민이 반영된 전개 순서이다. 나름대로 매우 중요한 전략을 가지고 있는 것이다. 실재에 대한 논의를 의미로부터 시작하는 것은 우리 시대인 현대의 시대정신이고, 근본적인 요구다. '무엇' 물음에 대한 대답을 '왜' 물음으로 들어가서 시작하는 전개를 택했다. 현대 사유의 대전환을 염두에 두고 목차를 구성하고 들어가는 것이다. 의미 이야기로 시작하려니까 현상학이 나온다. 종전의 고전 신학처럼 신 이야기를 형이상학적으로 서술하고, 이에 대해 인간이 어떤 방식으로 풀어낸다고 말하지 않는다. 의미에서 시작하고 현상학적으로 분석한다.

좀 더 풀어보자. 신의 실재라고 제목을 붙여놓았는데 신의 의미로 시작한다. 신의 의미를 논하기 위해 현상학을 동원하는 것은 삶에서 새겨지는 뜻으로 신의 존재를 거론하겠다는 것이다. 현상학도 사실상 그런 부침을 겪었다. 현상학의 창시자인 훗설(Edmund Husserl)에서 현상이라고 하는 것이 전기에는 앎의 차원으로만 이야기하고 말았지만 후기로 넘어가면서 삶의 차원으로 간다. 훗설이 근대의 끝자락에서 바로 현대로 넘어가는 지점에 있다 보니까 나름대로 전환을 벌였고, 그것이 또 하이데거라고 하는 탁월한 제자를 만드는 또 다른 전기가 되었지만, 어쨌거나 전기에는 그 선에서 머물렀다가, 우후죽순 동시다발적으로 폭발하는 삶의 이야기가 터져 나왔다. 베르그송이나 딜타이와 같은 삶의 철학에서 보다 본격적으로 삶의 이야기들이 솟아나왔는데, 훗설이 영향을 받으면서 현상의 뜻을 삶으로까지 확장시키게 되었던 것이다. 여기서 소위 삶의 세계(Lebenswelt)가 보완적으로 제안되더니 이를 상황에 맞춰서 다시 표현한 것이 삶의 자리(Sits-im-Leben)이다. 이렇게 하는 것은 '신이 인간의 삶에서 어떻게 새겨지는가'라는 의미 물음에서 시작한다는 것을 뜻한다. 고전적인 교리의 이야기를 현대인들에게 보다 적합한 방식으로 각색해주는 변증적인 노력이 탁월하게 전개되고 있다고 하겠다.

단순한 앎이 아니고, 삶에서 겪어지는 신 체험에서 의미를 끌어낼 수 있다는 착상이 현상학적 서술이다. '신의 의미'라는 제목에 들어있는 내용들을 보면 보다 구체적으로 확인된다. 아래 소절에 a) '신과 인간의 궁극적 관심'이나 b) '신과 거룩함의 이념' 등 제목이 이러한 점을 명백하게 가리킨다. '궁극적 관심'이나 '거룩함의 이념'은 신 자체의 형이상학적 본성이 아니라 인간의 체험에서 새겨지는 내용들이다. 인간 체험의 눈으로 신에 대해 묘사하겠다는 것이다. 이것이 바로 의미이다. 토마스 아퀴나스의 영원/필연/무한/불변과 같은 신에 대한 형이상학적 서술과는 근본적으로 다르다. 물론 저 13세기 사람과 20세기 사람을 단도직입적으로 비교한다는 것이 무리지만, 그것이 바로 시대정신의 전환에 대한 탁월한 증거가 된다. 중간에 있었던 종교개혁자들은 어떤 태도를 취했을까를 비교해도 좋을 터이다. 이런 것이 통시적(diachronic) 읽기이다. 틸리히는 그렇게 의미를 새긴 다음에 기존의 이론들을 유형적으로 분석하고 이어서 신의 현실성으로 나아간다.

아울러 모든 항목이 깔끔하게 동일한 공식으로 가지는 않지만, 유념해 보아야 할 반복되는 패턴이 있다. 계시를 다루는 장에서 '계시의 실재'라는 제목 아래 '계시의 의미'(meaning of revelation)로 시작하여 '현실적 계시'(actual revelation)라는 순서로 나가는데, 신을 다루는 장에서도 신의 실재(reality of God)라는 제목 아래 '신의 의미'(meaning of God)에서 시작하여 '신의 현실성'(the actuality of God)을 논한다. 제목이 이렇게 전개되는 것을 보면서 실재(reality)와 현실(actuality)이 어떻게 다른가 하는 의문을 가져 마땅하다. 한글로 각각 실재와 현실로 번역될 수 있으니 매우 비슷해 보이는데 어떻게 다를까? 실재는 '무엇'에 해당하고, 의미는 '왜'에 해당하며, 현실은 '어떻게'에 해당한다. 마구잡이나 임의의 용어선택이 아니다. 체계화의 밀도가 어느 정도인지를 가늠하는 데에 큰 도움이 되는 목차들이다. 그렇게 읽어내는 눈이 없다면 체계화라는 구호는 아무 소용이 없게 된다. 그래서 그렇게 의문사로 바꾸면서 유기적인 얽힘으로 읽는 것이 중요하다.[3] 이것이 체계성을 감지하는 길이다.

그러나 그것이 전부가 아니다. 유기적이라면 순서도 중요하다. 제목은 '무엇'[실재]으로 잡았는데, 이야기는 '왜'[의미]로 시작한다. '무엇'이라는 제목을 두고 '왜'로 시작하더니 '어떻게'로 갔다. '무엇' 이야기를 하는데 바로 직답하는 게 아니라 '왜'로 출발해서 '어떻게'로 끌고 감으로써 '무엇'에 대해 대답한다는 말이다. 이게 체계를 유기적으로 만들어가는 방법이다. 무슨 말인가? '무엇'에 대해 '무엇'으로만 이야

---

3 체계적 구성을 위해 실재-의미-현실이라는 일련의 용어를 택하는 것을 '무엇-왜-어떻게'라는 의문사로 대체해서 읽어내는 것은 멀어 보이거나 연관이 없어 보이는 것을 유기적으로 얽을 수 있을 뿐 아니라 관통해서 볼 수 있는 탁월한 독법이다. 이에 대해서는 필자의 다음 저서를 참고하라. 정재현, 『신학은 인간학이다』, 전권.

기했던 고 – 중세 형이상학과 견주면 그 이유를 보다 진하게 새길 수 있다. '무엇' 물음에 대해 '무엇'으로 답하는 것은 사실 동어반복이다. 내적인 순환구조를 이루니 물음과 대답이 서로 아귀가 맞는다. 그러나 그 것은 자체 안에서 같음을 반복적으로 확인함으로써 얻는 대답이다. 자기충족적 동일성이다. 이게 형이상학이다. 굳이 체계일 필요도 없고, 유기적일 수는 더욱 없다. 그러니 현실, 그것도 삶의 현실, 즉 죽음과 얽혀 있는 삶의 현실에 대해서는 동떨어져 있는 이야기일 수밖에 없다. 토마스 아퀴나스의 『신학대전』이 탁월한 증거가 된다.

이에 대한 반성이 인식론으로 넘어가게 했고, 이로써 근대는 시작되었다. 여기서 '무엇' 물음은 새로 등장한 '어떻게'와 관계를 엮어내는 것이 중요했다. 당연히 '어떻게'가 끌어낸 '누가'가 '무엇'과 마주하면서 각각 주체와 객체가 되었다. 긴 이야기를 생략하더라도 이제 '무엇' 물음은 '누가'가 관여하거나 참여하는 '어떻게'를 통해 대답을 추려야 하는 상황이 되었다. 그러나 이 역시 '무엇'과 '어떻게'가 그렇게 얽혀야 하는 필요 때문에 '누가'는 양쪽을 지키고 관리하는 주도권을 지니게 되었다. 그러나 주도권이란 사실 그런 역할을 요구받는 문지기이기도 했다. 여전히 삶의 현실에 대해서는 동떨어진 이야기로 포장될 수밖에 없었다. 많은 증거들이 있으나 칸트의 『순수이성비판』, 『실천이성비판』 그리고 신학적으로는 루터의 『그리스도인의 자유』 등을 꼽을 수 있겠다. 결국 우리 인간은 살아가는 현실의 이유를 캐면서 의미를 구하는 물음을 물을 수밖에 없었다. 이를 싸안는 근거를 묻는 물음으로 '왜'가 등장했다. 틸리히가 실재라는 제목 아래 의미로 시작하는 것은 '무엇'에 대한 논의를 '왜'로 시작해야 한다는 이 시대정신에 공감하고 이를 구현했다는 것을 뜻한다.

이렇게 정리하지 않으면 실재와 의미가 같은 이야기라고 생각하고 넘어갈 수도 있다. 그렇게 되면 그 밑에 애써 '현상학적 묘사', '궁극적 관심', '거룩함의 이념' 등을 거론한 이유를 파악할 수 없게 된다. '궁극적 관심'을 그저 아퀴나스가 말하는 영원성이나 불변성과 같은 층위로 간주해버리게 된다. 그러면 어떻게 되겠는가? '왜' 물음인데 '무엇' 물음으로 오해하면 어떻게 되겠는가? 궁극적 관심에서 궁극이 '무엇'에 해당한다고 하더라도 관심은 '왜'에 해당한다. 신이 인간에게 왜 의미를 지니는가를 묻는 것이다. 그래서 삶의 현실에서 시작하여 그 안으로 들어가 의미를 밝히려고 현상학적 접근을 택했다. 현상학적 접근은 다음과 같은 두 가지 면에서 매우 중요한 전략적 선택이다.

첫째, 앞서도 논한 바 있지만 훗설에게서 비롯된 현상학에서 말하는 현상은 과거의 현상과는 사뭇 다르다. 거칠게만 비교하더라도 바로 드러난다. 고대에는 플라톤에게서 보듯이 겉으로 드러난 변화무쌍한 현상은 믿을 만한 것이 되지 못했다. 그래서 그 너머 본질을 구했다. 이를 이데아라고 불렀다. 현상은 그림자일 뿐이었다. 그러다가 근세로 넘어오니 칸트에게서 보듯이 이제는 거꾸로 본질에 해당하는 그것 자체를 우리가 알 수는 없고, 다만 시공간적인 차원에 담긴 현상만을 알 수 있을 뿐이라는 것이었다. 여기서 현상이 본질의 그림자는 아니지만 본질로부터 추려진 부분들의 집합일 뿐이라는 것이었다. 그러나 훗설은 이제 현상에서 시작하여 본질로 추적해 들어가는 길을 더듬으면서 다듬는다. 소위 판단중지와 환원이 그러한 길에 대한 나름대로의 제안이다. 상세히 논하지 않더라도 시대적 전환은 참으로 중요하다. 고대에는 '현상 위의 본질'이라면 근세에 와서는 '현상 뒤의 본질'이라 하겠고, 이제 현대에 이르러 '현상 안의 본질'을 구하는 구도전환이 일어났으니 말이다.[4] '현상 위의 본질'에서는 본질이 '위에 있는 있음'이라면 현상은 '그림자로 비춰진 있음'이다. '현상 뒤의 본질'에서 본질이 '앎 이전의 있음'이라면 현상은 '앎의 틀에 담긴 앎'이다. '현상 안의 본질'에서 본질과 현상은 더 이상 위아래나 앞뒤 관계에 있지 않다. 이는 앎 안에 있음이 드리워져 있다는 착상이며, 더 나아가 삶에 그렇게 있음을 담은 앎이 배어 있어 껍질 벗기기를 통해 드러날 수 있다는 것이다. 그가 말하는 본질 직관은 이를 가리킨다.

둘째, 신의 실재를 논할 때 현상학을 동원한 것은 다음에 실존과 그리스도를 다룰 때 실존주의를 끌고 들어가는 것과 궤를 같이 하려는 전략적인 의도도 담고 있다. 말하자면 체계적 전개를 위한 유기적인 선택이다. 본질과 실존의 긴장관계를 현대적 구도로 읽어내려는 철학적 기획을 분명하게 하고 있는 것이다. 긴장관계에 대해 좀 더 살펴보자. 근대 인식론에서 인식 주체는 생득관념의 보편이성이거나 백지상태의 경험으로서 투명하기 때문에 대상을 잘 받아들일 수 있다고 전제했다. 그러나 이성이나 경험이 반쪽이라는 것을 발견하고서는 칸트에 의한 종합이 시도되었는데 선험이었다. 역시 주체의 투명성을 유지하려고 애썼다. 있음과의 관계에서 앎이 가야 할 마땅한 길이라고 생각했기 때문이었다. 그러나 우리 시대는 삶을 말한다. 그런데 삶은 앎과 너무 다르다. 앎은 깨끗한 것이라고 전제했다. 전제가 잘못되었다는 것을 나중에 깨달았지만, 그런 전제로 출발했었다. 그러나 삶

---

4 앞에서도 '현상'을 이렇게 시대적인 전환에 따라 대별하여 살폈는데 이 대목에서 다시 거론하는 것은 우선 맥락에서 연관되기 때문인 것이기도 하지만 또한 유사한 설명을 보완하는 방식으로 반복함으로써 이해를 더욱 깊게 하는 데에 도움이 되리라고 기대하기 때문이다. 이런 방식으로 필자는 강의록을 토대로 이 책을 구성하였으니 강의상황에서 필요한 대목마다 비슷한 내용이 반복되는 경우에도 그대로 수록했음도 아울러 밝혀둔다.

은 깨끗할 수가 없다. 복잡하고 지저분할 수밖에 없는 삶이다. 이 삶을 적나라하게 들추어내고 주목하여 인간상을 다시 엮으려 한 사람들이 삶의 철학자이고 실존철학자들이다. 앎과 삶의 이런 극적인 대비에서 이것을 추려보겠다고 나선 것이 현상학이다. 그래서 현상학은 약간 뒤로 물러서 있었다. 삶이라는 현상에서 시작하지만 본질 그리고 결국 본질이 가리킬 존재까지 아우르려는 착상 때문이었다. 이런 이유로 틸리히에게 있어 지금 존재라는 이름으로 본질을 논하는 단계에서 현상을 말하는 것이 타당할 뿐 아니라 유용하기까지 하다.

추린다면, 현상학은 현상으로부터, 즉 삶의 현실로부터 본질로 들어가겠다는 구상을 갖고 있다. 플라톤은 현상은 가짜고, 본질이 진짜라고 했다. 칸트는 현상만 알 수 있을 뿐이고, 본질은 모른다고 했다. 그런데 현상학은 현상 안의 본질이라고 했다. 다만 현상이 앎의 영역이라고만 생각했다가 삶의 영역으로까지 확대된 것이다. 깨끗해야 하는 앎 정도가 아니라 지저분할 수밖에 없는 삶의 영역으로 확대되고 심화하는 현상이다. 그런데 현상학은 지저분한 삶에서 껍질을 벗겨내야 한다. 현상학이 이야기하는 '에포케/판단중지'는 껍질을 벗겨내는 것이다. 지저분한 삶에서 양파껍질 벗기듯 벗기면 본질을 바라볼 수 있게 되고, 직관할 수 있게 된다는 것이다. 그러니 본질 단계에서는 현상학을 도입한다. 틸리히에게서 현상학의 위치와 역할은 바로 이 대목이었다. 그리고 여기까지였다. 여전히 본질을 구하려는 현상학의 한계 때문이었다.

상관의 체계화 그리고 이를 관통하는 양극적 역설

그렇다면 이제 분위기가 사뭇 달라 보이는 『조직신학』 3부로 가보자. '실존과 그리스도'에서 실존은 소외나 타락과 같은 부정적인 면모로 묘사되는데 틸리히가 실존주의 안에서 부정성만 뽑아냈다기보다는 이미 소외/허무/불안이라는 계기들에 주목하는 삶의 철학/실존철학이 이 지점에서 보다 적극적으로 채택된 것으로 볼 수 있다. 물론 실존의 그러한 모습들이 '새로운 존재'를 갈망하고 이를 구현하는 그리스도와 상호관계를 형성한다는 논조로 가기 위한 선택임은 재론의 여지가 없다.

실존이라는 것이 문제를 안고 살아가는 삶을 가리킬 때 불가피한 것이 죄라는 문제이다. 틸리히는 죄를 소외와 연관시켜 풀어내는데 여기에도 그의 변증적 착상이 돋보인다. 타락에 대한 설명을 위해 본질로부터 실존으로의 전환이라는 근현대 대비를 적용하는 해석은 참으로 탁월한 착상이라 하지 않을 수 없다. 그리고는 타락을 신과의 관계로부터의 소외로 풀이하니 자연스럽게 죄에 대한 대체까지는 아니더라도 일상적으로 뜻을 풀어낼 수 있는 실마리가 된다.

> 소외는 성서적인 용어가 아니지만 인간의 곤경에 대한 성서 대부분의 묘사들 속에 포함되어 있다… 소외는 인간이 하느님의 형상을 우상의 형상으로 일그러뜨렸다는 바울의 주장 속에, '자신과 모순 속에 있는 인간'이라는 그의 전통적인 묘사 속에 함축적으로 주장되고 있다.[5]

---

5 『조직신학』 3부, 75. 본 연구는 세부적인 내용에 대한 논의를 하지 않지만 틸리히의 역작인 조직신학에 대한 심도 있는 탁월한 해석을 우리는 다음의 저서에서 만날 수 있다. 김경

물론 여기서 타락에 의한 죄라는 것은 개인적-양심적 죄(guilt)도 아니고, 사회적-법적 죄(crime)도 아니며, 종교적 죄(sin)를 일컬으니 전인적 차원에서 죄성(sinfulness)이라고 부르는 것이 타당하다. 그런데 이를 구별하지 않을 뿐 아니라 지엽적인 행위나 상태에 대해 죄라 부르니 의미전달이 안 된다. 그저 개인적 죄/법적인 죄가 없으면 종교적으로 죄인이라고 할 수 없다는 듯이 치환하도록 오도한다는 말이다.[6] 이렇게 되면 '구원받은 죄인'(saved sinner)이라는 표상은 불가능하다. 그러나 구원받은 죄인, 즉 구원받았는데도 죄인이라는 역설은 소중한 통찰을 지닌다. 만일 구원받아서 더 이상 죄인이 아니라고 하면, 그 구원으로 죄의식 없이 교만해질 터인데 구원과는 모순이 된다. 따라서 구원받아도 여전히 죄인이다. 죄인으로서의 의식을 계속해서 가져야 구원을 앙망하는 삶을 살게 된다. 그런 점에서 '구원받은 죄인'은 참으로 복음 중의 복음이다. 구원받아도 죄인이고 이것이 오히려 구원받은 지경을 유지하게 하는 동인이라면 전인적 죄의식은 그토록 소중한 것이니 도덕적 죄나 법적 죄로 대체되어서는 안 된다. 그래서 틸리히는 죄를 분석할 때 자기교만과 욕망에의 노예, 불신앙 등에 대해서 다룬다.

『조직신학』 4부 '삶과 영'에 대해서도 간단하게 목차로만 살펴도 좋다. 전개 구조에서 체계성을 읽을 수 있으면 내용을 읽어가는 데에

재, 『틸리히 신학 되새김』 (서울: 여해와함께, 2018), 전권을 보라.

6 그러기에 틸리히는 이를 걱정하면서 다음과 같이 비판한다: "기독교 교회에서는 가톨릭이든지 개신교이든지 간에 죄는 압도적으로 복수 형태로 사용되고 있다. 더욱이 죄는 도덕법의 위반을 의미하고 있다. 이것은 우리가 속해 있는 것─하나님, 자기 자신, 자신의 세계─으로부터 소외되어 있는 상태로서의 죄와는 아무런 관계가 없는 것이다"(『조직신학』 3부, 76).

큰 도움이 될 것이기 때문이다. 간단히 보자. 틸리히는 우선 삶의 모호성에 주목한다. 앞서 앎의 '깨끗함'과 비교하여 삶의 '지저분함'을 말했었는데 같은 맥락이라고 보면 된다. 삶이 꿈틀거리는 꼴을 앞서 논한 존재론적 요소들의 양극적 긴장을 가져와 그려내는데 개체화-참여의 대극을 토대로 한 삶의 자기-통합, 역동성-형식의 대극에서 펼쳐지는 삶의 자기창조성 그리고 자유-운명의 대극을 기축으로 하는 삶의 자기초월 등으로 분석한다. 절묘한 것은 그러한 양극적 구도라는 전제를 존재와 본질을 논하는 데에서는 팽팽한 긴장의 균형으로 그리다가 타락과 소외라는 실존에서는 균형 파괴에 의한 충돌로 분석하고, 이제 삶에 대한 분석에서는 그러한 양극들의 파행에 의한 모호성까지 적나라하게 다룬다. 예를 들면, 자기통합의 한 축인 개체화가 참여를 소홀히 하면 자기중심성으로 쏠릴 수밖에 없다. 반대로 참여만 강조하고 개체화를 억압하면 전체주의로 치달아가기 마련이다. 그리고 삶은 그렇게 한 쪽으로 쏠릴 성향이 농후하니 모호하다.

통전에 대한 이러한 설명은 분열의 가능성을 함축한다. 분열은 자기통전에 이르지 못하거나 자기통전을 유지하지 못한 실패를 의미한다. 이 실패는 두 가지 방향에서 일어난다. 하나는 제한되고 고정되며 움직일 수 없는 중심을 극복할 수 없을 때 일어난다. 이 경우에는 중심은 있지만 이 중심 내용이 변화되고 증가되는 생명과정을 가지고 있지 못하므로 단순한 자기동일성의 죽음에 이르게 된다. 다른 하나는 중심이 다양성의 분산하는 힘 때문에 자신의 중심으로 되돌아갈 수 없을 때 일어난다. 이 경우에는 생명은 있지만 이 생명은 중심이 분산되고 약해져서 그 중심마저 상실될 위험에 직면하게 된다. 이것은 단순한 자기변

화의 죽음을 뜻한다.7

『조직신학』1권에서 개진한 존재론적 요소들 사이의 대극적 긴장 중 개체화-참여 사이의 양극을 삶에 적용하니 이들 사이의 균형이라는 과제의 중요성을 더욱 구체적으로 살필 수 있었다. 당연히 역동성-형식이나 자유-운명과 같은 다른 요소들의 대극적 긴장들도 삶에 적용하여 분석하는 틸리히는 이러한 양극적 균형을 기축으로 존재-실존-삶이라는 그의 체계 전반에 철저하게 관통해내었다. 상세한 논의를 생략하지만 가로축과 세로축의 얽힘을 이토록 짜임새 있게 전개한 신학을 달리 볼 수 없으니 가히 그는 체계화의 천재라 하겠다.

그러한 삶이 자기통합에 근거하여 도덕을 이루고, 자기창조성에 근거하여 문화를, 자기초월에 힘입어 종교를 형성하는데 역시 삶의 모호성이 그대로 반영될 수밖에 없다고 분석된다. 그리고 바로 이런 이유로 성령의 임재를 요청하게 되는데 이는 4부 3장에서 논의된다. 그런데 앞에서는 도덕-문화-종교의 순서로 논의되었는데 여기서는 정반대로 종교-문화-도덕의 순으로 흘러간다. 왜 그럴까? 삶에 대한 성령의 임재와 개입 때문이다. 개입이 일차적으로는 종교의 영역에서 시작하지만 점차로 사회적 차원에서 문화로 그리고 결국 개인적 차원에서 도덕으로 밀고 들어와 뒤집어내는 일련의 과정으로 묘사된다.

마지막으로『조직신학』5부 '역사와 하느님 나라'에서도 같은 방식과 논조로 전개된다. 즉 그의 체계화는 단순히 직선적인 전개에서 순서를 합리적으로 잡는 데에만 머무르는 것이 전혀 아니다. 가히 가로축의 요소적 양극성이 세로축을 관통해 갈 뿐 아니라 그 안에서도 질문과

7『조직신학』4부, 54.

대답에 공히 적용되기까지 하니 이들 사이에도 쌍방적인 호환이 일어날 수밖에 없는 것이다. 요소들 사이의 양극적 긴장을 싸안고 넘어서는 역설을 통해 현실의 모순을 해결하는 방안이 차원과 항목에 따라 체계적으로 추려지는데 마지막 5부에서 대서사시를 이루어낸다. 역사와 하느님 나라를 다루는 5부는 1부에서 유한성을 논할 때 나왔던 시간, 공간, 인과율과 실체 등의 범주들이 역사에 대한 분석을 위한 삶의 범주로 다시 등장하면서 역사의 역동성의 근거가 된다는 분석으로 시작한다. 앞서 4부의 기축이 되는 존재론적 요소들의 양극적 긴장관계가 삶에서 자기통전-자기창조-자기초월의 갈래와 얽힘을 이루었다면 이 구조가 역사에도 그대로 적용되면서 모호성의 근거로 작동함을 밝힌다. 틸리히는 이러한 역사분석을 토대로 역사의 종말로서의 하느님 나라에서 모호성 극복이라는 과제가 궁극적 심판으로 완성된다고 갈파한다.

우리가 역사의 종말을 언제나 현존하는 것으로서 또는 영원으로의 역사의 영구적인 높임으로서 이해할 때, 궁극적인 심판의 상징은 다음과 같은 의미를 가지게 된다. 지금 여기서 시간적인 것과 영원한 것으로의 영원한 전이 속에서 부정적인 것은 그것이 긍정적인 것이라는 그 자체의 주장에 의해서 무너진다. 여기서 부정적인 것은 긍정적인 것을 사용함으로써만, 또는 긍정적인 것과 모호하게 혼합됨으로써만 자신의 주장을 지지할 수 있다. 이런 식으로 부정적인 것은 자신이 긍정적인 것이라는 모습을 만들어낸다.[8]

8 『조직신학』 5부, 152.

부정과 긍정의 역동성이 역설적으로 승화하는 역사의 완성이 하느님 나라에서 이루어진다는 역사적-신학적 통찰로 틸리히는 그의 체계를 결론짓는다. 그러기에 이제는 삶에서 부득이하게 겪을 수밖에 없는 모순에 의한 파괴와 분열, 모호성을 외면하거나 단순히 거부하는 것이 아니라 부정과 긍정의 역동성이 가리키는 역사의 완성이 뜻하는바 싸안고 넘어서는 포월적 역설로 다가오시는 성령과 하느님 나라와의 상관을 통해서 이를 엮어온 체계가 비로소 해방이라는 본래의 목적을 향해 한 발짝 더 가까이 다가갈 수 있다. 다시 강조하지만 내용을 살피고자 본문으로 뛰어들기보다도 체계적 목차에서 이러한 역동적 긴장과 초월을 읽어내어야 하고 나아가 목차의 체계성에 다시금 전율하는 시간을 가져야만 그의 작업이 지니는 가치에 공감할 수 있다. 한마디로, 나무를 분석하기 전에 먼저 숲을 보자는 것이다. 그 누구보다도 틸리히에 대해서는 이러한 접근이 중요하기 때문이다. 물론 틸리히가 이토록 정교한 체계화를 통해서 거시적으로는 현실의 모순을 다듬을 역설을 일상적으로 추리는 상관을 보다 폭넓게 담고자 하는 데에 근본적인 목적이 있었지만, 미시적으로는 이를 통해서 그러한 모순을 살아내면서 씨름하고 있는 현대 지성을 향해 그리스도교 복음을 보다 설득력 있게 재구성하려는 의도도 지니고 있었다. 이런 점에서 아무도 인정하지 않는 종교적 권위에 기대어 선포나 대언이라는 방식으로 일방적으로 외치는 것이 무모하다 못해 얼마나 어리석은 것인지 절절히 체감한 틸리히의 몸부림은 종교에 대해 관심하지 않는 부류들이 폭증하는 현대에 보다 더 절실하게 되새겨야 할 선구적 통찰이라고 하지 않을 수 없다.

2부

철학적 성찰의 현실적 적용

- 모순에서 역설로의 전환을 통하여

앞서 1부에서 우리는 현실에서 겪을 수밖에 없으면서도 그렇다고 무시해버릴 수도 없는 모순을 싸안는 보다 적절한 길로서 역설에 주목하는 현대의 시대정신을 틸리히와 함께 살폈다. 틸리히도 역시 시대를 읽는 남다른 혜안으로 일찍이 그러한 통찰을 수용했을 뿐 아니라 자신의 방식으로 더욱 세련되게 다듬어 '종교철학'을 구성하고 이를 현실적으로 적용하기 위한 방법까지 찾아 나섰으니 상호관계 방법이 바로 그것이었다. 그리고 이러한 방법을 내용에 적용하여 재구성하니 '조직신학'이라는 이름으로 '신학의 체계화'에까지 이르게 되었다.

이제 그러한 역설적 구성과 체계적 분석이 현실의 문제를 어떻게 다루는지, 또는 그러한 이론적 성찰이 어떻게 실천적 함의를 지닐 수 있는지를 살펴보고자 한다. 여기서도 역시 그의 저서들을 망라할 수 없으니 대표적으로 '종교'라는 단위에서 분석해 보고서 이어서 '신앙'의 차원에서 살펴보고자 한다. 구체적으로 종교로서의 그리스도교를 이와 밀접하게 연관되어 있으면서도 긴장 관계를 엮어 온 철학과 견주어 살핀다. 〈성서적 종교와 궁극적 실재 탐구〉라는 강연이 이에 대한 주요 자료가 될 것이다. 이 강의에서 틸리히는 성서 종교와 존재론적 탐구가 궁극적 실재를 향한 과정에서 현저한 대조를 보여주면서도 종국에 공유하는 과제를 통해 수렴된다는 통찰을 개진한다. 이어서 신앙에 대한 분석에서도 틸리히는 대조적 긴장으로부터 포월적 역설로의 전환을 유감없이 구사하는데 신앙에 대한 정의로서 '궁극적 관심'에서 '궁극'과 '관심' 사이에 바로 그러한 긴장과 역설을 대입하여 탁월한 분석과 대안을 전개한다. 이를 위해서 우리는 『믿음의 역동성』을 읽을 것이다. 그리고는 그러한 종교와 신앙이 일상적으로 연관되어야 할 문화에 대한 분석도 살피고자 한다. 틸리히가 그렇게도 강조하듯이 종교와 문화는 심층과 표층의 관계로서 불가분리하다면 서로 마땅히 주고받는 호혜관계가 있을진대 서로 왜곡되고 소외된 현실이 양자 모두를 일그러뜨리고 있다고 진단하고 이에 대한 처방으로 상호비판을 통한 긴장과 견제의 관계 회복을 도모하고자 한다. 이를 위해 그의 『문화의 신학』을 훑어볼 터인데, 틸리히의 이러한 분석은 오늘날 탈종교적 세속화와 반종교적 비판이라는 시대적 전환을 거치고도 나아가 종교에 대해 아예 무관심하기까지 한 이 시대의 무종교성을 특징짓는 초월 상실에 대한 문화적 처방으로서의 뜻을 지니는 것으로 평가될 수 있을 것이다. 이처럼 종교와 신앙 그리고 문화 등 틸리히 사상의 현실 적용 사례를 통해 우리는 그의 역설적 통찰의 체계화가 지니는 실천적 함의와 가능성을 넓고 깊게 공감하는 기회를 갖게 될 것이다.

아울러 한 발짝 더 나아가서 틸리히가 직접 행한 설교에서 그의 학문적 성과인 역설적 통찰을 다시금 읽어내고자 한다. 이는 학문적 논의가 상아탑에서만 맴돌지 않고 그의 변증적 목적에 충실하게 구현되고 있음을 확인하는 의의를 지닌다. 그의 설교집이 세 권 출간되어 있지만 공간의 제한으로 인하여 본 연구의 맥락에 가장 밀도 있게 부합될 것으로 여겨지는 『흔들리는 터전』을 택하여 이를 함께 살피고자 한다. 이로써 역설적 통찰이 그토록 현실에 대한 밀도 있는 분석과 진단 그리고 맞갖은 처방을 위한 소중한 혜안이 된다는 것을 다시금 확인하게 될 것으로 기대한다.

7 장

궁극으로 수렴하는 종교와 철학

: 『성서적 종교와 궁극적 실재 탐구』

　　현실의 모순을 버리거나 무시하지 않고 싸안으면서 해결을 도모하려는 발상으로서의 역설은 틸리히의 학문적 구도이면서 현실적 전략이었다. 종교철학을 쪼갠다면 종교와 철학으로 나뉠 텐데 이 둘의 관계가 초록은 동색은 아니었으니 이들 사이의 밀고 당기기가 종교철학을 입체적으로 엮어내었다는 것도 당연한 일이었다. 처음부터 사이좋게 가기가 쉽지 않았다면 과연 서로 만난 첫 모습은 어떠했을 것이며, 이후 밀고 당기는 과정은 또한 어떠했을까? 이러한 물음이 특히 종교의 입장에서는 한가로운 상아탑에서의 지적인 유희가 아닌데 이유인 즉, 종교의 고유성이 철학의 보편성 또는 일반성과 관계 맺는 방식에 따라 종교 바깥을 향해 종교가 설득력을 지닐 수 있는가가 결정되기 때문이었다. 이런 점에서 이들 사이의 긴장을 살피는 일은 학문적으로

뿐 아니라 실천적 전략을 위해서도 중요한 것이었다. 이런 문제를 파고든 틸리히는 여러 맥락에서 많은 의견을 개진했지만 그중에서도 〈성서적 종교와 궁극적 실재 탐구〉(Biblical Religion and the Search for Ultimate Reality)라는 강의가 간결하면서도 핵심을 드러내주는 좋은 자료로 보인다. 따라서 대조적 긴장과 포월적 역설의 구도로 이를 읽으면서 그의 통찰을 다시 한 번 길어 올리기를 기대한다.

종교: 자연에서 문화로

굳이 종교를 떠올리지 않아도 문명사가 이미 그랬다. 자연이 편했으면 인간은 자연으로 살아갔을 것이다. 자연(nature)은 스스로 생산하는 것이다. 문화(culture)는 갈고 닦는 것이다. 인위적으로 하는 것이다. 그럼 왜 문화가 필요했는가? 다 먹고 살기 위해서 하는 것이다. 자연에서 나오는 것만으로는 모자라기 때문이다. 경작을 시작했음에도 삼시세끼를 못 먹는다. 자연은 우호적인 게 아니다. 인간은 날짐승을 먹기가 힘들었다. 그래서 불을 기다렸다. 프로메테우스를 기다렸다. 프로메테우스 덕분에 인간은 원할 때 불을 피울 수 있게 되었다. 벼락 맞은 나무가 불에 타서 숯이 되는 걸 보았고, 짐승도 불에 타는데 적당히 탄 부분에서 맛있는 냄새가 났다. 이놈은 먹을 만하고 저놈은 완전히 타서 못 먹겠고 등 수많은 시행착오를 겪었다. 그렇게 먹다 보니까 혀가 길어지고 턱이 발달했다. 그래서 동물 소리와 달리 분절이 가능해졌다. 짐승의 소리와는 비교가 안 되는 미세한 발음을 하게 되었다. 그걸로 끝나는 게 아니라 그게 뇌에다가 영양을 공급하니 뇌가 커져 지능이 늘어났다. 그래서 언어가 생겼다. 불이 언어를 가져다주었다. 인간으로 하여금 인간되게 하는 초월성이다. 이걸 보면 제우스와 프로메테우스 사이가 별로 좋지 않았을 것이 짐작되고도 남는다. 불이 곧 언어로 이어졌으니 이게 인간으로 하여금 오늘날 인간이 되게 하는 결정적 핵심이다. 호모 사피엔스(homo sapiens)의 탄생이다.

호모 사피엔스라고 했지만 자연에서 자연에 대한 문화의 인위적인 행위는 결코 배부르고 등 따스한 짓거리가 아니다. 배고픔, 죽음과 싸우는 동인이다. 다 살고자 하는 짓이다. 더 잘 살고자 하는 짓이다. 문화란 그런 것이다. 긴 세월 동안 문화가 예술로, 신화로, 개념의 등장과 함께 학문으로도 이어졌다. 신화에서 이성으로 넘어왔음에도 정치와 종교는 같이 굴러간다. 둘 다 힘 이야기이기 때문이다. 물론 명분은 좋다. 정치는 '올바르게 다스리겠다'는 것이었다. 지혜, 용기, 절제를 다 합쳐서 정의를 말한다. 플라톤에서 확립된 고전적 정의다. 아리스토텔레스의 분배정의도 마찬가지다. 그런데 수단이었던 힘이 목적이 되더니 오히려 불의가 판친다. 종교도 마찬가지이다. 힘을 숭배하는데 그 힘을 가지고 '해방시켜주겠다'고 하지만 억압하기도 한다. 불안으로부터 해방인 종교가 공포를 조장하기도 한다. 불안감은 시대발전과는 아무 상관없다. 살아있는 한 겪는 공포와 불안은 겪을 수밖에 없다. 종교가 살아남는 이유다.

호모 사피엔스로서는 태연하고도 점잖게 궁극을 추구한다. 이른바 철학적 활동이다. 그러나 피할 수 없는 불안과 공포에 대한 해결책으로서는 힘과 사랑으로 보호해 줄 인격을 갈망한다. 종교적 인간(homo religiosus)이다. 철학과 종교는 서로 꽤 멀어 보이는데 인간 안에 함께 있다. 어떻게 얽혀 있는가? 역사적으로 좋은 사례를 토마스 아퀴나스에게서 찾아볼 수 있다. 형이상학의 기반에서 위계질서의 정점에 모셔지는 신은 아랫것들이 지니는 우연성 따위를 지녀서는 안 되는 필연 존재다. 그런가 하면 성서로부터는 신의 인격성에 대해서도 들었다. 인격성은 굳이 필연성과 우연성의 갈래로 보면 우연성이 더 많아질 수밖에 없다. 신은 궁극적 실재이면서도 최고인격존재이어야 하는데 교통정리가 간단하지 않았다. 결국 아퀴나스는 궁극적 실재를 향한 존재론적 탐구를 기본 틀로 삼아 체계를 짜고서는 성서 종교의 인격성을 담으려고 고민했다. 그러나 이는 후자를 전자로 흡수하는 방식일 수밖에 없었다. 긴장을 견디는 역설이 본격적으로 발전되기 전이라 일방의 논리일 수밖에 없었기 때문이다. 결국 『신학대전』은 존재론적 틀에 인격성을 적당히 담아내는 길을 택한 것으로 보인다.

인간 실존이 물음: 삶의 폭로

이와는 달리, 틸리히는 궁극적 실재를 향해 인간이 벌여낸 몸짓으로 '존재론적 탐구'와 '성서적 인격 종교'가 대별되는데, 이 사이에서 어느 한 쪽으로 쏠리지 않고 팽팽한 긴장을 유지하면서 균형적으로 수렴할 길을 모색하고자 했다. 물론 현대에 새롭게 부각된 바 현실의 모순에 대한 해법논리로서 제시된 역설의 의미와 가치에 대한 적극적 평가 덕분이었음은 두말할 나위도 없다. 책 제목을 그대로 직역하면 '성서적 종교와 궁극적 실재에 대한 탐구'이다. 그러나 뜻으로 보면 '궁극적 실재에 대한 성서적 종교와 존재론적 탐구의 관계'라고 풀어야 한다. 시작에서는 매우 달라 보이는 성서적 종교와 존재론적 탐구가 궁극을 향해서는 얽힐 수밖에 없다고 주장한다. 성서적 종교는 궁극을 구하는 믿음이고, 존재론적 탐구는 궁극을 향하는 물음이다. 이들 둘의 관계는 틸리히에 의하면 '믿음과 물음'이다. 이 책의 시작 부분에서 우리가 주목해야 할 첫 단어는 단연코 '물음'이다. 존재를 향한 인간 실존의 몸부림으로서의 물음! 실존은 존재를 향해서 물을 수밖에 없는 것이다. 앞서 상호관계 방법을 논할 때도 이 점에 주목했었는데, 존재는 늘 대답으로 등장했었지만 실존은 물음이었다. 바로 인간의 실존, 그것이 존재에 대해서 물음을 묻는다. 인간은 본성 자체가 존재를 향한 물음이라는 것이다. 있음에 대한 앎을 위한 한가한 물음이 아니라 삶이 절규하는 물음이라는 뜻이다.

물론 인간이 물음이라는 것은 틸리히만 말한 것은 아니다. 앞서 실존철학자들이 먼저 물음으로서의 인간에 주목했다. 그러나 우리 시대인 현대 이전 그 어느 시대에도 인간이 스스로를 물음으로 규정한 적이 없었다. 이성적 동물에서 물음이 어디 있는가? 물음을 동기로 삼는다고 말할 수도 있지만, 물음이 초점은 아니었다. 물음은 극복되고 지양되어야 할 그 무엇이었다. 즉, 지나가는 단계로서의 가치만을 지녔을 뿐이다. 물음을 인간 본성과 연관하여 주목하지 않았다. 고전 형이상학이나 근대 인식론은 모두 대답에 해당하는 내용이 목적이고 초점이었기에 '물음'은 그런 대답을 유도하는 정도의 역할에 머물 뿐이었다. 있음, 앎, 삶에서 있음과 앎은 물음을 묻게 만드는 모름이나 그 모름의 뿌리인 없음을 제거하는 것이 목표였다. 있음은 없음에 대한 대답으로서, 앎은 모름에 대한 대답으로서 위치를 지니니 없음이나 모름을 향하는 물음은 있음과 앎이라는 대답을 끌어내기 위한 안내 장치에 불과했다.[1] 부정되거나 극복되어야 할 것으로 향하는 물음이니 본성으로 자리 잡을 수 없었던 것이다.

그런데 삶이 전면에 등장하게 되니 사태는 역전되었다. 삶은 있음 못지않게 없음을 살아가는 것이며, 앎과는 비교도 되지 않는 모름을 안고 사는 것이다. 늘 말하지만 모르고도 살고, 살고도 모른다. 삶에 없음이 깊고 넓게 드리워져 있기 때문이다. 그러니 없음과 모름에 주목하는 물음이 그저 지나가고 마는 징검다리 정도가 아니다. 디딤돌이 아니라 주춧돌이다. 물음이 어떤 틀과 길로 엮여져 가는가에 따라 삶의 얼과 꼴이 달라지기 때문이다. 그런데 삶을 그런 삶이게 하는 물음이 향하는 없음과 모름은 사실상 죽음을 근본 뿌리로 한다. 죽음이 없음과 모름을 적극적으로 드러내게 되었기 때문이다. 죽음이 없었다면 없음도 모름도 인간 삶에서 자리를 차지할 이유가 없기 때문이다. 결국 물음은 죽음에서 비롯된 것이다. 그러니 물음이 삶을 그런 삶이게 하는 근본 동인이 된다. 이것이 바로 현대 시대정신이 새삼스럽게 주목한 자화상이다. 드디어 우리 시대인 현대에 와서 인간의 본성에 물음이 자리를 갖게 되었다. '내던져진 실존'이라는 절규도 이를 가리키는 것이니 죽음의 그림자인 소외, 허무, 불안, 절망 등이 삶을 그렇게 전면에 끌어내었기 때문이다. 달리 말하면, 없음과 모름이 물음으로 나온 것이다. 삶과 실존은 여기서 나오고 여기로 향한다.

---

1 이 대목에서 사상사를 읽어가는 물음과 대답의 역학관계에 대한 필자의 논의는 다음의 저서에 포함되어 있다. 정재현, 『신학은 인간학이다』, 1부 참조.

믿음과 물음: 대립과 수렴

이렇게 본다면, 성서적 종교가 궁극으로 가는 태도인 '믿음'과 존재론적 탐구에서 궁극으로 가는 태도인 '물음'은 적어도 외형적으로는 정반대로 뻗어간다. 물음은 몰라서 탐구하는 것이고, 믿음은 열심히 추구해서 받아들이는 것이라면 말이다. 그런데 믿음과 물음 사이를 결정적으로 묶어주는 것이 있다고 틸리히는 갈파한다. 그에 의하면 그것이 바로 회의이다. 왜 그런가? 믿음에서 회의를 빼버리면 어떻게 되는가? 회의를 제거하게 되면 믿음은 교리를 법조문처럼 암기하는 교조주의가 되어버린다. 그러면 믿음이 고착화한다. 바로 우상이다. 믿음으로 하여금 우상에 빠지지 않고 살아 움직이게 하는 요체가 바로 회의이다. 다른 한편, 물음은 근본적으로 죽음에서 나왔고, 기본적으로 없음과 모름을 향할진대, 회의가 그 동인이다. 대답을 꼭 얻으리라는 보장이 없어도 물음은 터져 나온다. 아니 삶의 물음은, 즉 죽음에서 나온 물음은, 그럴 수밖에 없다. 물음은 이미 의심이고 회의일 수밖에 없다. 대답의 보장 없이 던지는 물음이다. 그래서 인간 실존의 본성이 된다. 그리고 이런 점에서 반대방향으로 달리는 두 마리 토끼 같은 믿음과 물음이 회의라는 공분모에서 얽힌다.

수렴할 가능성은 또 있다. 성서적 종교 안에도 인격뿐 아니라 비인격, 무인격이 내포되어 있고, 존재론적 탐구에도 삶에서 씨름하는 열정이 근본적인 동인이기 때문이다. 그래서 인격과 긴장을 이루는 무인격이나 사심 없어야 할 탐구의 동인으로서의 열정은 회의로 이어질 수밖에 없다. 종교와 철학이 상호영향으로 서로 얽힐 수밖에 없다. 그래서 결과적으로 상호비판이 가능하다.

오늘 우리가 읽으려는 틸리히 저서의 원제목은 '성서적 종교와 궁극적 실재 탐구'인데 번역서는 『신의 존재론적 탐구』라고 제목을 붙였다. 우리가 이 책을 체계적으로 이해하기 위해서는 그 입체적 구성을 드러내야 하는 데 열거된 세 개의 표현이 모두 필요하다. 번역서의 제목은 한 가지를 말했고, 틸리히의 제목은 다른 두 가지를 말했다. 그런데 내용을 제대로 담으려면 세 가지를 모두 말해야 한다. 세 가지를 어떻게 이어야 할까?

성서적 종교와 존재론적 탐구가 궁극적 실재를 향해서 대조적으로 출발하여 종국에는 수렴한다는 주장이다. 성서적 종교[종교]와 존재론적 탐구[철학]가 각각 취하는 것은 무엇인가? 틸리히가 말하는 성서적 종교에서 가장 핵심은 무엇인가? 인격이다. 존재론적 탐구에서 인격에 대응하는 것은 무엇인가? 성서적 종교에서는 인격이라고 하니 신도 인격이고 인간도 인격인데, 신이 계시하고 인간이 수용한다. 구체적인 방식이 체험이고 동시에 해석도 한다. 성서적 종교가 표상하는 신은 인격적 신이다. 스스로를 인격적으로 드러내신다. 그것이 바로 계시이다. 그런데 그러면 인간이 그대로 받는가? 그렇지 않다. 인격이란 그런 것이 아니다. 그냥 받기만 하는 것이 아니라 받아서 새긴다. 받아서 새길 때 먼저 받고 나중에 새기는 것이 아니다. 받으면서 새기고 새기는 꼴로 받는다. 겪으면서 풀고 풀면서 겪는다. 분리불가이다. 내가 풀어내는 방식이 뜻을 겪는 방식이다. 그래서 가지각색이다. 그래서 틸리히가 복음주의자들과 근본주의자들을 비판한다. 복음주의가 철학을 거부하면서 심지어 종교도 아니고 '복음'이라고 주장했지만 결과는 '복음주의'가 되었다는 것이다. 이들이 간과한 것이 바로 이 대조와 수렴이라는 것이다. 대조적 긴장과 역설의 수렴 말이다.

존재론적 탐구에서 성서적 종교의 인격에 견줄만한 게 무엇이겠는가? 우리 문명에서 벌어지는 것들 중에서 찾을 수 있겠다. 진리이기도 하고 이성도 해당한다. 왜 하나만 해당할 것인가? 진리, 이성, 로고스 등을 떠올릴 수 있다. 모두 해당될 수 있다. 이걸 묶어서 사유라고 할 수 있다. 이렇게 추린다면, 성서적 종교의 인격과 존재론적 탐구의 사유를 연관시킬 수 있는데, 서로 대조적이면서 긴장관계에 있다. 구체적인 사례로 보면, 아가페 대 에로스를 들 수 있다. 아가페와 에로스는 어떻게 대조적인가? 결정적인 차이가 무엇인가? 우선 물음을 던져놓자.

성서적 종교와 존재론적 탐구의 대조

문명 행위로서 성서적 종교와 존재론적 탐구는 '무엇'에 해당한다. 성서적 종교의 인격성과 존재론적 탐구의 무인격성2은 각각의 '어떻게'이며, 이들에 함께 얽히는 궁극적 실재는 '왜'에 위치한다. '어떻게'를 보면 각 행위 영역이 취하는 방식이 매우 대조적이다. 그런데 궁극적 근거로서의 '왜'에서 그러한 대조가 수렴한다. 시작에서부터 전개하는 과정과 방법은 대조적인데 종국을 향해가면서 뒤집어진다. '성서적 종교' 안에 '존재론적 탐구'의 핵심인 사유가 들어 있고, '존재론적

---

2 '인격적'(personal), '비인격적'(impersonal), '무인격적'(apersonal) 등 일련의 표현에 대한 정리가 필요하다. 노숙자에게 밥을 제공해주는 도덕적인(moral) 행위가 있는 반면에, 그 밥을 뺏어 먹는 비도덕적(immoral) 행위도 있다. 또한 자신이 밥을 먹는 행위는 도덕적으로 판단할 것이 아니니 무도덕적인(amoral) 행위라고 해야 할 것이다. 인격도 마찬가지라고 본다. 무인격은 인격성의 잣대로 판단할 수 있는 영역을 벗어난 것을 가리킨다.

탐구'에도 성서적 종교의 핵심인 열정이 있다고 주장한다. 초기 단계에서는 겉보기에 굉장히 다르다. '무엇'이 다르고, 당연히 '어떻게'도 다르다. 그런데 이 '무엇' 안에 저 '무엇'이 있고, 저 '어떻게' 안에 이 '어떻게'가 있으면서 결국 '왜'에 가서 만난다. 물론 이 둘이 같다는 것은 전혀 아니다. '왜'에서 만난다는 것이다. 물론 만날 수밖에 없는 이유는 '왜'가 삶에서 나오고 삶으로 향하기 때문이다. 그리고 '왜'는 도달하는 대답을 끌어내는 물음이면서 동시에 앞선 모든 물음을 묻게 하는 원초적인 물음이기 때문이다. 비록 틸리히가 이를 적극적으로 말하지는 않았지만 우리는 넉넉히 그렇게 읽을 수 있고, 읽어야 한다. 대립에서 시작하여 수렴으로 맺어진다. 내용이 절절하게 그렇게 간다. 궁극적 실재를 향할 수밖에 없기 때문이다. 소외, 허무, 불안, 절망에서 결국 죽을 수밖에 없는 삶을 살아가는 인간이 죽음 너머를 향해 몸부림칠 수밖에 없기 때문이다. 이러한 대립과 수렴을 다음과 같이 간략하게 그려볼 수 있겠다.

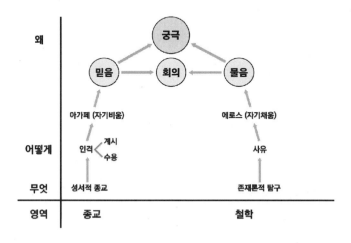

성서적 종교 안에 존재론적 사유의 층위가 있고, 존재론적 탐구 안에 성서적 종교가 말하는 삶의 요동치는, 인격적인 차원에 대한 절박한 요청이 있다.[3] 상아탑에서의 한가로운 짓거리가 아니었다. 결국 '왜'에서 수렴할 수밖에 없다. '왜'에서 궁극적 실재를 향했다.

> 신학은 철학적인 용어의 사용을 억제하여야 한다는 결론을 끌어내지는 않는다. 그와 같은 일은 가능하지도 않고 바람직하지도 않으며, 그러한 시도는 자기기만이나 원시주의에로 이르는 것이라는 것이 나의 신념이다.[4]

가톨릭교회 전통과 견주어보면 개신교회는 철학에 대해서 상당히 피상적이고 심지어 천박한 태도를 견지한다. 동방정교회는 가톨릭교회보다 훨씬 긴 역사를 갖고 있다. 초대교회 원형을 가장 근접하게 간직하고 있는 정교회와 비견하여 가톨릭교회는 중세 교회라 하며, 개신교는 근세 교회라 한다. 그런데 개신교회는 개혁을 빌미로 나오면서 다 버렸다. 예술도 버리고, 신화를 학문화하는 서방 교회에 속해 있음에도 불구하고 철학에 대해서는 몰역사적 거부반응을 가지고 있다. 틸리히가 바로 이를 개탄한다. 자기기만이나 원시주의일 수밖에 없다고 시작부터 비판한다. 성서적 종교의 고유성을 주장하는 입장에서 철학에

---

3 틸리히는 '기독교와 세계 종교'의 관계를 논하는 데에서도 같은 틀로 전개했다. 기독교와 세계 종교를 견주어보자. 세계 종교에는 틸리히가 직접 만난 선불교도 있으며 세속주의란 형태의 온갖 유사종교들도 있는데 전개하는 방식이 다르다. 기독교는 유사종교나 세속적인 이념들과의 관계에서 대립각을 세우고 있다. 그런데 그런 요소들이 기독교 안에 들어 있고, 유사종교에도 기독교적 요소들이 있다.
4 폴 틸리히/정진홍 옮김, 『성서적 종교와 궁극적 실재 탐구』(대한기독교서회, 1984), 85.

대한 거부의 태도는 가장 흔하게 다음과 같은 질문으로 표출된다.

어떤 사람들은 다음과 같은 물음들을 물을 것이다. 성서적 종교의 바
로 그 본질은 철학과 상반하는 것이 아닌가?[5]

성서적 종교와 존재론적 탐구를 상반된 것으로 보는 통속적 태도
에 대해 비판한다. 나아가 신의 계시를 빌미로 철학은 물론 문화 형태
로서의 종교에 대해서도 거부하는 입장들이 등장하는 상황을 지적한다.

많은 신학자들 특히 유럽 대륙의 신학자들은 신의 계시를 철학뿐만 아
니라 종교와도 대립시키며, 철학과 종교를 동일하게 비난하고 있다.
왜냐하면 철학과 종교는 모두가 신과 같이 되려는 인간의 시도이며,
이 둘은 모두 자기의 피조성과 유한성 너머로 인간을 들어 올리려는 악
마적인 것이기 때문이라고 한다.[6]

편협한 사람들이 심지어 계시는 철학뿐만 아니라 종교와도 대립
한다고 주장하면서 앞서도 말한 대로 그들의 종교는 종교가 아니라
복음이라고 주장한다는 것이다. 그런데 틸리히는 이들이 놓치고 있는
해석학적 성찰의 재구성을 다음과 같이 예리하게 들추어내고 있다.

그들은 계시란 받아들여져야 하는 것이고, 또한 그 계시를 받아들인다
고 하는 것의 명칭이 '종교'라는 사실을 잊고 있다. 그리고 그들은 계시

---

5 『성서적 종교』, 89.
6 『성서적 종교』, 90.

란 구체적인 상황 속에 있는 인간, 그 인간이 지니고 있는 특수한 감수성, 그가 살고 있는 특별한 상태 그리고 특정한 역사적인 시기에서 말씀될 때 더욱 계시적일 수 있다는 사실을 망각하고 있는 것이다. … 다른 말로 하면 인간은 그의 종교 개념으로 계시를 증거하고 있는 것이다.[7]

계시를 받는 쪽은 엄연히 인간인데 신의 계시에서 끝내니 이건 반쪽일 수밖에 없다는 것이다. 인간의 받아들임, 인간의 수용까지 묶어야 종교인데 그것을 없는 것으로 치부하니 오류일 수밖에 없다. 삶을 사는 인간의 감수성, 상태, 역사적 시기 모두 망각한다고 비판한다. 성서는 계시이며, 동시에 종교라고 틸리히는 서술한다. 신이 스스로 하시는 말씀이라는 것을 부정하는 것이 아니다. 인간이 받아들인다는 사실을 주목하자는 것이다. 성경은 스스로 자신이 어떻게 만들어졌는지 알려준다. 창세기 1장과 2장만 비교해 봐도 다르다. 많은 부분에서 충돌한다. 배경도 대조적이고, 인간의 출현 순서도 반대이다. 말로 전달되었을 때에는 그랬다손 쳐도 문서화할 때 깔끔하게 정리될 수 있었다. 그런데 왜 그렇게 놔두었을까? 인간이 여러모로 받아들였다는 것을 그대로 드러내는 것이다. 이렇게 본다면 성서 안에서 충돌하는 것으로 보이는 것들이 문제 될 까닭이 없다. 인간이 받아들이는 것까지가 종교라면 충돌이 아니라 신-인 관계의 다양성을 나타내는 자료라고 봐야 한다. 체험과 해석의 불가분리성을 기억해야 한다. 근본주의는 자기가 받아들여 놓고도 그것까지도 신의 행위라고 한다. 계시를 받아들이는 그릇이 엄연히 다양한데도 말이다. 순수한 계시가 순

---

7 『성서적 종교』, 91.

수한 채 머물러 있을 수 없다는 것을 오히려 성서가 웅변하고 있다. 성서 저자들이 철학적 용어를 풍부하게 썼음에도 불구하고 성서학자들은 이를 거절한다. 틸리히의 개탄은 차라리 미안할 정도로 통쾌하다.

> 참으로 분개할 일은, 성서신학자들이 신약 저자들의 개념을 설명할 때 철학자들의 노고와 사색적 정신의 창의로 지어진 용어를 대부분 사용하고 있으면서도, 얼마나 값싼 탄핵으로 자기네들의 용어가 그렇게 풍부하게 된 그 업적을 폐기해버리는가 하는 것을 보는 일이다.[8]

궁극적 실재를 향한 대조의 수렴

존재에 대한 인간 실존의 물음은 없어질 수밖에 없는 실존이 있음을 향해 뻗는 몸부림이다. 그러니 그 물음은 결코 한가한 지적 유희가 아니다. "묻는 사람은 가지고 있으면서 동시에 가지고 있지 않은 사람이다."[9] 틸리히 사상을 관통하고 있는 전율적인 역설이다. 묻는다는 것은 알면서 모르는 거고, 모르면서 아는 거다. 모르기만 하면 묻지도 못한다. 자기가 다 안다고만 생각하면서 모른다는 것을 모르면 묻지도 않는다. 반복하지만, 물음이라는 건 모름과 앎의 뒤범벅이다. 또는 달리

---

8 『성서적 종교』, 94. 틸리히의 술회를 이 대목에서 머물러 음미해 볼 일이다: "근본주의자인 어느 한 목사가 '우리는 계시를 통하여 모든 진리를 다 지니는데 어째서 철학이 필요하냐'고 나에게 물은 일이 있다. 그는 '진리'라든가 '계시'라는 말을 사용하면서도 지금 자기가 사용하는 말들에게 자기가 사용하는 개념과 동일한 내용을 부여해준 오랜 철학적 사유의 역사에 의하여 스스로가 규제되고 있다는 사실을 알지 못하고 있는 것이다"(같은 책, 96-97).
9 『성서적 종교』, 98.

말하면, "그는 자기가 그 존재에 속하여 있음과 동시에 분리되어 있다는 사실의 두 가지를 모두 알고 있다."[10]

이러한 물음을 묻는 존재론적 탐구는 궁극적 실재를 향하는 인간의 성정이라는 공통성을 지니고 있음에도 불구하고 성서적 종교와 시작부터 첨예하게 대립한다. 성서적 종교는 인격성을 내세운다.[11] 인격성에서 가장 중요한 것은 '자유로운 상호성'이다. 반면에 존재론은 "무한한 것을 유한한 것으로 용해시킴으로써… 하느님과 인간과의 거리를 제거해버리고 있다."[12] 이러한 대비를 틸리히는 다음과 같이 정면충돌로 묘사한다.

성서적 종교에서는 구체적인 인격적 생명에서만 신성의 중심을 제시할 수 있는 로고스가 존재론에서는 어떤 사물에나 현존하고 있다. 성서적 종교는 개별화하는 반면에 존재론은 일반화하고 있다. 궁극적 실재에의 탐구는 궁극적인 것이 인격적인 것으로 현존해 있는 구체적인 실재를 그저 지나쳐 가고 있는 듯한 생각이 들기고 하고, 보편적인 로고스는 개체인 자아의 인격적인 생명 속에서, 다시 말하면 역사적인 실재로 육신이 되신 그 로고스를 자기 속으로 끌어들이고 집어삼키는 것처럼 생각되기도 한다.[13]

---

10 『성서적 종교』, 99.
11 『성서적 종교』, 111. 인격성의 핵심을 틸리히는 다음과 같이 간명하게 표현한다. "성서적 종교는 기도를 인격-사물의 관계로 변형시키는 요소, 예를 들면 신적 존재인 '당신'을 자기 목적의 수단으로 하기 위하여 '네가 주기 때문에 나도 준다'고 하는 관계, 즉 흥정관계로 변형시키는 요소를 기도로부터 배제하고 있다."
12 『성서적 종교』, 120.
13 『성서적 종교』, 122.

이렇게 본다면 성서적 종교의 인격주의와 존재론적 탐구의 무인격주의는 어떤 방식으로도 만날 수 없어 보인다. 그런데 이 대목에서 틸리히의 천재성이 유감없이 발휘된다. 그는 성서적 종교의 아가페와 존재론적 탐구의 에로스를 대조적으로 들추어 부각시킨다. 그리고는 이들 사이에 만나고 얽힐 가능성을 일구어낸다. 앞서 던졌던 질문에 대한 논의가 시작된다. 그 절묘한 전개를 살펴보자. 우선은 그 대비적 긴장을 여실히 드러낸다.

아가페는 구체적인 것을 집어삼키려는 보편적인 것의 세력에도 불구하고 구체적인 것을 받아들이는 것이다. … 존재론적 정렬은 에로스의 성격을 지니고 있다. 그런데 자기의 구체성 안에 있는 타자를 확인하는 것은 아가페이다. 그렇다면 양자 간의 결합이 가능할 것인가? 궁극적 실재에의 탐구는 희망과 믿음뿐 아니라 사랑과도 모순되고 있지 않은가?[14]

이러한 대조는 지난한 과정을 거쳐 급기야 다음 물음에 당도한다.

성서적 종교의 태도와 개념은 궁극적 실재에의 탐구와 성서적 종교와의 결합을 허락할 뿐만 아니라 그를 요구하기까지 하는 어떤 요소를 지니고 있지는 않은가? 그리고 반대로 존재론적 사유는 성서적 종교에의 관심을 위하여 스스로를 개방하는 어떤 요소를 지니고 있지는 않은가?[15]

---

14 『성서적 종교』, 132.
15 『성서적 종교』, 137-138.

이렇게 묻고는 서로 만날 가능성, 아니 만날 수밖에 없는 불가피성을 찾아 나선다. 틸리히는 먼저 성서적 종교가 손을 내밀도록 한다. "신앙은 존재론적 물음을 포함하고 있다"[16]고 단언하면서 말이다. 신앙이 존재론적 탐구를 포함하고 있다는 것을 무슨 근거로 말하는가? 바로 회의이다. 신앙과 회의는 서로 모순되는 것이 아니라 긴장관계에 있다. 그러면서 신앙은 회의와 함께 갈 때 진정한 신앙이 된다는 것이다. 신앙에서 회의를 제거하면 교조가 되는데 교조는 강박이라고 앞서 살폈다. 회의하는 순간 '악마의 짓'이라고 하는 종교 강박에 빠지면서 공포감에 갇히니 말이다. 회의 없는 신앙에 갇히면 한 번이라도 주일성수를 어기게 되는 경우 불안해서 못 산다. 코라도 깨지면 영락없이 벌이라고 생각한다. '진리가 너희를 자유하게 하리라!'는 말씀에도 불구하고 종교를 신경강박증으로 만들어버린다. 이러고도 독실한 신앙이라고 생각한다. 그래서 신앙에 회의가 생명이다. 그리고 그런 회의가 바로 존재론적 탐구의 취지와 의미가 신앙 안에 자리 잡을 수 있는 근거가 된다. 삶이 그렇고 상황이 증거이다. 그러더니 그리스도교 신학사에서 신앙에 관한 금자탑에 해당할 만한 통찰을 선언한다.

신앙과 회의는 본질적으로 서로 모순되는 것이 아니다. 신앙은 그것 자체와 그것 자체 안에 있는 회의 사이의 연속적인 긴장이다. 이 같은 사실이 신앙을 논리적인 증언, 과학적인 개연성, 전통적인 자명성 그리고 절대적인 권위주의로부터 구별한다. 신앙은 '아니오'의 불안에도 불구하고 '예'라고 대답한다. 신앙은 회의하는 '아니오'와 그 불안을 지워버리지 않는다. 즉 신앙은 회의로부터 놓여나온 안전한 성을 쌓는

---

16 『성서적 종교』, 140.

것이 아니라—다만 중성적으로 와해된 신앙만이 그런 짓을 할 수가 있다— 회의의 '아니오'와 불안을 자기 안으로 끌어들이는 것이다. 신앙은 자기와 자신에 대한 회의를 포괄하고 있다. 그러므로 신앙은 신앙 자체와 근본적인 회의를 선행조건으로 하는 존재론적인 물음을 포함하고 있다. 그러한 신앙은 궁극적인 실재에의 자유로운 탐구를 두려워할 필요가 없는 것이다.[17]

그런가 하면 철학도 역시 진공에서 무전제적으로 하는 것이 아니라 구체적인 상황에서 이미 살고 있는 삶의 선이해에서 시작하기 때문에 신앙의 태도와 유비될 수 있다는 것이다.

철학자도 또한 '아니오'와 '예'를 결합하는 상황 속에 있다. … 적어도 존재가 의미하는 바가 무엇인가에 대한 철학 이전의 인식 없이 존재론적 물음을 물을 수는 없다. 누구나 존재에 참여하며… 누구나 비존재에 참여하며 붕괴와 죽음, 죄책과 회의 속에서 그것을 경험한다. 이것이 바로 궁극적 실재를 탐구하는 구체적 상황이다. … 철학자는 가지고 있지 않으나 가지고 있다. 신자는 가지고 있으나 가지고 있지 않다.[18]

이렇게 해서 성서적 종교와 존재론적 탐구는 만난다. 겉보기에는

---

17 『성서적 종교』, 140. 바로 뒤에 다루게 될 『믿음의 역동성』에서는 신앙과 회의, 또는 믿음과 의심 사이의 불가분리한 역설적 얽힘이야말로 신앙을 살아있게 하는 결정적 요인이라고 강변한다. 반대를 가정하면, 즉 의심이나 회의가 없다면 독실한 신앙인 것 같지만 삶의 생리는 이를 이내 독단과 강박으로 추락시킬 수밖에 없으니 삶과 함께 가는 믿음이라면 마땅히 삶의 소용돌이와 모순을 읽어내는 의심과 한데 얽혀야 한다는 소중한 통찰이다.
18 『성서적 종교』, 141.

첨예하게 대립하고 도저히 만날 수 없을 것 같았지만 껍질을 벗기고
나니 뿌리가 드러나는데 그것이 바로 삶이다. 삶을 사는 사람이 살아
가는 일이며 죽음과 얽힌 삶을 사는 사람이 하는 일이기 때문에 결국
만날 수밖에 없다는 것이다. 용어와 개념을 적극적으로 사용하지 않
았을 뿐 해석학적 통찰을 진하게 끌어들여 종교와 철학의 얽힘을 설
파하고 있다. 얼마나 절묘한가? '철학자는 가지고 있지 않으나 가지고
있다.' 철학자는 초연한 듯 존재론적 탐구를 하지만 회의와 죽음의 힘
을 경험한다. '신자는 가지고 있으나 가지고 있지 않다.' 신자는 죽음
과 회의의 힘을 경험하지만 신앙과 함께 삶을 꾸려나간다. 대조이지
만 주고받듯이 결국 얽힌다. 삶에서 얽힌다. 틸리히는 이렇게 종교이
든 철학이든 삶에서 비롯된 것이라는 해석학적 통찰을 비교적 전통적
인 방식으로 에둘러 나누고 있다. 존재론적 탐구가 목석같은 사유 행위
에 머무르지 않는다는 해석학의 통찰을 틸리히는 다음과 같이 폐부를
찌르는 방식으로 설파하고 있다.

> 존재론은 회심과 눈을 뜨는 것과 계시적인 경험을 전제한다. 그것은
> 초연한 관찰이나 분석이나 가정의 문제가 아니다. 다만 궁극적 실재
> 속에 휘말려든 사람만이 그리고 그것을 실존적인 관심의 문제로 부딪
> 친 사람만이 그것에 대하여 의미심장한 발언을 하려는 노력을 할 수 있
> 기 때문이다. 이러한 의미에서 우리는 철학자에게도 신앙이 있다고,
> 즉 주어진 교리를 믿는 신앙이 아니라 궁극적 실재에 의하여 사로잡혀
> 진 상태라고 하는 신앙이 있다고 말하지 않을 수 없다.[19]

---

19 『성서적 종교』, 144.

무엇을 더 바라겠는가? 앞서 말한 대비를 이 대목에서 떠올려보자. 아가페는 자기를 내주는 것인 반면에, 에로스는 자기에게 모자란 걸 채우는 것이다. 자기가 관건이다. 자기를 내주는 것과 자기를 채워주는 것이 결국은 하나로 얽힌다는 것이다. 어떻게? 존재론적 탐구에 '에로스'를 끌고 들어오더니 종교의 핵심인 '정열'을 이어 붙였다. 이게 틸리히의 전략이다. 아가페와 에로스의 거리에도 불구하고 얽힘의 가능성을 계속 보여준다. '존재론적 정열'이라는 모순의 얽힘을 거친 역설적 통찰은 무엇을 향하는가? 존재론적 탐구가 목석같은 게 아니라는 것을 말해준다. 배부르고 등 따스한 지적 유희가 아니라는 것이다. 죽고 사는 문제와의 씨름이라는 것이다. 존재론적 사유가 사실상 그렇지 않은가라고 하면서 말이다. 존재론적 탐구도 상아탑에서 하는 한가로운 짓거리가 아니다. 그러한 탐구도 살려고 발버둥 치는 것이다. 에로스가 이를 가리킨다. 말하자면 존재론적 탐구도 성서적 종교만큼이나 절박한 어떤 것이다. 그래서 결국 궁극적 실재로 모아지는 것이다.

같은 방식으로, 성서적 종교의 경험도 인격적 요소와 무인격적 요소의 긴장을 보여준다는 점에 주목한다. 그래서 결국 존재론적 탐구의 핵심을 싸안는다는 것이다.

이와 같은 사실은 '존재'와 '인격' 양자가 모순된 개념이 아니라는 사실을 의미하고 있는 것이다. 존재는 인격적인 존재를 포함하고 있다. 존재는 인격적인 존재를 부정하지 않는다. 존재의 근거는 동시의 인격적적인 존재의 근거이지, 그것에 대한 부정은 아니다. 존재에의 존재론적 물음은 충돌을 빚어내는 것이 아니고, 인격적인 신에 대한 성서적 개념의 어떤 이론적 취급을 위해서도 필요한 바탕인 것이다. 만일 어떤 사람이 성서적 상징의 의미에 대하여 생각하기 시작했다면, 그는 이미 존재론적 문제들의 한복판에 서있는 것이다.[20]

이게 무슨 뜻인가? 신-인간의 인격적 관계에 초인격적이거나 신비적인 부분이 있다는 것이다. 이점이 왜 중요한가? 인격주의가 항상 신을 인간으로 끌고 오려는 경향이나 의인화의 유혹을 지니고 있기 때문이다. 즉 인간의 최고 이상이 응립되고 투사되면 바로 신이라고 한다. 그게 완전성에 대한 희망의 확장일 뿐이라는 것을 비판해야 하는데 바로 그 근거가 무인격이다. 그래서 신의 초인격성, 또는 더 나아가서 알려질 수 없는 신비가 이에 대한 경고로서의 뜻을 지닌다.

우리 삶의 일상적인 경험에서는 인격과 비인격으로 나눌 수 있다. 그런가 하면 인격성으로 가늠할 수 없는 영역이 있다. 무인격이라고 해야 할 것이다. 이와 견주어 신에 대해서는 초인격이라고 해야 하지 않을까 한다. 그런데 우리는 인격주의로 말한다. 물리법칙의 작동, 중력은 상관없이 다 똑같이 작동한다. 그게 무인격이다. 그런데 신과의 관계에서 겪을 수밖에 없는 무인격을 느끼지 못한다. 왜? 인격주의의 횡포 때문이다. 무인격이야말로 회의가 필요하다는 증거이고 타당하다는 보증이다. 신-인-세계라는 삼각관계에서 인격성만 아니라 무인격성도 있을뿐더러 사실상 무인격이 비교도 안 되게 더 크다. 그런데 인격이라는 것으로 다 포장한다. 아전인수가 바로 인격성의 문제이다. 성서적 종교가 표방하는 인격주의로 다 싸잡을 것이 아니라 무인격으로, 초인격으로 가자는 것이다. 신의 초인격적인 영역, 우리가 알

20 『성서적 종교』, 158.

수 없는 신비가 지니는 뜻에 주목할 일이다. 결국 이것이 저것을 필요로 하고 저것도 이것을 필요로 한다는 통찰이다. 공존적 긴장이고 긴장적 공존이다. 성서적 종교와 존재론적 탐구에서 껍질을 벗길수록 이것 안에 저것, 저것 안에 이것이 그렇게도 깊게 깔려 있으니 서로 얽힐 수밖에 없다. 저것을 제쳐놓고 이것만 붙잡을 때, 또는 반대로 이것을 제쳐놓고 저것만 붙잡을 때 일어나는 왜곡과 억압에 대한 비판을 틸리히는 이토록 집요하게 전개했던 것이다.

8 장

믿음과 삶의 얽힘을 위한 역설

:『믿음의 역동성』

전인적 행위로서의 믿음

교회에 이미 익숙한 사람에게는 그리스도교 이야기들을 적당히 해도 별로 문제가 안 된다. 심지어 어설퍼도 괜찮다. 듣는 사람들이 잘 알아듣기 때문이다. 이유인즉, 그들도 이미 그들에게 익숙한 방식으로, 즉 듣고 싶은 대로 듣기 때문이다. 그러나 생소한 사람은 어떨까? 이 물음을 그동안 잘 안 물었다. 복음이라는데, 기쁜 소식이라는데, 들을 사람이 알아서 새겨야 한다는 것인지 하여튼 선포의 이름으로, 대언한다면서 일방적으로 내뿜었다. 그런데 듣고 있던 사람들이 갸우뚱하더니 손사래를 치고는 박차고 나가 버렸다. 이런 사람들이 점차로 늘어났다. 탈종교화나 세속화라는 말들로 포장했지만 이런 근대의 분위기에 교회는 속수무책이었다. 급기야 더욱 거칠어진 현대의 반종교적 비판에도 그리스도교는 별로 추스르지 못했다. 결과는 종교의 사사화(私事化)라 불리는 현상으로 이어졌다. 이제 종교는 개인의 일이 되었다. 공감도 소통도 안 되니 각자 자기 방식으로 새기면서 만족하는 분위기로 몰려갔다. 교회 안에서 쓰고 있는 말들이 교회 밖에서 통용되지 않는다는 것을 교회에 다녀 본 사람들이면 다 알고 있다. 공공연한 비밀이다. 그런데 이에 이미 익숙해진 사람들은 안과 밖 사이를 넘나들며 잘도 다닌다. '믿음 따로 삶 따로'일 수도 있는데 돌아도 보지 않으려는 듯이 말이다. 확신이라는 이름으로 포장하지만 못 알아듣겠다는 사람에 대해서는 아랑곳하지 않고 '그들만의 암호'인 주술을 계속 구사한다. 신학도 전통적으로는 이 테두리에 머물러 있었다. 못 알아듣겠다는 사람들이 늘어나니 안이 점차로 찌그러들면서 바깥이 급격하게 커졌는데도 말이다. 그나마 이것도 지난 이야기, 이제는 못 알아듣겠다는 것을 넘어서 아예 관심도 없다는 사람들이 막 늘어난다.

이런 상황을 안타까워하는 사람들이 몇 있었다. 틸리히도 그런 이들 중 하나였다. 그는 다른 사람들이 내 말을 어떻게 듣고 있는가에 대해 특별한 감수성을 지닌 인물이었다. 이건 신학이 보통 잘 안 해오던 일이었다. 아니 신학은 그런 걸 했다가는 계시의 순수성이 왜곡된다고 생각했는지 돌아보는 것은 해서는 안 되는 일로 간주했었다. 그런데 그는 과감히 내질렀다. 앞서 살핀 바와 같이 '상호관계 방법'이라고 일컬어지는 그의 신학은 간단히 말해 신과 인간이 마주한다는 것이었다. 그게 아니라면 상호관계가 아니다. 그런데 '상호'라는 말이 그저 예쁘게만 봐줄 것은 아니다. 서로 마주한다는 것이 사이가 좋을 때는 괜찮지만 그렇지 않을 때는 복잡하다. 대결일 수도 있다. 그러니 이게 전제군주적 이미지로 신을 새겨 오던 교의학 전통에서는 받아들이기 어려운 일이다. 전제군주에게 복종하는 것은 사실 많은 유보에도 불구하고 상당히 편한 일이다. 시키는 대로 하고 살면 된다. 고민은 군주의 몫이고, 나는 노예의 신세일지언정 편안함을 대가로 얻어낸다. 하니 마주하는 것은 꺼려진다. 만만한 일이 아니기 때문이다. 그럼에도 불구하고 이게 절실해진 것은 사람의 삶이 대신 고민해 줄 수 없는 문제이기 때문이다. 다만 그런 문제들을 드러내지 못하도록 억제되었고 누구에게나 같은 교리만으로 처리될 수 있고, 그리되어야 한다고 생각했을 뿐이었다. 그런데 각자의 삶과 문제들에 더 진하게 내던져진 현대인에게 종래의 교리가 갈수록 생뚱맞은 것으로 드러나게 되었다. 계시이든 교리이든 듣는 사람에게 뜻있게 새겨져야 하는데 거리가 너무 멀었다. 상호관계 방법이란 이를 좀 더 가까이 주고받게 해보려는 노력이다.

상호관계 방법을 그 꼴에서 보자면 질문과 대답이 서로 주고받는다는 것이다. 상식적으로 보면 질문이 먼저 있고, 이에 대해 대답이 나온다. 그러나 교회에서는 그동안 사실 질문이 없었다. 대답만 있었다. 그러니 그건 대답도 아니었다. '무슨 이야기냐? 교리문답이 있지 않냐?'고 반문할지도 모르겠다. 허나 교리문답이야말로 대답이 먼저였고, 그래서 결국 대답만 있었다는 좋은 증거다. 그런데 이제 질문과 대답의 틀이 엮어졌고, 질문이 먼저 있어 대답을 조형하는 차원도 있지만 거꾸로 대답이 질문을 결정하는 차원도 있단다. 복잡한 이야기는 덮어두더라도 이건 적어도 내 말이 다른 사람에게 어떻게 들릴까 하는, 말하자면 타인에 대한 배려에서 나온 발상이다. 복음의 이름으로, 확신이라는 이유로 질러대어 온 선포가 엄청난 폭력이었을 뿐 아니라 그 안에서 노예의 편안함이라는 피학적 쾌감을 은혜로 간주해왔던 실상을 폭로하고 믿음의 참뜻을 일구어내고자 하는 노력이었다.

질문하는 사람과 대답하시는 하느님, 이것부터가 상당한 주의를 요한다. 종래 하느님에 대한 이야기로 시작했던 신학이 이제 사람에게서 시작한다. 오해하지 말라! 사람이 기준이라는 것도 아니고, 중심이라는 것도 아니다. 그저 질문이기 때문에 이야기의 시작일 뿐이다. 그리고 대답이 질문에 마주할 때에 보다 더 진한 뜻을 지니기 때문이다. 뜻을 더 맞갖고 알차게 그리고 말 되게 추스르려는 노력이 질문-대답의 상호관계 방법이다. 틸리히가 말하는 믿음의 참된 뜻과 길도 역시 이러한 맥락에서 읽을 수 있다. 흔히 의심과 회의는 믿음의 반대라고 생각한다. 마귀의 짓이라고 저주하면서 거품을 문다. 그러니 혹시라도 솟구치는 의심을 꺼낼 수도 없다. 억누른다. 자유가 없다. '진리가 너희를 자유하게 하리라'고 말씀하셨는데도 진리의 이름으로 신앙의 자유를 마구 억누른다. 종교 강박이 발생한다. 누군가 '종교는 신경강박증'이라고 비아냥거렸는데 이에 대항하여 할 말이 없다. 강박증이라는 것이 솔직히 자기 이해관계에 얽혀 있으니 자기 신념을 절대화하는 데에서 비롯되었을 뿐이기 때문이다. 그래서 자기 강박이다. 그런데 이게 아니라고 우기려니 강박적인 이미지를 바깥으로 투사하는 신념체계를 만든다. 우상이 만들어진다. 옛날에는 자연물로 우상을 만들었지만 요즘에는 우리 마음속에 신념이라는 꼴로 우상이 만들어진다. 그 우상의 이름이 '하나님' 또는 '하느님'일 수도 있다. 신앙이 자유이면 하느님과 관계하는 것이지만 강박이라면 그것은 우상과 관계하고 있다는 증거이다. 하느님이 우상을 그렇게도 싫어하시는 것은 유치한 질투 때문이 아니라 우리의 억압과 강박에 대해 아파하시기 때문이다. 우상 따위에 하느님이 왜 질투하시겠는가?

해서 우리는 우리 안에 우상이 도사리고 있지나 않은지 살펴야 한다. 지름길은 믿음이 강박인지 자유인지를 가리는 것이다. 막연해 보이지만 우리 믿음 안에 의심과 회의가 허락되는지의 여부가 우상에 대한 판가름을 하는 좋은 잣대일 수 있다. 의심과 회의가 믿음을 방해할 것이라는 일반적인 생각이 빠져있는 함정을 들추어내고 거꾸로 의심과 회의가 믿음을 살아있게 한다는 예리한 통찰을 틸리히가 제시해 주었다. 의심과 회의는 믿음에서 질문으로 작동한다. 질문 없는 대답이 대답일 수 없다면 의심과 회의 없는 믿음은 믿음이 아니다. 믿으려면 무조건 믿어야지 무슨 의심이고 회의냐고 펄쩍 뛸 수도 있지만, 그래서 무조건적인 믿음을 강조하지만, 의심과 회의가 없는 믿음은 무조건적인 믿음이 아니라 맹목적 믿음일 뿐이다. 그런데 맹목적인 줄 모르고 무조건적이라고 착각한다. 그렇다면 이를 어떻게 구별하는가?

이 대목에서 틸리히의 한 수는 주목을 요한다. 그의 말을 들어보자.

믿음이란 인간의 전인적 행위이다. 그런데 이 행위는 무한자에게 향해 있으면서 동시에 이에 잡혀 있는 유한자의 행위이다. 그런 고로 한계를 지니고 있는 유한한 행위인 동시에 무한자가 유한한 행위의 한계를 넘어서 유한자에게 참여하는 행위이다. 그런데 믿음은 거룩함에 대한 체험인 한에서는 확실하지만 유한자가 관계하는 무한자가 유한자에게 받아들여지는 한에서는 불확실성을 지닌다. 이러한 불확실성이 제거될 수는 없고 다만 받아들여져야 한다. 이를 받아들이는 것이 믿음의 용기이다. 믿음은 확실성과 불확실성을 동시에 지닌다.[1]

말하자면 확신이라는 이름으로 확실성만 붙잡으려 한다면 이는 눈앞에서 신을 보기를 앙망하는 욕망을 충족시키는 우상숭배일 뿐이다. 불확실성에 대해 눈을 감아버렸으니 맹목적인 믿음이다. 이와는 달리, 불확실성에 마주하는 모험이 불가피하게 의심과 회의를 동반하지만 이를 받아들이고 겪어내는 용기가 바로 믿음을 무조건적인 믿음으로 살아 움직이게 한다는 것이다. 바로 이런 이유로 의심과 회의는 물음일 뿐 아니라 심지어 실패를 동반하기도 한다고 틸리히는 열변한다. 결국 확실성만 잡고서 안정을 바라는 확신에서 나아가 불확실성에 연관된 모험까지 포함해야 참 믿음이라고 할 수 있다는 것이다. 믿음이란 하느님과 사람 사이의 상호관계에서 일어나는 확실성과 불확실성의 역설적 얽힘이라는 사건이고 행위이기 때문이다.

그렇다면 도대체 믿음이 확실성과 불확실성의 역설적 얽힘이라는 것은 무엇을 뜻하는가? 만일 믿음이라는 것이 어떤 것이 사실이라는 것을 받아들이는 신념이라면 의심은 믿음에 포함될 수도 없고, 믿음을 역동적이게 할 수도 없을 것이다. 그러나 믿음이 궁극적 관심이라면 의심은 믿음의 필수적인 요소이며, 믿음이 겪어야 하는 위험스러운 모험이다. 삶의 현실에 대해 궁극이라는 것이 그럴 수밖에 없겠기 때문이다. 믿음을 '궁극적 관심'이라고 했는데, 틸리히에 의하면 궁극적인 관심이란 살고 죽는 문제의 차원을 가리킨다. 목숨마저도 내던지는 목적으로서의 가치를 지니고 있는 것을 일컫는다. 그런데 현실에서는 그런 가치를 표방하는 것들이 적지 않다. 이념, 국가, 성공, 명예 등이 그런 예에 해당할 것이다. 그러나 이런 것들은 예비적인 가치만을 지닐 뿐인데, 왜냐하면 현실에서 이모저모로 해결이 도모될 수 있는 것들이기 때

---

1 『믿음의 역동성』, 50-51.

문이다. 참으로 궁극적인 것은 유한한 인간의 삶에서 어찌해도 해결될 수 없는 저편의 차원을 가리키는 것이니 그 자체로 이미 상징적일 수밖에 없다. 믿음이 그러한 것이라면, 믿음을 살아 움직이게 하는 의심은 학문적이거나 방법적인 의심이 아니라 확신과 결단 안에도 여전히 깔려있는 유한성에서부터 나오는 실존적 의심이다. 그렇다면 이런 이해가 현실적으로 어떤 효과를 지닐까?

의심과 회의까지 포함하는 믿음은 이제 더 이상 머리에서 하는 지성적 동의나 가슴에서 뜨거워지는 감정적인 열정, 또는 손발로 뛰어다니는 의지적인 실천만으로 축소될 수 없다. 그런데 지성적 차원에서는 믿음이 다소 증거가 불충분하기는 하지만 무엇인가를 사실로 받아들이는 인지행위라고 오해한다. 여기에는 실존적 참여가 없다는 문제가 있다. 그런가 하면 증거불충분을 보완해주는 의지행위에서 믿음의 뜻을 살피기도 하는데 이러다 보니 종교에 대한 도덕적 해석을 강조하게 되었지만 믿으라는 명령이나 믿으려는 의지가 믿음을 일으킬 수는 없다. 또한 믿음은 단순히 주관적인 감정일 수만은 없는데 이유인즉, 자아도취를 신실한 신앙이라고 착각하기 때문이다. 그러나 믿음은 이렇게 한 쪽으로 쏠린다면 자기도취의 왜곡과 우상숭배의 억압이 일어날 수밖에 없다. 그러니 믿음은 이런 정신적인 요소들을 한데 모아 묶어야 한다. 그러나 정신-의식적인 차원만이 아니라 무의식적이고 비의지적인 차원까지 포함되니 바야흐로 전인적인 행위이다.

결국 믿음은 전인적 행위로서 자유를 그 핵심 내용으로 한다. 여기서 자유란 마음대로 할 가능성을 말하는 것이 아니라 인간 실존이 실천과 결단으로 갈 수 있는 가능성이다. 그럼에도 불구하고 때로 오해된 나머지 믿음과 자유를 따로 떼어놓았던 역사가 꽤 길게 이어져 왔다.

그러나 이게 그리스도교로 하여금 건전한 상식으로 살아보려는 사람들로부터 오히려 조소를 받게 만들었다. 믿음을 확신이라는 이름으로 확실성에, 그래서 불변부동성에, 결국 고정관념에 붙들어 매어버렸으니 스스로 종교 강박의 올가미에 묶여 있으면서 독실한 줄로 착각하는 그리스도교인들이 아직도 얼마나 많은가? 이런 상황에서 틸리히가 그토록 강조하는 바 "믿음은 자유가 그 관건인데, 그 이유는 자유라는 것이 인간의 전인적 행위의 가능성 이외에 다른 것이 아니기 때문"[2]이라는 지론을 촉촉하게 새겨야 마땅하다. 자유 이야기를 한다고 해서 '자유주의'는 전혀 아니다. 자고로 자유란 무슨 주의로 표기되는 특정한 사상의 소재가 아니다. 그뿐 아니라 신학사조에서의 자유주의에 대해 틸리히는 반동적인 대안으로 궁극적 관심을 말했다. 앞서 우상에 관해 이야기할 때 자유를 떠올렸던 것도 같은 맥락인데 전인성을 부정하고 한 쪽으로 몰아 이를 내세우면 바로 자기의 신념을 절대화하게 되고 이를 지탱하고자 우상을 만들며 결국 여기에 속박되기 때문이다. 자유란 이에 대한 항거와 비판 이외에 다른 것이 아니다. 나의 믿음이 확신이라는 이름의 '속박'인지 흔들릴 수도 있는 의심과 모험을 감내하는 용기를 포함하는 '자유'인지 스스로에게도 물어보고 하느님께도 물어볼 일이다. 확실성과 불확실성의 역설적 얽힘이란 바로 이를 뜻한다. 그러니 이제는 더 이상 교회 밖에서 말이 되고 뜻이 통하는 믿음 이야기를 기다리고 있는 무수한 상식적인 사람들을 향해서 나에게 이미 익숙한 언어로만 동어반복적으로 되뇌지만 말고, 소통 가능한, 그래서 보다 설득력 있는 통찰로 믿음의 꼴과 얼을 다듬어야 할 것이다.

---

2 『믿음의 역동성』, 36.

믿음의 역동성: 종교의 개념화에 대한 대안

앞에서 『믿음의 역동성』이라는 책의 핵심적인 주장을 추려보았다. 이제 좀 더 자세히 살펴보자. 이 책은 모두 여섯 개의 장으로 이루어져 있는데 매우 유기적으로 구성되어 있으니 우선 장들 사이의 관계를 훑어보는 것이 전체를 효과적으로 살피는 길이 될 것이다. 우선 1장과 2장은 같은 내용을 정확하게 대칭적으로 풀어나간다. 1장은 믿음의 정체를 말한다. 믿음은 '궁극적 관심'이라고 간결하면서도 심오하게 정의한다. 그리고 이러한 정의에서 '궁극'을 근거로 2장에서는 궁극을 상실한 믿음의 파행과 왜곡에 대해 비판한다. 이런 것들은 적어도 믿음이라고 할 수는 없다는 것을 말한다. 믿음이라고 할 수 없는 것들을 굳이 열거하고 분석하는 이유는 오히려 이런 유형으로 믿음을 곡해하는 통속적 신앙관이 지배적이기 때문이다. 이렇게 믿음을 정의하고 이를 토대로 믿음의 왜곡을 교정하고 나서 3장에서는 1장에서 정의했던 '궁극적 관심'에서 '궁극'과 '관심' 사이에 마땅한 관계로서 상징을 다룬다. 그리고 4장은 그러한 상징이 엮여지는 꼴로서 유형을 논하고, 5장에서는 그러한 상징이 가리킬 얼로서 진리를 다룬다. 마지막으로 6장에서는 그러한 믿음이 행위로 나타날 길로서의 삶에 대한 논의로 마무리한다. 간략하게나마 이렇게 본다면 『믿음의 역동성』이라는 책을 유기적 총체성의 구도에서 다음과 같이 그려볼 수 있다. 낱개로 보면 쪼개진 정보에 머물지만, 유기적 총체성으로 그리면 정보(information)가 아니라 통찰(insight)을 얻을 수 있다.

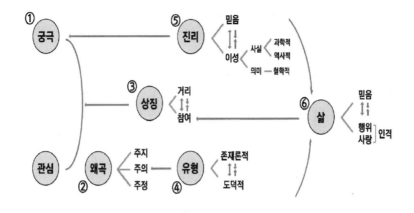

그림을 보면서 좀 더 자세히 풀어보자. 1장에서 신앙은 '궁극적으로 관심된 상태'로 정의한다. 줄여서 '궁극적 관심'이라고도 한다. 여기서 궁극과 관심이 한 글자를 사이에 두고 이어져 있지만 이들 사이의 거리는 무한하다. 신앙에 대한 정의의 시작부터 무한한 거리로 인하여 역설이 불가피하다는 것이 드러난다. 그러한 거리 때문에 관심하는 모양새가 여러 갈래로 나뉘는데 그렇게 나뉘다 보니 그 모양이 일그러진다. 저마다의 갈래들이 자기가 가장 중요하다고 주장하기 때문에 갈래로 쏠리는 왜곡이 벌어진다. 주지주의, 주정주의, 주의주의라는 환원주의가 바로 그것이다. 신앙을 다루는 신학사조에서 각각 정통주의, 경건주의, 자유주의로 나타난 것은 역사적 증거에 해당한다. 2장이 이 문제를 다룬다. 이러한 왜곡을 교정하기 위해 고안된 것이 바로 상징이다. 상징은 궁극과 관심 사이에 피할 수 없는 거리에 정직하게 주목하려는 태도이다. 상징이라는 것이 '모양을 불러내는 것'인데 '불러낸 모양'과는 엄연히 다르다. 만일 불러낸 모양이라면 또 대상이 되고 만다. 아전인수가 벌어질 수밖에 없는 대상 말이다. 그래서 상징은 불러내는 행위로서의 뜻이 중요하다. 이것이 바로 참여다. 참여한다고 해서 궁극으로 가거나 궁극이 된다는 것은 결코 아니다. 어림도 없는 일이다. 그저 궁극을 가리키면서 스스로는 녹아든다는 것이다. 상징의 자기부정이다. 그것이 상징이다. 말하자면 거리에도 불구하고 거리이기 때문에 참여한다는 것이다. 거리와 참여 사이의 모순이 어느 것도 무시되지 않고 포함되면서 초월되는 역설을 이루어야 한다. 그래야 상징이다. 상징이란 그런 것이다. 그런데 이것이 말처럼 쉽지 않아 자꾸 우상이 되어버린다. 그래서 상징의 경고는 매우 중요하다. 3장에서 이를 다룬다.

이를 토대로 4장에서는 관심이 일그러지면서 초래된 왜곡의 문제를 다룬 2장에 대한 대안으로서 보다 바람직한 관심의 모양새에 대해 새로운 제안을 도모한다. 이른바 존재론적 유형과 도덕적 유형이 그것인데 이들도 일단 서로 대립한다. 그러나 또 다시 만난다. 아니 그래야 한다. 갈래들의 한쪽으로 쏠리는 환원의 왜곡을 극복해야 하는 사명을 감당하려니 당연히 부과되는 과제이다. 이와 맞대응하여 궁극을 향하여 관심이 내뻗는 틀로서 진정성 또는 진리를 논하는데 여기서 이를 향해 믿음과 이성이 또한 대립하다가 결국 얼싸안는다. 사실만을 따지는 이성에게서는 기대할 수 없지만 의미로 초월하면서 탈자적 이성의 단계에서 믿음과 얽힌다는 것이다. 5장이 이를 다루는데 여기서도 역시 믿음과 이성은 시작단계에서는 불가피하게 벌어지지만 종국에는 그렇게 만나 엮인다는 것이다. 이제 그러한 전개가 마지막 6장에서 믿음이 삶으로 현실화되어야 하는 과제를 다루는 데까지 밀고 나간다. 구체적으로 믿음과 행위 사이의 긴장이나 믿음과 사랑 사이의 모순 등이 일찍부터 지적되고 비판되어 왔음에 주목하고 틸리히는 그의 포월적 역설의 구도로 이 문제에 대한 대안을 도모한다. 믿음과 행위를 갈라 말하는 재래적 행태는 어불성설이니 믿음을 마술로 전락시킬 수밖에 없기 때문이다. 같은 맥락에서 자기만 옳다는 믿음과 타인도 받아들여야 하는 사랑이 함께 가기 어려운 종교적 실상이 무수히 고발된 현실에 대한 처방으로 이를 싸안는 인격을 믿음의 터로 새기자고 대안을 제시한다. 여기서도 역시 믿음과 행위 사이의 긴장이나, 믿음과 사랑 사이에 깔려 있던 모순을 싸안고 넘어서는 해법으로 전인적 삶의 믿음을 도모하자고 제안한다. 이것이 바로 믿음의 삶이고 삶의 믿음이라는 것이다. 살아있는 믿음이니 믿음의 역동성이다. 틸리히의 포월적 역설은 이토록 집요할 정도로 크고 작은 범주에서 철저하게 관통하면서 개진되고 있다.

대립적인 모순이 포월적 역설로 전환함으로써 믿음의 역동성을 회복할 수 있다는 통찰은 앞에서도 반복하여 강조한 바와 같이 당연하게도 상호관계성의 또 다른 표현이다. 궁극적 관심에서 관심과 궁극은 그렇게 질문과 대답의 관계에 비견된다. 관심이 질문이고 궁극이 대답에 해당할 터이니 말이다. 그래서 궁극과 관심 사이의 역동성은 질문과 대답의 상관성과 마주하는 꼴이다. 그리고 이것이 『믿음의 역동성』의 결론인 삶으로서의 믿음이 가야 할 마땅한 길이라는 것이다. 되뇌이지만, 틸리히 사상의 주요한 구도인 상호관계성이라는 것은 유구한 세월을 지배해왔던 일방성에 대한 반동과 혁명이다. 책의 제목이 드러내고 있는 역동성은 상관성의 또 다른 표현이다. 구체적으로 상관이 작동하는 방식으로서의 역동성이다. 때로 '믿음과 역동성'으로 읽으려는 사람들이 있다. 그런데 그렇게 읽고 싶은 유혹이 일어난다면 이는 믿음을 고정적인 신념으로 보는 폐습에 희생되고 있다는 증거다. 그러나 '믿음의 역동성'은 믿음이라는 것이 확신과 의심이 한데 얽혀 엮어져 가는 것이니 역동적일 수밖에 없고 그러해야 한다는 것을 주장한다. 틸리히의 종교철학에서 말하는 '체계적인 역설'을 믿음으로 가져오면 '역동적인 신앙'이 된다.

그렇다면 '믿음의 역동성'이란 무엇을 향한 선언인가? 믿음이 역동적이지 않았다는 현실을 고발하는 뜻을 지닌다. 믿음이 고정되었다. 판에 박혔다. 박제화되었다. 그런데 이건 단순한 문제가 아니다. 박제가 되었는데도 믿는다고 한다면 우상일 수밖에 없겠기 때문이다. 니체의 비판을 들먹이지 않아도 온 세상이 다 알고 있는 공공연한 비밀이다. 아니 비밀도 아니다. 앞서 우리는 『종교란 무엇인가?』에서는 개념화로 일그러져버린 종교의 입체적 역동성 회복과 이를 위한 역설적 재구성이 핵심이라는 것을 살폈다. 종교가 개념화의 굴레에 빠지면서 우상화로 쏠리는 문제를 해결해야 한다는 종교철학적 주장도 확인했다. 종교가 개념적으로 다뤄지면서 종교라고 하는 개념에 의해 무한의 유한화가 벌어진다. 신은 무한하지만 종교는 무한한 게 아닌데 신과 종교를 버무려 버린다. 그러면서 우상화가 일어난다는 것이었다. 아울러 『조직신학』에서는 이의 구체적 실현방안으로서 벌어진 간극과 모순을 싸안는 역설을 차분히 구현해 낼 상관과 이를 보다 넓게 적용하게 하는 체계화가 핵심이라는 것을 살폈다.

틸리히의 종교철학이 극복과제로 삼은 개념화라는 것이 무엇인가? 실재를 잡아내는 것이다. 그러나 다 잡아낼 수 있는가? 아니다! 어림도 없다. 그런데 잡힌 만큼을 실재라고 한다. 도치가 일어난다. 종교라는 개념이 그런 도치를 일으킨다. 종교가 신을 가리킬 뿐인데 잡아낸다고 생각한다. 종교는 유한한 것인데, 무한한 것을 담아내려고 한다. 그러면서 벌어지는 일이 우상화이다. 일상에서의 개념화는 공유와 소통을 위해 도모한다. 그런데 신을 이야기하면 말이 달라진다. 그런데 신마저도 그리 한다는 것이다. 신도 나무처럼 말하고 있다. 결국 무한의 유한화이고 우상화일 수밖에 없다. 그래서 『종교란 무엇인가?』라는 책에서는 개념화를 극복하자는 것이 핵심이었다. 구체적으로 자율과 타율 사이의 밀고 당기는 관계에서, 자율은 자기도취로, 타율은 우상화로 빠져버리고 말기 때문이다. 철학적으로 말하면 개념화, 종교적으로 말하면 우상화이다. 따라서 이것의 극복이 필요하다. 『믿음의 역동성』은 『종교란 무엇인가?』라는 저서에게 제기된 문제인 종교의 개념화 및 이로 인한 우상화에 대한 비종교적 대안이고 해결방안이라고 하겠다.

역동적 믿음의 얼과 꼴: 궁극성과 전인성 그리고 사이의 거리

그러기에 『믿음의 역동성』에서도 비종교화의 논조는 그대로 전개된다. 시작부터 믿음을 정의할 때 '궁극에 의해 관심된 상태/행위'(state/act of being concerned with the Ultimate)라고 한다. 종교의 개념화를 극복하려는 노력이 진하게 배어있는 발상이다. 이처럼 현대 신학자들과 종교학자들은 대체로 종교 개념을 꺼려 한다. 더욱이 현상학적으로 접근하다 보니까 종교를 개념화할 수가 없다. 물론 근본적인 이유는 믿음이 앎이 아니라 삶이기 때문이다. 그러면서 대안으로 등장하는 것은 명사로서의 종교를 버리고, 종교를 동사, 형용사로 보자는 것이다.3 형용사, 동사, 부사란 무엇을 뜻하는가? 명사의 고정성에 가두어질 수 없는, 또한 이에 저항하는 의미를 가진 것이다. 그리고 틸리히도 이런 통찰을 공유한다. 그런데 하나 더 주목할 것은 '관심되는'(concerned with) 상태라는 수동태이다. 그리고 결론부에 가면 상태만 아니라 행위라고까지 말한다. 상태이면서도 행위이다. 역동적 믿음이란 바로 이것을 가리킨다. 전인적 행위로서의 믿음이 바로 역동적 믿음이라는 말이 가리키는 뜻이다.

먼저 1장에서는 궁극에 대해서 살피고 2장에서는 관심에 대해서 분석하고 대안을 제시한다. 그리고는 3장에서 궁극과 관심을 잇는 길로서 상징을 논의한다. 1장부터 보자. 여기서 틸리히는 믿음에 대해 정의한다. "믿음이란 궁극적으로 관심을 가지게 되는 상태이다."4 이 정의는 그리스도교 신학사에서 무수하게 등장했던 정의들과는 사뭇 다르다. 우선 믿음의 내용보다 형식에 주목했다는 점이 눈에 띈다. 어떤 의미가 있을까? 종래에는 내용을 중심으로 믿음을 정의하다 보니 믿음은 그런 내용을 받아들이는 것으로 간주되었다. 말하자면 믿음이 따로 하는 일이 없는 것처럼 생각되었던 것이다. 중세에 신앙과 이성의 관계가 관건이었던 상황을 떠올려보면 이내 증거들을 찾을 수 있다. 이미 거기에 그 무엇인가 군림해 있고 이성으로 받아들이는가 또는 신앙으로 받아들이는가가 초점일 따름이었으니 말이다. 그런데 이성과 얽히거나 벌어지거나 하는 신앙은 그 자체로서는 받아들이는 행위로서 비어있어야 하는 것이었다. 그러니 여기에 인간이, 인간의 삶

---

3 윌프레드 칸트웰 스미스/길희성 옮김, 『종교의 의미와 목적』 (왜관: 분도출판사, 1978) 참조.
4 『믿음의 역동성』, 31.

이 끼어들 여지는 없었다. 근대로 넘어와 하느님으로부터 믿음으로 초점이 이동했어도 믿음은 여전히 받아 새기는 기능 정도로 간주되었다. 2장에서 다루지만 믿음이 지성적인가, 감정적인가, 의지적인가 하는 것에 초점을 두고 논의가 전개되었다는 것은 좋은 증거이다. 사람의 삶이 자리를 잡을 수 없는 믿음 규정에 대한 문제를 깊이 파고든 틸리히는 앞서 말한 대로 "믿음이란 궁극적으로 관심을 가지게 되는 상태"라는 규정으로 시작한다. 당연히 핵심은 궁극이고 관심일 터이다. 먼저 궁극에 대해 살펴보자.

> 이것[관심]이 궁극성을 주장하고 있을 때 이것은 그 주장을 받아들여야 하는 사람에게 전적인 복종을 요구한다. 하지만 이것은 비록 다른 모든 주장들이 포기되어야 하고 그 이름들조차 거부되어져야 함에도 불구하고 전적인 충만을 약속한다.[5]

여기서 우리가 주목해야 할 것은 '복종'과 '포기'이다. 물론 충만의 약속이 함께 가지만 전적인 복종과 여타의 포기가 궁극이 인간에 대해 가지는 무게이다. 그럴 수밖에 없는 것은 궁극이라는 것이 죽고 사는 문제이기 때문이다. 나머지 다른 것들은 이에 비하자면 부수적이다. 우리에게 신앙이 과연 이런 차원으로 자리 잡고 있는가를 돌아볼 일이다. 복종과 포기는 뒤로 한 채 충만의 약속만 쫓아간다면 궁극은 사라질 수밖에 없기 때문이다. 이에 대한 경계 장치를 잊지 않은 틸리히는 다음과 같이 덧붙인다: "인간은 그에게 속해 있는 무한성을 인식함으로써 믿음을 향해 내몰린다. 하지만 그 무한성은 재산처럼 소유

---

5 『믿음의 역동성』, 31.

할 수 있는 것이 아니다."[6] 궁극에 관심된 상태라고 해서 인간이 궁극을 가질 수 있는 것은 아니라는 말이다. 당연한데 이를 착각하는 현실의 유혹은 너무도 커서 신앙의 이름으로 자기를 절대화하는 행태를 흔히 볼 수 있다. 이런 가능성을 염두에 둔 틸리히는 '거룩함의 역동성'까지 분석한다. 거룩함이란 한편 이끌리면서도 다른 한편 두려움을 일으키니 상반된 성질의 얽힘인데 종교사와 문화사에서 일상화하면서 "거룩은 윤리적으로 선하고 논리적으로 옳은 것이 되어버렸다"[7]고 개탄한다. 이것이 문제인 것은 궁극 및 궁극의 모습인 거룩함이 인간의 소유로 전락할 가능성에 내몰렸기 때문이다. 틸리히의 엄중한 경고는 참으로 깊이 새겨야 할 일이다.

> 이 세상에서 가장 모호한 성격을 가진 것이 종교이며 가장 위험한 성격을 가진 것이 믿음이다. 믿음의 위험은 바로 맹신에 있으며 거룩함의 모호성은 바로 악마적이 될 수 있는 가능성에 있다. 우리의 궁극적 관심은 우리를 치료할 수도 있으며 우리를 파괴할 수도 있다.[8]

종교라는 형식으로, 또는 신앙의 이름으로 벌어지는 온갖 파행들의 근본 원인을 밝힐 수 있는 통찰이라 하지 않을 수 없다. 그런데 틸리히의 분석은 여기서 그치지 않고 오히려 이런 상황이 믿음의 역동성을 위한 조건이 된다고 갈파한다: "믿음 안에 있는 불확실한 요소는

---

6 『믿음의 역동성』, 41.

7 『믿음의 역동성』, 49. 틸리히는 이 대목에서 다음과 같이 확실하게 쐐기를 박는다: "믿음을 표현하고 있는 교조적이고 교리적이고 윤리적인 모든 것들은 그 자체가 궁극적인 것이 아니라는 사실이 인정되어야 한다"(같은 책, 66).

8 『믿음의 역동성』, 50.

사라질 수 없다. 이것은 받아들여져야 하는 것이다. 믿음은 확실성과 불확실성의 요소를 전달하는 즉각적인 자각의 요소를 포함하고 있다."[9] 궁극에 대한 인간의 관계는 이처럼 확실성과 불확실성이라는 모순을 어느 것도 버릴 수 없이 싸안아야 하는 역설적인 것임을 시작부터 분명하게 지적하고 있다.

2장으로 가서 틸리히는 '관심'을 분석하기 위해서 '궁극'을 소유하려는 유혹, 또는 불확실성을 견디지 못해서 믿음을 어떻게든 확실하게 하려는 욕망에서 벌어지는 왜곡의 문제를 지적한다. 신앙을 그저 정신적 현상으로 보고서 그 안에서의 갈래로 신앙을 규정하려 하니 지성적 왜곡, 의지적 왜곡, 감정적 왜곡으로 귀결되는 환원주의의 문제가 일어나기 때문이다. 우선 믿음을 "낮은 정도의 증거만을 가진 지식 행위로 간주하는"[10] 주지주의의 왜곡이 있다. 이것은 믿음과 지식 사이의 충돌이라는 결과를 자아내는 문제를 지니고 있다. 그런가 하면 "믿겠다는 의지를 믿음으로 간주하는"[11] 주의주의의 왜곡이 있다. 이것은 궁극이 요구하는 복종과 충돌한다는 문제가 있다. 또한 믿음을 주관적인 감정으로 간주하는 주정주의는 단지 "한 구석에 있는 주관적인 감정에 의하여 제한될 수 없는"[12] 전인적 행위에 의해 비판된다. 이로써 어떤 경우이든 소유와 확실성에의 유혹에 의해 벌어지는 왜곡이 지니는 환원주의는 전인적 행위를 부분적 기능으로 축소하는 오류일 수밖에 없다는 통렬한 비판을 벗어날 길이 없다. 이러한 비판

---

9 『믿음의 역동성』, 51.

10 『믿음의 역동성』, 72 .

11 『믿음의 역동성』, 79.

12 『믿음의 역동성』, 83.

을 통해 다시 강조되는 믿음의 전인성 또는 통전성은 결론부에서 논의될 믿음과 삶의 일치에 대한 기본전제라고 하겠다.

이제 3장은 '궁극'과 '관심' 사이의 관계에 주목한다. 관심은 앞서 2장에서 나왔던 갈래들 사이의 긴장과 충돌을 넘어서는 전인적 삶을 가리킨다면 궁극과의 관계가 관건이다. 궁극과 관심을 어떻게 이을 것인가? 궁극과 관심 사이의 거리는 측량불가하다. 잡을 수 없다. 개념화가 불가능하다. 이어주는 게 바로 '상징'이다. 상징은 당연히 실재 그 자체가 아니다. 그런데 상징은 상징이 가리키는 실재와 사이의 엄청 먼 '거리'에도 불구하고 오히려 '참여'하고 있다. 기호와 견준다면 기호는 치환 가능하지만 상징은 이런 이유로 치환 가능하지 않다. 그런가 하면, 상징은 실재 자체를 개념처럼 잡아내지 못한다. 개념처럼 잡아내면 거리가 없어진다. 우상으로 빠지는 지름길이다. 그래서 상징에서 거리는 중요하다. 우상화에 대한 경계 장치이기 때문이다. 상징은 거리에 대해 겸손하고 정직하게 그리고 그럼에도 불구하고 참여한다. 그렇다면 상징은 먼 거리에도 불구하고 어떻게 실재에 참여하는가?

개념이 떠오르는 생각을 평미레질하듯이 눌러찍어낸 것이라면, 상징은 모양을 불러내는 것이다. 상징은 임의로 조작할 수 없으니 비의지나 무의식과 같은 심층 차원까지 아우르는 삶에서 빚어진 것이기 때문이다. 이런 까닭에 자기 것이라고 주장할 것이 없으니 스스로를 넘어선다. 상징의 역설적 차원이다. 자기부정을 통해 초월로 가는 역설을 상징이 수행함으로써 궁극과 관심 사이의 넘을 수 없는 거리를 가리키는 역할을 담당하게 된다. 이런 점에서 상징은 궁극과 관심 사이의 어찌할 수 없을 것 같은 모순을 타개하는 궁여지책의 해법이라고 할 수도 있다. 그러나 인간의 유한성 때문에 부득이하게 도모하는 몸부림이기는 하지만, 상징은 바로 그러한 태생적 생리 덕분에 "하느님을 궁극적이지 않고 유한하며 조건적인 수준으로 끌고 내려가는 천박한 문자주의"[13]에 대한 경계 장치라는 소중한 뜻을 지닌다.

역동적 믿음의 틀과 길: 탈자성과 현실성

4장에 유형이라는 표현이 나오는데 여기서 유형은 무엇의 유형인가? 궁극의 유형이고 관심의 유형이다. 다른 곳에서는 영적인 차원을 추가해서 말하지만 이 대목에서는 존재론적인 것과 도덕적인 것으로 나뉜다. 그런데 이 두 유형도 대립한다. 그럼에도 불구하고 또 만난다. 우선 존재론은 위에서 아래로 온다.[14] 내가 어찌할 수 없는 것이다. 도덕은 아래에서 위로 가는 것이다. 내가 하는 것이다. 그런데 존재론적 유형과 도덕적인 유형이 어디에 가서 걸리는가? 궁극인가, 관심인가, 상징인가? 이를 찾아보기 위해 틸리히의 전략을 떠올려보는 것이

---

13 『믿음의 역동성』, 101. 틸리히는 문자주의를 크게 둘로 나누어 자연적 문자주의와 의식적 문자주의로 구별한다. 자연적 문자주의는 신화적 사유에서 자연스러운 것인 반면에, 의식적 문자주의는 권위에 대한 맹목적 복종을 강요하면서 자율적 사상에게 억압과 공격을 가하는 폭력적 문자주의라고 비판한다. 근본주의자들에게서 쉽게 볼 수 있는 행태이다.

14 틸리히가 말하는 존재론은 더 이상 전통적인 형이상학적 존재론이 아니라 탈형이상학적 존재론이다. 전통에서는 정태적 존재론이라면 이제는 동태적 존재론, 역동적 존재론으로 새겨야한다. 그럼에도 불구하고 존재론을 놓치고 싶지 않은 것은 그것을 보편적으로, 그의 이론을 적용 가능한 것으로 재구성하기 위함이다. 틸리히의 존재론은 탈형이상학적 존재론이기 때문에 도덕적 유형과의 대조를 넘어서 서로 만날 가능성을 가지고 있는 것으로 새겨진다.

도움이 될 터이다. 그는 대조를 한껏 드러내어 이들 사이의 긴장과 이로 인해 벌어지는 문제들에 대해 밀도 있게 분석한다. 그러고 나서는 그렇게 대립되었던 것들이 만날 가능성을 모색해서 얽히도록 엮어낸다. 앞에서 그의 저작들을 읽으면서 그의 전략을 대조적 긴장과 포월적 역설이라고 정리했는데 『믿음의 역동성』도 예외가 아니다. 우리는 독자로서 이것을 놓치지 않고 꿰뚫어 읽어내어야 한다.

5장은 '진정성'이라고 번역했는데 폭넓은 뜻으로 사용한다면 '진리'라고 해도 좋다. 여기서 기본 구도는 '믿음과 이성'이다. 그런데 믿음과 이성도 역시 벌어진다. 그래도 또 만나야 한다고 한다. 그렇다면 어디서, 어떻게 만나는가? 이성은 또 쪼개지는데, 과학적 이성, 역사적 이성, 철학적 이성으로 분류된다. 과학적, 역사적 이성들은 사실적인 문제를 다룬다. 비슷한 논의가 앞서 살폈던 『조직신학』의 이성과 계시라는 장에서도 있었다. 잠시 돌아가 본다면, 진리에 대한 논의에서 말하는 이성 중 가장 기초적인 것은 기술적 이성이다. 그런데 이성을 밀고 나가다 보면 한계에 이른다. 그런가 하면 애당초 인간에게 주어진 존재론적 이성이 있다. 이들이 대립한다. 그러나 결국 이성의 한계에 이르게 되면 스스로 이성을 벗어나는 '탈자적 이성'으로 가게 된다. 기술적 이성과 존재론적 이성의 대결이 탈자적 이성으로 승화한다는 것이다. 물론 계시와 소통하는 상관을 위해서이다. 그런데 『믿음의 역동성』에서는 이성을 과학적, 역사적, 철학적 이성이라고 세 갈래로 쪼갰다. 여기서 철학은 이성의 한계에 대해 반성한다. 도구일 뿐 아니라 목적이다. 수단이면서 목적이다. 이성과 감성을 말할 때는 형식이다. 그러나 지성, 감정, 의지를 말할 때는 내용이다. 이성과 지성은 구별된다. 이성이 구체적으로 취하는 내용을 가지고 지향적이게 되면서 지성이 되는데 그래서 중세에 신을 묘사할 때 지성을 사용했다. 당시 신은 지고의 지성이다. 그런데 근대에 와서 이성 밑에 다시 깔렸다. 내용에서 형식으로 빠져나온다. 그래서 이성론자는 보편적 이성을 설정하고, 이와 대립각을 세우는 경험론자들은 개별적 경험에서 시작한다. 그런데 칸트가 종합한다. 이성의 무한성이라고 하는 신화를 거부한다. 이성도 한계를 피할 길이 없다. 칸트철학을 비판철학이라고 하는데 이는 앎의 한계에 대한 비판이다. 이성마저도 선조들과 다르게 있음의 영역에 대한 것이 아니라 앎의 세계에 머무른다. 저 너머를 알 수 없기 때문이다. 부득불 '앎'이라는 것을 거칠 수밖에 없다는 인식론적 한계로 인하여 종래 옹립되었었던 진, 선, 미, 성이라는 무한한 가치가 더 이상 무조건 전제될 수 없다고 주장한다. 말하자면 이성의 무한성에 대한 비판이다. 그래서 현대의 과학, 현대의 역사에서는 대전환이 일어난다. 그런데 일상적으로는 사실 판단에 근거하여 여전히 이성을 들이대고 있다는 것을 틸리히는 비판한다. 그것은 기껏해야 기술적 이성일 뿐이라는 것이다. 그 잣대로 들이대지 말라고 한다. 『조직신학』에서 '탈자적 이성'을 말한 것도 이 때문이다.

이에 비해, 『믿음의 역동성』에서는 철학적 이성은 믿음과의 연관성을 떠올릴 수도 있다. 이 대목은 앞서 살폈던 『성서적 종교와 궁극적 실재 탐구』라는 저서와도 밀접하게 연관된다. 그렇지만 『믿음의 역동성』에서 어떻게 설명하는지 살펴보자.

> 궁극적인 것과 철학 사이의 관계는 궁극적인 것이 자기 자신을 명시하고 있는 기초적 구조를 독립적으로 서술한다는 원리 안에 있다. 궁극적인 것과 믿음 사이의 관계는 궁극적인 것의 의미가 믿음을 가진 사람

에 의해 관심으로 표현된다는 원리 안에 있다. 이 두 가지는 명백하고 근본적인 차이점을 가지고 있다. 하지만 '원리 안에'라는 말이 암시하듯이 철학이 실제적인 생명력 안에 있고 믿음이 실제적인 생명력 안에 있을 때 이러한 차이점은 유지되지 않는다. 아니 유지될 수 없다. 왜냐하면 철학자는 궁극적 관심을 가지고 있는 인간이기 때문이다. 그가 궁극적 관심을 드러내고 있는 숨기고 있든 간에 말이다. 그리고 믿음을 가진 사람 역시 사고의 능력을 가진 존재이며 개념적인 이해가 필요한 존재이기 때문이다.[15]

이성과 믿음이 원리적으로는 대립적일 수밖에 없지만 '생명력 안에 있기' 때문에, 말하자면 '궁극적 관심을 갖고 있으며 개념적 이해가 필요한 인간이 하는 일'이기 때문에, 결국 얽히지 않으면 안 된다는 것이다. 대조적 긴장에서 시작하여 포월적 역설로 나아가는 틸리히의 전략구도가 여기에서도 여실하게 작동하고 있음을 다시 확인하게 된다. 실제로 정신문화사가 그러했듯이 철학적 이성과 믿음이 첫 만남에서는 대립되었지만 결국 얽혀졌다는 사실에 의해서도 옹호된다. 틸리히의 이와 같은 재구성은 그 이유에 대한 탁월한 설명이기도 하다.
　　믿음의 진정성에 대한 논의는 우상숭배 비판에서 절정에 이른다. 사실 이 논의의 목적에 여기에 있기 때문이다.

모든 믿음의 취약성은 그것이 쉽게 우상숭배화된다는 것이다. 칼뱅이 말했듯이 인간은 계속 가동되고 있는 우상들의 공장이다. … 모든 유형의 믿음은 자기가 가지고 있는 구체적인 상징들을 절대적인 유효성

---

15 『믿음의 역동성』, 154-155.

을 가진 것으로 격상시키는 경향이 있다. 그래서 믿음의 진정성을 판별하는 기준은 자기 인식의 요소를 포함해야 한다.[16]

자기 인식의 요소가 무엇인가? 자고로 믿음이라는 이유로 가장 도외시되어 온 것이 아닌가? 신앙의 자기도취적 성향이 집요할 정도로 자기성찰을 거부해왔으니 말이다. 자기성찰은 의심이고 회의여서 제거되어야 하는 것으로 치부되어 왔었던 역사에 비춘다면 실로 격세지감이 아닐 수 없다. 과연 틸리히다!

자기성찰의 필요성을 강조한 틸리히는 마지막으로 6장에서 믿음과 삶의 관계, 즉 신앙과 현실의 관계로 마무리한다. 이를 위해 믿음과 행위/사랑의 관계를 파고든다. 행위와 사랑을 총칭해서 '인격'이라 말할 수 있다. 믿음과 행위를 나누어 논하는 일각의 전통이 성서에도 반영되어 있다 보니 이들 사이의 긴장을 다루고 또한 엮어내는 일이 불가피한 상황이다. 믿음과 행위도 따로따로인 듯했지만 또 만나야 하고 만날 수 있다고 강변한다.

중세 시대에는 신앙과 이성을 말했다. 그런데 이것도 내내 대립이었다. 스콜라신학에서도 그럴듯하게 엮으려 했지만 그 시대의 스콜라주의적 발상이었을 뿐이다. 이후에는 받아들여질 수 없었을 뿐 아니라 현대에는 공감하기 어려운 이야기이다. 오늘날 신앙은 더 이상 이성과 마주하는 것으로 간주되지 않는다. 신앙은 실존과 마주한다. 그래도 아직도 한 군데서 큰 축을 차지하는 것이 신앙과 이성의 관계이다. 신앙 안에 이성, 이성 안에 신앙, 다시 엮혀낸다. 맹신과 조작 가능성에 대한 틸리히의 다음과 같은 경고는 이성이 경계 역할을 해야 할 것이라

---

16 『믿음의 역동성』, 162.

고 주장하는 맥락에서 주목하고 성찰할 가치를 지닌다.

> 종교적으로 말해, 인간의 믿음 안에는 맹신적인 요소가 있을 수 있다
> 는 것이다. 이것은 인간 스스로가 바람직한 믿음이라고 생각하여 만들
> 어낸 내용의 믿음일 수도 있다는 것이다.[17]

또 하나 더 있다. 신앙과 사랑이다. 믿음, 소망, 사랑을 바울이 말
하지만 그게 깔끔하고 사이좋게 잘 있는가? 그것은 무수한 갈등과정
을 거치고 도달하는 궁극적인 하느님 나라에 관한 종말론적 표상이고
우리가 사는 현실에서는 부득불 이 셋이 서로 충돌한다. 틸리히의 다른
저서인 『사랑, 힘, 정의』에서도 서로 충돌하고 다시 얽힌다. 현대를 열
어준 의심의 대가 중에 포이어바흐도 『기독교의 본질』의 결론에서 '신
앙과 사랑의 모순'을 지적한다. 어떻게 신앙과 사랑이 모순인가? 신앙
은 당파적이고 이기적이다. 신앙의 이름으로 얼마나 많은 처단이 있었
는가? 늘 신앙이 명분이었다. 종교의 역사가 그랬다. 종교를 이상으로
만 말하지 말라. 종교는 늘 현실이고 현실은 인간이다. 종교와 인간, 좀
더 정확하게 인간과 종교의 관계가 기본축이다.[18] 종교와 인간 사이의
얽힘을 불가분리의 관계로 살펴야 현실을 진단할 수 있다.

그런데 사랑은 관용이다. 비신앙도 싸안는 게 사랑이다. 이게 그

---

17 『믿음의 역동성』, 173. 틸리히는 이런 통찰을 필요한 대목마다 유감없이 개진해왔다.
　　스스로 자신의 믿음을 바람직하다고 생각하는 순간 맹신에 빠진다는 삶의 오묘한 역리
　　에 대한 분석도 역시 역설적 통찰의 일환인 것은 두말할 나위도 없다. 달리 표현한다면
　　우리는 자기의 믿음을 믿고 있을 가능성에 쉽게 빠진다는 생래적 경향에 대한 일침이라
　　고 해도 좋을 것이다.

18 인간과 종교의 역학관계에 대한 필자의 분석은 개인논총에 실려 있다. 정재현, 『우상과
　　신앙: 종교적 인간에 대한 철학적 성찰』(파주: 한울아카데미, 2019), 전권 참조.

리스도교의 본질이어야 한다. 그런데 그리스도교는 이를 외면했다고 포이어바흐가 고발하고 있다.[19] 현실의 종교는 신앙과 사랑을 찢어놓는다. 사랑을 말하기는 하는데 신앙을 붙들고 자기 구원을 향해서 간다. 그래서 신앙과 사랑은 모순이다. 신앙은 개인으로 이끌어가고, 사랑은 공동체로 이끈다고 말한다. 구원도 개인구원과 사회구원이 대립한다. 한국교회는 압도적으로 개인구원 쪽으로 기울어진 모습이다. 사회구원을 말하면 사상마저 의심스럽게 본다. 그게 한국교회 현실이다. 사랑과 신앙이 얼마나 벌어져 있는가를 눈앞에서 확인할 수 있다. 사랑이 무엇인가? 타자 사랑이다. 자기 사랑을 누가 사랑이라 그러는가? 그러니까 아주 큰 맥락에서 봤을 때 신앙과 사랑의 모순이자 충돌이다. 틸리히는 그런 모순 관계를 주목하고 싸안음으로써 제대로 된, 역동적인 신앙을 이룰 수 있다고 주장한다. 결정적으로 사랑을 싸안으면서 공동체로 향한다. 대조적 긴장에서 포월적 역설로 전환하는 틸리히의 전략구도를 다시 확인할 수 있는 사랑에 대한 그의 전율적인 얼개를 들어보자.

> 에로스가 없는 아가페는 윤리적 법칙에 대한 순종에 불과하다. 그곳에는 온정과 갈망과 재결합이 없다. 아가페가 없는 에로스는 무질서한 욕망에 불과하다. 그것은 다른 사람, 즉 사랑할 수 있고 사랑받을 수 있을 뿐 아니라 독립된 자아를 가지고 있는 다른 존재의 주장과 그 유효성을 무시한다. 에로스와 아가페가 연합된 사랑은 믿음을 포함한다.[20]

이러한 선언과 함께 틸리히는 이제 『믿음의 역동성』의 대단원으로

---

19 루트비히 포이어바흐/강대석 옮김, 『기독교의 본질』 (서울: 한길사, 2008), 27-28장.
20 『믿음의 역동성』, 187.

나간다. 믿음과 삶의 일치를 위해 행위로 파고든다. 그런데 이런 구절이 오래 회자되고 있었다. "행위로 구원받는 것이 아니라 믿음으로 구원받는 것이다." 그러나 이 명제는 천박하게 오도되면 안 된다. 어떤 행위에 대해서라도 이를 부정하도록 부추기는 것은 은총에 대한 모독이다. 은총이란 무엇인가? 인간이 아무것도 해서는 안 된다는 것을 가리키는가? 이렇게 곡해하면 은총이라는 것이 믿음과 행위를 찢어놓게 된다. 로마서와 야고보서를 대립시켜 은총을 이렇게 논의하는 전통에 대해 틸리히가 나름대로 정리한다. 믿음은 총체적인 것이라고 강조한다. 믿음의 터는 지엽적이거나 부분적인 것이 아니라 인격성의 총체(totality of personality), 즉 삶이라고 강조한다. 인격의 구체적 요소로서 행위를 말하고 그 행위의 절정으로 사랑을 말한다: "믿음은 사랑을 포함하고 있고, 사랑의 표현은 행위로 나타나기 때문에 믿음은 행위의 결과이다. 믿음과 행위를 연결하는 매개물은 바로 사랑이다."[21] 앞서 선언한 사랑의 얼개와 공명하는 통찰이다.

이 대목에서 인격에 대해 한 마디를 덧붙이지 않을 수 없다. 자체로 중요한 문제이기도 하지만 결국 삶의 뜻을 보다 더 넓고 깊게 일구어 줄 수 있을 것이기 때문이다. 그리스도교는 희랍 전통의 합리주의와 신비주의를 받아들이면서도 동시에 신의 '인격성'을 말한다. 플라톤과 아리스토텔레스로 대표되는 희랍 사유에 있지 않았던 인격성이다. 보좌에만 앉아있는 것이 아니라 역사에 들어오고, 휘젓고, 심지어 변덕스럽기까지 한 신이다! 이것을 우리가 쉽게 표현해서 '인격'이라고 하는데 합리나 신비로는 표현할 수 없다. 지성이 자유를 담을 수 있는가? 지성은 필연이어서 담을 수 없다. 그러면 감정이 담을 수 있는가?

---

21 『믿음의 역동성』, 188.

감정은 외부 자극에 대해 수동이고, 수용적인 반응의 기계적인 반응 체계이니 불가피성을 특성으로 한다. 따라서 감정도 자유를 담을 수 없다. 신의 인격성을 아우르는 범주가 자유인데 지성이나 감정으로 설명되지 않는다.

플로티누스의 '일자유출설'(一者流出說)에서 일자는 뭐하는가? 아무런 생각도 안 한다! 무인격이다. 그런데 기독교의 신은 인격신이다. 진노도 하고, 사랑도 한다. 결정적인 핵심이 무엇인가? 자유이다. 거기서 필요한 게 무엇인가? 의지이다. 중세의 뒷자락에 와서 의지가 본격적으로 개진됐다. 이전에도 이따금 등장하기는 했었다. 아우구스티누스도 의지를 말했다. 그런데 그가 말했던 의지가 무엇이었던가? 부정적인 차원에서만 이야기했다. '죄를 지을 자유'만 설정하기 위해서였다. 신정론을 말하기 위해서 끌고 왔다. 칼뱅에서는 어떻게 되는가? 신의 의지를 말한다. 어떤 의지? 막강한 절대적 주권이다. 천당과 지옥 갈 사람을 미리 정해 놓는다는 식이다. 물론 갸륵한 취지가 있다. 황당무계한 말처럼 보이는데 나름대로 취지가 있다. 구원의 권한이 교회에 있지 않고, 하느님에게 있다는 선언을 하기 위함이었다. 당연한 선언인데 과도한 수사이다. 나름대로 숭고한 목적이 있었지만 수단은 받아들이기 쉽지 않다. 시대의 한계이기에 어쩔 수 없다. 하지만 문자 그대로 진리인 양 들고 다니는 칼뱅주의자들의 불쌍한 영혼은 어떻게 구원될 수 있을 것인가? 중세에 '의지'가 제자리를 찾으니까 그 시대가 끝난다. 그리고 근대를 연다. 의지 앞에는 '자유'가 항상 붙어 있다. 자유의지란 말이 인간을 주체로 만드는 근거가 된다. 신도 대상화되는 주객관계가 성립된다. 그래서 근세의 핵심어가 이성, 주체, 자유, 자율이다. 이것의 시작은 '의지'에 있다. 의지가 주체가 되고,

인간으로 하여금 자율적 주체로 만들어준다.

그런데 현대에 와서 어떻게 됐는가? 인간이 그런 '잘난 자율적 주체가 아니다'라고 절규한다. 그런 '잘난 주체'를 소리 높여 외쳤는데 자유를 말하다 보니까 결국 소외, 불안, 절망으로 빠지게 되었다. 이게 현대의 신호탄이다. 현대의 시발점은 비(非)의지이다. 의지의 영역 아래에 있는 비의지이다. 지성, 감정, 의지라는 팽팽한 긴장을 이루는 요소들로 엮어진 정신이 근세를 지배했었지만 모두 묶어봤자 정신일 뿐이었다. 그런데 현대에는 정신의 이름으로 억눌렸던 육체가 몸부림친다. 바로 그러한 정신에 대한 반동으로 육체를 말한다. 물질도 나오고, 실존도 나오고, 실증도 나온다. 소외, 허무, 불안이 육체를 전면에 나오게 만들었다! 그러나 보다 엄밀하게 보자면, 정신과 육체를 다 합쳐서, 아니 그렇게 분리되기 이전의, 전인(全人)이 몸부림치면서 전면에 나서게 되었다. '통사람'이다. 다시 말해 삶이다. 그렇다면 정신의 일개 요소들 중 하나를 잡아 믿음의 터라고 주장하면 부분을 전체라고 주장하는 환원주의에 빠진다. 물론 이것은 2장에서 다루었던 이야기이다. 『믿음의 역동성』의 결론을 말하는 6장에서 총체적 인격성, 즉 삶이 믿음의 터가 되어야 한다는 주장은 그러한 환원주의 비판에 대한 적극적 대안 모색에 해당한다. 그렇게 믿음과 삶을 이음으로써 현실에 다가갈 가능성을 높이고자 하면서 말이다.

9 장

서로 멀어진 종교와 문화가
다시 만나려는 시도

: 『문화의 신학』*

문화라는 범주의 의미

천년 단위가 바뀌던 1999년 연말, Y2K에 대한 대비가 없던 컴퓨터와 이를 사용하고 있는 사회 전반에 대혼란이 올 거라고 호들갑을 떨던 때가 있었다. 다행히 별 문제없이 2천 년대로 넘어오고도 벌써 상당한 세월이 흘렀다. 돌이키건대, 인류는 바로 지난 20세기에 가장 큰 폭의 격동을 겪었다. 인류의 평균수명이 1900년대에 40세 정도였는데 불과 100년 후인 지난 2000년에 두 배가량 늘어났다. 사회 구성

---

* 이 글은 다음의 역서에 필자가 썼던 '해설'을 보완한 것이다. 폴 틸리히/남성민 옮김, 정재현 해설, 『문화의 신학』 (서울: IVP, 2018), 263-275.

원의 급팽창은 일찍이 인류가 겪어보지 못했던, 또한 예상하기 쉽지 않은, 미래에 대한 전망과 불안을 동시에 안겨주고 있다. 더욱이 컴퓨터의 등장 이후 속도를 가늠할 수 없을 만큼의 급격한 변화는 유토피아와 디스토피아의 간격을 더욱 벌려가는 것 같기도 하다. 이런 마당에 그런 삶의 얼개가 펼쳐지는 사회와 역사를 한데 아우르는 문화라고 하는 것이 더욱 복잡다단한 변화를 겪을 것임은 두말할 나위도 없다. 그러나 바로 그런 이유로 우리가 살고 있는 세상에 대해 좀 더 적실하게 이해하고 맞갖은 삶을 꾸리기 위해서라도 문화를 읽어내는 일은 미룰 수 없는 중요한 과제이다.

그런데 이런 맥락에서 폴 틸리히의 『문화의 신학』처럼 반세기도 더 지난 이야기를 오늘 되새긴다는 것은 어떤 뜻을 지닐까? 이런 의문을 가지고 책장을 열어젖혔는데 페이지를 넘겨가면서 그런 의문을 부끄럽게 하는 지혜와 통찰을 만나게 되니 매무새를 고쳐잡지 않을 수 없었다. 사실 문화라는 것이 오늘 우리에게는 범람할 정도로 익숙한 것이지만 그게 그리 오래된 일은 아니다. '신학'이라 하였으니 기독교의 배경이 되는 서구 사상사만을 보더라도 이를 확인할 수 있다. 고대와 중세를 지배했던 '초자연'의 지평이 과학이 선도하는 근세에는 '자연'으로 자리를 넘겨주었거니와(16-7세기) 과학의 발달이 일구어낸 영아사망률의 급감과 인구의 급팽창에 의한 새로운 삶의 경험은 인간의 자화상에 '사회'라는 범주를 추가하게 하였다(18세기). 나아가 그러한 사회의 움직임과 흐름이 삶의 꼴과 얼에 격변을 일으켰으니 이제 인간과 세계의 이해에도 '역사'라는 범주를 설정하지 않을 수 없게 되었다(19세기). 그런데 자연이라는 새삼스러운 터전에서 부상한 사회와 역사라는 범주는 씨줄과 날줄의 관계일 수밖에 없으니 이들이 얽히는 보다 폭넓은 범주로서 '문화'가 상정되는 것은 이미 예정된 수순이었다. 이렇게 해서 20세기는 문화의 세기가 되었다. 문화제국주의 비판과 문화상대주의 부상이 지난 세기부터 핵심 의제들 중 하나였다는 것도 좋은 증거이다. 그리고 그런 시대적 요구에 부응하는 논의들이 여러 방면에서 전개되는 상황에서 문화에 대한 기독교적 성찰의 한 시도가 틸리히라는 철학적 신학자에 의해 이루어졌다는 것은 매우 뜻깊은 일이었다.

20세기 세계 신학계를 풍미한 틸리히에 대한 소개는 새삼스러울 따름이지만 사실 우리나라에서는 아직도 그리 익숙한 편은 아니다. 신앙을 위한 '지성의 희생'은 당연하다는 무반성적 지론은 말할 것도 없지만, 이보다도 그가 개진한 사상의 틀이 철학과 신학 사이를 오가는 보기 드문 광폭의 행보이어서 이해의 범위를 가늠하기 쉽지 않은 것도 적지 않은 이유가 될 터이다. 이런 경우 대체로 근거 없는 평가절하나 심지어 과도한 왜곡이 신학계의 대체적인 분위기인데 틸리히에 대한 우리의 반응 역시 여기서 별로 벗어나지 않았다. 이런 상황에서 철 지난 듯 보이는 틸리히의 『문화의 신학』을 다시 들추어보는 것은 참으로 뜻있는 일이다.

종교와 문화: 심층과 표층의 역학

사실 틸리히는 20세기의 대가답게 현실의 각 방면에서 넓고도 깊게 그의 성찰을 전개했다. 방대한 범위의 저서들이 바로 그 증거이기도 하지만 『문화의 신학』이라는 한 권의 책도 마찬가지다. 문화와 종교의 관계에 대한 심층 분석을 원론으로 하고 문화라는 범주에 포함될 수 있는 현실의 영역들, 즉 언어, 예술, 철학, 정신분석학, 과학, 도덕, 교육 분야에서 종교와 문화의 그러한 관계를 드러내는 방식으로 전개한다. 다루는 꺼리가 문화이니 학문적 논의뿐 아니라 정치나 사회적 배경을 토대로 한 문화 비교라는 매우 현실적 논의도 덧붙인다. 그리고 결론에서는 본래의 목적으로 돌아가서 기독교가 세상과 소통할 수 있는 지혜의 길에 대해 모색하는 것으로 마무리한다. 물론 이 책은 처음부터 그렇게 기획된 것은 아니고 다양한 강연과 발표를 그런 틀로 편집한 것이기는 하다. 그런 이유로 그의 다른 많은 저서들이 하나의 유기적인 틀로 추려질 수 있는 데 비해 다소 산발적이라는 느낌이 드는 것도 부인할 수는 없다. 그럼에도 불구하고 서론의 기본적 고찰에서 제시한 문화와 종교의 관계라는 기축이 각 분야의 주제를 철저하게 관통하고 있는 것만큼은 분명하다. 따라서 이 책을 보다 적실하게 이해하는 출발로서 문화와 종교의 관계를 잘 다져두는 것은 매우 중요하다.

그렇다면 틸리히가 분석한 바 문화와 종교는 어떠한 관계에 있는가? 앞서 우리는 자연을 원점으로 하고 사회라는 씨줄과 역사라는 날줄의 얽힘이라는 구도에서 문화를 이해했다. 자연이 이미 그러하지만 사회와 역사가 공간과 시간이라는 유한성의 범주에서 비롯된 현실 차원이라면 그렇게 얽힌 문화가 시공간적 유한성을 기본으로 하는 것은 당연하다. 바로 이 점에 주목한 틸리히는 점으로 시작한 가로선과 세로선의 얽힘이 만드는 문화라는 것이 높이나 깊이로 표현되는 초월의 축을 필요로 한다고 갈파한다. 그리고 그러한 초월의 축이 바로 종교라는 것이다. 물론 틸리히에게서 신을 가리키는 '존재 자체'가 존재하

는 것들의 합리적 근거이면서 동시에 신비적 심연이라고 할 때 근거
와 심연이 '깊이'라는 공간 이미지를 지녔으니 그에게서 초월은 깊이
로의 초월이었다. 그리고 유한한 문화의 깊이에 그렇게 초월의 차원
이 깔려 있으니 참된 의미에서 종교라고 불리는 것이 바로 그 자리에
서 마땅한 역할을 해야 한다는 것이었다. 문화의 깊이로서의 종교를
말하지만, 이는 거꾸로 종교가 문화로서 드러나야 한다는 주장이기도
하다. 그러기에 많이 회자되는 그의 유명한 격구가 이 대목에서 핵심
을 일러 준다:

> 궁극적 관심으로서의 종교는 문화의 의미를 제공하는 실체이고 문화
> 는 종교의 기본적 관심이 자신을 표현하는 형식들의 총체이다. 간략히
> 말하자면, 종교는 문화의 실체이고 문화는 종교의 형식이다.[1]

종교는 문화의 실체이고, 문화는 종교의 형식이다. 직역하면 이렇게
되지만, 뜻을 풀자면 '종교는 문화의 깊이를 이루는 내용이고, 문화는
종교가 드러나는 현실적인 모습'이라고 할 수 있을 것이다.

보다 구체적으로, 틸리히는 종교가 인간 정신에서 지엽적인 기능
이 아니라 모든 정신적 기능의 심층이라고 강변한다.[2] 예를 들면, 역사
적으로 기독교가 도덕 기능이나 인지 기능에서 자리를 잡으려 했다가
마땅치 않아서 미적 기능이나 감정에서 찾으려고 옮겨 다녔지만 결국
파편화에 의한 왜곡을 겪을 수밖에 없었음을 지적한다. 종교는 마땅히
모든 정신 기능의 가장 깊은 차원에 자리하기 때문이다. 그럼에도 불구

---

1 틸리히/ 남성민 옮김 · 정재현 해설, 『문화의 신학』 (서울: IVF, 2018), 63.
2 『문화의 신학』, 20.

하고 현실에서 종교적이라고 불리는 신화, 제의, 헌신, 제도 등 표층으로 무게중심이 이동하게 된 이유는 인간이 자신의 근거와 깊이로부터 소외되는 비극의 삶을 살게 되었기 때문이다.3 그런데 종교가 파생된 교리, 의식, 율법 등을 오히려 궁극적인 것으로 만들고 여기에 복종하지 않는 자들을 박해함으로써 세속 사회로부터 저항을 받게 되고, 결국 종교와 문화가 더욱 멀어지게 되었다. 이는 서로를 와해시키는 일이니 이를 해결하기 위해서 상호 간의 성찰이 필요하다고 주장한다.

이 책에서는 이와 같은 논조가 궤를 달리해서 계속 이어진다. "종교철학의 두 유형"이라는 논문을 보면, 때로 '무조건자' 또는 '무제약자'로 표기되는 신은 직관이나 경험, 인식과 같은 매개 과정 이전에 원초적으로 우리에게 삶을 살게 하는 힘으로 그려진다. 말하자면 무조건자는 '비매개적인 의식'으로 우리에게 밀고 들어오기 때문에 앎의 대상이 아니라 삶을 살게 하는 원초적 힘이라는 것이다.

> 인간은 무조건적인 것을 비매개적으로 의식하는데, 그 무조건적인 것은 주체와 객체의 분리 및 상호작용보다 실천적으로 그리고 이론적으로 우선한다.4

무조건적인 것이 주객분리 이전이라는 것은 대상화할 수 없다는 것이고 결국 인식론적인 구도에 들어오지 않는다는 것이다. 사실 인식론적 주객구도와 대상화라는 것이 그러한 구도로 조건화한다는 것인데 이는 무조건적인 것과 정면으로 충돌할 수밖에 없으니 무조건적

---

3 『문화의 신학』, 23.
4 『문화의 신학』, 39.

인 것이 인식의 대상이거나 그 구도에 잡힐 수 없다는 것은 정의에 따른 동어반복일 정도로 재론의 여지가 없는 것이다. 그렇다면 결국 무조건적인 것은 인식론적 매개의 틀 안에 들어가거나 잡힐 수 없으며 만일 그렇게 된다면 더 이상 무조건적인 것이 아니게 된다. 그러기에 무조건적인 것에 대한 비매개적 의식이란 새삼스러운 결합이 아니라 같은 뜻의 중첩적인 확인에 불과한 것일 수도 있다. 그렇다면 틸리히가 굳이 이런 정도의 뜻을 말하기 위해 그렇게 한 것일까? 틸리히가 호소하는 차원이 삶이라는 것을 떠올린다면 결국 틸리히가 말하는 비매개적 의식이란 당시 본격적으로 시작된 해석학의 대전제인 선이해(先理解; Vorverständnis)에 해당하는 것이라 하겠다. 선이해란 인간이 맞닥뜨리는 사건에 대해 체험하면서 해석하기에 앞서 그렇게 뜻을 풀면서 사건을 겪어가도록 이미 삶에 새겨져 있는 틀과 얼을 가리킨다. 그러기에 선(先)개념적이고 비(非)대상적이다. 틸리히가 "무조건자로 인한 의식은 인지 기능만의 일이 아니라 인간 전 존재의 일이다"[5]라고 할 때 이를 가리킨다. 말하자면 무조건자로 인한 의식은 앎의 경로가 아니라 삶의 지평이라는 것이다.[6] 이는 실존철학의 역사적 의미를 본격적으로 다루는 이 책의 7장에서 보다 자세히 논의된다.

---

5 『문화의 신학』, 40.

6 인식은 지식을 거쳐 진리에 이르기 위해 우리가 하는 것이라면 의식은 그러한 인식에 앞서 이미 주어져 벌어지고 있는 현상을 일컫는다. 그런데 의식이 본성적으로 지니는 지향성은 인식에서 주객 구도를 이루게 되는데 우리의 앎은 이렇게 매개적일 수밖에 없다. 그런데 '비매개적 의식'이라는 것은 무엇인가를 지향하기 전에 이미 삶으로 밀고 들어오는 힘에 의해 벌어지는 현상을 가리킨다. 아울러 이해라는 것도 우리가 사건을 겪으면서 풀어내는 해석이라는 행위에 앞서 이미 삶에서 주어져 벌어지고 있는 현상이어서 선이해라고 부른다. 이렇게 주어진 선이해를 바탕으로 우리는 해석하는데 이 해석은 성찰을 거쳐 의미를 구성하는 데에 이르고자 한다.

실존철학자들은 재해석, 부흥신학, 실증주의의 범위를 초월하는 삶의 궁극적 의미를 발견하고자 노력하고 있었다. 그들은 자신의 탐구에서 종교적 급진주의자, 보수반동주의자, 중재자들과 함께 소외된 객관적 세계를 열정적으로 거부했다. 그들은 인간의 비매개적 경험을, 즉 '주관성'을 지향했다. 그것은 '객관성'에 반대되는 것이 아니라 살아있는 경험으로, 객관성과 주관성은 모두 이 경험에 뿌리내리고 있다. 그들은 인간이 자신의 현실적 삶에서 경험하는 실재를, 내면성 혹은 내향적 경험을 지향했다. 그들은 존재의 창조적 영역을 발견하고자 했으며, 그 영역은 객관성과 주관성의 구별보다 선행하거나 넘어서는 것이었다.[7]

위의 격구적인 선언과 대구(對句)를 이루는 것처럼 보이는 이러한 실존의 비매개성 논의는 근대 인식론의 주객구도가 자아낸 자기중심과 자아도취의 왜곡에 대한 명백한 거부로서의 뜻을 지닌다. 여기서 '내면적 경험'이란 현대 해석학의 이해에 준하는 것으로 새길 수 있다. 그럼에도 불구하고 틸리히가 나중에 통용될 해석학 용어인 '이해' 대신에 굳이 기존 용어인 '의식'을 사용한 것은 전통적 사유에 머물러 있는 사람들과 현대 시대정신 사이를 이어주려는 그의 사명감에 충실하려는 의도로 볼 수 있다. 이는 이 책의 5장 '종교언어의 본성'이라는 논문에서 여실히 확인할 수 있다.[8] 이제 그러한 선이해라는 꼴로 깔려

---

7 『문화의 신학』, 139.

8 『문화의 신학』, 77-78. 우리 시대로 넘어오면서 언어가 삶의 모호성에 더욱 근접하려는 노력으로 인하여 부득이 겪을 수밖에 없는 간극을 이으려는 틸리히의 충정을 확인할 수 있는 대목이다: "말은 원래 말이 소통했던 것을 그리고 소통을 위해 고안된 것을 더 이상 우리에게 소통하지 않는다. 이것은 우리 현대문화가 명징한 집을 가지고 있지 않다는 사실과 관련이 있다. 우리에게는 그런 명징한 집이 없으며, 이는 오늘날 우리가 이른바 논리실증주의자 혹은 기호논리학자 혹은 일반논리학자와 공감하는 지점이다. 적어도 그들은

있는 무조건자로 인한 비매개적 의식이 종교성의 핵심이라면 이러한 기저의 심층으로부터 일상적 매개로서 예술이나 신화, 학문 등의 문화가 파생했다는 것이 이 저서의 핵심적 전제이다. 이렇게 틸리히는 비매개적 의식을 기축으로 종교와 문화의 마땅한 관계를 다시금 엮어낸다. 다만 오늘날 그러한 문화의 양태들에서 종교성이 사라진 듯이 보이는 것은 종교와 문화가 서로에게 본래부터 '낯선 것'이 아니라, 그러한 일상화 과정에서 서로 '소외되어왔기 때문'이라는 것이다. 종교는 표층현상을 심층으로 신성시하는 우상화에 유폐되어 왔고, 문화는 심층의 초월성을 잊어버리거나 잃어버리게 됨으로써 서로 간에 더욱 멀어져 왔다는 것이다.

바로 이어 나오는 "시간과 공간의 투쟁"이라는 글도 이 점을 확인해준다. 언뜻 생뚱맞아 보이는 이 논문은 문화에 공간을, 종교에 시간을 대입하면 그 취지를 보다 적절하게 새길 수 있다. 공간은 '서로 곁에' 있으면서 또한 '서로 맞서' 있다. 제한된 평면의 공간에서 벌어지는 다양한 긴장과 충돌은 비극으로 치달을 수밖에 없다. 그리스 사상으로 대표되는 이교주의가 탁월한 사례가 된다. 자연은 물론이거니와 초자연이라는 것도 시간을 공간에 종속시키기 때문이다. 같음을 반복함으로써 꼼짝달싹할 수 없게 하는 아리스토텔레스의 형식논리학도 좋은 증거다. 신비주의가 다른 가능성을 여는 듯하지만 역시 공간과 공간의 부정이라는 순환을 맴돌 뿐이다. 이에 비해 그러한 공간의 억압에 대항하여 투쟁하는 시간의 힘이 예언자를 통해 선포된다. 다소

명징한 집을 만들고자 노력한다. 유일한 비판은 이 명징한 집이 너무 작고 아마도 실제로는 집이 아니라 한쪽 구석 정도라는 점이다. 그 집은 대부분의 생활을 배제한다. 하지만 만약 그것이 단순한 논리적 계산법을 넘어서 실재에 도달하여 실재를 수용하는 데까지 확장된다면 유용할 수 있을 것이다."

길지만 음미할 가치가 있어 인용한다.

> 시간의 하느님은 역사의 하느님이다. 이것이 의미하는 사실은 무엇보
> 다도 그분이 최종 목표를 향해 역사 속에서 행동하는 하느님이라는 것
> 이다. 역사에는 방향이 있으며 역사 속에서 그리고 역사를 통해서 새
> 로운 어떤 것이 창조된다. 이 목표는 다른 많은 용어로 묘사된다. 많은
> 상징이 있는데, 어떤 상징은 옛 예언자주의와 현대 개신교에서처럼 더
> 내재적이며, 어떤 상징은 후기 묵시론자와 전통적 기독교에서처럼 더
> 초월적이지만, 이 모든 경우에서 시간은 새로운 어떤 것을, 바울이 '새
> 로운 피조물'이라고 말한 것을 지향하며 창조한다. 공간의 비극적 순
> 환은 극복된다.[9]

하느님이 성전이나 산에서가 아니라 영과 진리 안에서 숭배받아
야 한다는 외침으로 시작하는 시간의 해방 선포는 공간의 억압을 넘
어 평화와 정의의 역사를 완성할 것을 꿈꾼다. 이로써 공간의 유한성
에 대한 시간의 초월성은 세속문화의 심층으로서의 종교가 지니는 해
방의 의미를 새기는 계기가 된다.

교회의 마성적 힘과 자기우상화

그렇다면 종교와 문화의 관계를 심층과 표층으로 밀접하게 연결
하는 것이 도대체 무슨 의미를 지니는가? 반복하지만, 종교와 문화의

---

9 『문화의 신학』, 57.

관계가 소외됨으로써 양쪽 모두에 심각한 왜곡을 야기하게 된 것을 직시하고 해결을 도모하기 위한 것이다. 먼저 모든 종교적 행위는 문화적으로 형식화해왔는데, 종교가 그 문화적 표상들을 종교 자체와 동일시함으로써 그러한 표상들을 절대화하는 오류에 빠지게 되었다. 현실 문화 표상으로서의 교회가 스스로 종교와 동일시함으로써 바로 그 교회가 세상을 향해 선포하는 심판에서 자신을 제외하면서 교회는 교회 자체를 우상으로 숭배하게 되었다는 것이 증거이다. 이 대목에서 틸리히의 엄중한 경고를 되새길 필요가 있으리라 여겨진다.

> 만일 교회가 스스로 선포하는 심판에 자신을 종속시키지 않는다면 자신을 우상숭배하게 된다. 그런 우상숭배는 교회의 영구적 유혹인데, 왜냐하면 바로 교회가 역사 안에 있는 새로운 존재의 담지자이기 때문이다. 그런 존재로서 교회는 자신의 현존 자체로 세계를 심판한다. 하지만 교회도 세계에 속해 있고, 세계를 심판하는 그 심판에 포함되어 있다. 자신을 그런 심판으로부터 배제하고자 하는 교회는 세계를 심판하는 자신의 권리를 상실하고 정당하게 세계에 의해 심판받는다.[10]

다른 한편으로, 문화는 산업사회를 거치면서 인간을 둘러싼 세계를 인간의 편리를 위해서 분석하고 변형하는 방법과 기술에 더욱 집중하게 됨으로써 실재와의 만남에서 깊이의 차원이 상실되어왔다고 틸리히는 비판한다. 다시 말하면, 이제 인간은 우주의 주인이 됨으로써 스스로 창조하고 소유하게 되었지만 이로써 더욱 잘 살게 된 것이 아니라 오히려 소외와 허무로 내몰려졌다. 결국 인간의 시대라는 근

---

10 『문화의 신학』, 62.

대 문화는 의도하지 않았던 사회와 역사의 자기 파괴적 성향을 돌아볼 수도 없었을 뿐 아니라 제거할 수도 없는 상황으로 치달아가게 되었다.

그런데 심층을 망실한 문화의 이러한 악마적 성향에 대해 교회는 모호하고 모순적이었다. 교회는 산업사회의 문화에 대한 비판을 명분으로 교회가 지니고 있는 문화적 상징들을 문자적으로 더욱 공고히 새기는 방식으로 자기 수호에 골몰했다. 그 결과 종교와 문화 사이의 소외가 더욱 극심하게 되었다. 이러한 괴리는 시대를 넘어 현대 문화로 하여금 종교에 대해 저항하거나 결국 무관심하게 만드는 결과를 초래했으니 틸리히는 기독교 신학이 이러한 현실 문제를 과제로 삼아야 한다고 강변한다. 단적인 예로, 교회는 종래 해오던 것처럼 아무도 관심하지 않는 '교리나 제의, 또는 기껏해야 도덕으로 귀결되는 구태의연한 설교 방식'을 타파하고, '인간 실존의 근거와 의미를 드러냄으로써 치유하는 새로운 실재의 출현'을 나누어야 한다.

> 하지만 분명히 이해해야 하는 사실은 평균의 설교로는 우리 시대의 사람들에게 다가갈 수 없다는 것이다. 기독교가 교리적 혹은 제의적 혹은 도덕적 율법의 조합이 아니라 오히려 새로운 치유의 실재가 출현함으로써 율법이 정복되었다는 좋은 소식이라고 사람들이 느껴야만 한다.[11]

이를 위해서는 상징이 자기를 부정하지 않고 스스로를 절대화함으로써 궁극적 실재를 가리키지 못하고 스스로 궁극적 유효성을 지닌

것인 양 왜곡되는 우상화 성향을 비판해야 한다. 거꾸로 교회는 종교 안에 '창조적인 것'과 '파괴적인 것'이 동시에 있다는 것을 진솔하게 꿰뚫어야 하며, 아울러 현대 문화 안에 스며있는 '예언자적 목소리'를 끌어내는 동시에 '마성적 요소'도 들추어내야 한다. 더 나아가 그러한 마성적 요소가 심지어 교회 안에도 도사리고 있다는 비판은 우리에게 생소하고 심지어 엉뚱하게도 들리는 분석인데, 면밀히 살피면 발견되는 놀라운 통찰에 동의하지 않을 수 없다.

> 교회는 예언자적 역할을 수행하면서 수호자로서 사회 속에 있는 역동적 구조들을 드러내고, 그 구조들을 드러냄으로써 그것들의 마성적 힘을, 심지어 교회 자체 안에 있는 마성적 힘을 약화시킨다. 그렇게 하면서 교회는 밖에서 들리는 예언자적 목소리를 들으며 문화와 그 문화의 일부인 교회 둘 다를 심판한다. … 교회는 마성적 왜곡에 맞서는 수호자로도 서야 하는데 만일 그 목소리가 궁극적 관심이라는 올바른 주제에 의해서 사로잡혀 있지 않다면 공격을 가해야 한다.[12]

'교회 자체 안에 있는 마성적 힘'이라니? 일반적으로 보면 충격적이라 하지 않을 수 없다. 그러나 이내 고쳐 생각해야 한다. 일단 이러한 통찰에 머물러 충격을 받아야 한다. 이것이 바로 틸리히가 그렇게도 강조하는 프로테스탄트 원리가 가리키는 바이기 때문이다. '세상에 어떤 것도 거룩한 것은 없다'는 프로테스탄트 원리는 스스로를 절대화하

---

12 『문화의 신학』, 72-73. 교회가 사회와 관련하여 어떤 위치에서 무슨 역할을 해야 하는가에 대한 논의로서 사회를 향한 비판과 교회로 향하는 자성을 동시에 교차적으로 주고받아야 한다는 주장을 담고 있다. 역설의 통찰과 함께 상호관계가 동시에 어우러져 있는 탁월한 전개를 보여주고 있다고 평가된다.

고 결국 우상화하려는 인간의 원초적 성향에 대한 강력한 경고이다. 그런데 실제의 역사에서 인간들이 이를 잊어버리고 그러한 유혹에 노예가 되기를 즐겨하니 교회 안에 도사린 마성적 힘의 가능성을 꿰뚫어 살펴야 한다는 것이다. 또 주목할 것이 있다. '교회 밖에서 들리는 예언자적 목소리'가 바로 그것이다. 오히려 교회 밖에서 예언자적인 소리가 솟구쳐 나올 가능성과 불가피성에 대해 틸리히가 이렇게 경고하고 있다. 오늘날 교회 밖에서 터져 나오는 비판의 소리에서 예언자적 경고를 읽어내야 한다는 일침이라고 하겠다. 이렇듯이 역할이 뒤바뀐 듯이 보이는 틸리히의 예리한 분석은 이 시대를 향한 경종이다. 결국 종교와 문화의 관계에 대한 틸리히의 이와 같은 수정제안은 앞서 연이어 살핀 바와 같이 대조적 긴장의 구도로 문제를 서로 나누어 가지고 있다고 현실을 분석하고, 나아가 그러한 대조되는 양쪽이 서로에 대해 거울이 됨으로써 상호비판을 통해 역설적 통찰에 이르는 방식으로 양자 모두를 적실하게 되살리는 지혜의 해법을 도모하고 있음을 거듭 확인할 수 있다.

문화의 다양한 장르와 종교

이제 그러한 취지와 목적을 담은 틸리히의 논의는 앞서 살핀 대로 다양한 형태의 문화적 표상들에 대한 분석을 통해 종교와 문화의 관계가 지닌 현실적인 문제를 진단하고 처방을 제시한다. 예술에서는 피카소의 게르니카를 예로 들면서, 종교성의 표현양식으로서의 예술을 논한다. 예술이 그러한 한에서는 모든 종교적 상징들을 에누리 없이 적합하게 표현하지는 않더라도 궁극적 관심에 대한 표현을 포함하지 않는 예술양식은 없다고 단언한다. 나아가 틸리히는 인간 실존을 궁극적 신비로부터 소외시키고 정신적 자기-파괴로 몰아간 근대 합리주의와 인본주의에 대한 반동으로 등장한 현대 실존주의가 인간의 내면을 파고들어 비매개적 체험의 필요성과 의미에 새삼 주목함으로써 종교와 문화 사이의 가교로서의 역할을 할 수 있었다고 평가한다. 같은 맥락에서 정신분석학에도 주목하는데, 그 이유는 근대가 강조해왔던 합리적 의식이 삶을 표층에만 머물게 함으로써 소외로 몰아간 원흉이었다면, 정신분석학이 바로 그 밑에 깔린 비합리적 의지나 무의식을 들추어냄으로써 삶의 깊이를 파고들게 하는 계기가 되었기 때문이다.

같은 논조는 과학과 신학의 관계에 대한 논의에도 계속 이어진다. 아인슈타인이 기독교 신 관념에서 의인화나 투사를 비롯한 온갖 부정적 혐의를 자아내는 인격성을 비판한 적이 있었다. 그런데 틸리히는 이를 정당하게 평가하면서 오히려 아인슈타인이 강변한 이성의 심오한 깊이에 다시 주목한다. 그리고는 그러한 이성의 심층에 조응하는 신의 초인격성을 상징적으로 그려야 한다고 주장한다. 이를 통해서 인격성에만 제한됨으로써 우상숭배로 매몰될 마성을 극복할 수 있겠기 때문이다. 도덕에 대한 논의도 역시 같은 맥락에서 개진된다. 하나의 예로, "정의의 도덕주의들과 사랑의 도덕"이라는 표제가 가리키듯이 문화로 표출되는 도덕주의는 강압적인 법의 형태를 띠게 되는 반면, 그러한 파행 이전의 원천인 도덕은 정의를 사랑으로 완성시키는데 그 이유는 단순계산의 비율적 정의가 아니라 은혜를 향해 새롭게 변화시키는 정의로까지 승화되기 때문이라는 것이다. 정의와 관련하여 사랑의 깊이를 새기는 틸리히의 통찰을 들어보자.

사랑은 감정이 아니라 생명의 원리이다. 만일 사랑이 주로 감정이라면 불가피하게 정의와 갈등을 일으킬 것이고, 정의가 아닌 것을 정의에 부가하게 될 것이다. 하지만 사랑은 이상한 것을 정의에 부가하지 않는다. 오히려 사랑은 정의의 근거, 힘, 목표이다. 사랑은 생명으로서 자신을 자신으로부터 분리하고 자신과의 재연합을 지향한다. 정의의 규범은 소외된 것의 재연합이다. 창조적 정의는 —정의인데 사랑만큼이나 창조적인 것으로서— 사랑과 정의의 재연합이고 궁극적 도덕 원리이다.[13]

개괄적으로 훑어보면서도 우리가 거듭 확인하는 것은 문화의 다양한 장르들을 심층에서 종교가 떠받쳐줄 때 문화도 본연의 역할과 의미를 구현할 수 있으며, 아울러 종교는 그러한 문화로서 현실에 착지해야 비로소 종교 본연의 사명을 수행할 수 있다는 틸리히의 신념이다. 끝으로, 틸리히 자신의 인생 여정과 학문적 탐구에 대한 소회를 곁들인 문화 비교에 대한 논의는 지금까지의 논지를 서로 다른 역사적 배경을 지닌 사회의 구체적인 사상 수용 과정에서 다시 확인해가는 것으로 보인다. 따라서 적용을 다루는 마지막 부분은 그런 맥락에서 읽어간다면 앞선 논의에 대한 현실 감각을 드높이는 데에 기여할 것으로 기대된다. 다만 결론 직전에 수록된 부버 관련 이야기는 결이 다른 듯이 보이지만 여전히 이 책 전체를 꿰뚫고 있는 근본 주제를 각도를 달리해서 다시금 강조하는 의도를 지닌다. 부버는 신과 인간의 진정한 만남을 위해서는 '나-너' 관계가 형성되어야 하는데 종교의 소외된 문화현상으로서의 교리나 제의는 종교를 '나-그것' 관계로 변형하니 신적인 '너'

---

13 『문화의 신학』, 181-182.

는 '그것'이 됨으로써 신성을 상실하게 되었다고 기염을 토한다.

하지만 이 관계는 지속적으로 '나-그것'의 관계로 변형되는 비극적 숙명에 처해 있다, '너'는 사물이 되고, 우리에 의해 시간과 공간 안에 그리고 인과율의 법칙 아래에 놓인다. 양쪽이 모두 완벽하게 관여되어 있던 관계가 분리된 관계가 된다. 인간과 마찬가지로 신이, 나무와 마찬가지로 사람이 사물, 대상이 되고 '나'는 그것들을 바라보는 주체가 되지만 그것들과 풍성한 관계를 맺지는 못한다. 누군가의 존재의 일부, 인지적 혹은 실천적 관심만이 관여된다. 우리의 '우울한 숙명'은 이런 일이 영원히 일어난다는 것 그리고 인간이 의식적 생명을 가지고 있는 한 이런 일이 지속되리라는 것이다.[14]

이를 극복하기 위해 부버는 세계의 모든 것 안에서 신적인 것을 보아야 한다고 주장한다. 범신론이라는 혐의를 받을 수도 있지만 이보다는 종교가 문화와의 연계성을 위해서 세계를 신성화하는 역할을 해야 한다는 신비주의를 표방하는 것으로 보인다. 그러면서도 사회개혁의 예언자주의를 잊지 않고 균형을 취해가는 것이 우리가 부버를 주목해야 할 이유라고 틸리히는 강조한다.

추리건대, 종교와 문화의 상생적 회복을 위한 틸리히의 지론들이 다양하게 묶여있는 『문화의 신학』은 지난 세기에만 해당되는 것은 결코 아니다. 오히려 양자 사이의 거리가 더욱 멀어져가는 듯 보이는 우리 시대에 보다 더 절실하게 요청되는 심오한 통찰이라고 하겠다. 표층은 표층의 절대성을 부정하도록 스스로를 넘어서야 하고, 심층은

---

14 『문화의 신학』, 233.

표층에 깔려야 한다. 문화와 종교의 관계가 바로 그러해야 한다. 높이든 깊이든 초월을 상실하거나 망각해버린 현대 문화의 앞날이 염려되는 상황에서 심층에로의 초월을 설파하는 그의 목소리가 우리에게 큰 울림으로 다가온다. 이것이 인간을 살리는 길이기 때문이다. 아울러 문화를 잃어버린 종교는 게토로 유폐될 수밖에 없지만 그렇다고 종교가 문화를 옥여싸버리는 억압의 폐해는 지난 세월 넘치도록 겪었는 바 이 또한 갈 길이 아니다. 오히려 종교가 문화를 꽃피워내는 뿌리의 역할을 위해서도 스스로 껍질을 벗고 썩어야 하는 씨앗으로 그 깊이에 심겨져야만 참된 초월이라는 종교 본연의 뜻을 이룰 수 있다는 점을 잊어서는 안 될 것이다.

10장

현실의 모순을 싸안고 넘어서는 신앙의 역설

:『흔들리는 터전』

성서와 설교

설교를 하는데 성서에서 출발해야 하는가? 당연한 것을 왜 묻는가 하고 반문하는 분들이 적지 않을 것이다. 사실 많은 설교자들이 강해 설교나 주석 설교를 선호하면서 그들의 설교를 성서에서 시작한다. 하느님의 말씀을 대언하고 선포하는 데 마땅히 하느님의 말씀인 성서에서 시작해야 한다는 신념인 듯하다. 그렇다면 성서는 무엇인가? 성서이든 성경이든 우선 하느님의 말씀이라는 것은 두말할 나위도 없다. 물론 이 표현은 은유로서는 옳은 말이다. 그런데 우리는 이를 은유는 물론 직유도 아니고 직설로 생각한다. 문자주의로 새겨버린다. 그러나 성경이라는 경전으로 채택되었던 것들의 원 자료는 선지자들과 예언자들, 제자들과 사도들을 포함한 공동체에 의해서 오랜 세월 동안 말로 전해지다가 한참 후에나 글로 정착하게 된다. 말로 돌아다니다가 글로 쓰였다. 하지만 하느님이 성경만 쓰셨는가? 자연은 물론이거니와 인공물도 하느님의 창조물이다. 인간이 만든 것이라고 할지 모르지만, 인간을 하느님이 창조하셨으니 모든 것이 하느님이 만들고 쓰신 것이다. 물론 하느님의 창조는 기계적인 제조가 아니다. 일방적인 것이 아니다. 주고받는 역할이 있다. 성서도 예외가 아니다. 성서도 하느님과 사람의 만남이다.

그런데 '성서가 하느님의 말씀'이라는 것을 문자 그대로 새기면 일방적으로 느껴진다. 만남으로 새기기 어렵다. 거기에는 하느님밖에 없다. 인간이 없다. 그래서 은유라는 것이 중요하다. 정직한 표현은 하느님과 인간의 만남이다. 첫 출발은 만남이다. 체험의 구체적인 방식이 만남이다. 그런데 체험할 때 그냥 체험하는가? 해석한다. 체험과 해석의 불가분한 것이 언어로 표현되고 기술될 때, 체험을 이루어가는 해석 안에 인간의 고백도 들어가 있고, 통찰도 들어가고 하느님으로부터 들려진 말씀이 함께 담겨진다. 이때 '들려진'이라는 말은 '해석된'이라는 뜻이다. 그게 성서이다. 그러니까 원래 삶의 언어이다. 사람이 하느님과 만나는 그 '만남'이라는 형태로 이루어진 삶에 대한 기술이다. 그런데 하느님의 말씀이라는 은유가 종교적으로 포장되면서 경전이 되고, 성서지상주의를 표명하면서 그 긴 역사에서 교회 지상주의에 대한 반대급부로 성경주의가 준칙이 되고 법률이 되더니 교회헌법의 근거가 되었다. 그런 방식으로 군림하면서 일상에서 동떨어지게 되었다. 원래 일상인데, 삶인데, 종교화의 방식으로 추상화되어버린 것이다. 거리가 뚝 떨어진 것이다.

왠지 저 높은 보좌 위에서 낮고 천하여 벌레만도 못한 것과의 거리가 멀면 멀수록 더 거룩한 말씀인 것으로 옹립하는 관념이 성경주의를 부추겨온 역사이다. 그러다 보니까 현실과 말씀이 엄청난 거리가 있는 것으로 새겨진다. 우리 현실의 온갖 복잡다단하고 지저분한 소용돌이가 담겨져 있음에도 불구하고, 그것들은 왠지 지나가야 할 이야기인 것 같고, 그런 이야기들은 그 무엇인가를 위해서 아래로 깔리면서 나름대로의 주제로 정리되고 처리되어어야 했었다. 그런데 그렇게 처리되었어야 되는 것에 나의 삶도 들어가 있으니 내 삶도 처리해야 되고, 거세되어야만 하는 것으로 간주되어 왔었다. '삶'이었는데 삶이 없어졌다. 근본 원천은 하느님과 사람의 '만남'이었는데 만남이 없어졌다.

성서를 보자. 만남이다! 만남이 체험이고, 체험이 해석을 끌고 들어오고, 그 해석 속에 우리가 '들었다'는 말씀도 있고, 그 말씀에 대한 우리의 반응이 있는데 그 반응은 고백도 담고 있다. 그러나 단순히 고백인가? 그 안에는 통찰도 있고, 성찰도 있다. 삶의 씨름도 있고, 지혜도 있다. 투정도 있고 몸부림도 있다. 절규도 있고 저항도 있다. 의심도 있고 회의도 있다. 모험도 있고 결단도 있다. 줄이자면, '성서가 하느님의 말씀'이라고 하는 것은 이런 모든 과정을 거치고 마지막에 도달해야 할 고도의 은유이다. 이것을 시작부터 들이대는 순간 나머지 것들은 감히 끼어들 수도 없을 것 같은 엄청난 폭력이 되고 만다. 그래서 그냥 대언이라는 이름으로, 선포라는 명분으로 '하느님의 말씀'이라고 하는 것은 폭력이다. 그것은 마지막에 드러날 말이다. 그럼 시작은 무엇인가? 만남이다. 만남이고 삶이다! 그렇다면 하느님의 말씀이라는 표현에 만남을 어떻게 끌어들일 수 있는가? 틸리히의 설교가 이에 대해 통찰을 제공해주는 것으로 보인다.

만남이라고 했지만 그리고 표현은 아름답지만, 자고로 사람이 하느님을 만난다는 것은 사실 두려운 것이다. 그 품에 안기고 싶도록 이끌리지만 또한 홀연한 두려움을 피할 길이 없다. 특히 구약성서는 이러한 차원을 여실하게 드러낸다. 사실 사람이 하느님을 만나기를 원하는 동기를 보더라도 그럴 수밖에 없을 것이라는 점은 충분히 짐작할 수 있다. 하느님이 사람을 찾아오시는 것도 예사로운 일이 아니니 두려울 수밖에 없다. 그래서 경외심이라고 했다. 이를 풀어가는 틸리히의 설교를 들어보자.

현실의 긴장과 파편에서 시작하자

틸리히 설교에서 주목해야 할 것은 '긴장'이다. 긴장이 무엇인가? 부대끼는 일상의 삶에서 부딪히면서 나름대로 삶을 이해하는 방식과 내용들이 다양하다 못해 서로 충돌한다. 현실에서는 이를 대체로 '모순'이라고 간주한다. 정면으로 충돌하고 대립하는 발상들이고 이해들이다. 양립불가처럼 보인다. 그 모순을 역설로, 즉 양립불가를 공존가능으로, 더 나아가서 상호공존 속으로 끌고 가는 것이 틸리히가 지향하는 것이다. 삶의 현실은 일차적으로는 모순으로밖에 보이지 않지만, 결국 역설로 얽어가야 하는데, 이 과정이 '긴장'이라는 것이다. 말하자면 현실의 모순에서 당위의 역설로 가는 과정을 긴장으로 분석하고 해법을 도모한다.

겪을 수밖에 없고 피할 수 없는 긴장인데, 틸리히는 우리가 이 부분에 머물러서 삶을 곱씹고 거기서 문제를 보다 깊게 추려 드러내자고 제안한다. 아울러 그로부터 어느 단계까지 추려낼 수 있는 대답을 끌어내는 긴장의 과정이 설교에도 적절하게 담겨진다면 이때 청중들의 삶이 자연스럽게 그 안으로 끼어들어가면서 공감할 수 있는 가능성이 넓어질 것이라고 암시한다. 틸리히는 그의 설교들을 통해서 이를 강조하고 나름대로 시도하는 방법을 보여준다. 그런데 우리가 듣는 설교들은 대체로 마음이 급하다. 듣는 설교뿐 아니라 하는 설교도 그렇다. 불안에서 서둘러 안정과 평안으로 끌고 들어가기 위해 시작부터 선포한다. 그런데 이렇게 되면 시작부터 선포되는 말씀과 내 삶에서 겪을 수밖에 없는 모순 사이를 잇고 새길 여지가 없게 된다. 지극히 옳고 지당하신 말씀이지만 모순의 소용돌이 같은 내 삶에 이어질 실마리를 찾기 어렵기 때문이다. 틸리히는 바로 이것을 안타까워했다. 말씀을 부정하는 것이 아니라 만남이고 관계인데 일방적으로 선포되니 그렇게 될 수밖에 없기 때문이다. 이미 성서가 만남이니 관계의 언어이며 설교의 원형이라면, 설교도 만남에서 시작하고 상호의 언어로 전개되어야 할진대, 선포라는 이름의 일방이 지닌 의도하지 않은 폭력이 설교의 설득력을 더욱 축소시켜 왔다고 개탄한다.

성서가 그렇게 만남이니 체험이고 해석이며 고백이고 성찰인 것과 같이, 설교도 만남이고 해석이며 고백이고 성찰이어야 한다. 성서가 설교의 모범으로 간주되어야 한다. 그런데 성서의 그런 구성 요소들을 다 날려버리고 직설적으로 '하느님의 말씀'이라고 새기니까, 설교도 '하느님의 말씀'이라는 반열에 슬쩍 끼워 넣으려고 한다. 그러나 앞서 말한 대로 성경은 만남뿐 아니라 만남에 들어가는 개인 단위로도 파고들어가서 폐부를 찔러 그 안에 얽혀 있는 실타래를 풀어내고자 하는 데에서 시작한다. 그러니 그렇게 파편적으로 흩어져 무기력해져버린 삶의 조각들을 역설적인 얽힘으로 끌어내는 목적을 향해가는 과정 속에서 겪을 수밖에 없는 긴장을 정직하게 서로 공유하는 방식으로 설교가 엮여져야 한다고 강조한다.

보다 구체적으로 본다면, 삶에서 서로 충돌하는 현실의 모순도 한 꺼풀을 벗기니까 관통하는 더 깊은 것이 있다는 점에 착안한다. 앞서 살폈던 현실에 대한 틸리히의 학문적 분석과 통찰이 설교 구성에도 그대로 관통하고 있다. 특히 틸리히가 새롭게 제안한 바와 같이 '높이의 신'에서 '깊이의 신'으로의 혁명적 전환이 심연을 파고드는 통찰이 되는데, 깊이의 눈으로 보았더니 대립적 모순을 관통하는 심연의 연합가능성이 있다는 것이다. 그러한 역설의 눈으로 일상의 삶을 꿰뚫어 본다. 역설의 눈으로 보고 마땅히 가야 할 것이 그것들의 얽힘인데, 대립적인 모순관계로 보는 사고방식에서 더 깊은 곳을 보자고 끌고 간다. 그의 설교집은 바로 그런 통찰을 담은 소중한 자료이다.

틸리히는 그의 설교집에서 우리가 긴장에 주목해야 할 이유와 의미를 배울 수 있는 현실적 계기들을 매우 세세하게 구체적으로 던져주고 있다. 대강 보면 스쳐지나가고 놓칠 수밖에 없는 세밀하고 예리한 통찰이 아주 많이 있다. 그런 걸 놓치면 시중에 널려 있는 설교 전집들과 비슷하게 보이게 된다. 그러나 역설을 향한 긴장을 싸안는 통찰들을 우리가 공유한다면 설교를 듣는 감각과 아울러 설교를 하는 지혜도 배울 수 있지 않을까 한다. 이제 그의 설교집을 펼쳐보자.

교회 안뿐 아니라 교회 바깥도 그리고 다시 교회 안으로도

그리스도교 서클 바깥에서 온 분들에게 전통적인 성경 용어들로 행해지는 설교는 아무런 의미도 없었습니다. 그런 까닭에 나는 성경과 교회의 용어들이 가리키는 인간의 경험을 다른 용어들로 표현하는 언어를 찾아야 했습니다. 이런 상황에서 변증적 형태의 설교가 나타났습니다.[1]

툴리히는 『흔들리는 터전』을 시작하는 서문에서 설교의 목적과 방향을 분명하게 술회한다. 수록된 짤막한 설교들이 모두 성서 구절을 시작하는 도입부에 놓고 있다. 그러나 흔히 들을 수 있는 성서 구절에 대한 동어반복은 전혀 아니다. 마치 주일학교 선생님들이 아이들에게 구연동화를 낭독하듯이 성서의 내용을 재연하지는 않는다. 바로 성서 구절의 배경에 대한 간략한 언급을 거치고는 뒤로 물러서서 교회 바깥과도 소통할 수 있는 일상 언어로 번역하고 우리 시대에 적용될 실마리를 던진다. 그런데 이러한 노력이 사실상 '그리스도교 서클 바깥에서 온 분들'에게만 의미를 지니는 것은 아니다. 마치 그리스도교 서클 안에 있는 사람들에게는 성서 구절이 모두 말이 되고 뜻이 맞갖게 잘 통한다는 듯이 말이다. 그리스도교 서클 안에 있는 사람들도 더 긴 시간과 더 넓은 공간을 그리스도교 서클을 벗어나 살고 있다. 오늘날 교회가 새로운 선교의 대상이라는 아이러니는 부정할 수 없는 사실이니 오히려 그리스도교 서클 또는 교회도 같은 필요성을 지닌

---

1 폴 틸리히/김광남 옮김, 『흔들리는 터전』 (서울: 뉴라이프, 2008), 7.

다. 이러한 점에서 우리 시대의 변증은 안과 밖을 갈라놓고 따로 할 일이 아니다. 종교 언어가 일상 언어로 번역될 수 없을 만큼 갇혀 있다면 결국 믿음과 삶의 괴리를 빚어낼 수밖에 없고 우리가 그러한 현실을 살고 있으니 말이다.

틸리히의 설교들은 그러한 고민을 깊이 담고 있다. 성서 구절에서 주제를 뽑아내고 간단한 배경을 살피지만 현실에 연결할 실마리를 가지고 바로 우리 현실로 뛰어 들어온다. 그리고는 촌철살인의 혜안으로 현실에서 겪을 수밖에 없는 문제들을 모순의 형식으로 분석하고는 누누이 강조한 대로 포함하고 초월하는 역설의 통찰을 제시하면서 다시 성서 구절에서 그 가능성을 일구어내는 방식으로 설교들을 구성하고 있다. 앞선 학문적 논의들에서도 그러했지만 여기서도 그의 설교집에 수록된 설교들을 요약하는 일은 하지 않을 것이다. 그보다는 이 책 전체를 관통하는 그의 역설적 통찰의 지혜를 밀도 있게 살필 수 있는 구절들을 —다소 산발적이더라도 빈번하게— 뽑아 분석하고, 간단하게나마 음미하는 방식으로 살피고자 한다. 이를 통해서 그의 역설적 통찰이 한갓 학문적 논의에만 머무르는 것이 아니라 삶의 현실에서 오히려 더욱 구체적으로 개진되고 있고 또한 마땅히 그러해야 함을 확인하게 될 것이다. 그것이 인간을 위한 종교의 의미, 즉 삶을 살리는 믿음의 뜻을 일구어가려는 우리의 과제에 더욱 크게 이바지할 것이기 때문이다.

우리는 땅의 기초 안에 그리고 형상과 구조를 갖고 있는 세상의 모든 것들의 기초 안에 파괴적인 힘들이 묶여 있다는 것을 압니다. 땅의 기초를 놓는다는 것은 그런 힘들을 묶어두는 것을 의미합니다. 다루기 힘든 힘들이 어떤 응집력 있는 구조에 의해 제어되었을 때 우리는 그 안에서 생명이 성장하고 역사가 발전하고 진리가 발견되고 영원한 것이 숭배될 수 있는 장소를 제공받았습니다. … 인간은 땅의 터가 놓일 때 묶였던 힘들을 풀어놓을 열쇠를 발견했습니다. 그리고 그 열쇠를 사용하기 시작했습니다. 그는 삶과 사고와 의지의 기초를 자신의 뜻에 복속시켰습니다. 그는 파괴를 원했습니다. 그는 파괴를 위해 그 땅의 힘들을 사용했습니다. … 우리는 그런 흔들림에 관해 잊고 살았습니다. 그리고 우리가 그것을 잊게 만든 것은 무엇보다도 과학이었습니다. 그것은 지식으로서의 과학이 아니라 은밀한 우상숭배를 목적으로 삼고 있는, 또한 우리가 이 세상이 하느님 나라의 실현을 위한 장소이며 우리 자신이 그 나라의 성취를 이루는 자들인 것처럼 믿게 만드는 것을 목적으로 삼고 있는 과학이었습니다.[2]

조물주의 창조행위는 '땅의 기초를 놓는 것'으로 묘사되었다. 기초를 놓는다는 것은 소용돌이치는 격랑의 힘들에 중력과 인력의 균형을 통해 안정을 설계한다는 것으로 이해되었다. 그리고 생명과 역사 그리고 진리까지도 이러한 터전에서 가능한 것이었다. 그러나 이제 인간의 문명이 그 터전의 힘을 건드릴 수 있을 만큼 발전하게 되었는데 과학 덕분이었다. 그런데 과학으로 인간은 세상의 주도권을 지닐 수 있다고 생각하고 영원한 행복을 꿈꾸게 되었다. 그저 잠정적인 과학이 아니라 궁극적인 종교성을 지니게 되었던 것이다. 자가당착의 모순을 보지 못한 인간이 맞부딪칠 수밖에 없는 터전의 흔들림에 대한 경고가 일찍부터 인류사에 등장했지만 틸리히가 보기에 이에 대한 우

---

2 『흔들리는 터전』, 16, 17-18.

리들의 태도는 교회안팎을 막론하고 다음과 같았다.

> 물론 대부분의 사람들은 터전의 흔들림에 관한 메시지를 견디지 못합
> 니다. 그들은 선지자의 마음을 지닌 자들을 거부하고 공격합니다. 그
> 것은 그들이 그런 이들에게 참으로 동의하지 않기 때문이 아닙니다.
> 오히려 그것은 그들이 그런 이들의 말에 담긴 진실을 감지하지만 그것
> 을 받아들이지 못하기 때문입니다.3

동의하지만 수용하지 못한다. 알지만 그렇게 아는 대로 살지 못한
다는 것이다. 이게 현실의 문제다. 개념으로 깔끔하게 정리되어도 현
실에서는 실현될 수 없으니 말이다. 그런데 동의와 수용 사이에 여러
가능한 태도 중에 냉소라는 것이 있다. 수용까지 가지 않더라도 동의
하는 상태에서 취하는 잠정적인 태도이다. 많은 사람들이 사실 무기
력한 가운데 냉소하고 있을 가능성이 많다. 현실의 모순을 부정할 수
는 없는데 어찌할 방도를 알지 못하니 그저 포기와 냉소가 지배하게
된다는 것이다. 그런데 틸리히는 이러한 상황에 대해 다음과 같이 경
고한다.

> 냉소를 하더라도 안전감을 느낄 수 있을 때만 종말에 대해서 냉소적이
> 될 수 있습니다. 그러나 만약 이곳과 모든 곳의 터전들이 무너지기 시
> 작한다면 냉소주의 자체가 그런 터전들과 함께 무너지게 될 것입니
> 다.4

---

3 『흔들리는 터전』, 24-25.
4 『흔들리는 터전』, 28.

냉소적인 동의에만 머무르고 있을 수 없다는 것이다. 그런 절박한 상황이 닥치게 되면 이미 너무 늦다는 것이다. 여기서 모순을 넘어서는 역설의 통찰이 절실하게 요청된다. 너무 늦기 전에! 이것이 설교의 위치이고, 가치라고 강변한다.

현실, 흔들리는 터전

'흔들리는 터전'이라는 엄연한 현실을 직시해야 하는 것은 종교와 과학의 자기기만으로부터 벗어남으로써 시작된다고 틸리히는 강조한다. 그리고는 역사가 엮이어 가는 시간의 다음과 같은 생리를 주목함으로써 길을 모색하자고 제안한다.

> 시간은 우리의 운명입니다. 시간은 우리의 소망입니다. 시간은 우리의 절망입니다. 그리고 시간은 우리가 그 안에서 영원을 보는 거울입니다. 시간의 여러 가지 신비들 중 세 가지를 꼽아보겠습니다. 첫째, 자신의 범주 안에 있는 모든 것을 삼켜버리는 힘, 둘째, 자신 안에 있는 영원을 수용하는 힘, 셋째, 궁극적 종말 즉 새로운 창조를 향해 나아가는 힘입니다.[5]

시간이 왜 모든 것을 삼켜버리는가? 시간의 흐름에서 보아도 과거나 미래는 그 자체로 있지는 않다. 기억을 통해 과거는 현재로 들어오고 기대를 통해 미래가 현재로 들어오는데 바로 이런 이유로 미래는

---

5 『흔들리는 터전』, 66.

확장도 없는 하나의 점인 현재에서 과거가 되어버리니 모든 것이 사라져 버릴 것이기 때문이다. 그런데 이러고 말았다면 삶도 허무로 돌아가고 역사라는 것은 엮여질 수 없었을 것이다. 그러나 시간은 영원을 받아들이는 힘이 있기 때문에 찰나 같은 순간에도 무한한 질적 비약이 이루어질 수 있고 실제의 인생과 역사는 그렇게 엮여왔다는 것이다.

> 영원이 시간 속으로 뚫고 들어와 그 시간에게 실재하는 현재를 제공하기 때문입니다. … 영원은 언제나 현존합니다. 그리고 그것의 현존이야말로 우리가 현재를 가질 수 있는 근거입니다. … 우리가 '지금'이라고 말하는 모든 순간에 순간적인 그 무엇과 영원한 그 무엇이 연합됩니다. … 그 안에서 '지금'은 '영원한 지금'이 됩니다."[6]

그리고 바로 이런 이유로 영원은 종말을 향한 질주 안에서 새로움을 창조한다. 결국 시간으로 하여금 시간되게 하는 근거가 영원이라는 역설의 통찰로써 틸리히는 그저 맹목적으로 영원을 상정하는 형이상학적 우상을 파괴할 뿐 아니라 또한 눈앞에 보이고 알려진 것이 전체라는 인식론적 자기도취로부터도 깨어나게 하는 삶의 지혜를 갈파함으로써 흔들리는 터전에서 우리 삶이 꾸려야 할 길을 모색한다.

흔들리는 터전의 실상을 극명하게 보여주는 대목이 담겨있는 '하느님으로부터의 도피'라는 제목의 설교는 우리의 바닥을 그대로 드러내니 너무 전율적이다.

---

6 『흔들리는 터전』, 67-68.

하느님으로부터 도망치려 해본 적이 없는 사람은 참으로 하느님이신 분을 경험해보지 못한 사람이라고 말해도 좋을 것입니다. 나는 하느님에 관해 말할 때 우리가 만들어낸 여러 신들, 즉 우리가 편안하게 더불어 살 수 있는 신들에 대해 말하는 게 아닙니다. … 그것들은 하느님에 대한 묘사가 아닙니다. 그것들은 인간에 대한 묘사이고 하느님을 우리 인간의 형상대로 또 우리 자신의 위안거리로 만들려는 것에 불과합니다. … 우리가 쉽게 견딜 수 있는 신, 우리가 그로부터 숨을 필요가 없는 신, 우리가 잠시라도 미워할 이유가 없는 신, 우리가 결코 그의 파멸을 원하지 않는 신은 결코 하느님이 아니며 아무런 실체도 갖고 있지 않습니다. … 하느님은 인간의 근거와 깊이를 꿰뚫어봅니다. 인간의 숨겨진 수치와 추함을 꿰뚫어봅니다. 모든 것을 그리고 인간마저도 꿰뚫어보는 하느님은 죽어야 하는 하느님입니다. 인간은 그런 목격자가 살아 있는 것을 견디지 못합니다.[7]

'하느님으로부터 도망'이라는 것은 무엇을 가리키는가? 우리가 원하는 것을 들어주고 이루어주시는 하느님으로부터 왜 도망가려고 할까? 하느님이 그렇게만 활동하지 않으실 수도 있기 때문이다. 오죽하면 '그리 아니하실지라도!'라는 절규와 고백이 나오는가? 그러나 이것이 결코 말처럼 쉬운 경지가 아니니 우리의 종교적 일상은 '편안하게 더불어 살 수 있는 신'을 '위안거리'로 만들면서 살아가고 있지 않은가 하는 비판이다. 우리는 하느님에 대해서 우리가 믿고 싶은 그림을 그려놓고 여기에 맞추어 믿고 있기 때문이다. 바로 여기서 틸리히는 인간의 이러한 심성이 지니는 생리에 '종교'가 뿌리를 박고 있다고 고발

---

7 『흔들리는 터전』, 77-78.

한다. 앞서 살폈던『종교란 무엇인가?』에서의 논의와 궤를 함께하는 통찰이다.

> 인간은 하느님으로부터 도피하려 하고, 그분에게서 도망칠 수 없기 때
> 문에 그분을 증오합니다. 하느님에 대한 저항, 하느님이 존재하지 않
> 기를 바라는 것 그리고 무신론으로의 도피는 모두 심원한 종교의 참된
> 요소들입니다. 그리고 오직 그런 요소들의 기초 위에서만 종교는 의미
> 와 힘을 갖습니다.[8]

어째서 하느님의 존재를 증오하거나 부정하는 것이 종교의 참된 요소라는 말인가? 언뜻 이해하기 쉽지 않은 이 언술은 무슨 뜻을 지니는가? 그가 설명을 보완하면서 "무신론을 향한 첫 걸음은 언제나 하느님을 의심할 수 있는 객체 수준으로 끌어내리는 신학"[9]이라고 한 데에서 중요한 실마리를 얻을 수 있다. 말하자면 신관에서 중요하게 여겨지는 전지전능이나 보편산재(普遍散在)와 같은 교리적 개념들이 신을 최고의 존재로 옹립하는 숭고한 취지를 가지고 있기는 하지만, 바로 그런 이유로 비록 최대라고 하더라도 다른 객체들과 동등선상에서의 객체로 간주되면서 무신론적으로 거부될 수 있는 여지를 오히려 부추겨왔다는 것이다. 그러기에 틸리히는 하느님에 대한 전형적인 종교적 개념들이 유용한 만큼 위험하다는 비판을 서슴지 않는다. 그리고는 대안으로 '개념'을 넘어서는 '의미'로 새길 것을 제안한다. 즉, "전지란 우리의 비밀이 드러난다는 것을 의미하고 편재란 우리의 사생활이 공

8『흔들리는 터전』, 82.
9『흔들리는 터전』, 83.

개된다는 것을 의미"10한다는 것으로 말이다. 말하자면 신 자체의 본질적 속성이라는 형이상학적 서술이 아니라 인간 실존의 삶에서 새겨지는 뜻으로 읽어내자고 제안한다. 이러한 새로운 제안을 위해 그가 개념 대신에 의미로 보자고 한 것은 삶에서 믿음의 뜻을 일구어내는 해석학적 통찰을 적극 수용하고 있음을 보여주는 탁월한 사례라고 하겠다.

깊이로 가는 길로서의 역설

'실존의 심연'이라는 설교에서는 그야말로 '심연'에 대해서 힐끗이라도 느끼게 해주는 전율적인 통찰이 나온다. 마디마디 음미할 가치를 지니기에 인용한다.

> 그처럼 깊은 고통에 이르는 길을 피하려는 우리의 노력과 그것을 피하기 위해 우리가 내세우는 모든 구실들은 당연한 것입니다. 그런 방법들 중 하나 그리고 그중에서도 매우 피상적인 방법은 "깊은 것은 복잡하며 배우지 못한 사람들로서는 이해하기 어렵다"고 단언하는 것입니다. 그러나 참된 깊이의 특징은 그것이 갖고 있는 단순성입니다. … 당신이 진리를 회피하려 하는 것은 그것이 너무 심오해서가 아니라 너무 불편하기 때문입니다. '복잡한 것'을 '깊은 것'과 혼동하지 맙시다. 복잡한 것은 우리와 궁극적인 관련이 없습니다. 그리고 우리가 그것을 이해하느냐 하지 못하느냐는 중요하지 않습니다. 그러나 깊은 것은 늘

---

10 『흔들리는 터전』, 84.

우리와 관련되어 있습니다.[11]

깊음은 단순하다고 단언한다. 내가 알아가면서 찾아가는 것이 아니라 깊음이 우리에게 다가오기 때문이다. 아니 우리를 사로잡기 때문이다. 우리는 그저 사로잡힌 바의 삶을 깨닫고 살아가는 것이 마땅한 일이다. 복잡하게 파헤친다면 벌어질 수밖에 없으니 혹시 넓이를 도모할 수는 있을지언정 깊이는 잃어버릴 수밖에 없다. 오히려 단순함이 깊이로 가는 길이다. 아니 깊이가 우리를 사로잡는 길이 단순하다. 그러나 이런 단순함은 천박한 동일성의 논리로 돌아가자는 것은 결코 아니다. 오히려 깊이에 이르는 길로서의 역설이 가리키는 단순함이다. 긴장과 갈등을 겪을 수밖에 없는 대립적 모순을 싸안고 넘어서는 삶의 역설이니 삶에서 단순함으로 귀결된다. 동일성으로의 통폐합을 통한 단일성이 아니라 포월적 역설이 자아내는 삶의 단순성이다. 틸리히는 이를 다음과 같이 간결하게 정리해준다.

> 종교가 갖고 있는 역설적인 말들은 진리에 이르는 길이 깊은 곳에 이르는 길이며, 따라서 고통과 희생의 길임을 보여 줍니다. 오직 그 길을 가고자 하는 사람만이 종교의 역설을 이해할 수 있을 것입니다.[12]

그렇다. 여기서 틸리히는 종교라는 용어를 긍정적으로 쓰면서 역설에 초점을 둔다. 이어지는 설명에서 '성서의 역설'을 탁월한 증거로 살필 수 있을 것이다. 이 대목이야말로 그가 그토록 역설에 집요하게

---

11 『흔들리는 터전』, 107.
12 『흔들리는 터전』, 111.

주목하고 강조하는 결정적인 이유를 찾을 수 있는 중요한 언술이다.

성서는 인생의 무상함과 불행에 관한 오래된 지혜를 드러내기 때문입니다. 성서는 영혼불멸에 관한 유창한 진술로 인생에 관한 진리를 숨기려 하지 않습니다. 성서는 인간의 상황을 진지하게 다룹니다. 성서는 우리에게 우리 자신에 관한 태평스러운 위로를 제공하지 않습니다.[13]

우리가 종교적 인간으로서 종교 경전에 대해 기대하는 것을 정면으로 뒤집는다. 값싼 은총이 남발되는 종교 현실에 대한 고발이다. 그러나 이토록 절절하게 성서관에 대한 비종교적 개혁을 외치는 틸리히의 목소리는 아직도 외로운 광야의 외마디처럼 들리는 것이 오늘날의 종교적 현실이다. 그럼에도 불구하고 틸리히는 조금도 굴하지 않고 보다 단호하게 종교를 넘어설 것을 호소한다. 이 대목이 바로 우리가 틸리히의 설교집 『흔들리는 터전』을 읽는 결정적인 이유가 솟구쳐 나오는 곳이다. 꽤 길지만 어느 문장 하나 건너뛸 수 없이 예리한 비판과 전율적인 통찰이 담겨있으니 함께 듣고 곱씹어야 하리라 본다. 『종교란 무엇인가?』의 분석을 그대로 설교로 옮겨놓은 듯한 틸리히의 사자후를 들어보자.

---

13 『흔들리는 터전』, 117. 이에 공명하는 인간의 통찰도 이 대목에서 견주어 새기면 역설의 깊이를 더욱 진하게 새길 수 있을 것이다: "우리는 오직 무한한 무언가를 보고나서야 우리가 유한하다는 것을 깨닫습니다. 우리는 오직 영원한 것을 볼 수 있을 때에만 우리에게 주어진 제한된 시간을 볼 수 있습니다. 우리는 오직 우리 자신을 동물의 수준 이상으로 높일 수 있을 때에만 우리가 동물과 다름없다는 것을 알 수 있습니다. 인생의 무상함에 관한 우리의 우울은 그런 무상함 너머를 보는 우리의 능력 안에 뿌리를 내리고 있습니다"(『흔들리는 터전』, 117-118).

종교의 실제적 율법들은 제의적 행위, 종교행사에 대한 참여, 종교전통에 대한 공부, 기도, 성례전 그리고 묵상 등을 요구합니다. 그것들은 도덕적 복종, 비인간적인 자기통제와 고행, 우리의 한계를 넘어서는 사람과 일들에 대한 헌신, 우리의 능력을 넘어서는 개념과 의무들에 대한 순종, 한없는 자기부정 그리고 한없는 자기완성 등을 요구합니다. 그러나 바로 그것 때문에 우리 존재 안에서 균열이 발생합니다. 완벽은 비록 그것이 진리라고 할지라도 우리의 능력을 벗어나며 우리와 맞서며 우리를 심판하고 정죄하기 때문입니다. … 이런 완벽주의자들, 청교도들 그리고 도덕주의자들에게는 예수조차 우리에게 모든 짐들 중 가장 무거운 짐인 그분의 율법을 부과하시는 종교적 율법의 교사가 됩니다. 우리 모두는 예수를 새로운 종교의 창설자, 즉 더 정교하고 사람들을 더 속박하는 또 다른 율법을 가져오신 분으로 여김으로써 그분을 영원히 매도할 위험이 있습니다. 그러나 이것은 우리가 예수에 대해 행할 수 있는 가장 큰 왜곡입니다.[14]

종교로서의 그리스도교에 대한 적나라한 비판이다. 세세히 열거된 종교주의적 행태들이 마땅하고 바람직한 종교를 대체하니 본말전도가 극에 달한 상황이라고 개탄한다. 특히 이를 명분으로 한 '완벽'에 대한 질타는 통쾌하기까지 하다. 종교와 도덕에서 완벽주의 이념들이 인간을 얼마나 옥조이고 억눌러왔는가? 종교적 강박들을 일상에서 얼마나 쉽게 볼 수 있으면 '종교는 신경강박증'이라는 비판까지 나왔을까? 이런 실상을 돌이켜본다면 우리는 틸리히와 함께 목청을 돋우지 않을 수 없다. 한번 터져 나온 사자후는 거침없이 불을 뿜는다. 도

---

14 『흔들리는 터전』, 171-172, 173.

덕주의자, 율법교사, 종교의 창설자 등으로 예시되는 종교적-문화적 억압에 대한 틸리히의 분연한 항거는 과연 현실의 모순을 해결하기 위해 역설로 싸안고 일상에서 구현하기 위해 상관으로 엮어내며 적용 범위를 확장하기 위해 체계화까지 감행한 일련의 과정이 종국적으로 해방을 위한 것이었음을 여실히 드러낸다. 이른바 '예수의 믿음'과 '예수에 대한 믿음'을 구별하면서 전자에 대해 주목하지 않고 후자만 붙들고 늘어지는 종교적 인간의 종교주의에 대한 전율적인 비판이라 하겠다. 그러나 그는 이에 머무르지 않는다. 그러한 비판에 이어 틸리히는 다음과 같은 대안으로 종교를 넘어서 새로운 삶을 향할 것을 설파한다.

종교를 넘어서는 삶의 길로서의 믿음

예수는 또 다른 종교의 창시자가 아니라 종교에 대한 승리자이십니다. 그분은 또 다른 율법을 만드신 분이 아니라 율법의 정복자이십니다. 그분은 당신을 기독교가 아니라 기독교가 그것의 증인에 불과한 새로운 존재로 초대하십니다. … 우리가 우리 시대를 향한 예수의 부르심을 해석하는 것은 당신을 종교적인 사람이나 그리스도인으로 만들기 위함이 아닙니다. 우리가 예수를 그리스도로 부르는 까닭은 그분이 우리에게 새로운 종교를 가져다주셨기 때문이 아니라 그분이 종교의 끝이고, 종교와 비종교를 초월하시고, 기독교와 비기독교를 초월하시기 때문입니다. 우리가 그분의 부르심을 전파하는 까닭은 그것이 모든 시대의 모든 사람들에게 새로운 존재, 즉 우리에게서 수고와 짐을 벗겨주고 우리의 영혼에 쉼을 제공하는 구원의 능력을 받아들이라는 부르

심이기 때문입니다.[15]

예수에 대한 틸리히의 선언은 입장에 따라 매우 과격하게 들릴 수
도 있다. 흔히 그리스도교의 교주로 옹립되는 예수를, 아니 그리스도
교 안에서는 하느님의 유일한 독생자로 고백되는 예수를 틸리히는 그
리스도교가 아닌 종교들과의 분리도 넘어선다고 묘사한다. 소위 종교
다원주의라는 유형으로 간주되고도 남을 만한 언술로 들린다. 그러나
그런 독법은 형이상학적이고 실체주의적인 사고에 머물러서나 하는
것이다.[16] 예수가 다른 종교에도 걸쳐 구원의 권한을 나누어주고 있
는 것이 아닌가 하는 의구심을 제기한다면 이는 틸리히에 대한 단단
한 오해이다. 예수에 대한 틸리히의 언술은 그런 따위의 명제적 진리
주장으로 축소되어서는 안 된다. 그리스도교와 비그리스도교의 구별
을 넘어선다는 것보다 훨씬 더 큰 차원으로 종교와 비종교의 구별을
넘어선다는 표현이 앞서 나온다. 이것에 주목한다면 그의 취지는 다
음과 같이 추릴 수 있다. 예수는 자고로 종교라는 것에 제한될 수 없다
는 것이다. 그것이 제도이든 전통이든 문화이든 그런 것에 예수는 갇
혀서는 안 된다는 것이다. 그렇다면 무엇인가? 예수는 우리가 구원을
통해 이르게 되는 '새로운 존재'의 원형적 사건이라는 것이다. '새로운

---

15 『흔들리는 터전』, 178-179, 180.

16 종교다원주의라고 해도 종류가 매우 다원적일 만큼 다양하지만 여기서는 서구 그리스
　도교에서 나온 일원적 다원주의, 즉 일원성에 대한 집요한 향수를 지니고 있는 어설픈
　다원주의를 가리킨다. 초기 논의에 등장했었지만 이제는 착오적인 것으로 폐기처분된
　입장인데 틸리히는 이러한 입장을 주장한 적이 없으니 부질없는 오해를 할 일은 아니다.
　종교다원주의에 대한 기본적인 이해와 더불어 그 맹점에 대한 비판과 극복의 대안에 대
　해 관심한다면 필자의 다음 저서를 참고하기 바란다, 정재현, 『종교신학강의: 다종교상
　황에서 그리스도교인이 가야할 길』(서울: 비아, 2017).

존재'라는 틸리히의 구호는 같은 제목의 설교집도 있고, 『조직신학』 III부 '실존과 그리스도'에서도 나온다. 비존재에 의해 본질적으로 제한된 존재가 실존적으로 위협당하면서 타락하게 되는데, 존재 자체인 신에 대한 믿음으로 용기를 얻어 불안을 싸안고 가는 힘을 얻게 됨으로써 다시 본질을 회복하게 될 때의 존재를 가리켜 '새로운 존재'라고 했다. 교리적인 권위를 명분으로 종교 안에 갇히는 기독론의 예수가 아니라 생명으로 되살리는 힘의 원형이고 모범으로서의 뜻을 지닌 그리스도로서의 예수를 가리킨다. 살아있는 예수인 것이다.

새로운 존재를 향한 믿음의 삶이 마땅한 것이라면 하느님의 섭리에 대한 이해도 종교적 인간의 원초적 욕망 충족 체계를 넘어서야 한다고 주장한다. 삶의 현실을 희망과 행복으로만 포장하려는 욕망이 하느님의 섭리를 왜곡해 왔던 종교적 현실을 고발하고 궤도 수정을 준엄하게 요구한다.

> 섭리의 내용은 무엇입니까? 그것은 하느님의 도우심 덕분에 모든 일이 잘 풀리는 것을 의미하지 않는 것은 분명합니다. 결국 좋지 않게 끝나는 수많은 문제들이 존재하기 때문입니다. 또한 그것은 모든 상황에서 희망을 유지하는 것도 아닙니다. 결코 아무런 희망도 찾을 수 없는 상황이 존재하기 때문입니다. 또한 그것은 역사의 어느 시기에 인간의 행복과 선을 통해 하느님의 섭리가 증명되리라는 기대도 아닙니다.[17]

이렇게 보면 도대체 하느님은 무엇을 해주신다고 기대해야 하는가를 되묻지 않을 수 없을 것처럼 보인다. 희망도 찾을 수 없고 문제가

---

17 『혼들리는 터전』, 186-187.

해결되지도 않으며 행복이 보장되지도 않는다면 종교의 존재 이유가 어디에 있는가 하고 말이다. 종교적 인간으로서는 망연자실하지 않을 수 없다. 그렇다면 신이 있는 것과 없는 것이 무엇이 다른가를 묻지 않을 수 없을 것이기 때문이다. 그런데 틸리히의 설교는 우리가 섭리를 들먹이면서 인간이 도저히 알 수도 없고, 해결할 수도 없는 것에 대해 마구 넘나드는 범주의 오류를 범하고 있다고 비판하는 데에 더욱 큰 의의를 지닌다. 마치 칸트가 그의 『순수이성비판』에서 종래의 형이상학자들이 인식의 한계를 넘어 알 수 없는 영역에서 존재를 가상적으로 설정하고 묘사했던 것에 대해 비판했던 것처럼 말이다.

> 우리는 전체의 본질에 대해 추측하거나 그 전체에 간접적으로 다가갈 수 있을지 모릅니다. 그러나 우리는 전체 자체를 보지 못합니다. 우리는 그것을 대면해 보듯 직접 이해하지는 못합니다. 빛은 작고, 어둠은 큽니다. 몇 가지 파편은 존재하나 전체 모습은 드러나지 않습니다. 여러 가지 문제가 있으나 해답은 없습니다.[18]

전체를 알 수 없다. 전체를 안다고 하면 독단이 된다. 내가 알고 있는 것이 전체이고 당연히 옳다고 주장하면 독단이 된다. 틸리히는 자고로 인간이 신의 섭리 운운하게 되면 전체에 대해 알고 있다는 착각에 빠지게 된다고 경고하고 있다. 이처럼 섭리에 대한 우리의 오해는 독단의 오류에 비견된다. 그렇다면 어떻게 해야 하는가? 틸리히는 '파편들과 더불어 살기'를 제안한다. 전체가 아니라 파편이라는 것이다. 부분이다 못해 파편이다. 부분은 잘 모이면 서로 붙어 전체를 이룰

---

18 『흔들리는 터전』, 195-196.

가능성을 지닌 것인 데 반해, 파편은 어떻게 해도 전체를 이룰 수는 없다. 부분은 전체를 전제하는 일부이지만, 파편은 그 자체로 흩어지고 쪼개어지고 부서진 쪼가리이니 달리 전체를 떠올릴 수도 없다. 그런데 이제 인간이 그렇게 파편이라는 것이다. 다만 그렇다는 것을 겸손하고 조신하게 받아들이면서 너머를 향한 희망을 가지라는 것이다. 눈앞에서 부분들을 모아 전체를 만든답시고 헐떡거린다고 해서 될 일이 아닌데 부질없이 자기도취적으로 착각하지 말고, 전체라는 우상에 대한 망상에 빠지지 말라는 것이다. 틸리히는 이에 대한 탁월한 모형으로 사도 바울을 소개한다.

> 인간은 그 자신에게 파편이며, 수수께끼입니다. 그가 그 사실을 경험하고 알수록 그는 더욱 참된 인간이 됩니다. 바울은 자신이 난제나 결함이 없는 온전하고 완벽한 진리라고 믿었던 삶과 사상의 체계가 부서지는 것을 경험했습니다. 그 후 그는 자신이 지식과 도덕의 파편들 아래에 묻혀 있음을 알게 되었습니다. 그러나 바울은 그런 파편들로 다시 새롭고 안락한 집을 세우려 하지 않았습니다. 오히려 그는 그런 파편들과 함께 살았습니다. 그는 그런 파편들은 우리가 그것들을 모아서 다시 무언가를 만들고자 시도할지라도 여전히 파편들로 남아 있으리라는 것을 알았습니다. 그 파편들이 속해있는 '통일체'는 그것들 너머에 있습니다. 그것은 대면을 통해서가 아니라 희망을 통해 파악됩니다.[19]

너머의 전체는 우리가 결코 대면할 수 없다. 이것을 대면할 수 있다고 착각하면 인간이 신의 섭리를 자기의 손아귀에 넣고 마음대로

---

19 『흔들리는 터전』, 199.

주무르게 된다. 그래서 섭리에 대한 우리의 오해는 파편처럼 부수어져야 한다. 대면이 아니라 희망을 통해서라는 것은 우리 인간이 섭리를알 수 없다는 것을 가리킨다. 다만 그렇게 소망할 뿐이다. 그랬으면 좋겠다는 '희망'이 그래야만 한다는 '당위'가 되고, 어느덧 그렇다는 '현실'이 되어버리는 투사의 과정이 인간의 종교성을 이루는 결정적인 구조라는 포이어바흐의 비판[20]도 이러한 맥락에서 전체를 착각하는 섭리로부터 겸손한 주제 파악으로서의 파편으로 넘어가게 하는 데에 도움이 될 터이다.

파편의 삶과 믿음의 길

그렇다면 파편의 삶은 구체적으로 어떻게 믿음의 길이 되는가? '진리를 행함'이라는 제목의 설교에서 틸리히는 이에 대해 성찰한다. '진리를 행하는 자'라는 구절에 특별히 주목한다. 그런데 우리가 지식을 따라 행동할 수는 있지만 '어떻게 진리를 행할 수 있는가'를 물으면서 이 구절을 이해하기가 어렵다고 지적한다. 그러면서 '진리를 따라 행동한다'라는 정도로 뜻을 풀어야 할 것처럼 보인다고 일단 질러준다. 그렇게 해놓고서 틸리히는 여기서 예리하게 의표를 찌른다. 진리를 따라 행동한다고 하면 진리가 먼저 주어져 있고, 이제 이를 준칙으로 하여 따라 행동하면 된다는 것이 되는데, 그리스도교의 진리는 그런 것이 아니라고 강변한다. 진리는 따라 해야 할 고정된 준칙의 명사가 아니라 일어나고 실천되는 사건으로 동사라는 것이다. "진리는 새

---

20 참조: 포이어바흐, 『기독교의 본질』, 전권.

로운 그 무엇, 즉 역사 속에서 하느님에 의해 수행되는, 그렇기 때문에 개인의 삶에서 수행되는 그 무엇"21이라는 것이다. 틸리히는 이와 같이 사건과 수행으로서의 진리를 헬라 사상과 그리스도교의 비교를 통해 보다 구체적으로 대비해준다.

> 헬라적 사고에서 진리는 오직 발견될 수 있을 뿐입니다. 기독교에서 진리는 그것이 행해지면 발견되고, 발견되면 행해집니다. 헬라적 사고에서 진리는 사물들의 영원하고 움직일 수 없는 본질의 드러남입니다. 기독교에서 진리는 역사 안에서 그 자신을 실현하는 새로운 창조입니다.22

헬라철학에서 진리는 이미 거기에 그렇게 있으니 다만 발견될 뿐이었지만, 그리스도교에서 진리는 발견과 수행을 교차적으로 주고받는 사건이라는 것이다. 이것이 바로 '진리를 행하는 자'라는 표현이 지닌 깊은 뜻이다. 그런데 설교집 역자도 밝히고 있는 것처럼 안타깝게도 여러 종류의 한글 성경에서는 '진리를 따르는 사람'으로 번역되어 있다. 틸리히가 그렇게 해석해버릴 것 같은 강한 유혹의 오류를 예리하게 지적해주었지만, 진리를 행한다는 표현에 대한 이해가 부족한 상황에서 감당할 수 없는 구절이다 보니 일견 상식적으로, 그래서 결국 헬라적인 것과 비슷하게, '진리를 따르는 사람'으로 번역하게 되었

---

21 『흔들리는 터전』, 205.

22 『흔들리는 터전』, 205. 진리에 대한 고착적 오해가 자아내는 비극은 신학이라고 예외가 아닐뿐더러 더 치명적이라고 틸리히는 고발한다. "신학자에게 자기 확신에 빠진 신학보다 더 파괴적인 것은 없습니다. 또한 그가 확신을 주고자 하는 사람들에게 그런 신학보다 더 비열한 것은 없습니다"(『흔들리는 터전』, 222).

던 것이 아닌가 짐작된다.

그러나 '진리를 따르는 것'과 '진리를 행하는 것'의 차이는 사실 틸리히 설교집 『흔들리는 터전』의 핵심에 해당한다. 이를 구별하기 위해서 틸리히는 '기다림'이라는 제목의 설교에서 성서가 인간 실존을 '기다림'으로 묘사한다는 언술로 시작한다. "시편은 근심어린 기다림을 그리고 바울서신은 인내하는 기다림을 묘사합니다. 기다림은 '갖고 있지 않음'과 동시에 '갖고 있음'을 의미합니다."[23] 계속 사용하고 있는 역설의 통찰이 여기서도 자연스럽게 나온다. 그러나 틸리히는 이내 "하느님과 관련된 인간의 상황은 무엇보다도 '갖고 있지 않음', '보지 못함', '알지 못함' 그리고 '붙잡지 못함'"이라고 단호하게 잘라 말한다. 왜 그런가? 틸리히의 아래와 같은 경고를 들으면 그 이유를 절감하고도 남을 터이다.

이런 상황을 망각한 종교는 그것이 제아무리 황홀하고 활발하고 이성적인 것일지라도 하느님을 우리 자신이 창조한 하느님의 형상으로 대체합니다. … 이렇게 하느님을 갖지 않은 채 그분을 기다리는 것은 쉽지 않습니다. 우리가 우리 자신과 다른 이들에게 우리가 하느님을 갖고 있고 그분을 우리 마음대로 다룰 수 있다는 확신을 주지 못하면서 매주일 설교를 하는 것은 쉽지 않습니다. … 그러나 나는 기독교에 대한 수많은 거부의 원인은 그리스도인들이 하느님을 소유하고 있다고 공공연하게 혹은 암묵적으로 주장하기 때문이라고, 또한 그런 까닭에 그들이 선지자들과 사도들에게 그토록 분명하게 나타났던 기다림이라는 요소를 결여하고 있기 때문이라고 확신합니다.[24]

---

23 『흔들리는 터전』, 266.

갖지 않고 기다리는 자유가 우상 파괴

　종교는 기다리지 않는다. 아니 기다리지 못한다. 눈앞에서 하느님을 봐야 직성이 풀리는 인간은 우상이라도 만들어내고 붙들어야 한다. '진리를 따르는 것'은 의도하지 않더라도 바로 이러한 태도를 부추기게 되어 있다. 이미 완성된 채로 주어지니 기다릴 필요도 없고 눈앞에서 신을 보기를 원하는 욕망을 충족시켜주니 더할 나위 없이 좋은 것이다. 그래서 '진리를 따르는 것'이다. 아니 바로 따를 수 있는 진리를 원하고 좋아한다. 우상화가 벌어질 수밖에 없는 이유가 바로 여기에 있다. 우상이라는 것이 그 자체의 본성이 아니라 인간이 그것과 관계하는 방식이니 진리가 아무리 우상화를 경계하라고 가르쳐도 바로 그러한 가르침의 진리를 맹종적으로 따르게 되면 우상화할 수밖에 없고 결국 우상에 예속되는 노예가 되는 것이다. '진리를 따르는 것'이 지니는 문제가 바로 이것이니 기다림 없는 조급함이 불러내는 우상의 노예화라는 문제를 야기하기 때문이다. 출애굽기가 보여주는 바 광야에서 하느님의 음성을 기다리지 못하는 이스라엘 백성의 조급한 아우성이 금송아지를 만들고 말아버린 것에 비견된다.

　이에 비해 '진리를 행하는 것'은 '기다림'이다. 갖고 있지 않고 보지 못하며 알지 못하고 붙잡지 못함에도 불구하고, 아니 바로 그렇기 때문에, 기다린다. 완성된 채로 하늘에서 뚝 떨어지는 진리가 아니라 삶 안에서 겪으면서 진리가 엮여져 가기를 기다린다. 알고서 사는 것이 아니라 모르고도 살며, 살고도 모르니 기다릴 수밖에 없기 때문이다. 기다림의 미학! 이것이 진리를 행하는 길이며 믿음의 삶이다.

---

24 『흔들리는 터전』, 267.

그러한 기다림은 갖고 있지 않으니 무소유다. '무소유'라고 하면 불교의 전유물인 것처럼 생각하지만 그리스도교 신앙의 마땅한 덕목이다. 그러한 무소유는 부분적인 전략이 아니라 실존 전체의 길임을 틸리히는 다음과 같이 강조한다.

> 그분은 우리가 그분을 소유하고 있지 않을 때만 우리를 위한 하느님이십니다. 시편 기자는 전 존재가 야훼를 기다리고 있다고 말합니다. 이것은 우리가 하느님을 기다리는 것은 단순히 하느님에 대한 우리의 관계의 일부가 아니라 그 관계 전체의 조건임을 보여주는 말입니다. 우리는 그분을 갖지 않음을 통해서 그분을 갖습니다.[25]

그렇다면 소유가 왜 문제인가? 하느님을 가지면 더 좋을 것 같고 많은 그리스도교인들이 원하는데 왜 문제라는 말인가? 이에 대해 틸리히는 사실 그리스도교인들이 갖고 있는 것은 하느님이 아니라 우상일 가능성이 많다고 고발한다. 우상을 가진다기보다는 하느님을 갖고 있다고 하게 되면 우상이 되어버린다는 것이다.

> 우리는 소유할 때보다 기다릴 때 더 강합니다. 우리가 하느님을 소유할 때 우리는 그분을 우리가 그분에 대해 알고 이해하는 작은 것으로 축소시킵니다. 그리고 그 작은 것을 우상으로 만듭니다. 사람들은 오직 우상숭배를 할 경우만 자신이 하느님을 소유했다고 믿을 수 있습니다. 그러나 그리스도인들 중에도 그런 우상숭배에 빠진 이들이 많이 있습니다.[26]

---

25 『흔들리는 터전』, 268.

그 무엇이 그 자체로 우상이 아니라 우리가 우리의 것으로 가지면서 우상으로 만든다는 것이다. 우상은 어떤 존재나 개념의 실체적 본성이 아니라 우리가 관계하는 방식이고 내용이라는 것을 틸리히도 이렇게 분석하고 있다. 그런데 그의 예리한 분석은 여기서 멈추지 않는다. 영원을 명분으로 진리를 고정적으로 옹립하고 이를 추종하면서 안정욕구의 충족을 위해서 결국 소유하려는 태도가 우상화로 전락할 수밖에 없다고 질타한 틸리히는 그러한 비판의 화살을 무소유의 기다림을 향해서도 돌림으로써 자기성찰의 필요성을 단호하게 강조한다. 그의 주도면밀한 강변을 들어보자.

우리는 기다림이 무서운 긴장임을 잊어서는 안 됩니다. 그것은 아무것도 갖지 못한 것과 관련된 자기만족, 무언가를 가진 사람들을 향한 무관심이나 냉소적인 경멸 그리고 의심과 절망에의 탐닉 등을 낳습니다. 우리는 아무것도 갖지 않은 것에 대한 우리의 오만함을 새로운 소유물로 만들어서는 안 됩니다. 그것은 우리 시대의 커다란 유혹거리 중 하나입니다. 우리는 하느님을 소유하고 있지 않다고 자랑할 때 동일한 유혹에 넘어갑니다.[27]

---

26 『흔들리는 터전』, 269. 우상숭배에 대한 틸리히의 대안은 다음과 같은 역설적 통찰에서도 전율적으로 확인할 수 있다. "만일 우리가 그분을 알지 못한다는 사실을 우리가 겸손하게 깨닫는다면 그리고 그분께서 우리에게 자신을 알려주시기를 기다린다면, 그때 우리는 참으로 그분에 대해 무언가를 알게 됩니다. 그때 우리는 그분에 의해 파악되고 그분에게 알려지고 그분의 것이 됩니다. 바로 그때 우리는 우리의 불신앙 속에서 신자가 되고 그분으로부터 분리되었음에도 그분에 의해 용납됩니다." 신앙이란 바로 이러한 역설이라는 것을 틸리히는 이토록 집요할 정도로 강조하고 있다.

27 『흔들리는 터전』, 270.

새삼스럽게도, 기다림이 불가피하게 지닐 수밖에 없는 긴장을 다시금 상기시킨다. 진리를 따르는 것이 안정을 이루기 위해 결국 소유에 이르게 되는 것에 견주어, 진리를 행하는 삶의 자세로서의 기다림은 긴장일 수밖에 없다. 그런데 우리 인간은 이러한 무소유의 기다림마저도 소유하게 된다고 참으로 깊고도 예리하게 성찰한다. 긴장을 견디기 어려워 결국 어느 한쪽으로 쏠리게 되는 인간의 본성적 경향성이 빠질 수도 있는 자가당착의 유혹에 대한 홀연한 경고이다. 틸리히가 그토록 강조해온 바 대립적 모순에서 포월적 역설로 전환하는 과제가 요구하는 긴장의 수행이야말로 진리를 행하는 현실적인 길이라는 것을 이 대목에서 또 확인하게 된다. 대승불교의 공(空)에 대한 가르침에서 이를 의식하고 내세우는 태도마저 버리고 비우라는 뜻으로 '공(空)마저 공(空)'을 말하는 것에 견줄 만하다.

그런데 갖지 않고 기다리는 것이 아무것도 하지 않고 멈추어 있는 것은 아니다. 그러한 기다림은 바로 그러한 갖지 않음과 가짐의 긴장을 겪어가는 과정에서 성장하고 성숙한다. 더욱이 무소유의 기다림에서 피할 수 없는 긴장은 제거되고 극복되어야 할 것이 아니라 오히려 삶의 성장과 믿음의 성숙을 향한 마땅한 꼴이라는 것이다. "보라, 내가 새 일을 이루리라"는 제목의 설교에서 그는 '성장의 모순'에 대해 밀도 있게 분석하면서 다시 한 번 다음과 같은 역설적 통찰로 『흔들리는 터전』을 마무리한다.

성장의 법칙과 그것의 비극적 본질을 좀 더 깊이 들여다봅시다. 우리가 살아있는 세포의 성장을 관찰하든, 인간의 영혼의 성숙을 관찰하든, 혹은 역사적 시기의 성장을 관찰하든, 우리는 성장이 증진인 동시에 상실이라는 것을 깨닫게 됩니다. 그것은 실현인 동시에 희생입니다. 성장하는 것은 그것이 성장하기 위해 택하는 무언가를 위해 여러 가지 가능한 다른 발전들을 희생해야 합니다.[28]

성장이라는 것이 증진과 상실, 또는 실현과 희생처럼 모순적인 대립이 불가피하게 얽혀 있다는 것에 주목한다. 언뜻 보기에는 성장이 그저 증진이고 실현인 것 같지만 상실과 희생이 함께 얽혀있다는 것을 깊이 들여다보라는 것이다. 그럴 때에 '새 하늘과 새 땅에서의 새로운 창조'에 대한 종말론적 희망이 현실의 자유를 가능하게 하며, 갖지 않은 채 기다리는 자유가 진리를 행할 수 있게 된다고 설파한다. 앞서 살폈던 바, 틸리히가 유구한 과정으로 엮어낸 체계가 향하는 해방이란 바로 이것을 가리킨다고 하겠다.

추리건대, 틸리히가 학문적 과업에서 일구어냈던 역설적 통찰이 현실 문제에 대한 진단과 처방을 도모하는 설교에서도 핵심을 이루고 있다는 것이 여실히 드러났다. 이로써 우리는 역설적 통찰이 이론적 구성이나 명상의 기법이기만 한 것이 아니라 현실을 진단하고 처방하는 탁월한 혜안임을 오히려 그의 설교집을 통해서 확인할 수 있었다. 그러한 반세기 전의 과업이 지나간 이야기가 아니라 아직도 해결되지 못한 삶과 믿음의 과제에 대한 촌철살인의 지혜로서 후학들의 연구와 실행을 위한 소중한 자료임은 두말할 나위도 없다.

---

28 『흔들리는 터전』, 315.

인간실존에서 유한과 자유의 얽힘

– 역설의 실현 가능성을 위하여

서론

1. 문제 제기와 의의

본 연구는 폴 틸리히(Paul Tillich)의 신학적 인간학에서 인간을 구성하는 대조적 요소인 유한성과 자유 사이의 관계를 집중적으로 분석하고 비판하는 데 목적을 두고 있다. 그는 '유한한 자유'(finite freedom)라는 실존적인 표현으로 인간을 묘사한다. 앞으로 자세히 논하겠지만, 유한성과 자유는 인간의 본질적인 구성에서 양대 핵심요소를 이루고 있으므로, 양자의 관계에 대한 틸리히의 이해를 비판적으로 검토하는 과업은 그 자체로 하나의 인간학적 탐구가 된다. 그러나 본 연구의 궁극적인 의의는 양자의 관계를 정의하는 데 있다기보다는 존재-신학적 구도에서 이 관계를 엮음으로써 이루게 될 인간 실존의 진정한 자기-이해에 있다. 말하자면, 유한성과 자유의 관계에 대한 틸리히의 접근방식이 인간의 진정한 자기-이해에 적절하게 기여하는지를 평가하면서 실존의 진정성에 기여하려는 목적을 지닌다.

보다 구체적으로, 본 연구 주제의 의의를 개괄적으로 평가하기 위해, 유한성과 자유 사이의 관계에 대한 기존의 입장들을 간략히 훑어보는 것도 의미 있을 것이다. 통속적 접근들 가운데는 유한성이라는 말로 제시되는 다양한 차원의 한계들과 자유 사이에 화해할 수 없는 갈등이 있다. 즉, 유한성과 자유는 서로에게 배타적이며 모순적이라는 식으로 이해되고 있는 것이다.

자유에 대한 헬레니즘적 관점은 이런 전통적 해석의 좋은 예시가 된다. 로버트 오스본(Robert T. Osborn)에 의하면, 자유에 대한 이러한 이해의 전통은 자아의 우선성(priority)을 바탕으로 다음과 같은 세 단계의 연결된 과정에서 다양한 방향들로 수행되는 동안 불굴의 군건함을 특성으로 지고의 가치를 지니게 된다. 첫 번째 단계에서 자유는 자기-통제에서의 자기-결단을 의미했다. 두 번째 단계에서는 삶의 우여곡절들을 극복하는 이성의 힘을 의미했다. 그리고 마침내 급진적 이원론의 시대에 들어와 자유는 엘리트들에게 배정된, 삶을 초월하는 영지적 능력이 되었다. 특별히 자유에 대한 그리스의 관점 가운데 마지막 단계에서는 인간의 유한성이라는 개념이 자아의 힘과 완전성에 의해 대체되고, 그에 따라 자유와 관련해서 유일하게 남은 문제는 이 자유와 자아와의 관계뿐이었다.[1] 그러나 유한성과 자유가 인간의 본질적 구조를 함께 구성하는 것으로 이해되지 않는다면 인간의 진정한 자기-이해는 형성될 수도, 성취될 수도 없다. 본 연구는 양자의 관계에 대한 기존의 접근법이 적절치 못한데다 현실과 무관하다는 점을 분석하고서, 틸리히의 신학체계에 대한 비판적 검토를 통해 유한성과 자유에 대한 변증법적인 이해를 도모하고자 한다. 이러한 시도는 앞서 1부와 2부에서부터 언급한 바 현실의 대립적 모순을 싸안고 넘어서는 역설로 전환하는 방식을 취하는 틸리히의 사상이 그의 인간학에서도 그대로 전개되고 있다는 것을 확인하는 의미도 아울러 지니게

---

1 Robert T. Osborn, *Freedom in Modern Theology* (Philadelphia: The Westminster Press, 1967), 13.

될 것이다.

　그러나 틸리히의 인간학이 처음부터 유한성과 자유 사이의 관계에 주안점을 두고 있는 것은 아니다. 사실상 이 주제는 그의 출중한 존재-신학적 체계 안에서 암시적으로 다뤄지고 있다. 물론 틸리히 스스로도 인간의 자아에서 유한성과 자유 사이의 적절한 관계가 그리스도교적 자유 개념을 올바르게 특징짓는 동시에 개별적인 삶의 가치 그리고 존재라는 근거에 기원을 둔 삶에서의 모든 관계적 의미의 깊이를 증명한다고 믿고 있기는 하다. 이런 점에서 틸리히의 신학체계는 헬레니즘적인 관점과 달리, 인간에 대한 신약성서적 개념에 보다 더 부합한다. 신약성서는 자아가 타락하여 부자유한 상태이기에, 자아를 곧 자유의 문제로 상정한다. 인간의 노예상태는 그 자체로서 인간의 자아를 이룬다. 그러므로 인간의 자유는 신에게 자아를 내어드리는 것이고, 그러기에 관계적이어야 한다는 것이다. 그런데 헬레니즘에서 말하는 자유, 즉 자기-결단과 자기-통제는 자아를 신에게로 새롭게 정향시키는 자유에 위배된다. 자유는 자율적 자아의 정황과 능력으로부터 빠져나와, 자아가 부정되지 않으면서도 신-인 관계라는 보다 넓은 정황으로 인도된다.[2] 틸리히는 이러한 접근을 통해서 인간의 유한성을 자유와의 본유적 관계 안에 설정할 가능성을 구성하며, 따라서 그의 철학적-신학적 인간학은 인간 본성에 대한 그리스도교적 이해를 체계적으로 정교화하는 작업이라 볼 수 있다.

---

2 Ibid.

2. 연구 방법과 범위

본 연구는 전반적으로 자료를 광범위하게 동원하기보다는 주제 자체에 대해 심층적으로 집중하는 방식을 취한다. 연구에는 주로『조직신학』과『존재에의 용기』를 비롯한 틸리히의 저작들이 활용되며, 그의 저작에 관한 연구서들과 함께 틸리히의 입장을 조명하는 철학적 조류들을 다룬 자료들도 활용된다. 연구의 각 단원은 틸리히의 입장에 대한 설명과 비판적 평가 또한 병행된다.

유한성과 자유의 관계라는 주제를 다루기 위해서는 우선 두 개념을 각각 논의하는 일이 필요하다. 그러므로 본 논문은 세 단계의 '악장들'로 구성된다. 첫째, 인간의 유한성에 대한 틸리히의 이해가 지닌 특성을 검토할 것이다. 둘째, 인간의 자유에 대한 그의 이해를 고찰할 것이다. 셋째, 두 개념들의 상호 연관성을 바탕으로 두 개념을 결합해 재해석하고 관계를 구성하고자 한다. 이는 틸리히가 어떤 방식으로 이들 사이의 관계에 대한 자신의 접근법을 입증하고 구체화하는지 드러내기 위한 것이다.

단원의 구분과 관련해서 본 논문은 다음의 방식을 따른다. 본 논문의 주제가 그 자체로 상당한 정도의 예비적 고찰을 요구하는 까닭에, 1장은 본격적인 논의 전에 우선 틸리히의 존재론적 신학에서 인간학을 위한 방법론적 기반을 검토하는 것으로부터 시작한다. 유한성과 자유의 물음은 본질과 실존 모두에 대한 해석으로부터 유발되는 것이고, 그런 까닭에 그 성격상 인간학적인 것이다. 이러한 이유로 특별히 틸리히의 신학체계에 채택된 변증적 측면(apologetic perspective)을 그의 상호관계법에 주목하는 가운데 검토한다. 사실상 본 연구의 주제는 존재-신학적 과업을 요구하는 것이다. 따라서 이 주제에 대하여 틸리히의 학문적 과업이 갖는 주된 의미를 주목하자면, 그가 그리스도교 신학 자체만의 독립적이고 자족적인 해설을 수행하는 데 만족하기보다는 그리스도교 신학을 오늘날의 철학적 조류들에 연결해 그리스도교 신학이 인간 실존에 관한 근본적 물음들과 밀접하게 연관되어 있다는 것을 보여주려 하였다는 점을 들 수 있다.[3]

다음으로, 위에서 언급된 세 주요 부분들이 이어지는 단원들을 구성한다. 여기서는 논문의 중심논의가 점진적으로 전개되어나간다. 2장에서는 존재와 비존재(nonbeing) 사이의 관계를 기반으로, 인간의 유한성에 대한 틸리히의 존재론적 분석을 세 존재론적 양극성(polari-ties)과 함께 논의해나간다. 이 단원에서는 기초적인 존재론적 구조에 관한 논의와 함께 유한성에 대한 분석이 제시되며, 이 구조의 구체적 현시로서 불안에 대한 분석으로 논의가 진행된다. 3장은 인간의 자유에 대한 틸리히의 신학적 해석을 제시한다. 이 해석은 존재-자체(being-itself)에 대한 존재의 관계에 기반을 두고 있다. 그러나 복잡한 내용을 담은 틸리히의 신론(the doctrine of God)의 세부사항들을 자세하게 다루지는 않을 것이다. 그보다 본 연구는 존재론적 구조의 근거와 '존재하고자 하는' 인간의 용기(human courage 'to be')의 원천을 설명하는 것으로 논의의 범위를 제한한다. 이어서 이 단원은 인간의 자유를 위한 존재-신학적 근거에 기초해서 인간의 용기와 그것이 신앙에 대하여 갖는 신학적 함의에 대한 존재론적 분석으로 논의를 진행해나간다. 여기서 인간의 용기란 결국 유한성과 자유의 관계를 위한

---

3 Bernard Martin, *The Existentialist Theology of Paul Tillich* (New York: Bookman Associates, 1963), 5.

근거로 드러나게 된다. 인간의 자유에 대한 신학적 접근을 위해 인간의 자기-초월을 체계적인 방식으로 분석할 것이며, 그 초점은 자유와 유한성의 관계에서 자기-초월이 갖는 의미에 집중할 것이다. 4장은 유한성과 자유의 관계에 대한 존재론적이고 신학적인 기초로서, 비존재와 인간의 자기-초월을 주의 깊게 살피는 가운데, 틸리히가 유한성과 자유를 연관 짓는 방식을 검토한다. 이 단원에는 유한성과 자유 사이의 이러한 구조적인 관계를 기초로 삼는 인간의 진정한 자기-이해의 한 모범으로서 '유한한 자유'라는 개념을 고찰하는 논의를 포함할 것이다.

결론에서는 각 단원에서 도출한 연구의 결과들을 되짚어 보고, 앞에서 제시한 본 연구의 궁극적 목적을 포괄적인 평가와 함께 재확인함으로 마무리하고자 한다.

I. 틸리히의 존재론적 신학에서 인간학을 위한 방법론적 기초

교회의 한 기능인 신학은 인간이 처한 상황에서 그리스도교 신앙을 방법론적으로 해석하는 것이다.[1] 이러한 변증적 정의에 맞추어, 틸리히는 그의 신학을 인간학적 의의에 근거하여 세워나간다. 그의 출발점은 신학 자체나 신학의 대상이 아니라 그 주체인 인간이기 때문이다. 그에 따르면 신학은 궁극적 관심을 드러내는 인간 실존의 기본적 물음에 답해야 한다. 인간과 그가 처한 상황을 모든 신학적 사유의 전면에 내세우는 이와 같은 관점은 틸리히의 신학 체계를 소개하는 이 장에서 가장 중요한 요소이다.

이처럼 신학의 인간학적 측면을 변증하고 강조함으로써 틸리히는 신학에 대한 간학문적 접근을 명확한 표현으로 공식화하게 된다. 그

---

1 신학에 대한 이와 같은 기본적 정의는 신학의 케리그마적 성격과 변증적 성격을 결합하려는 시도라 할 수 있다. 틸리히에 따르면, "메시지의 변할 수 없는 진리를 강조하는" 케리그마신학은 특수한 상황을 이야기하는 변증신학에 의해 완성되어야 하며, 그래야만 편협함과 부적절함을 피할 수 있다. 변증신학은 "그 진술 각각의 본질이자 기준이 되는 케리그마에" 근거해야 하며, 그래야만 "그리스도교적 특성을 잃지 않을 수 있다". Cf. George F. Thomas, "The Method and Structure of Tillich's Theology", in Charles W. Kegley, ed., *The Theology of Paul Tillich* (New York: The Pilgrim Press, 1982), 120-121. 여기서 유의해야 할 점은, 틸리히의 체계에서 신학의 인간학적 의미를 강조하는 변증신학의 입장을 여타 일부 신학적 기획이 보이는 인간 중심주의적 경향과 혼동해서는 안 된다는 점이다.

렇기에 그는 자신의 신학 체계의 한복판에 철학적 개념을 끌어오기를 주저하지 않는다. 이것은 단연 중요한데, 특히 신학을 철학적으로 해석함으로써 신학적 주장들을 보편화하는 데 도움이 된다는 점에서 그러하다. 틸리히의 체계에서 신학과 철학 사이의 이러한 접근에 의해 관계가 구성되는데 이 관계는 '상호관계'를 그 특징으로 한다. 그에 따르면 신학과 철학은 떨어질 수도 없지만 같지도 않기 때문이다. "철학은 존재의 구조 자체를 다루지만, 신학은 존재가 우리에게 지니는 의미를 다룬다."[2]

본 논문의 연구 목적에 따라 철학과 신학이 이야기하는 인간 실존의 존재론적 특성에 주목할 것이다. 이를 통하여 틸리히의 '상호관계의 방법'을 이해할 수 있을 것이다.

1. 철학과 신학

『조직신학』 서문에서 틸리히는 자신의 목적이 "신학적 체계의 방법과 구조를 변증적(apologetic) 관점에서 쓰고 이 방법과 구조가 철학과의 끊임없는 상호관계를 통해 이뤄짐을 보여주는" 데 있다고 밝힌다.[3] 이러한 변증적 동기가 그의 신학을 지배하지만, 동시에 그는 신

---

2 Paul Tillich, *Systematic Theology* (Chicago: The University of Chicago Press, 1951), I, 22; 이하 *ST*로 표기할 것이다. 가이턴 해먼드는, 신학이 추구하는 바가 "존재가 우리에게 지니는 의미"라고 했던 틸리히의 말이 다소 제한된 표현이며, 이보다는 "존재의 힘"이라는 용어를 택하는 편이 더 적절했으리라고 말하며 용어를 좀 더 명확히 하려 한다. Cf. Guyton B. Hammond, *Man in Estrangement: Comparison of the Thought of Paul Tillich and Erich Fromm* (Nashville: Vanderbilt University Press, 1965), 83.
3 *ST*, I, xi.

학의 케리그마적 차원을 도외시하지 않는다. 그러므로 그는 자신의 신학을 세워갈 때 두 가지 형식적 기준을 통해 균형과 공정성을 도모한다. 그중 첫 번째 기준은 '신학의 대상이 인간이 궁극적으로 관심하는 바'임을 역설한다. "우리에게 궁극적 관심이 될 수 있는 대상을 다루는 명제만이 신학적이다."[4] 이러한 기준은 궁극적 관심이 관심 없이도 알 수 있거나 다룰 수 있는 개별적 대상으로 생각될 수 없으며, 이에 따라 그것이 궁극적 관심의 태도 없이 대상화되어서는 안 된다는 점을 분명히 지적한다. 또 다른 형식적 기준은 "존재 혹은 비존재의 문제가 될 수 있는 대상을 다루는 진술만이 신학적이다"[5]라는 것이다. 이 기준은 궁극적 관심의 내용을 밝히는 데 실마리를 주며, 상대적인 것은 절대적인 것의 수준에 결코 이를 수 없다는 '프로테스탄트 원리'를 확언한다.

틸리히는 그의 체계화를 위한 방법론을 다듬기 위해 먼저 종래의 세 가지 신학 방법론을 검토하고 이를 거부한다. 그 첫 번째는 그리스도교의 메시지를 영원불변한 것으로 간주되는 계시된 진리의 본체와 동일시하는 "초자연주의적" 방법이다. 이 방법은 신의 초월성을 철저히 강조한 나머지 "인간이 처한 상황과의 매개가 불가능하다."[6] 이렇게 접근하면 그리스도교 메시지의 케리그마적 핵심은 보존되지만, 인

---

4 Ibid., 12.

5 Ibid., 14. J. 토머스는 틸리히의 현상학적 배경을 요약하여 덧붙여 틸리히의 실존주의적 접근을 제대로 평가했지만, 언어분석(linguistic analysis)의 관점으로 그를 비판하며 그가 "논점을 흐린다"고 평한다. 그러나 필자는 언어분석에 기댄 이러한 비판이 틸리히의 신학 체계에는 본질적으로 적절치 않다고 본다. 틸리히의 인식론적 토대는 경험주의-실증주의적 분석이 아니라 실존주의-현상학적 이해에 있기 때문이다. Cf. J. Heywood Thomas, *Paul Tillich: An Appraisal* (London: SCM Press Ltd., 1963), 22.

6 *ST*, I, 64-65.

간이 받아들이고 있다는 사실을 부정하게 되어 구체적인 인간의 상황과는 무관한 것이 되고 만다. "인간은 묻지도 않은 물음에 대한 답을 얻을 수 없다."7

틸리히가 거부하는 두 번째 방법은 "자연주의적" 혹은 "인본주의적" 방법이다. 이 방법은 신학이 다루는 내용의 원천인 자연 질서가 자연적 상태에 있는 인간 자체에서 그리스도교의 메시지를 끌어낸다고 본다. 이렇게 접근하면 첫 번째와는 반대로 인간 경험의 내재적 차원은 커다란 의의를 갖게 되고, 이에 따라 종교적 관례는 인간 능력의 진화적 발전의 산물로 여겨진다. 그러나 이러한 접근의 치명적인 약점은 인간 실존이 본질적으로 물음으로 존재한다는 사실을 인정하지 않는다는 점이다. 그래서 틸리히는 이를 "물음과 대답은 인간의 창조성에서 동등한 수준에 놓여 있다"8고 비판한다.

틸리히가 불충분하다고 본 세 번째 방법은 "이원론적" 방법으로, "자연적 하부구조 위에 초자연적 상부구조를 둔다."9 이러한 방법은 앞선 두 방법과는 달리 상호관계 방법과 훨씬 더 유사해 보이기는 한다. "인간 정신과 신의 정신 사이의 무한한 간극"을 인정하기는 하나 그 둘 사이에 존재하는 "긍정적 관계"(positive relation)를 인정하기 때문이다. 이 "긍정적 관계"는 흔히 초자연적 계시와의 분명한 연속성을 지니는 "자연계시"라는 말로 언급되곤 했다. 틸리히는 자연계시에 근거해 신 존재를 증명하려는 이원론적 시도를 거부하지만, 인간이 처한 곤경을 인정하며, 신과 인간의 긍정적 관계에 기반을 둔 해결책을 제시한다는

---

7 Ibid., 65.
8 Ibid.
9 Ibid.

점에서 이 방법에 의의가 있다는 점은 인정한다.

방법론을 세우려는 이러한 불충분한 시도들에 대한 비판과 거부의 저변에 깔려 있는 것은 그의 변증법적(dialectical) 접근이다. 이러한 접근은 "이론적으로나 실제로나, 인간은 주체와 객체의 분리와 상호작용에 앞서있는 무조건적인 무언가를 직접적으로 의식한다"는 전제에 근거한다.[10] 여기서 틸리히는 '신학 영역'(theological circle)이라는 개념을 소개하며 모든 유형의 신학적 구조에 핵심적 기반이 되는 '신비적 선험'(mystical a priori)을 상정한다. 신학방법론에 대한 이와 같은 선험적이며 변증법적인(dialectical) 접근은 그의 변증적(apologetic) 동기를 귀결시키는데, 이 변증적 취지로부터 신학과 철학의 관계와 관련한 주요 의제들이 발생한다. 신학이라는 영역은 전통적으로 철학자의 전유물이었던 존재에 대한 궁극적 관심에 의해 그려지기 때문이다. 그러나 애초부터 틸리히는 철학과 신학을 한 데 묶는 것이 어렵다는 것을 알고 있었다.

> 인류는 이 문제에 대한 해결책을 찾으려고 최소한 2천 년이라는 사유의 시간을 쏟아부었지만, 새로운 해결책을 내놓기란 쉽지 않은 일이다. 그럼에도 불구하고 신학이 존재하는 한 모든 세대는 이 일에 도전해야 한다. 철학과 신학의 관계에 대한 물음은 신학 자체의 본질에 대한 물음이기 때문이다.[11]

---

10 Paul Tillich, "Two Types of Philosophy of Religion", in Robert C. Kimball, ed., *Theology of Culture* (London: Oxford University Press, 1980), 29. "종교철학의 두 유형", 『문화의 신학』(IVP).

11 Paul Tillich, *The Protestant Era* (Chicago: The University of Chicago Press, 1957), 83. 『프로테스탄트 시대』(대한기독교서회).

틸리히에게 철학은 "실재를 대상으로 하며, 실재에 대해 인식적으로 접근하는 것"이다.[12] 여기서 대상이 되는 실재는 실재 전체와는 구별되어야 하는데, 이는 그가 철학을 실재를 완전히 그리고 총체적으로 파악하는 것이 아니라 전체로서의 실재의 기본 구조를 체계적으로 묻는 것이라고 이해했기 때문이다. 철학을 이렇게 이해함으로써 틸리히는 이를 존재론과 동일시하게 된다. 그는 존재론을 "실재와의 모든 만남에서 우리가 마주하는 존재의 구조를 분석하는 것"이라 정의한다.[13] 달리 말해 틸리히는 존재론을 인식론을 포함한 철학의 다양한 영역의 기초라고 여긴다.[14] 그는 주장한다. "앎이 있음에 참여하는 행위, 좀 더 정확히 말하자면 '존재적 관계'에 참여하는 행위이기에, 앎이라는 행위에 대한 모든 분석은 있음(존재)에 대한 해석이어야 한다."[15]

존재론적 고려가 필요할 뿐 아니라 불가피하다는 것은 단지 철학의 영역에만 제한되지 않는다. 틸리히가 이해했듯, 신학 또한 근본적으로는 존재론적 물음이며, 이는 신학의 궁극적 대상인 존재의 근거가 바로 존재에서 드러나기 때문이다. 이는 분명 철학과 신학이 모두

---

12 *ST*, I, 18.

13 Ibid., 20. 틸리히는 그의 다른 저작에서 철학이 "존재 물음이 던져지는 인식적 노력의 장"이라 말하며 철학과 존재론을 분명히 동일시한다. Cf. Paul Tillich, *Biblical Religion and the Search for Ultimate Reality* (Chicago: The University of Chicago Press, 1955), 5.

14 이러한 이유로 데이비드 호퍼는 틸리히가 한결같은 신념을 지닌 존재론자라고 말하는 데 거리낌이 없었다. 그는 말한다. "그는 누가 보더라도 역사 물음에 가장 깊이 심취했는데, 바로 그로 인해 그는 존재 물음에 그보다도 더 체계적으로 심취했으며 거기에 붙들렸다." Cf. David Hopper, *Tillich: A Theological Portrait* (New York: J.B. Lippincott Co., 1968), 102. 틸리히 자신의 "역사의 형이상학은 본래 존재의 형이상학에 반응한다"는 진술은 호퍼의 이러한 설명을 뒷받침한다. Cf. Paul Tillich, *Religious Situation* (New York: Meridian Books Inc., 1956), 81.

15 *ST*, I, 119.

존재 물음을 물어야 함을 암시한다. 이러한 공통의 요소에 근거하여, 틸리히는 나아가 종교적 절대자가 철학적 절대자와 관련이 있음을 강조한다. 그는 말한다.

> 종교적 절대자와 철학적 절대자, 곧 신(Deus)과 존재(esse)는 관련이 없을 수 없다! 있음의 관점에서 볼 때, 또한 앎의 관점에서 볼 때 이 둘의 관련은 무엇인가? "신은 존재한다"(God is)는 짧은 진술로 이 관련성은 입증된다. 그러나 이 관련성의 특성은 종교철학이 지닌 모든 문제 중 가장 우선적인 문제이다.[16]

이러한 관련성은 신학과 철학 사이에 긍정적 관계가 있음을 거듭 암시한다. 그러나 틸리히가 존재 자체라는 개념에 대해 완전히 설명하기 전까지는, 그가 존재론의 본성과 그것이 신학에 대해 지니고 있는 관계를 어떻게 이해하고 있는지는 여전히 알기 어렵다.[17] 달리 말해 이 짤막한 설명은 신학과 철학의 이러한 관계에 관한 물음에 대한 충분한 답이 될 수 없다. 신학과 철학의 관계에 관해서는 다음 장에서 상세히 논의함으로써 해명할 것이다.

이제 철학과 신학은 서로 얽혀 있으면서 또한 독립적인 관계를 지닌다. 다음 인용은 먼저 상호의존성을 분명히 설명한다.

> 모든 존재론적 개념에는 그 배후에 인간의 궁극적 관심을 드러내는 전형적 징후가 있다. 지금은 그것이 뚜렷한 개념으로 변형되어 있다고

---

16 *Theology of Culture*, 12.
17 Hammond, op. cit., 82.

할지라도 말이다. 또한 모든 신 이해는 그것이 사용하는 범주적 내용 (categorical material)을 통해 특유의 존재론적 전제를 드러낸다.[18]

그러나 상호의존성은 철학과 신학이 종합되거나 융합할 가능성을 가리키지는 않는다. 오히려 크게 보아 상호의존성은 그 자체로 본질적으로 다름에 근거해서 서로 독립적이라는 것을 뜻한다. 철학은 실재의 구조를 파악하기 위해 전체로서의 실재를 볼 때 초연한 객관성을 유지한다.[19] 반면 신학은 인간이 궁극적으로 관심하는 바, 구체적으로 말하면 "특정한 역사적 사건에서 자기를 드러낸 로고스"를 볼 때 거기에 전념한다.[20] 철학은 이론적이고 우주론적인 것에 관심하는 반면, 신학은 실제적이고 실존적인 것에 관심한다. 따라서 신학과 철학은 하나의 공통 기반에서 존재를 다루는 서로 다른 방법이다. 틸리히에게 이는 철학과 신학 사이에 어떠한 상충도 없지만 또한 종합도 불가능하다는 뜻이다.[21] 이것이 상호관계가 정확히 의미하는 바이다. 그러나 틸리히의 상호관계 방법을 검토하기에 앞서, 존재론적 즉각성

---

18 *ST*, I, 221.

19 틸리히는 철학이 초연한 객관성을 유지한다고 보았지만, 이는 철학에 관한 일반적 정의와는 판이한 견해이다. 또한 이러한 견해는 그의 신학 체계 안에서 실존주의적 접근의 중요성과 타당성에 관한 그의 이해와도 모순되며, 토머스는 이를 날카롭게 지적한다. "틸리히는 철학자가 실재 전체에서만 진리를 구하며 결코 특정한 지점에서는 이를 찾으려 하지 않는다고 주장하는데, 이는 철학과 신학의 관계에 관해 의문을 던지게 한다. 구체적인 현상에서, 곧 실재의 특정한 부분에서 실재의 본성에서 핵심이 되는 바를 찾는 철학자를 어찌 막을 수 있겠는가." Cf. George F. Thomas, "The Method and structure of Tillich's Theology," in Kegley, op. cit., 135-136.

20 *ST*, I: 23.

21 Alexander J. McKelway, *The Systematic Theology of Tillich: A Review and Analysis* (Richmond: John Knox Press, 1965), 44.

(ontological immediacy)이라는 개념에 초점을 맞추어 신학과 철학의 관계에 관해 좀 더 상세히 살펴야 하겠다.

존재론은 그 정의상 본질적인 존재에 관한 분석, 즉 본질적 유한성에 관한 분석이다. 정신의 이성적 구조가 실재의 이성적 구조와 상응한다는 인식론적 전제에 근거하여, 틸리히는 이성이 실재적으로 있는 것들의 존재론적 구조를 파악할 수 있다고 간주한다. 유비적으로 추론해볼 때, 신학에서 정신과 실재의 유사성을 잘 보여주는 것은 인간이 하느님의 형상이라는 선언이며,22 이는 나아가 존재하는 모든 것을 보편적으로 이해할 수 있다는 존재론적 주장에 이르게 된다. 존재론적 즉각성에 관한 주장이 '모든 유한한 존재들이 참여하고 있는 존재의 구조가 보편성을 지닌다'는 생각에 기초하고 있음은 의심할 여지 없이 명백하다.

본질적 유한성에 대한 기술인 존재론에는 존재 자체에 대한 물음이 뒤따른다. 유한성만으로는 자기충족적으로 설명할 수 없기 때문이다. 달리 말하면, 존재론은 "설령 그것이 무조건적인 존재의 실체를 규명하지 못한다 해도, 실재의 구조 안에 있는 무조건적인 요소"가 있다고 상정한다.23 틸리히에 따르면, 무조건적인 것을 의식하는 것은 단지 의식적 파악이기만 한 것이 아니다. 이는 결국 무언가의 전 존재가 그 무조건적인 것에 의해 파악된다는 사실을 보여주기 때문이다. 그 결과, 무조건적인 것을 의식하는 데 있어 존재론적 즉각성은 철학과 신학이 토대로 하여 세워지는 관계의 기초이다. 그것에 대한 관심사는 각기 다르며 구별될지라도 말이다.

---

22 *ST*, I, 259.

23 Hammond, op. cit., 88-89.

2. 상호관계 방법

틸리히에게 방법이란 다루어야 할 주제에 적합한 영역이나 터전을 조사하고 분석하는 방식이다. 방법이 그 주제에 적합한지를 가늠하는 기준이 되는 규범은 연역된 '선천'(a priori)일 수는 없다. 오히려 그 규범은 인식의 과정 자체에서 결정된다. "방법은 실재를 붙잡아두는 냉담한 그물망이 아니라, 실재 자체의 구성 요소이다. 적어도 어떤 면에서 방법을 상술하는 것은 곧 그 방법이 적용되는 대상의 결정적인 측면을 상술하는 것이다."[24] 이는 인식론적, 혹은 방법론적 차원이 존재론적 구조와 불가분하게 얽혀 있음을 뜻한다. 그러므로 틸리히는 방법과 내용이 존재를 탐구하는 과정 속에서 서로 연관되어 있음을 인정한다. 이 때문에 모든 것의 '근거' 혹은 '토대'가 되는 존재론적 풍요로움을 유지하기 위해 상호관계의 방법이 필요하게 된다.

틸리히의 존재론은 실재의 주-객 구조, 또는 인간의 입장에서는 자기와 세계의 양극성으로 시작된다. 다음 장에서 이를 다루겠지만, 자기-세계의 양극성이란 유한성과 자유 모두의 존재론적 근거이다. 인간이 무조건적인 것을 즉각 의식하는 것은 분리된 주체와 객체를 초월하는 경험이기에, 신학이 시도할 수 있는 유일한 방법은 이 초월적인 경험을 유한한 인간 실존이 제기하는 궁극적인 물음과 연결지어주는 상호관계 방법[25]이다. 이렇게 볼 때 상호관계 방법은 인간이 유

---

24 *ST*, I, 60.

25 이에 관한 연구를 더 살피려면, 다음을 참조하라. John P. Clayton, *The Concept of Correlation: Paul Tillich Possibility of Mediating Theology* (Berlin, New York: de Gruyter, 1980), Ch. III. 클레이턴은 상호관계의 모델 두 가지를 대조하며 이에 관해 상세히 설명한다.

한과 무한에 참여하는 것에 대한 인식론적 반성이라고 이해할 수 있겠다.

    사실 상호관계 방법은 틸리히가 변증신학을 강조하는 데서 이미 암시되어 있다. "상호관계 방법은 실존의 물음과 신학의 대답을 통하여, 이 둘의 상호 의존 속에서 그리스도교 신앙의 내용을 설명한다."26 물음과 대답의 상호 의존성은 형식과 내용의 관계라는 측면에서 설명될 수 있다. "내용의 측면에서 그리스도교의 대답은 그 대답이 드러나 있는 계시적 사건에 달려 있으며, 형식의 측면에서 그리스도교의 대답은 그것이 답하는 물음의 구조에 달려 있다."27 물음과 대답의 상호 관계를 보다 명확히 이해하기 위해, 과학 담론의 영역에서 '상호관계'라는 용어가 뜻하는 바를 검토해보자. 여기서는 상호관계의 세 가지 양상을 확인할 수 있다. 먼저, 상호관계는 "서로 다른 정보들의 관련성"(correspondence)이다.28 이러한 양상에서 틸리히는 상호관계를 종교적 상징과 그것이 상징하는 바 사이의 관련성으로 이해한다. 상호관계에 대한 이러한 이해는 신학적 앎의 문제(예: 누군가로 하여금 역사적 실존이라는 조건 아래서 무조건적 존재를 즉각적으로 인식하게 하려면 상징의 사용이 불가피하다)에서 도출된다. 둘째로, 상호관계는 "반대되는 개념들의 논리적 상호 의존성"도 가리킨다.29 이러한 양상을 볼 때, 인간과 관련한 개념들과 신과 관련한 개념들 사이에는 끊임없는 상호관계가 있음을 알 수 있다. 마지막으로, 상호관계는 "구조적 전체에 포함

---

26 *ST*, I, 60.

27 Ibid., 64.

28 Ibid., 60.

29 Ibid.

된 사물과 사건들의 실재적 상호의존성"을 뜻하기도 한다.[30] 이러한 양상은 인간의 궁극적 관심 그리고 그 관심이 궁극적으로 관심하는 바와 관련된다. 상호관계의 세 가지 양상은 모두 실재의 주-객 구조에 대한 틸리히의 이해와 관련이 있으며, 이 중 마지막인 세 번째 양상이 가장 중요하고 포괄적이다.

상호관계의 이와 같은 변증법적 특성에 근거하여, 틸리히는 상호관계가 고정적인 개념이 아니라 역동적인 개념임을 강조한다. 그는 질문과 대답의 상호관계에서 어떠한 우선순위(연역의 순서나 귀납의 순서나 모두)도 받아들이지 않는다. 상호관계의 중심이자 출발점은 물음과 대답이 연합되는 지점이다.[31] 틸리히의 상호관계 방법이 변증적으로 중요하다는 점은 그가 신학의 구조를 논의하면서 충분히 해명되었다 (그는 이 논의에서 신학의 자료, 신학에서 종교적 경험의 역할, 원천과 경험을 해석하기 위한 규범 등 세 가지 중심 주제를 전체적으로 그리고 개별적으로도 다룬 바 있다).[32] 여기서 주목할 것은, 신학 방법론을 논하는 내내 틸리히가 개인적 차원과 역사적 차원 모두에서 역동적으로 나타나는 인간학적 요소를 힘주어 강조하고 있다는 점이다.

인간학적 측면에 대한 틸리히의 집요함과 강한 어조는 신학이 합

---

30 Ibid.

31McKelway, op. cit., 48. 케니스 해밀턴은 틸리히의 존재론적 체계 안에서 실존의 물음과 신학의 대답이 긴밀히 통합되어 있다는 이유로 틸리히가 상호관계를 요청하는 것을 비판한다. "이미 통합된 것에 상호관계는 불필요하다." 이는 얼핏 보기에는 탁월한 비평일지 모르지만, 틸리히의 상호관계를 별개의 개체들을 어떻게든 종합하는 방식으로 결합하는 방법론으로 보는 것은 오해의 소지가 있다. 그보다는 이를 구별된 형태로 드러난 실재의 상호관계적 구조를 그리려는 시도로 봄이 타당하다. cf. Kenneth Hamilton, *The System and the Gospel: A Critique of Paul Tillich* (New York: The Macmillan Co., 1963), ch. VI.

32 Cf. *ST*, I, 34-52.

리적 학문이 되어야 한다는 결론으로 갈무리된다. 이 합리성의 기본이 되는 세 가지 원칙이 있는데, 그 중 첫 번째는 "의미론적 합리성"이다. 신학자는 한 단어에 담긴 모든 의미가 서로 관련이 있는지, 중심이 되는 의미에 초점을 맞추고 있는지 확인해야 한다. 두 번째 원칙은 "논리적 합리성"인데, 이는 "모든 의미 있는 담론을 결정하는, 또한 논리학 분야에서 만들어진 구조들"과 관련이 있다. "신학은 다른 학문 분야와 마찬가지로 형식 논리에 좌우된다."[33] 신학을 합리적인 학문이 되게 하는 세 번째 원칙은 "방법론적 합리성"이다. 이는 신학자가 체계적이며 일관적인 방법을 택해 이를 따를 것을 요구한다.

이와 같은 합리성에 근거하여, 신학은 물음과 대답의 상호관계를 실제로 적용함에 있어 이중의 과제를 떠맡는다. 한편으로 신학은 인간이 처한 상황을 분석하고 그 분석에서 발생하는 실존의 물음을 진술한다. 그다음 한편으로 신학은 "그리스도교 메시지에서 사용된 상징들"이 그 실존의 물음들에 대한 대답을 제시하는 방식으로 답을 찾는다. 이것이 메시지와 상황의 상호관계이다. 이는 동시에 신학과 철학의 상호관계이기도 하다. 신학에게 요청된 실존 분석은 사실 철학이 해야 할 과제이기도 하기 때문이다.

상호관계 방법을 좀 더 잘 이해하기 위해, 간단하게나마 이를 이성과 계시의 관계에 적용해보자. 인간의 합리성을 비판적으로 분석해보면, 실존이라는 조건에 처한 이성이 스스로 "자기 파괴적인 갈등"에 빠지고 만다는 사실이 드러난다. 이성의 구조와 깊이가 지닌 양극성은 '자율'과 '타율'의 경향 사이에서 갈등을 유발하며, 이러한 갈등으로 인해 "신율을 요청"하게 된다. 이성 안에 있는 고정적 요소들과 역동

---

33 Cf. Ibid., I, 53-59.

적 요소들 사이의 양극성으로 인해서는 '절대주의'와 '상대주의' 사이에서 갈등이 일어난다. 이로 인해 "구체적인 절대(자)를 요청"하게 된다. '형식적' 요소들과 '감정적' 요소들 사이의 양극성은 형식주의와 감정주의 사이에서 갈등을 유발하며, 이러한 갈등으로 인해 "형식과 신비의 연합을 요청"하게 된다. 세 가지 예 모두를 두고 틸리히는 결국 "이성은 계시를 요청하게 되고 만다"[34]고 강변한다.

예시가 보여주듯, 틸리히가 그의 상호관계 방법이라는 강력한 수단을 통해 신학이라는 기획으로 하여금 당대의 상황에 공명하게 하려 했다는 점은 의심할 여지가 없어 보인다. 이러한 맥락에서 이 방법의 역사적 배경에 주목해보는 것은 의미 있는 작업이다. 상호관계 방법은 그것의 존재론적 전제로서 존재의 유비(analogia entis)라는 학문적 원리를 가지고 있다. 이는 "존재-자체이신 하느님은 존재론적 구조 자체의 지배를 받지 않을 뿐 아니라 존재하는 것들을 관통하는 존재론적 구조의 근거이다"[35]라는 신학적 진술로 설명된다. 따라서 신학과 철학은 철학적 근거들, 혹은 신학적 근거들 위에서 상호관계를 맺을 수 있다. 나아가 이 원리를 통해 틸리히는 존재론적 절대자와 신학적 절대자가 궁극적으로 하나라고 역설한다. 상호관계 방법은 이 절대자들의 연관성과 과정적 차이 때문에 요구된다. 이러한 면에서 상호관계 방법은 변증법적이라고 할 수 있으며, 그렇게 볼 때 틸리히의 신학 방법론이 스콜라 철학의 영향을 받았다는 역사적 배경의 관계를 분명히 알 수 있다.

이와 같이, 틸리히의 신학 방법론은 그 구조에 있어 포괄적이며 다

---

34 Cf. Ibid., I, 83-94.

35 Ibid., 239.

방면에 적용 가능하다. 특히 상호관계 방법을 구성하는 물음과 대답의 변증법은 그가 신학 분야에서 노력을 쏟은 주요 관심사가 지금의 실존적 상황에서 그리스도교 메시지를 이해하는 것이었음을 알려준다. 그는 변증을 목적으로 그의 신학 체계에서 존재론을 동원해 실존적 물음이 보편적이며 심오한 것임을 분명히 하려 한다. 사실 존재론은 그의 체계에 지적인 활력을 불어넣었으며 편협해지지 않도록 항체가 되어 주었다.[36]

틸리히의 신학 방법론이 체계적인 구조를 갖추었음에도, 일부 비평가들은 저 상호관계에서 균형을 유지하는 데는 문제가 있다고 주장하곤 한다. 그들은 틸리히의 체계에서 철학의 물음이 실제로는 신학의 대답을 지배하고 있다며 우려의 목소리를 냈다. 그러나 상호관계 방법을 좀 더 자세히 들여다보면 여기서 방법론 자체가 중요한 것이 아니라 이 방법을 실제로 수행하는 것이 중요함을 알 수 있다. 비판가들의 주장과 달리 그의 신학 방법론은 그 주목적이 상황화(contextualization), 곧 신학 교리를 당대의 인간이 처한 상황에 맞게 해석학적으로 이해하는 것에 있음을 고려하여 평가해야 한다. 틸리히의 노력 중 가장 높이 평가해야 할 부분은 그가 인간의 상황에서 자신의 신학을 구축했다는 점이다. 그는 신학의 인간학적 의미를 강조하여 신학이 당대의 상황에 유의미해야 한다고 역설했다. 이렇게 함으로써 그는 신학이 모든 실존을 위한 실제적 의미를 담은 학문이 되게 하였다. 틸리히 자신이 언급했듯, 상호관계 방법이 신학처럼 오래된 것이라면 그가 한 일은 이 영원하지만 언제나 유의미한 변증신학의 방법론적 의미를 드러내어 설명한 것이라 할 것이다.[37]

---

36 Carl J. Armbruster, S.J., *The Vision of Paul Tillich* (New York: Sheet and Ward, 1967), 37.

앞서 지적했듯, 틸리히의 상호관계 방법은 실재의 주-객 구조에 대한 그의 존재론적 분석에서 비롯되며, 이 구조 안에서 유한과 자유 경험의 존재론적 근거가 발견된다. 상호관계 방법은 외부에서 시작되지 않은 내적 변증법을 중심으로 하지만, 존재의 구조를 이루는 일부이다. 본 논문의 주제에서 틸리히 신학 방법론이 중요한 이유는 인간의 유한과 자유라는 물음이 근본적으로 요구하는 존재-신학적 구조를 체계적으로 구축할 가능성을 상호관계 방법이 열어주기 때문이다.

---

37 Ibid., 31.

II. 인간의 유한성에 대한 존재론적 분석

인간의 근본적인 구조에 대한 틸리히의 실존적인 분석은 그의 전반적인 존재론의 차원 안에 놓여 있다. 이미 앞서 설명된 것처럼 그의 존재론 안에서 그는 존재의 문제, 특히 인간 유한성의 문제와 존재 자체로 이해된 신이라는 신학적인 대답에 내포된 철학적인 질문들 사이에 놓인 상호관계를 발견한다. 신학 체계 안에서 인간학을 구성하기 위해서 틸리히는 실체화된 인간 본성에 대한 객관적인 연구보다는 인간 경험에 대한 현상학적 분석을 이용한다. 그러나 이것은 그가 자신의 존재론적 체계 안에서 객관성의 가치를 무시한다는 것을 뜻하진 않는다. 오히려 로버츠(David E. Roberts)가 명확하게 지적한 것처럼, 인간 실존에 대한 틸리히의 해석은 객관성의 한계와 무전제의 불가능성에 대한 해석학적 성찰을 토대로 중립적이고 실존적인 요소들을 결합하고자 한다.[1]

객관적인 사유와 실존적 성찰을 조화시키는 것은 존재에 대한 근본 질문—"왜 무엇이 없지 않고 존재하는가?"—을 시작으로 삼는 틸리히의 존재론적 체계의 주요한 특징이다. 이러한 이유로 존재론적 질문의 필연성과 가능성을 인간 유한성의 논의에 앞서 점검해야만 한

---

1 David E. Roberts, "Tillich's Doctrine of Man", In Kegley, 142-146.

다. 틸리히는 존재에 대한 참된 질문이 존재들의 보편적인 특성들 혹은 개별적인 표현들만 가지고서 존재들의 본성을 묘사하는 데 충분하지 않다고 지적하면서 오히려 현실 가능한 비존재(a possible nonbeing)의 충격이 존재론적 질문을 심오하게 만들게 된다는 점에 근본적으로 주목한다.2 비존재의 위협은 '존재론적 충격'을 초래하는데 그 안에서 존재의 신비의 부정적인 측면이 체험된다. 말하자면, 누군가가 그의 실존 안에서 존재의 질문을 추구한다면 그는 그러한 존재론적 질문의 필연성과 가능성이 일치하는 시원적인 토대로서 비존재 또는 무가 나타나는 충격의 지점을 넘어설 수 없다.

그러한 일치로부터 틸리히는 더 나아가 인간 체험의 구조를 묘사하는 '존재론적 개념들'이라고 부르는 것의 토대 위에서 존재론 자체의 가치를 설정한다. 여기서 주목할 점은 틸리히에 있어서는 그것들이 선천적(a priori)이라는 것이다. 다만 여기서 선천적이라는 것은 존재론적 개념이 체험에 앞선다거나 그것이 불변하는 틀을 구성한다는 것을 의미하지는 않는다. 오히려 선천적이라는 것은 존재론적 개념들이 경험의 본성을 결정하는 방식으로 경험에 구조를 제공한다는 것을 뜻한다.3 틸리히가 여기서 다루고 있는 경험은 당연히 존재와 비존재의 관계에 대한 근본적이며 모든 것을 아우르는 체험이다. 이러한 존재론적 실재들의 심오하고 궁극적인 성격 때문에 틸리히는 경험을 통해서 주어지는 특정한 내용에 대한 통상적인 이해를 넘어서 지적 인식에 근거를 둔 경험 자체의 근본 특성으로 나아간다.4 존재와 비존재

---

2 Paul Tillich, *Love, Power, and Justice: Ontological Analyses and Ethical Applications* (London: Oxford University Press, 1977), 19. 이하 *LPJ*로 표기.

3 *ST*, I, 166.

4 *LPJ*, 24.

의 관계에 대한 체험적인 차원은 객관적인 사유와 실존적인 성찰을 포괄하기 때문이다.

존재와 비존재의 인간 경험에 대한 그의 분석을 위해서 틸리히는 '자기-세계 상호관계'에서 시작한다. 여기서 그는 각 요소에 대하여 항상 양극적인 관계에 있는 존재론적 요소들을 고려하면서 유한성에 대한 논의로 들어간다.

1. 인간 존재의 근본 구조: 자기-세계의 상호관계

서양 사상사는 통상적으로 주객 이분법의 지배를 받아왔다고 여겨진다. 그렇기 때문에 실재에 대한 어떠한 이론적인 접근도 주객 구도의 근본적인 구조로서 나타나는 기본적인 양극성에 대한 인식론적 고찰 없이 수행될 수 없다. 이 필요성을 인정하면서 틸리히는 자기와 세계의 양극성으로서 존재의 주체-객체 구조를 발전시킴으로써 그의 존재론을 구성한다. 이것은 "인간은 그가 속해있는 하나의 세계를 가지는 존재로서 자기 자신을 경험한다"[5]는 그 자신의 주장과도 맥락을 같이 한다.

실존에 대한 틸리히의 강조는 그로 하여금 인간의 모든 체험들 안에 들어있는 자기중심성과 자기 관계성을 강조하도록 이끈다. 자기가 출발일 수밖에 없음을 틸리히는 이렇게 서술한다. "자기는 존재하거나 존재하지 않을 수 있는(may or may not exist) 사물이 아니다. 그것은 실존의 모든 질문들에 논리적으로 앞서는 존재론적 현상이다."[6] 그는

---

5 *ST*, I, 169.

이를 근거로 자기와 세계를 각각의 존재를 가진 '사물들'로 간주하는 일반적인 경향을 거부한다. 자기중심성은 본질적으로 하나의 환경에 귀속됨을 뜻하며 따라서 자기의 존재는 그 환경과 관계를 가지게 되는데 양자는 상호 결정의 방식으로 서로에게 영향을 미친다. 그러나 자의식에 근거를 둔 자아-자기(ego-self)로서 인간은 환경의 외적인 조건화를 초월하며 보편적인 규범들에 따라 주어진 환경을 파악하고 형성할 수 있는 힘을 사용해 세계를 구성한다.[7] 이런 방식으로 자기와 세계는 양극적인 관계에 서 있다. 한편으로는, 모든 자의식의 행위들에 내용을 제공하는 세계 없이 자기는 공허한 형식일 것이다. 다른 한편으로는, 인간을 세계로부터 떨어져 서있게 하며 세계를 스스로에 대하여 대립되는 것으로 볼 수 있게 만들면서 현실화되는 자의식 없이는 세계의식도 존재하지 않을 것이다.[8] 결과적으로 자아-세계 상호관계는 자기로부터 세계를 끌어내거나 세계로부터 자기를 뽑아내려는 시도에 내포된 악명 높은 위험들을 피하게 한다. 그것은 또한 텅 빈 사유실체(res cogitans)를 기계적으로 파악된 연장실체(res-extensa)

---

6 Ibid. 자기(self)가 독창적인 현상으로 이해될 때, 자기됨(selfhood)은 자아(ego)보다 더 적합한 표현이 된다. 왜냐하면 자기됨의 의미 안에 깨어난 자의식뿐만 아니라 잠재의식, 무의식, 심지어 구조적인 전체에 의존하는 자극에 대한 반응 모두가 포함되기 때문이다. 이러한 의미의 확장은 틸리히로 하여금 어떤 면에서 자기중심성(self-centerdness)을 인간뿐만 아니라 모든 살아있는 것들, 심지어 더 나아가, 비유기적 본성을 가진 모든 개별적인 형태들(Gestalten)에게도 유비적으로 적용할 수 있게 만든다. 이러한 확장된 의미를 틸리히가 채택한 것은 그에게 있어서 인간과 자연을 나누는 근본적인 이원론은 존재하지 않으며 인간이 자연 환경과 연속성을 가지고 있다는 것을 의미한다. 그것은 더 나아가 그의 존재론에 빈번하게 출현하는 범심론(panpsychism)을 반영하고 있기도 하다. CF. Martin, op, cit., 190.

7 *ST*, I, 170.

8 Martin, op, cit., 36.

와 연합하는 과제를 가진 데카르트적 이분법의 딜레마도 피해 간다.[9]

틸리히는 이렇게 이해된 자기-세계 상호관계의 존재론적 양극성이 주객 구조로 표시되는 인식론의 토대라고 설명한다. 주관적인 이성은 정신(mind)의 이성적인 구도를 대표하는 자아의 구조적인 중심인 반면에, 객관적인 이성은 실재(reality)의 이성적인 구조를 대표하는 세계의 구조적인 전체를 가리킨다.[10] 역으로 존재의 로고스적 성격으로서의 이성은 상호 관계 안에서 자아와 세계를 공히 창조한다. 그러나 자아-세계 상호관계와 인간 체험의 주객 구조 사이의 밀접한 연관에서 주목할 점은 이성 자체가 대상화를 향한 내적 경향을 가지고 있으며 이로 인해 인간 현실(human reality)에 대해 '물상화'(Verdinglich-ung)가 초래될 수 있다는 것이다. 틸리히는 그러므로 다음과 같이 진술한다. "논리적인 대상화의 위험은 그것이 다만 논리적인 행위가 아니라는 데에 있다. 그것은 존재론적 전제와 그에 따른 결론들을 내포하고 있다."[11] 말하자면 이성이 대상화하는 과정에서 앎이 있음으로까지 마구 확장하는 문제를 지니고 있다는 것이다.

이러한 물상화나 대상화로 나타나는 왜곡을 피하기 위해서는 자아-세계 상호관계에서 균형과 상호의존성을 강조하는 것이 필수적이다. 양극성이 온전한 의미에서 가능한 이유는 이성이 자신의 구조를 유지하면서도 스스로를 초월할 수 있기 때문이다. 주관적 정신과 객관적 실재를 관통하는 이성적 구조는 '탈자적 이성'(ecstatic reason)에서 포함되면서 초월된다. 자아 내부의 주관적인 이성과의 연관에서

---

9 David E. Roberts, op. cit., 150.

10 *ST*, I, 77.

11 Ibid., 172.

탈자적 이성을 통해 사고는 "유한한 이성의 기본적인 조건을 초월"[12]
하는 반면에, 세계 안에 있는 객관적인 이성에 대해서는 실재가 계시
적인 상황으로 받아들여지고 새겨진다는 것을 의미한다. 그러므로 유
한한 이성은 존재 자체인 신의 힘으로 말미암아 유한한 상태에 머물
면서도 주객 구조를 넘어서 고양될 수 있는 잠재력을 부여받는다. 여
기서 구체적으로 보편자들의 힘을 드러낼 이성적 언어는 인간이 자신
의 환경을 초월할 수 있는 기본적인 수단의 역할을 하게 되며, 바로
그러한 이유로 인간 자유의 원천으로서 이해된다.[13]

2. 인간 존재를 구성하는 존재론적 요소들

틸리히는 기본적인 존재론적 구조로서의 자기-세계의 상호관계
에서 자기를 모든 인간 실존에 현존하고 있는 존재론적 요소들의 견
지에서 이해한다. 이러한 요소들은 양극적 관계 안에 있는 세 개의 쌍
들이다. 이 세 쌍들은 각각 개별화-참여, 역동성-형상, 자유-운명이
다. 각각의 쌍 안에서 '앞의 요소는 존재의 자기중심성, 즉 스스로에
대하여 무언가로 존재할 수 있는 힘을 표현하는 반면에, 뒤의 요소는
존재의 귀속성(belongingness), 즉 우주의 부분으로서 존재할 수 있는
성격을 표현한다."[14] 존재론적 요소들의 양극적 구조는 실존 안에서

---

12 Ibid., 112.

13 이러한 이유로, 자유에 대한 질문은 능력(faculty)의 특성에 대한 질문이 아니라 인간 실
존의 존재론적 구조의 요소에 관한 질문으로서 제기되어야 한다. 그러므로 인간을 개인
적이면서도 공동체적인 존재로 만드는 데 기여하는 것은 무엇이든 자유와 관계된 것이
다. Cf. J.Heywood Thomas, op. cit., 113.

존재론적 의의들을 구성하면서 자기-세계 구조를 이룬다. 이때 존재론적 의의들은 그것들이 대립되면서도 분리될 수 없는 관계들 속에서 파악될 경우에만 구성되는 것이다. 여기서 우리는 대립적 모순의 포월적 역설로의 전환이라는 틸리히의 사상적 구도를 다시금 확인하게 된다.

사실, 양극성은 틸리히 사상의 중요한 방식이며 특징이다. 주목할 만하게도 양극성 자체가 유한성의 본질적인 특성으로서 유한성의 영향력 아래에서는 긴장을 이루는데, 이것이 현실에서는 실존적 불안의 주요 원천이 된다. 즉, 양극성의 이상적인 균형은 각각의 구성 요소가 대립적인 요소를 균형 잡힌 전체를 이루기 위해서 반드시 필요한 상대로 가지면서 인간의 본질을 이룬다. 여기서 주목할 것은 존재가 본질적으로 비존재와 관계되기는 하지만 그렇다는 이유만으로 반드시 존재론적인 양극성이 무너진 자기-파괴의 상태로 내몰리는 것은 아니라는 점이다.[15] 그러나 존재는 존재론적 긴장들을 초래하는 실존적인 붕괴 가능성에 언제나 열려 있다. 결국 이러한 양극적인 구조는 인간의 본질적인 구조와 실존적인 소외를 관통하여 분석하는 틸리히의 근본적인 틀이라고 볼 수 있다.

그럼에도 불구하고 타락 이전의 창조 단계에서 주어진 본질적인 존재의 존재론적 요소들에 대한 연구는 그 자체로 의미가 있다. 왜냐하면 존재의 본질적인 구조가 적어도 실존의 가장 붕괴되고 소외된 형태에서조차도 부분적으로 유효하게 작동하고 있기 때문이다. 아울러 틸리히에 따르면, 인간의 근본적인 구조에 대한 적절한 이해 없이

---

14 *ST*, I, 165.

15 Ibid., 202.

는 인간의 실존적인 현실을 완전하게 조명하는 것이 불가능하다.

1) 개체화와 참여

대조적 분화라는 구도에서 틸리히는 개체화(individualization)를 자기중심성의 특성으로서 그리고 참여를 보편적인 귀속성의 특성으로서 새기면서 양극성을 설정한다.16 개체화를 통해서 인간은 환경으로부터 분리되며 자연의 주어진 조건을 초월할 수 있는 능력을 가진다. 그러나 틸리히가 전체 우주가 모든 개별자 안에 현존하며 다만 개별자의 제약들에 의해서 제한받을 뿐이라는 라이프니츠의 주장을 인용할 때,17 그는 명백하게 개체성을 유적 개념(generic concept)으로서 수용한 것이 아니라 보편성과 대극적인 관계에서 개체성으로 수용한 것이다. 그러므로 개체화는 세계를 가질 수 있는 능력인 참여에 대한 전제조건이 된다.

모든 존재의 개별적인 자기는 자신의 환경에 참여하지만 소우주(microcosm)인 인간은 사고와 실재의 이성적 구조들을 수단으로 하여 전체 우주에 참여한다. 존재론적인 양극성들이 명확하게 인식되는 인간에서, 개체화는 그러한 자기를 '인격'으로서 구성하며 참여는 다른 존재들과의 제약 없는 '교제'를 위한 능력을 구축한다.18 그러나 인간

---

16 존재론적 양극성들 가운데에서, 개체화와 참여의 양극성은 자연에 대해 인간 실존이 가지는 연속성과 불연속성의 양극성으로 바꾸어 이해할 수 있다. 이러한 의미에서 틸리히의 존재론적 체계는 우주의 조화라는 동양적인 원칙과 밀접한 관련성을 가지고 있는 것으로도 해석될 수 있다.

17 Ibid., 176.

18 Ibid.

의 참여는 잠재적으로는 무한함에도 불구하고 항상 제한될 수밖에 없다. 왜냐하면 인간의 참여는 구별과 분리를 포함하는 개체화에 대한 양극적인 관계에 있을 수밖에 없기 때문이다. 그러므로 틸리히에게 있어 참여는 문맥상 다양하게 이해될 수 있지만 인간 유한성에 본질적인 것으로 간주된다.

틸리히에 따르면, 개체화와 양극적 관계에 있는 참여는 하나의 기본적인 존재론적 요소로서 관계라는 범주의 기저를 이룬다.[19] 다시 말하면, 인간 실존의 수준에서 참여는 자기를 절대화하는 경향을 거절할 수 있는 기준점이 된다. 그럼에도 만일 오직 참여의 요소에 대해서만 존재의 의미를 인정하려 한다면 이 또한 하나의 왜곡일 것이다. 오히려 본래적인 인간관계를 위하여 이러한 양극성을 구성하려는 틸리히의 노력은 개체화와 참여에 대한 양극적 균형을 창조하는 존재론적 힘으로서의 사랑에 대한 이해에까지 이르고자 한다는 점을 주목해야 한다.[20]

2) 역동성과 형식

역동성과 형식에 대한 틸리히의 이해는 질료와 형상(matter and form)이라는 고전적인 개념에 상응한다. 형식은 "사물을 그 자신의 어

---

19 Ibid., 177.

20 LPJ, 25. 틸리히는 사랑을 소외를 통해 분리되고 해체된 것을 연합할 수 있는 궁극적인 존재론적 힘으로 이해한다. 이러한 의미에서 사랑은 참여에 기반을 둔 존재론적 실제이다. 그러나 사랑이 자신 안에서 개체화와 참여의 양극성을 전제하고 있기 때문에 사랑은 동화(assimilation) 혹은 극단적인 단일화와 혼동되어선 안 된다. 틸리히의 사랑 이해에서 가장 주목할 만한 점은 사랑이 인간의 유한성의 질문에 대한 궁극적인 해답을 위하여 제시된다는 것이다.

떠함으로 만들어주는 것"[21]을 의미한다. 그러나 역동성은 그 자체로 존재할 수 없으며, 다르게 말해서, 자존성(aseity)을 가지고 있지 않다고 할 수 있다. 역동성은 다만 형식의 영향을 받아서 하나의 구조로 변화될 때만 현실태(actuality)가 되는 잠세태(potentiality)이다. 역동성은, 그 자체만 놓고 볼 때, 형식을 기다리는 혼돈으로 가득하고 정돈되지 않은 질료일 뿐이다. 하지만 형식과의 양극적 관계 안에서 그것은 힘의 차원을 나타낸다. 그러므로 틸리히는 역동성을 "형식을 소유하고 있는 사물들에 대립되는 비존재이면서 동시에 전적인 비존재에 대립되는 존재의 힘"[22]인 잠세태로서 묘사한다. 그러나 형식은 존재의 힘을 결여하고 있기 때문에 역동성과 결합되지 않고서는 스스로를 현실화할 수 없다.[23]

이렇게 파악된 또 하나의 존재론적 양극성은 인간 실존에서 생동성과 지향성 사이에 놓인 양극적인 차이로 드러난다. 인간 생동성은 인간이 지닌 특별한 존재의 힘이며 생물학적 실존의 자연적인 근거를 넘어서 밀고나가는 경향성을 보인다. 그런가 하면 인간 역동성의 독특한 성격은 그의 지향성에 의존한다. 그런데 여기서 지향성이라는 개념은 다만 의식적으로 생각된 목적을 위하여 행동할 수 있는 능력만을 뜻하는 것이 아니다. 오히려 여기서 지향성은 생명의 과정에서 인간의 이성을 현실화할 수 있는 힘을 뜻한다.[24] 이러한 의미에서 인간은 자신 안에 목적론적 특성을 가지게 된다. 인간 지향성의 뿌리는

---

21 *ST*, I, 178.

22 Ibid., 179.

23 Ibid., 249-250.

24 Ibid., 180-181.

형식들을 초월할 수 있는 능력이며 그것은 더 나아가 새로운 형식들을 창조할 수 있는 능력이기도 하다. 이로 인하여 지향성은 인간 자유의 기초적인 원천으로서 파악된다. 동시에, 지향성과의 상호 관계 덕분에, 자기-초월을 향한 생동성의 밀고 나아감은 객관적인 구조들과 의미 있는 내용들을 향하도록 방향이 정해진다.

생동성과 지향성은 인간의 자기-초월과 자기-보존의 토대이다. 이 둘은 이와 함께 진행되는 자기기획을 의미하는데, 자기기획이란 "자기보존(그의 인간됨의 보존)을 달성하는 기초 위에서 어떠한 주어진 상황도 초월할 수 있음"[25]을 의미한다. 이것은 인간의 '존재'(being)가 또한 '되어감'(becoming)이기 때문에 미래를 향한 시간적 방향설정을 포함한다. '되어감'은 존재의 구조에서 볼 때에는 그 되어감의 과정에서 변화되지 않은 채로 남아있는 것과 같은 정도로 참된 것이다."[26] 틸리히는 여기서 되어감(becoming)은 존재의 보존과 지속을 전제한다는 점에서 임의적이고 혼돈스러운 변화와는 구별된다고 지적한다. 그럼에도 주목할 점은 인간 존재가 과학과 문화를 통해서 어떠한 주어진 환경적 상황도 극복하며 끝없이 발전할지라도 그의 생물학적 자기-초월에는 구조적인 한계들이 엄연히 존재한다는 것이다. 인간은 자신의 역사성과 지향성의 구조를 넘어서 발전할 수 없다. 그러한 한계들을 초월하는 것은 인간을 이루는 실재를 파괴하게 되기 때문이다.[27]

---

25 Ibid., 181.

26 Ibid. 로버츠(David Roberts)는 이러한 관념을 명확한 방식으로 다음과 같이 표현한다. "변화는 구조만큼이나 실재적이다. 그러나 구조를 과정(process)으로 간주하는 것은 터무니없는 것이다. 그 이유는 그렇게 할 경우 선행적이고 후차적인 조건들 가운데에 놓인 인간의 삶 안에서 지속성이 있을 수 없기 때문이다." 그러나, 심지어 그의 명확한 설명을 놓고 보더라도, 왜 과정이 지속성으로 간주될 수 없는지에 대한 질문은 여전히 남아있다. Cf. David E. Roberts, op. cit., 151.

틸리히의 존재론적 요소의 개념에 대한 이러한 논의를 통해서 그가 생명을 양극적인 요소들의 역동적 상호작용을 통해서 일어나는 시간적이고 지속적인 움직임으로 간주하고 있음이 분명해졌다. 그러나 이 시점에서 다음과 같은 질문이 자연스럽게 발생한다. 이러한 양극적인 요소들이 동일성(identity)을 구성하는 지점이 있는가? 혹은 양극적 관계 속에 있는 요소들을 지탱하는 더 높은 통일성(unity)이 존재하는가? 이것은 이러한 양극적인 요소들이 연합할 가능성을 발견할 수 있는 토대에 관한 질문이다. 이 질문은 이어서 등장하는 셋째 존재론적 양극성에 대한 논의로 우리를 이끌어간다.

3) 자유와 운명

틸리히에게 있어서 자유란 다른 모든 존재론적 요소들보다 더 중요한 요소이다. 자유로 말미암아 인간이 인간될 수 있기 때문이다. 인간의 자유를 자기-세계 상호관계의 견지에서 정의하는데 틸리히는 한 개인은 그의 자유를 위해서 세계로부터 분리되면서도 연합되어 있는 중심성을 띤 자기가 되어야만 한다는 전제에서 시작한다. 이러한 특별한 전제에서 자기 결정과 타자-관계성 둘 모두가 인간 자유에 본질적이라는 점이 도출된다. 그러나 틸리히는 더 나아가 진부하고 오해의 소지가 있는 것으로 보이는 '자유의지' 개념으로부터 전체적인 상황에서의 자극에 대해 반응하는 전인성으로서의 자유라는 개념으로 나아가려고 시도한다.[28]

---

27 Martin, op. cit., 89.
28 *ST*, I, 183.

물론 인간의 자유는 결코 절대적이지는 않다. 그것은 항상 제약과 조건의 맥락 안에 머물러 있다. 틸리히가 운명이라는 단어를 자유에 대한 양극적인 개념으로 사용하는 것도 이러한 포괄적인 맥락을 지시하기 위함이다. 이렇게 할 때 심사숙고와 의사결정을 하는 자기가 신체가 없는 자의식으로 존재하는 순수 인지론적 주체로 파악되는 것을 막을 수 있다.[29] 오히려 결정들은 자연과 역사에 의해서 형성된 자기에서 나온다. 자기는 신체적 구조, 심리적 투쟁들, 도덕적이고 영적인 성품, 공동체적 관계들, 과거의 체험과 환경의 전체적인 영향을 포함한다.[30] 이러한 이유로 틸리히는 불확정적인 우연성에 기계적인 결정성을 대립시키는 '필연성'(necessity) 대신 '운명'(destiny)이라는 용어를 사용했던 것이다.[31]

자유와 운명의 관계가 지니는 영향력을 이해하기 위해서 운명의 의미를 좀 더 면밀하게 정의하는 것이 필요하다. '운명'이란 용어는 한 사람이 잠재적으로 존재하는 것의 현실화이면서 또한 의미 있는 인간의 삶을 제약하고 조건 짓는 구조를 동시에 지칭하기 위하여 사용된다. 그러나 이것은 인간 삶의 구조가 그저 결정되어 있다고 말하는 것은 아니다. 틸리히의 주장에 따르면 운명은 자유와 대립되는 개념이기라기보다는 상호 관계 속에 있는 개념이다. 왜냐하면 운명이 필연성과 의미의 결합을 뜻하면서 자유를 가능하게 하기 때문이다. "나의 운명은 나의 자유의 기초이다. 나의 자유는 나의 운명 형성에 참여한

---

29 Martin, op. cit., 91.

30 David E. Roberts, op. cit., 152.

31 "운명"(destiny)이란 용어는 종말론적 의미를 지니고 있기에 자유와 양극적 관계에 설 수 있는 특징을 지니고 있다. 그러므로 이 단어는 자유와 다만 모순관계를 지니고 있음을 의미하는 "결정론적 숙명(fate)"과는 분명히 구분되어 쓰이고 있다.

다."[32] 그러므로 필연성은 자유의 의미 있는 구조를 동반할 때 운명으로 변모하고 우연성은 운명의 의미 있는 구조와 연관하여 자유로 변모한다.

여기서 틸리히가 인간의 자유와 신의 자유를 운명과의 관계라는 관점에서 비교한 것은 우리의 주목을 끈다. 신 안에서 자유는 운명과 완전한 통일된다. 그러나 인간 실존에서 자유는 운명과 양극적 긴장에 놓여 있다. 신적 자유는 '있음'(isness)이라는 특징을 가진다면 인간의 자유는 '되어감'(becomingness)이라는 특징을 가진다. 이러한 비교로부터 인간 자유의 존재론적 성격에 대한 질문이 발생하여 인간의 본성에 대한 숙고를 요청한다. 틸리히는 인간의 자유를 실존적 주체의 '본질'로 보는데, 말하자면 자유가 인간의 본성이라는 것이다.[33] 그러나 자유의 터전인 운명은 실존적인 주체에 대하여 그리고 그 안에서 항상 현존하고 있다. 그러므로 그가 인간의 본성에 대하여 언급할 때 양극적인 요소들을 규명함으로써 '유한한 자유'(finite freedom)로 표현되는 인간의 전체적 구조에 관하여 말하고 있는 것이다.

자유와 운명의 본질적인 관계가 밝혀지기 위해서 기억해야 할 것은 존재론적 요소들의 선천적인(a priori) 성격이다. 틸리히가 자유와 운명의 양극성이 존재의 본질적인 필연성을 파괴하지 않고 초월함으로써 실존을 가능하게 만든다고 기술할 때,[34] 이 양극성은 확실하게 결단과 소외라는 개인적 체험보다 앞선 것으로 간주되고 있다.

세 가지 존재론적 양극성에 대한 논의에서 밝혀진 것처럼 자기-

---

32 *ST*, I, 185.

33 Paul Tillich, "The Nature and the Significance of Existentialist Thought," *Journal of Philosophy*, LIII (1956), 745-746.

34 *ST*, I, 182.

세계 구조의 관점에서 본 존재의 의미에 대한 틸리히의 존재론적 분석은 존재론과 인간론 사이의 긴밀한 연결을 보여준다. 이러한 존재론적 양극성들의 실제적인 의미는 그것들이 비존재를 저항하는 힘으로서 존재의 의미를 발전시키고 확증하려는 틸리히의 시도 속에서 사용될 인간론적 존재론을 위한 토대를 마련하는 것에 있다. 이에 대해서는 다음 절들에서 다루도록 하겠다.

3. 인간의 유한성

1) 존재와 비존재

자기-세계 상호관계를 시원적인 존재론적 구조로 상정하는 인간론적 존재론의 틀 속에서 틸리히는 인간의 유한성에 대한 특별한 분석을 제공한다. 이 분석은 존재와 비존재의 상호 관계의 견지에서뿐만 아니라 유한성과 무한성의 양극 관계의 관점에서도 수행된다. 틸리히에게 유한성이란 인간의 존재가 비존재에 의해서 제한된다는 것을 의미한다.[35] 모든 주어진 현실을 초월하는 자유 덕분에 인간은 현실적으로 비존재의 충격을 경험하고, 무를 예상하며, 존재와 비존재의 신비에 대한 존재론적 질문을 물을 수 있게 된다.

틸리히는 서양 철학에서 비존재에 관한 질문이 너무 이르게 고려 대상에서 제외되거나 잘못된 해석들에 아래에 놓였음을 지적함으로써 비존재의 문제를 다루기 시작한다. 파르메니데스 전통의 비존재

---

35 Ibid., 189.

배제에서 드러난 서양사상사의 일반적 경향에 대항하여 틸리히는 변화와 되어감의 영역인 세계가 비존재의 개념 없이는 설명이 불가하다는 점을 확고하게 붙잡는다. 그는 주장한다. "만일 존재가 생명이나 과정 혹은 생성의 관점에서 해석된다면 비존재는 존재만큼이나 존재론적으로 근본적인 것이다."[36]

이처럼 틸리히가 비존재에 대해 존재론적으로 반드시 있어야 하는 것으로 간주했다는 것은 비존재가 부정적인 판결(negative judgment)의 논리적 내용과 동일시되어서는 안 된다는 것을 강조하려는 뜻이 있다고 하겠다. 그는 무엇을 부정하는 논리적인 행위가 오히려 존재론적 근거를 전제하고 있다고 주장한다.

> 인간은… 그의 존재를 낯설고 문제시될 수 있는 것으로 보는 것을 가능하게 만드는 방식으로 자신의 존재로부터 분리되어야 한다. 인간이 다만 존재뿐만 아니라 비존재에도 참여하기 때문에 그러한 분리는 현실적이다. 그러므로 부정적인 판결을 가능하게 만드는 바로 그 구조는 비존재의 존재론적 성격을 증명하는 셈이다.[37]

그러므로 인간이 참여하고 있는 비존재는 그것이 명확한 존재론적 성격을 가진다는 면에서 엄연히 하나의 실재이다. 비존재는 또한 전적인 무로부터도 구별된다. 이와 다르게 비존재를 존재와 절대적으로 대립하는 것으로 파악하는 것은 존재를 고정적이게 만들 뿐이며

---

36 Paul Tillich, *The Courage To Be* (New Haven: Yale University Press, 1979), 32. 이하 CTB로 약함.

37 *ST*, I, 187.

그렇게 고정적인 존재를 제외한 모든 것을 배제하는 것이다. 왜냐하면 "비존재가 존재에 변증법적으로 참여하지 않고서는 세계가 존재할 수 없기"[38] 때문이다.

비존재에 대한 틸리히의 개념을 가장 쉽게 이해할 수 있는 방법은 그의 '역동성' 개념에 집중하는 것이다. 그 이유는 틸리히가 역동성과 비존재를 동일한 개념으로 파악하고 있기 때문이다.[39] 그러나 '역동성' 이라는 용어를 틸리히가 사용할 때 절대적인 비존재(ouk on)가 아닌 존재의 가능성을 지닌 상대적인 비존재(me on)를 의미하고 있다는 것을 기억해야 한다. 비존재에 대한 틸리히의 이해가 이러하기 때문에 비존재와 '역동성'을 동일시하는 것은 비존재가 존재와 양극적 상호관계에 놓여 있다는 것을 분명하게 가리킨다.

비존재의 변증법적 본성은 인간의 피조성이라는 유대-그리스도교의 교리에서도 인정된다. 사실, 틸리히는 그러한 관점에서 무로부터의 창조(creatio ex nihilo)라는 그리스도교의 교리를 재해석하길 시도한다. 먼저 그는 두 가지를 지적한다. 첫째로, 틸리히에 따르면 만일 '무로부터'(ex nihilo)가 존재의 절대적인 부정, 즉 절대적 비존재(ouk on)를 의미한다면, 그것은 결코 피조물의 모체가 될 수 없다. 둘째로,

---

38 Ibid. "변증법적"이란 용어로 틸리히는 여기서 정의상 부정적인 비존재가 동시에 긍정적인 것으로 고려되어야 함을 의미하는 것으로 보인다. 이러한 비존재의 변증법적 성격은 현재 연구의 주제에 매우 중요하다고 할 수 있다.

39 틸리히는 그가 "역동성"이라고 부르는 것이 서양 철학에서 매우 복합적이고 모호한 개념으로 쓰였음을 지적한다. "이 개념과 이 개념과 관련된 모든 다른 개념들의 문제적인 특성은 개념화될 수 있는 모든 것이 존재를 가져야만 한다는 사실에서 기인한다…(ST, I, 179). 그러나 틸리히의 관점에 따르면 역동성은 그렇게 개념화되고 이름이 붙여질지라도 하나의 존재를 지칭하는 것은 아니다. 그것은 다만 비존재와 잠세태를 가리키는 상징적인 의미만을 가질 뿐이다.

만약 '무로부터'가 존재의 상대적인 부정을 의미한다면 그것은 형상과 질료라는 그리스 철학의 교리를 단순 반복하는 것에 그친다.[40] 그러므로 창조에 대한 그리스도교 교리가 전달하려는 바는 이 모두를 거부한다. 그것이 말하고자 하는 것은 피조물이 존재이면서 동시에 비존재라는 역설적 진리이다. 이러한 그리스도교적 인간론은 존재에 대하여 가지는 비존재의 긍정적 관계를 인정하면서 틸리히가 유한성을 피조성과 동일시하는 데에 토대를 제공한다. 그러므로 그는 다음과 같이 기술한다.

> 피조성은 비존재를 내포하고 있다. 그러나 피조성은 비존재 이상의 것이다. 그것은 자신 안에 존재의 힘을 지니고 있으며 이 존재의 힘은 존재 자체에 참여하는 것, 즉 존재의 근거에 참여하는 것이다. 피조물로 존재하는 것은 비존재의 유산(불안)과 존재의 유산(용기) 모두를 포함한다.[41]

위 문단이 분명하게 의미하는 것은 비존재가 존재의 '아직 아님'과 '더 이상 아님'으로 나타나는 동안에 유한성이 존재를 변증법적인 비존재와 연합시키고 있다는 사실이다.[42] 여기서 주목할 만한 사실은

---

40 Ibid., 253. 대처(Adrian Thatcher)는 무로부터의 창조의 교리를 다루면서 틸리히가 명백하게 *ouk on*(절대적인 무)과 *me on*(상대적인 무)를 혼동하고 있다고 지적한다. 이 비판은 틸리히가 헤겔의 존재론적 체계로부터 차용한 변증법적 삼각구도(Triad, 명제-반명제-종합형제로 이루어진 논리적 방법론)의 중요성을 놓치고 있는 것처럼 보인다. 그럼에도 불구하고 대처가 틸리히에게 있어서 비존재를 하느님 자신 안에 있는 신적 원칙으로 이해하고 있다고 지적한 점은 유효하다. Cf. Adrian Thatcher, *The Ontology of Paul Tillich* (London: Oxford University Press, 1978), 51-53.

41 *ST*, I, 253.

"가능한 비존재의 관점에서 보았을 때, 존재는 하나의 신비라는 것이다."[43] 존재의 신비는 존재 자체가 부정적이거나 긍정적인 체험에서 맞닥뜨려질 때 나타난다. 존재 자체와의 그러한 체험들은 존재론적인 충격 속에서 체험되는 비존재 경험 그리고 비존재에 저항하는 존재의 힘에 대한 경험과 상응한다.[44] 이러한 진술에서 틸리히가 강조하는 것은 유한성 혹은 피조성이 그 자체로서 확실하거나 정확하게 통째로 인식될 수는 없는 하나의 신비라는 점이다.

인간 안에 있는 존재와 비존재의 신비는 무한에 대한 유한의 관계를 고찰하는 것을 통해서도 드러난다. 인간의 유한성이 근본적인 존재론적 구조와 이러한 구조를 구성하는 요소들 속에서 나타남에도 불구하고 유한성의 구체적인 체험은 유한성이 본질적으로 한정되지 않는 자기-초월의 힘을 가진다는 사실에 의존하고 있다. 왜냐하면 비존재의 제약들은 오직 잠재적인 무한의 배경에서야 비로소 드러나기 때문이다. 유한성은 유한한 존재가 "정신이 스스로의 제한 없는 잠재성들을 경험하도록 이끄는"[45] 무한성의 방향으로 스스로를 초월할 때만 인식된다. 무한성과의 관계에서 인간의 주요 기능은 상상력이다. 상상력을 이용하여 인간은 자신의 인생을 죽음을 향해 나아가는 전체성으로 파악함으로써 시간적 즉각성을 초월한다. 자신의 잠재적 무한성을 향한 인간 상상력의 현실적인 수행은 존재론적 요소들의 양극적

---

42 Ibid., 189.

43 Ibid., 186.

44 Thatcher, op, cit., 57. 대처는 그의 존재론적 체계의 명백한 통일성이 현저하게 절충적이며 특히 "비존재"라는 용어를 그가 사용하는 다양한 방식에서 이 점이 드러난다고 비판한다. 이러한 비판에 대해서 틸리히는 아마도 존재와 비존재의 신비한 성격을 강조함으로써 스스로를 정당화할 것이다.

45 *ST*, I, 190.

구조에 근거한다. 다르게 표현하자면 인간의 유한한 개체성은 보편적인 참여의 잠재성을 가지며, 인간의 유한한 생동성은 본질적으로 제약 없는 지향성과 연합된 상태로 존재한다. 인간의 유한한 자유는 둘러싸며 다가오는 운명 안에 놓인다. 그러므로 틸리히는 다음과 같이 주장한다. "유한성의 모든 구조들은 존재로 하여금 스스로를 초월할 것을 강제하며, 바로 이러한 이유로 스스로를 유한자로서 인지하게 된다."[46] 그러나 무한성 자체가 구성적인 요소가 아니라 추상적인 가능성에 근거한 지향적인 개념(directing concept)이므로 유한과 무한의 양극성이 존재론적 요소들의 양극성과 구별된다는 점을 명확하게 이해하는 것이 중요하다. 더욱이, 틸리히에게 있어서 무한성은 존재 자체(Being-itself)와 동일시될 수는 없다. "존재 자체는 유한성과 무한한 자기-초월의 양극성을 넘어서 있다."[47]

그러한 무한을 향한 상상적인 자기-초월을 통해서 인간은 자신이 죽음을 향해서 나아가고 있다는 것을 의식적으로 깨닫게 된다. 이러한 유한한 자기에 대한 자의식을 틸리히는 불안이라고 부른다.[48] 불안이 존재론적 개념인 이유는 그것이 인식된 유한성으로서 존재와 비존재에 모두 참여하는 실존적인 경험이기 때문이다. 자기-세계 구조에 기초하여 틸리히는 유한성의 현실적인 형식 안에 있는 두 종류의 연합을 소개하는데, 하나는 존재와 비존재의 외적 연합이며, 다른 하나는 불안과 용기의 내적 연합이다. 이와 같은 양극적 특성들의 두 집합은 인간 유한성에 대한 틸리히의 범주적 분석을 위한 도식적인 토

---

46 Ibid.
47 Ibid., 191.
48 Ibid., 191-192.

대를 제공한다.

2) 인간 유한성의 존재론적 범주들

틸리히는 인간의 유한성을 시간, 공간, 인과율, 실체라는 네 개의 범주들을 도구로 묘사한다. 이러한 범주들은 기본적으로 사고와 존재의 형식들이며 이를 통해 정신은 실재에 접근한다. 그러나 틸리히는 이 범주들이 다만 논리적인 개념들일 뿐 실재와 직접적으로 관련되지 않는다는 종래의 견해를 거부한다. 오히려 이 범주들은 내용을 결정하는 존재론적 형식들(ontological forms)로 간주된다.[49] 틸리히에게 있어서 존재론적 형식들이란 모든 인간 실존에 적용될 수 있는 보편적이고 존재론적인 구조의 범주들을 의미한다. 해당 범주들 각각에 있어서 긍정적이고 부정적인 의미들 사이에 균형 및 긴장이 존재한다. 그리고 이것은 세계와 관련해서는 존재와 비존재의 외적 연합을, 자기와 관련되어서는 불안과 용기의 내적 연합을 표현한다.[50] 각각의 존재가 이미 유한한 존재의 변증법적 본성에 참여하고 있기 때문에 존재론적 분석이 지니는 초연한 객관성(detached objectivity)을 통해서만 주어진 범주의 궁극적인 의미를 찾는다는 것은 불가능하다.[51] 여

---

49 Ibid., 192.

50 그러나 두 연합들이 자아-세계 구조에 부합하여 나뉘기 때문에 불안과 용기의 내적 연합은 심리학적으로 이해되어서는 안 된다는 사실을 지적할 필요가 있다. 이 점이 틸리히를 범주론적 분석에 있어서 칸트와 구별되게 한다. Cf. J. Heywood Thomas, op. cit., 116.

51 틸리히는 범주의 의미에 관한 결정이 범주 자체의 분석에 기반을 둘 수 없을 경우에 각각의 범주가 이율배반(antinomy)을 산출하게 만든다고 한다(ST, I, 213 이하). 따라서 그는 형이상학이 인간 자신의 문제를 해결할 수 없기 때문에 실존적인 태도가 채택되어

기서 틸리히는 그의 신학적 인간학의 틀 안에서 각각의 범주에서 긍정적인 측면들인 존재와 용기의 궁극성을 선호하는 쪽으로 선택한다. 그렇다고 해서 존재론적 범주들에서 긍정적인 것과 부정적인 것이 동등하게 중요하다는 것을 부정하는 것은 아니다. 여기서 틸리히가 강조하는 것은 격렬한 위기 상황에서 내리는 실존적 결단의 의미이다. 이러한 의미에서 선택의 불가피성에 대한 그의 인식은 실존주의와 존재론의 방법론적 종합으로서 그의 실존적 존재론을 특징짓는다.[52]

(a) 시간: 틸리히에게 있어서 시간은 유한성의 중심적인 범주이며 그 안에서 부정적인 요소가 보편적인 무상성으로 표현되는 반면에 긍정적인 요소는 시간성의 창조성과 불가역성으로 나타난다. 이러한 요소들 간의 긴장은 무상성의 불안과 자기-긍정적인 현재의 용기 사이의 긴장으로서 내면적으로 체험된다.

다른 주장들과는 대조적으로 틸리히는 죽음에 대한 불안 안에서 무상성의 불안이 가장 강렬하게 경험되는 것을 본다. 여기서 죽음은 인간의 본질적 존재함에 필연적인 구조의 일부로 파악되고 있다. 물론 틸리히는 죽음이 죄와 소외를 통하여 인간의 본질적 존재 구조가 변형된 결과라고 보는 것도 받아들이지 않는다.[53] 죽을 수밖에 없다는 사실에 직면한 인간은 가장 위대한 용기를 필요로 한다. 이 용기를 통해서 인간은 현재의 유의미함을 긍정함으로써 시간성을 긍정하며

야 한다고 결론을 내린다.

52 틸리히의 실존적 존재론은 비-실존적인 존재론과 비존재론적인 실존주의 모두로부터 명확하게 구별된다. 이러한 구조적 모호성과 현실적인 어려움에도 불구하고, 양자에 대한 방법론적 종합은 틸리히가 변증적 신학(apologetic theology)을 구성할 수 있는 가능성을 제공한다는 의미에서 특수하고 창의적인 것으로 고려될 수 있다.

53 *ST*, I, 194.

이를 통해 시간의 파괴적인 성격에 맞설 수 있는 힘을 부여받을 수 있다. 여기서 이러한 용기의 궁극적인 토대와 원천에 대한 질문이 제기되긴 하나 범주론적 분석이 이에 대답할 수 있는 것은 아니다.

(b) 공간: 현재가 시간과 공간의 일치이기 때문에 공간은 현재를 통해서 시간과 연결된다. 존재한다는 것은 공간을 가진다는 것이므로 공간을 향한 분투는 존재론적으로 반드시 필요하며,[54] 이로 인하여 공간이라는 범주의 긍정적인 성격이 표현된다. 반면에, 공간성의 부정적인 측면은 어떠한 장소와 그 공간을 스스로에게 제공한 존재 사이에 놓인 우연적인 관계로 대표된다.[55] 이러한 통합에 상응하는 것이 바로 영속적인 무공간성으로서의 궁극적 불안정성에 대한 불안과 공간적인 제약들에 대한 용기 있는 긍정 사이의 균형이다. 그럼에도, 다시 말하지만, 이러한 용기의 토대에 대한 물음이 제기되며 통상적인 존재론적 분석은 이에 답할 수 없다.

(c) 인과율: 인과율의 긍정적인 성격은 사물들이 나아가는 것의 시작점이 되면서 그로 인해서 사물들이 지탱되게 만드는 힘을 지시한다는 데에 있다. 이것은 하이데거의 '피투성'(Geworfenheit) 개념에서도 나타나듯이 인과율 자체가 자족성과 자존성을 결여하고 있다는 부정적인 측면의 이면이라고 볼 수 있다.[56] 사실 유한자의 궁극적인 원인을 향한 탐색에 포함된 무한소급(infinite regression)은 스콜라철학에서 주장하듯 창조자이자 부동의 원동자인 신을 향해 나아가는 것이 아니다. 오히려 무한소급은 비존재로 떨어질 수 있는 위험을 포함하고 있

---

54 Ibid.
55 Ibid., 195.
56 Ibid., 196.

다. 유한성의 범주로서 인과율의 의의는 유한자의 보편적인 상대성을 선언하는 것에 있다. "무는 인과 관계 없이도 스스로에게 의존할 수 있는 힘을 가지고 있다. 무는 '절대적'이다."[57]

이렇게 파악된 인과율에 대한 부정적인 해석은 구체적인 인생의 우연성인 비-필연성에 대한 불안으로서 인간의 자기 인식에 반영된다. 이것은 이러한 부정성들을 수용하는 것을 통해 자기-의존을 획득하는 용기에 의하여 균형 잡힌다. 여기서, 다시 말하지만, 한 개인이 우연성을 수용하게 해주는 용기의 원천에 대한 질문은 대답을 얻지 못한다.

(d) 실체: 실체성의 긍정적인 성격은 인간의 자기-정체성, 즉 인생의 끝없이 변화하는 과정들이 현실화되는 특정한 구조의 지속에서 나타난다. 그럼에도 실체는 역사를 가지므로 우연한 것들, 즉 본질적이지 않은 것들의 영향을 받는다. 우연한 것으로서 부정적인 것의 도전은 자기성(selfhood)의 완벽한 상실인 비존재의 궁극적인 위협이다.[58]

자기 정체성의 상실이 존재론적으로 확정적이지 않기에 실체성 상실에 관한 불안이 체험된다. 이때 불안을 균형 잡을 수 있게 하는 것은 구체적인 자기 긍정을 통해 유한한 실존에 실체성을 전가할 수 있는 용기이다. 하지만 어떻게 긍정의 용기가 가능한지에 대한 질문은 존재론적 분석에서 존재 자체가 계시되는 차원으로 나아갈 때만 대답될 수 있다.

이와 같이 이해된 네 범주들의 견지에서 본 인간 유한성의 범주론

---

57 Ibid.
58 Ibid., 197.

적 분석은 인간이 두 가지 근본적인 질문을 한다는 것을 보여준다. "어디에서 왔는가?" 그리고 "어디로 가는가?" 그런데 이런 방식으로 인간의 기원과 운명에 관해 질문할 수 있는 능력은 불안과 초월 양자 모두를 가능하게 만드는 능력의 원천이 된다.

3) 존재론적 긴장을 지닌 인간의 유한성

인간의 자기-세계 구조는 본래 유한성을 의미하며 따라서 존재론적 요소들의 양극성은 유한성의 맥락에서 불가피하게 체험된다. 각각의 존재론적 양극성에서 서로 반대되는 요소들이 상대 요소로 환원될 수 없기 때문에, 양극성은 언제나 긴장을 포함하고 있다.[59] 존재론적 양극성 내부의 현실적인 긴장과 존재와 비존재 사이에 놓인 근본적인 긴장으로 인해서 인간의 불안은 양극성의 수준뿐 아니라 비존재와의 직면의 차원에서도 발생한다. 불안은 실존적 붕괴와 비존재의 포괄적인 위협 양자 모두로부터 기인한다.

존재론적 양극성의 관점에서 본 그러한 가능성의 현실화에 대한 틸리히의 분석은 다음과 같다.

(a) 개체화와 참여의 양극성: 이 양극성에서 구체적인 개체성을 지나치게 강조하는 것은 실존적 고독을 초래한다. 반면에, 참여에 대한 과도한 강조는 집단성에 대한 실존적인 자기투항의 결과를 낳는다.[60] 이 양극성에서 한 요소를 다른 요소보다 부분적으로 더 강조하

---

59 Ibid., 198. 틸리히는 긴장을 통합성 내부의 구성요소들이 반대되는 방향들로 움직임을 시도하기 위하여 서로로부터 멀어지려는 경향으로 정의한다.
60 Ibid., 199.

면 실존적인 붕괴라는 파괴적 결과를 초래하게 된다.

(b) 역동성-형식 양극성: 역동성을 끊임없이 강조하는 것은 혼돈적인 무형상성을 낳는 반면에 형식에 과도하게 집착하는 것은 생기 없는 경직됨을 초래한다.

(c) 자유-운명 양극성: 자유는 운명을 무시하거나 부정하는 방식으로 강조될 경우 임의성으로 변형된다. 반면에, 운명 또한 자유 안에 내포된 우연성에 대립되는 방식으로 강조될 경우에 자유를 숙명론적으로 포기하는 것으로 변형된다. 인간의 불안은 그가 두 극단 사이에서 진자처럼 흔들리기를 멈출 수 없기에 발생한다. 그 두 극단이란 그의 자유로운 결정들이 운명과 완벽한 통일성을 가진 지식과 의지로부터 나와야 한다는 본질적인 원칙과 "그가 그러한 결정들의 마땅한 토대인 운명에 대해서 철저한 인식론적 및 행위적 통일성을 결여하고 있다"는 실존적 상황이다.[61]

앞 절에서 제시된 인간 유한성에 대한 범주론적 분석은 불안은 죽음과 붕괴와 같은 비존재의 위협에 대한 것임을 보여주었다. 불안은 존재론적 요소들의 긴장과 관계하며 실존적 붕괴, 즉, 균형 잡힌 존재론적 구조에 대한 상실의 가능성이 불안을 발생시킨다.[62] 모든 위협이 반드시 현실화되지는 않는 것과 마찬가지로 불안과 긴장이 해체를 필연적으로 초래하는 것은 아니다. 그럼에도 불구하고 존재론적 긴장속에 놓인 인간의 유한성은 인간 실존에서 비존재의 현실적인 출현으로서의 불안에 대한 존재론적 토대가 된다.

---

61 Ibid., 200.
62 Ibid., 201.

4) 인간 실존에서 비존재의 드러남으로서의 불안

그의 저서 『존재에의 용기』에서 틸리히는 실존론적인 관점에서 불안과 용기에 관한 체계적인 존재론적 분석에 착수한다. 이를 통해서 그는 실존적인 불안에 대한 분석을 통해 인간 실존 안에 있는 비존재의 현실적인 나타남을 묘사한다. 그에게 불안은 "존재가 가능한 비존재를 인식하고 있는 상태"63를 의미한다. 비존재가 그 특성상 개념화되거나 정체성이 확립되는 것을 허락하지 않음에도 불구하고 존재에 의존함으로써 존재론적 실재의 지위를 획득한다. 그가 불안을 비존재의 실존적 인식이라고 명명할 때, 비존재가 한 개인의 존재의 일부라는 사실이 명확하게 지시되고 있다.64 이것이 바로 틸리히가 비존재의 독특한 특성들에 부합하여 불안을 세 유형으로 나눌 수 있는 존재론적 근거이다. 세 종류의 불안은 각각 운명과 죽음의 불안, 공허와 무의미의 불안, 죄책감과 정죄의 불안이다. 이미 나타난 것처럼 이 세 종류의 불안은 집합적이면서도 개별적으로 존재론적 요소들의 양극적 긴장에 연루된 유한성에 근거한다. 인간 실존에서 존재에 대한 비존재의 현존은 존재적 불안(ontic anxiety), 정신적 불안(spiritual anxiety), 도덕적 불안(moral anxiety)이라는 세 형태의 불안을 창조한다. 모든 세 가지 형태에서 비존재의 위협은 상대적이면서도 절대적이다.

---

63 *CTB*, 35.
64 Ibid.

(1) 존재적 불안(Ontic Anxiety)

죽음을 전망함으로 생성되는 불안은 가장 보편적인 유형의 불안을 대표한다. 이러한 불안은 개체성과 참여의 양극성에 놓인 비존재의 위협에 뿌리박고 있다. 이 불안은 "존재론적 충격"으로 경험되는 인간 유한성의 인식으로부터 발생하는 실존적인 불안이다. 요약하자면, 비존재는 인간의 존재적 자기 긍정, 즉 틸리히가 "단순히 실존함 안에서 하나의 존재가 가지는 기본적인 자기 긍정"[65]이라고 칭한 것을 위협하면서 운명에 대한 상대적인 불안과 죽음에 대한 절대적인 불안을 생산한다. 존재적 불안에서 상대적인 것과 절대적인 것 사이의 구별은 죽음에 대한 불안 속에 인과율적 불확정성 정도가 아니라 궁극적인 필연성의 부재로서의 우연성에 대한 부분적인 인식인 운명에 대한 불안이 내재하고 있음을 말해준다.

이렇게 묘사된 존재적 불안은 시간, 공간, 인과율, 실체라는 존재론적 범주들이 실존적인 조건 하에 출현하는 한 그 범주들 안에서 이미 발견되고 있다. 유한성에 대한 틸리히의 범주론적 분석은 적어도 부분적으로는 존재적 불안을 조명하기 위하여 구성되었다. 불안 경험이 불가피한 것은 생물학적 소멸이 구조적으로 불가피하다는 것 때문에 더욱 두드러진다. 다르게 말해서 존재적 불안은 영원히 잊히는 것에 대한 불안이다.[66] 이러한 불안에 대해서 영혼불멸설이라는 교의는 위로를 주지 못한다. 왜냐하면 영혼의 불멸이란 기껏해야 "유한성의 끝없는 연장"[67]일 뿐이기 때문이다.

---

65 Ibid., p.42.
66 Paul Tillich, *The Eternal Now* (New York: Scribner's, 1956), 33.

틸리히는 존재적 불안이 긍정적이면서 부정적인 요소를 가지고 있다고 생각한다. 부정적으로는, 존재적 불안은 인간으로 하여금 스스로가 중요하지 않다고 느끼게 만들어서 위험을 회피하게 만든다. 그러나 긍정적으로 이 불안은 인간으로 하여금 자신의 한계를 넘어서 도록 만들며 인간의 창조성의 근원을 형성한다.

(2) 정신적 불안(Spiritual Anxiety)

역동성과 형식의 양극성에 대한 비존재의 공격에 기인하는 정신적인 불안은 인간이 자신의 창조성을 행사하고 의미를 부여하는 모든 순간에 발생하는 자기긍정 과정을 위협한다.[68] 이러한 정신적인 자기긍정에서 인간의 지속적인 창의적 활동은 매우 유의미하다. "인간은 의미들과 가치들에 따라서 그의 세계와 자신 양자로 구성된 세계를 이해하고 형성하는 것을 통해서만 인간이 된다."[69]

정신적인 자기 긍정에 대한 비존재의 절대적인 위협은 전적인 무의미함 속에서 체험되는 반면에 정신적 자기 긍정에 대한 상대적인 위협은 공허함으로 체험된다. 인간 실존의 영성(spirituality)에 역점을 두면서, 틸리히는 더 나아가 다음과 같이 선언한다.

인간의 정신적인 존재에 대한 위협은 그러므로 그의 전체 존재에 대한 위협이다. 이러한 사실을 가장 잘 보여주는 것은 공허와 무의미의 절

---

67 *CTB*, 55.
68 Ibid., 46.
69 Ibid., 50.

망을 견디지 않고 자신의 존재적 실존을 던져 버리려는 욕망이다. 죽음 본능은 존재적이 아니라 영적인 현상이다.[70]

한 개인의 창조적 활동과 그 의미가 궁극적으로 비존재에 굴복하게 될 것이라는 근본적인 의심이 생길 때마다 인간의 전체 존재의 기초가 흔들린다. 궁극적인 근거를 상실할지도 모른다는 불안으로 경험되는 무의미의 불안은 인간으로 하여금 자신을 초개인적인 무언가와 동일시함으로써, 즉 자유로부터 도피함으로써, 이 곤경에서 벗어나도록 몰아간다.

그럼에도 정신적인 불안은 존재적 불안과 별개일 수는 없다. 두 불안 모두 인간의 전체성에 관한 것이기 때문이다. 인간이 그의 전체성 안에서 의미를 향한 탐구를 중심으로 회전한다는 사실은 이점을 반복적으로 확증한다.

(3) 도덕적 불안(Moral Anxiety)

비존재가 인간을 위협하는 세 번째 방향은 인간의 도덕적 자기긍정에 있다. 존재론적인 긴장의 견지에서 도덕적 불안은 자유와 운명의 양극성을 공격한다. "도덕적"이란 용어는 인간이 충족될 운명을 가지고 태어났음을 의미한다. "정신적이면서도 존재적인 인간의 존재는 그에게 주어질 뿐만 아니라 그로부터 요청되기도 한다."[71]

---

70 Ibid., 51.
71 Ibid. 이것은 틸리히의 존재론적 체계가 존재(*Sein*)와 당위(*Sollen*)의 복합성의 구조를 가지고 있음을 나타내며 이것은 하이데거의 존재론적 체계와도 비교될 수 있는 점이다. 특히 이 점은 하이데거의 인간의 '피투성'(*Geworfenheit*) 개념을 볼 때 그러하다.

도덕적인 양심 속에서 자아는 자기 자신에 대하여 맞서며, 죄책감의 상대적인 불안은 이러한 양의적인 상황에 의해서 창조된다. 이러한 상황 속에서 한 개인이 도덕적 완전성을 달성하기 위하여 선악을 명확히 구분 짓는 것은 불가능하다. 도덕적인 불안은 구체적으로 완전한 자아가 되려는 충동과 책임감 그리고 이러한 노력이 실패로 돌아갈지도 모른다는 두려움 사이의 긴장 안에서 나타난다. 도덕적인 책임에 대한 절대적인 불안은 죄책감을 넘어서 정죄, 즉 절대적인 도덕적 무가치성과 거절로까지 발전한다.

틸리히가 도덕을 "다른 인격들과 조우 속에 있는 인격(person)의 구성"[72]이라고 정의할 때 그는 도덕적인 자기긍정이 수많은 가능성들 안에서 존재와 의미를 찾는 탐색을 포함한다는 것을 주장하는 것이다. 이러한 의미에서 도덕적인 불안은 비존재의 존재적이고 정신적인 형태들로부터 구별은 될 수 있으나 분리될 수는 없다.

세 유형 모두에서 나타나는 불안이 비존재의 변별적인 특징들과 부합한 다양한 차원들을 가지기 때문에 그것은 한 개인이 더 이상 희망을 발견할 수 없는 전적 절망이란 경계 상황까지 나아간다.[73] 절망 속에 있는 자기는 불안 안에서 드러나는 무의 위협, 즉 한 인간의 완전성과 통합성이 해체되게 만드는 위협이 압도적으로 변하면서 전적인 희망 상실을 경험하게 한다. 정확하게 자기-세계 구조의 본질적인 양

---

72 Paul Tillich, *Systematic Theology*, III (Chicago: The University of Chicago Press, 1963), 158.

73 절망의 한계 상황은 인간 실존을 전체성에서 드러내는 소중한 빛을 비추며 그에 대한 해석을 결정한다는 점에서 긍정적인 성격을 갖는다. 절망의 긍정적 성격은 틸리히에게 그가 절대적인 신앙이라는 매혹적인 개념과 그 신앙의 대상인 "하느님 위의 하느님" (God above the God of theism)을 사유할 수 있는 단단한 기초로 나타난다.

극성의 붕괴로서 정의된 절망에서 개인적인 자기는 비존재에 의해 삼켜지며 그 자신의 존재 자체를 상실한다. 그러나 틸리히는 비존재의 가장 극단적인 표현에 직면할지라도 절망의 용기(the courage of despair)가 가능하며 비존재에 대한 존재의 우위성을 인간 실존이 체험할 수 있다는 것을 거듭해서 단언한다.

이 지점까지의 논의의 중요한 지점들에서 인간의 용기의 존재론적 구조의 근거(ground)와 원천에 관한 질문이 제기되었다. 이 질문은 앞서 제시된 것처럼 확실히 비존재의 실존적인 나타남뿐만 아니라 유한성의 범주론적 분석과도 관련이 있다. 이 시점에서 우리는 그러한 방식으로 제기된 질문에 대한 답을 찾기 위하여 존재와 비존재의 관계로부터 우리의 시선을 돌이켜 존재와 존재 자체에 초점을 맞추려고 한다. 특히 인간의 자유에 대한 신학적인 해석에 구체적으로 집중하면서 답을 찾으려 한다.

III. 인간의 자유에 대한 신학적 해석

    틸리히는 유한성을 인간 존재가 가지는 시원적 구조로 간주한다. 인간의 유한성은 그 자체로 보면 존재론적으로 주어져서 인간 실재를 이루지만, 구체적인 인간 실존의 조건들 아래에 놓일 때에는 불안으로 나타난다. 유한성이 불안으로 나타난다는 것은 비존재가 존재에 대립되어 실존적으로 체험된다는 것을 가리킨다. 이러한 이유로, 인간이 비존재의 무수한 위협들 속에서 스스로를 긍정하기 위해선 존재론적인 용기가 필요하다.

    그런데 인간 유한성의 존재론적 구조에 대한 틸리히의 분석은 인간의 딜레마를 드러내긴 하지만 용기의 이러한 존재론적 구조와 원천의 근거에 관한 근본적인 질문에 대해서 대답하지는 않는다. 틸리히에게 있어서 존재론적인 분석이 인간을 넘어선 실재를 가리키기 때문에 이러한 질문은 신론과 관련이 있다. 그러므로 틸리히는 존재론적/실존적 질문과 신학적인 대답의 상호관계로서 그의 복합적인 체계적 신학을 발전시키고 있다. 그러나 이 장에서는 틸리히의 신 개념에 대한 복합적인 논의들을 자세히 다루지는 않을 것이다. 다만 존재론적 용기의 궁극적인 원천이 되며 그 결과로 인간 자유의 기초로서 나타나는 존재 자체의 개념에 초점을 맞추고자 한다. 인간 유한성에 관한 틸리히의 존재론적 분석과 그의 신론은 본유적으로 연결되어 있기 때문에 존재와 존재 자체의 관계에 대하여 질문할 수 있는 토대가 된다. 더 나아가 이 질문은 용기와 밀접한 관계에 있는 신앙과 은혜에 대한 체계적인 논의를 끌고 들어온다. 왜냐하면 틸리히에게 있어서 신앙은 용기의 신학적인 기초가 되며 용기가 신앙의 존재론적인 표현이라면 신적 자유로서의 은혜는 신앙과 용기를 연결시키는 궁극적 근거이기 때문이다.

그러나 용기와 신앙의 관계는 인간 자유에 관한 적합한 고려 없이는 완전히 이해될 수 없다. 그 이유는 자유가 인간학적 측면에서 볼 때 둘의 관계에 놓인 자기 긍정의 힘이기 때문이다. 더욱이 인간의 자유는 본질적인 의미에서 인간의 자기-초월이 가진 존재론적 능력으로서 이해되어야만 한다. 왜냐하면 자기-초월의 가능으로서의 자유는 용기와 신앙을 결합시켜서 유한한 존재가 자신의 종말론적 본질화[구원]를 위해 존재 자체와 탈자적으로 연합하기 위해서 스스로를 초월하게 만들기 때문이다.

1. 인간 자유의 궁극적 근거

틸리히의 신학 체계에서 신은 인간 유한성의 실존적인 질문에 대한 신학적인 대답으로서 제시된다. 유한성의 불안을 자신 안으로 떠맡는 인간의 용기에 관해서 신은 그러한 용기의 근원으로서 출현한다. 이러한 신 이해는 자기 긍정의 토대 위에서 용기와 자유 사이에 있는 내재적인 연결을 통해 신이 특별히 신적 은혜와 무조건적 사랑으로 말미암아 인간 자유의 궁극적인 토대로서 제시된다는 점에서도 중요한 의미를 가진다.

1) 용기의 원천

(1) 존재 자체로서의 하느님

틸리히에 따르면 비존재의 불안을 극복하기 위한 두 종류의 일반적인 시도들이 있다. 첫 번째 시도는 '참여'의 방식이며, 두 번째 시도는 '개체화'의 방식이다. 존재하려는 용기의 집단주의적 유형은 전체의 일부로서 존재하려는 용기이다. 이러한 유형의 용기에서 죽음에 대한 불안이 개인의 죽음을 초월하여 집단적인 것의 일부가 되려는 용기 속으로 흡수된다.[1] 그러나 그는 이 유형의 용기는 개체성을 상실할 위협에 지속적으로 놓이기 때문에 실패할 수밖에 없다고 믿는다.

이러한 유형과는 대립하여 틸리히는 당대의 실존주의를 존재하려는 용기의 개인주의적인 유형을 대표하는 가장 중요한 시도들 중 하나로 간주하였다. 개인주의적인 유형의 용기는 기꺼이 비존재의 불안을 자기 자신이 되려는 용기[2] 속으로 떠맡는다. 틸리히는 대상화를 거절하는 실존주의적 주장에 동의함에도 불구하고, 본질이 실존 위에 결정적인 힘을 행사하지 못하고 오히려 실존이 스스로를 결정하면서 본질도 결정한다는 실존주의적 주장에 대해서는 강력하게 반대한다.[3]

---

1 *CTB*, 100.

2 Ibid., 123.

3 틸리히는 이러한 사상이 뒤에 이어질 사르트르의 유명한 명제에서 가장 두드러지게 표현된다고 생각한다. "인간의 본질은 그의 실존이다"(*CTB*, 149). 틸리히는 사르트르의 이러한 사상을 다음과 같이 이해한다. "인간이 스스로를 자기가 원하는 모습으로 창조할 수

이러한 실존주의 주장에 대해서 그는 "유한한 자유가 구체적인 구조를 가지고 있으며 만약 자기가 이러한 구조를 부당하게 넘어서려고 할 경우 자기 상실을 초래할 수밖에 없다"[4]는 그의 굳은 신념에 근거해서 반박한다. 개인의 자유는 자신의 이성적 구조를 대가로 지불하면서까지 유지될 수는 없겠기 때문이다.

용기의 이러한 두 유형들은 존재와 존재 자체의 관계를 향한 종교적인 태도와 관련되어 있어서 집단주의적 유형은 신비주의로, 개인주의적 유형은 인격주의적 유신론으로 대표된다. 그러나 틸리히는 어느쪽에도 동의하지 않으며 두 유형의 변증법적 통일성을 추구한다. 그는 용기의 근거는 존재 자체인 신 안에서 발견되며 이 신 안에서 양극 모두가 동시에 긍정되면서 초월된다고 주장한다. 이 책 전체를 관통하는 틸리히의 통찰, 즉 모순을 싸안고 넘어서는 역설의 통찰이 여기에도 그대로 적용된다. 이 점은 앞서 존재론적 양극성에 대한 점검을 통해서 이미 설명되었음은 물론이다.

틸리히에게 있어서 존재의 깊이로서 하느님이 그러한 구조를 초월하며 그에 의해서 조건화되지 않기 때문에 하느님은 인간 존재의 존재론적 구성 요소들에서 도출된 신에 대한 상징들의 유비적인 파생을 통해서만 알려질 수 있다. 존재론적 양극성 중 개체화의 관점에서 하느님은 그분의 존재가 인격의 존재론적 근거라는 점에서 "인격적"이신 분으로 묘사된다. 반면에 참여의 관점에서 하느님은 모든 것의 창의적인 원천이라는 점에서 "보편적인 참여자"로서 인식된다.[5] 이것

있는 지점 밖에서는 인간의 본질적인 본성이라는 것은 존재하지 않는다"(*CTB*, 151).
4 *CTB*, 152. 이러한 진술은 실존이 본질을 떠나서는 현실화될 수 없다는 비판을 포함한다.
5 Martin, op. cit., 148.

은 "개체화와 참여 모두 신성한 생명의 터에 뿌리박고 있기 때문에"[6] 인격성과 편재(omnipresence)가 동시에 신에게 귀속될 수 있다는 것을 가리킨다. 역동성과 형식의 존재론적 양극성도 신성한 생명에 근거하고 있으며 그 속에서 자기-초월과 자기보전 모두가 포함되고 연합된다. 신성한 생명은 더 나아가 자유와 운명의 존재론적 양극성을 포함하며 그에 대하여 또다시 궁극적인 근거로서 존재한다.

존재 자체로서의 하느님의 싸안고 넘어서는 능력에 근거하여 틸리히는 신을 비존재에 의하여 제한받는 존재로서 정의된 인간 유한성의 질문에 대한 대답으로서 이해한다.[7] 그는 하느님을 모든 것 안에 있고, 모든 것 위에 있는 존재의 힘으로서 존재하시며 그러한 힘으로 비존재를 저항하고 극복하시는 분으로 묘사하고 있다. 이렇게 파악된 신의 능력은 신성한 심연(힘)과 신성한 로고스(의미)를 연합하는 "영"이라는 신의 상징 속에서 가장 포괄적으로 드러난다. 틸리히가 "영"이라는 용어를 통해서 말하고자 하는 바는 신이 존재론적 구성 요소들의 통합이자 삶의 목적이며,[8] 힘과 의미의 궁극적인 통합이라는 것이다. 신과 인간이 다른 결정적인 점은 인간 안에서는 존재론적 요소들이 서로 충돌하는 반면에 신 안에선 이들이 완벽한 통합을 이룬다는 점이다.[9] 그러나 신적 완벽성은 역동적인 신 개념을 허용하지 않는 순

---

6 ST, I, 211. 하느님을 존재의 근원으로 묘사하는 것에 있어서 하느님은 사물 혹은 객체로서 이해되어서는 안 된다. 하느님은 자기됨(selfhood)을 소유하신다. 그러나 '자기'(self)는 '자기'가 아닌 모든 것으로부터 분리되고 그와 대립되는 것을 의미한다. 반면에 하느님은 존재 자체이시기 때문에 무엇으로부터도 분리되어 계시지 않는다. 이것이 바로 하느님이 존재론적 양극성들이 시원적으로 뿌리박고 있는 근거로서 존재하시는 이유다. Cf. J. Heywood Thomas, op. cit., 55.

7 ST, I, 211.

8 Ibid., 249.

수 현실태와 같은 부동자가 되어서는 안 된다. 오히려 영이라는 상징이 내포하는 것처럼 그러한 신 개념은 존재론적 양극성들의 적절한 종합에서 신성한 생명을 상징한다. 사실 하느님이 유한자들의 존재론적 근거라고 말하는 것은 하느님과 세계의 기본적인 연속성을 의미하는 것이다. 그 이유는 존재의 근거인 하느님이 로고스의 성격을 가지며 그로써 인간이 스스로를 신에 의존하지 않는 자율적인 존재라고 사유하는 오만으로부터 자유롭게 할 목적을 가지기 때문이다.

영으로서의 하느님, 즉 양극적인 요소들을 통합시키시는 하느님은, 창조적인 힘으로서 모든 것들 안에서 역사하신다. 이것이 바로 하느님이 인간의 용기의 원천이 될 수 있는 존재론적 근거이다. 그러한 신성한 생명은 존재론적 요소들의 분리와 재결합의 단절되지 않는 과정을 의미하는 신성한 창의성으로 표현된다. 이로부터 인간 용기의 궁극적 원천인 창조자로서 하느님을 묘사할 수 있는 가능성이 주어진다.

(2) 창조주로서의 하느님

인간 용기의 원천에 대한 탐색에서 하느님은 영원히 창조하시는 창조주로서 드러난다.[10] 틸리히에게서 신성한 창의성은 신성한 생명 내부의 자유와 운명의 완벽한 통합을 의미한다. 그렇게 파악된 신성한 생명은 피조성으로 나타난 인간 유한성에 대하여 상호관계를 가지며 이러한 이유로 인간 용기의 원천을 논할 때 근본 개념으로 간주된다.

---

9 Ibid., 243.
10 Ibid., 252.

하느님의 창조성은 피조물의 기원, 지속, 유지를 통하여 설명될 수 있다. 하느님이 존재 자체로서 본질과 실존의 구별보다 앞서기 때문에, 근원에서 생성시키는(originating) 그의 창조성은 잠세태와 현실태가 하나인 신성한 생명의 창조적 과정을 가리킨다. 신성한 생명 안에서 창조의 선함은 피조물의 개별성을 통해 유한자를 포함할 수 있는 방식으로 상정된다. "인간의 피조된 본성의 선함은 그에게 스스로를 현실화(actualize)하고 그러한 자기 현실화를 통해서 개체화할 수 있고 또한 그렇게 해야 하기 때문이다. 비록 이러한 과정과 불가피하게 연관된 소외를 인간이 피할 수 없을지라도 말이다."11

비록 피조물이 신성한 근거로부터 분리될 경우에도 그것은 비존재에 저항하는 창조적 근거의 힘에 대한 의존을 유지한다. 하느님의 지속시키는 활동은 인격들의 존재와 행위의 토대를 제공하는 실재의 구조들을 모두 보존한다.12 이신론(deism)에 대항하면서 틸리히는 하느님이 세계 속에 세계의 영속적인 창의적 근거로서 내재하나 신적 자유를 통해서 세계를 초월하기도 함을 주장한다.13 그러므로 하느님의 지속시키는(sustaining) 창조성은 우주가 신 없이도 충분하다는 관념이 문제시되는 현대적 맥락에서 특별히 중요한 역할을 한다.

하느님의 지시하는(directing) 창조성은 창조가 충만을 향해 가도록 모든 상황들에서 현존하는 내적인 정향의 활동으로 이해된다.14 틸리히에 따르면 그러한 정향이 실제로 발생한다고 믿는 신앙은 "숙

---

11 Ibid., 259.
12 Ibid., 262.
13 Ibid., 263.
14 Ibid., 266-267.

명(fate)의 어두움과 실존의 무의미에도 불구하고"[15] 존재하는 신앙이다. 틸리히는 개인의 삶 혹은 세계의 조건들에 대한 신성한 개입으로서의 섭리라는 전통적인 개념은 거절한다. 대신에 하느님의 지시하는 창조성은 인간의 자유뿐 아니라 세계의 구조와 자발성을 존중하기에 그것들 파괴하지 않으면서 이들을 통해 역사한다.

이러한 신적 창조성의 삼중적인 성격에 근거하여 비존재에 저항하며 극복하는 존재의 힘은 하느님의 전능함이라는 포괄적인 상징을 통해 스스로를 드러내며 이 점은 피조물과의 관계에서 더욱 특별히 강조된다.[16] 신성한 힘이 유한성의 범주들에 포함된 부정성들을 극복할 수 있는 인간 능력의 원천이기 때문에 신의 전능함이라는 상징의 의미는 인간의 용기와 특별히 관련된다. 시간에 대하여 전능은 무시간성 혹은 시간적인 끝없음의 의미에서가 아니라 초월적 통합성 안에서 실존적인 시간을 포함한다는 의미에서 신적인 영원을 의미한다.[17] 창조주로서 하느님은 미래를 창조하시면서 과거를 재창조하신다. 미래 안에서 현실화된 과거의 가능성들이 다만 미래의 성격뿐 아니라 과거의 성격도 결정하기 때문이다. 공간에 대해서 하느님의 힘은 피조물들의 공간적인 실존에 참여하는 하느님의 창조적인 참여인 신성한 편재로서 상징된다.[18] 인과율과 실체에 관해서 하느님의 힘은 하느님을 존재의 창조적이면서도 심연적인 근거로서 나타나게 만들며 그 안에서 이러한 범주들이 포함되고 초월된다. 이때 범주들 속에서

---

15 Ibid., 264.
16 *Theology of Culture*, 128-129.
17 *ST*, I, 274.
18 Ibid., 277-278.

비존재의 위협은 극복된다.[19] 그리고 마지막으로 존재의 주체-객체 구조와 관련해서 신성한 힘은 실재를 개방하여 인간이 이해하도록 한다는 것을 믿을 수 있는 논리적 토대인 신적 전지(divine omniscience)로서 대표된다.[20]

지금까지 논의된 것으로부터 두 가지 결론이 도출된다. 먼저, 존재 자체인 하느님은 인간의 존재론적 근거로서 존재론적 양극성을 포함하고 초월하는 방식으로 통합한다. 둘째로, 전능한 창조주로서 하느님은 인간의 유한성 안에서 비존재를 극복하는 그의 힘을 토대로 인간 용기의 원천이 된다는 것이다. 신에 대한 이러한 두 묘사들은 서로 분리되어 이해될 수 없다. 인간 실존의 측면에서 보자면 그들은 궁극적으로 비존재에 저항하고 정복하는 존재의 힘을 궁극적으로 가리키기 때문이다.[21] 그러므로 틸리히는 다음과 같이 주장한다.

> 전능한 하느님에 대한 신앙은 유한성의 불안을 충분히 정복할 수 있는 용기를 탐색하는 행위에 대답을 제공한다. 궁극적인 용기는 존재의 궁극적인 힘에 참여하는 것에 기초한다.[22]

---

19 Ibid., 274.

20 Ibid., 279.

21 대처(Adrian Thatcher)는 "존재의 힘"으로서의 신 개념을 강조한다. 그에 따르면 이러한 상징은 중요한 의미에서 존재 자체의 범위를 좁히며 해당 개념을 중요한 방향으로 발전시킨다. 이것은 먼저 존재의 개념이 근본적이고 보편적이며 활동적인 원리로서 역동적으로 이해될 것을 요청한다. 그것은 또한 비존재의 능동적인 원리를 요청하며 이러한 비존재에 대항하여 존재의 힘은 존재자들에게 존재할 수 있는 힘을 부여한다. 셋째로, 이것은 존재의 유일무이한 특성인 힘을 고립시키며 이를 존재 자체가 가지고 있다고 간주되는 다른 모든 특성들보다 고양된 위치에 둔다. Cf. Adrian Thatcher, op. cit, 41.

22 *ST*, I, 273.

이러한 상징들을 통하여 이해된 신에 대한 신앙 덕분에 인간은 비존재의 불안을 극복하며 존재하려는 용기(the courage to be)를 획득한다. 여기서 인간 실존과 신 사이에서 중재의 기능을 수행하는 신앙에 커다란 중요성이 부과된다. 신앙은 여기서 용기의 원천으로서의 궁극성에 대해서 인간이 가지는 관계의 견지에서 정의된다. 이러한 형식적인 정의에 따르면 신앙은 무조건적인 것(das Unbedingte)[23]을 향한 지향됨, 혹은 존재와 의미에 있어서 궁극적인 것에 의해서 붙잡혀진 상태(the state of being grasped by the ultimate in being and meaning)이다.[24]

그러나 그가 분리와 재연합의 과정을 강조한 그의『조직신학』과 비교했을 때『존재에의 용기』에서 틸리히는 인간 용기의 원천에 관한 질문에 대하여 급진적인 접근법을 발전시킨다. 이 책에서 그는 공포와 불안, 의심과 절망의 고통스런 차원을 강조하면서 심지어 전통적인 종교적 상징들의 공허함 안에도 존재의 힘이 작동한다고 주장한다. 이러한 상황에서 유한성의 범주들에 토대를 둔 하느님에 관한 투사는 존재하려는 용기를 제공할 수 없다. 오히려 개념화된 신에 대한 모든 확신이 무너지는 지점에서 그는 진정한 하느님, 유한한 범주들의 제약들을 항상 초월하는 "하느님 위의 하느님"(God above the God of theism)의 현존을 긍정한다. 틸리히가 무의미와 절망의 경계 상황에서 인간이 "하느님 위의 하느님"을 체험한다고 단언할 때 그는 전통적 종교적 상징들의 해체에도 불구하고 인간 용기의 존재론적 토대를 긍

---

23 Paul Tillich, *What is Religion?*, trans. by James L. Adams (New York: Harper & Row, Publishers, 1973), 76.

24 *ST*, III, 130. 그의 저서『믿음의 역동성』(*Dynamics of Faith*)에서 틸리히는 신앙을 "궁극적으로 관심하고 있는 상태"(1, 4)라고 정의한다. 틸리히에 따른 신앙에 대한 이러한 정의들은 신앙의 보편성을 긍정하며 궁극적인 것에 대한 대상화를 부인한다.

정함으로써 인간 유한성의 질문에 대한 직접적인 대답을 확보하는 것으로 보인다.

　존재 자체로서의 하느님과 "하느님 위의 하느님"[25]의 관계에 대한 논쟁적인 문제를 제쳐 놓더라도, 매우 중요한 점은 틸리히가 인간 용기의 궁극적인 원천으로서 신을 수용하는 것에 포함된 상징적 중재에 대한 무의미와 전적인 의심이라는 극단적인 상황을 위하여 절대적 신앙의 대상인 하느님으로서 이러한 신 개념을 제시하고 있다는 것이다. 이러한 개념은 신 이해를 특정 종교를 넘어서 확장시키면서 존재의 힘이 가지는 의미를 보편화시키는 데에 기여한다. 그러므로 틸리히는 다음 진술들과 함께 용기의 원천에 관한 논의를 마무리한다.

　　존재하려는 용기는 의심의 불안 속에서 하느님이 사라질 때 나타나시는 하느님에 뿌리박고 있다.[26]

　위 논의로부터, 하느님이 통상적인 신앙의 중재하는 기능이나 "하느님 위의 하느님"에 대한 즉자적인 경험을 통해서 인간 용기의 궁극적인 원천으로서 제시되고 있다는 것이 분명해진다. 이것이 중요한 것은 신이 인간의 근본적인 구조의 통합을 위한 시원적인 개시이자 궁극적인 보증이라는 사실에 있다. 존재 자체로서의 하느님과 "하느님 위의 하느님" 사이의 관계에 내포된 모호성에도 불구하고 존재의

---

25 대처는 하느님 위의 하느님에 대한 경험이 존재 자체의 힘으로서 묘사될 때(*CTB*, 179; *ST*, II, 14) 모호함이 현존하고 있다고 비판한다. 그러나 해당 문맥에서 모호성은 오히려 이 두 개념이 서로 동일한 것으로 해석될 수 있음을 보여주는 것으로 이해되어야 한다. Cf. Thatcher, op. cit., 87.

26 *CTB*, 190.

힘으로 신을 상징하는 것은 이 두 관념들을 포괄해주는 결정적인 역할을 한다. 존재의 힘으로서의 신은 또한 존재와 존재 자체의 관계의 구체적인 양식의 근본적인 기초로서, 즉 인간 자유의 궁극적인 기초로서 기능하기 때문이다.

2) 인간의 자유를 위한 존재-신학적 기초

(1) 하느님 안에 있는 비존재

인간 용기의 원천으로서 하느님을 묘사하는 것은 용기가 불안에 관련하여 자유를 표현하는 것이니 본질적인 의미에서 하느님을 인간 자유의 궁극적인 원천으로서 나타내는 것이다. 유한한 존재는 존재 자체와의 연합을 향하여 스스로를 초월하며 이 연합 안에서 하느님은 인간 자유의 탈자적 충족의 근거로서 나타난다. 이러한 신학적 주장의 기초가 되는 것은 존재 자체와의 관계가 독특한 성질을 지니는 비존재의 존재론적 의미이다. 왜냐하면 이것이 존재와 존재 자체 사이의 상호관계에 대한 구조적 선행조건이기 때문이다. 달리 말하면, 하느님이 자기 자신 안에 비존재를 포함하지 않고서는 인간 용기의 원천이 될 수 없다는 것이다.

하느님에 대하여 비존재가 가지는 관계는 비존재가 하느님과 대립하여 분리되고 독립적인 원칙이 될 수는 없다는 전제에서 구성된다.[27] 오히려 비존재는 존재 자체에게, 또한 존재의 자기실현에 대해,

---

27 R. Allan Killen, *The Ontological Theology of Paul Tillich* (Kampen: J. H. Kok N. V., 1956), 126. 하느님은 가장 시원적인 궁극적 존재이며 다른 모든 것은 그분에 대해 의존

심지어 필수적이기까지 하다. "비존재 없는 존재의 자기긍정은 심지어 자기긍정이 아닌 역동성 없는 자기동일성일 것이다. … 비존재는 존재의 폐쇄성으로부터 바로 그 존재를 끌어낸다. 비존재는 존재로 하여금 스스로를 역동적으로 긍정할 것을 요구한다."28 아울러 비존재의 역동적인 요소 없이 존재 자체도 살아있는 하느님일 수 없다. 더 나아가 틸리히는 존재 자체가 자기 안에 비존재를 포함하고 있다는 사실은 하느님의 내적 생명을 삼위일체적으로 상징화(Trinitarian symbolization)하기 위한 존재론적 토대가 된다고까지 주장한다.29 그러므로 틸리히는 다음과 같이 말한다. "비존재는 신이 스스로를 분리하거나 은폐하지 않을 뿐 아니라고 오히려 하느님 자신을 능력과 사랑으로 드러내시는 존재론적 계기이다. … 하느님이 자신과 피조물 속에서 극복해야만 할 '아니오'가 없다면 그분 스스로에 대한 신적인 '예'도 힘을 잃을 수밖에 없을 것이다."30

만일 존재 자체가 비존재를 포함한다면, 그것은 유한성과 불안 역시 포함해야만 한다. 그러나 자기 자신 안에서 비존재를 포함함에도 불구하고 존재 자체는 유한성과 무한성의 양극성을 넘어선 것으로 제시된다. 이러한 설명이 가지는 명백한 모순은 오히려 궁극적으로 존재 자체와 비존재 사이의 상호관계가 지니는 역동적인 성격을 드러낸

적이며 그분 다음에 온다. 이러한 장엄한 선언은 틸리히의 신학적인 체계에서는 비존재에게도 예외 없이 적용된다.

28 *CTB*, 179.

29 해밀턴(Kenneth Hamilton)은 비록 하느님 안에 있는 비존재에 대한 틸리히의 이해가 그리스도교적 삼위일체 교리에 대한 길을 닦도록 준비된 것임에도 불구하고 여전히 그리스도교적 이해가 아니라 헤겔적인 이해에 기초한 삼위일체를 전제하고 있음을 지적하면서 이 지점을 반박한다. Cf. Hamilton, op. cit., 196.

30 *CTB*, 180.

다. 말하자면, 모순이 제거되는 것이 아니라 포함되고 초월되는 역설이 그러한 상호관계에서 이루어진다. 존재와 비존재의 공존은 포함관계를 가리키는 반면에, 이러한 관점에서 파악된 존재 자체는 비존재를 넘어선다는 것을 뜻한다. 그래서 틸리히는 다음과 같이 주장한다.

> 만일 우리가 비존재가 존재 자체에 속한다고 말한다면 우리는 유한성과 불안이 존재 자체에 속한다고 말하는 것이다. 철학자들과 신학자들이 신적 지복(divine blessedness)에 관하여 이야기할 때마다 그들은 함축적으로 (그리고 가끔은 드러나는 방식으로) 신성한 무한의 지복으로 영원하게 수용된 유한성의 불안에 대해서 말해왔다. 무한성은 스스로와 유한성을 포함한다. '예'는 스스로와 자신 안으로 떠맡는 '아니요'를 포함한다. 지복은 자기 자신과 그것이 정복한 불안으로 이루어져 있다.[31]

비존재의 원리가 존재 자체를 역동적이고 활동적으로 만드는 유익한 방식으로 존재 자체에게 의미를 지니기 때문에,[32] 존재 자체는 스스로를 오직 비존재의 견지에서만 긍정할 수 있다. 다시 말하면, 하느님도 역시 존재의 근거로서 역동적 혹은 부정적인 요소인 "아직 아님"의 성격을 가지고 있으며, 존재의 근거가 역사에서 가지는 신적 창조성과 관여는 역사 안에서 작용하는 비존재를 위한 기초가 된다.[33]

그러나 비존재에 대한 하느님의 관계는 포함의 관계이기만 한 것

---

31 Ibid.

32 Killen, op. cit., 130.

33 *ST*, I, 246.

은 아니다. 존재 자체로서의 하느님은 그분 자신이 피조물인 인간 실존의 부정성에 참여하실지라도 비존재를 절대적으로 초월하신다. 비존재와의 관계에서 하느님은 포함과 초월의 관계들이 결합될 수 있는 변증법적인 방식으로 신적 자유를 행사하는 능력을 가진다. 하느님은 이렇게 역설로서만 관계하시니 그렇게만 묘사될 수 있을 뿐이다. 그러므로 비존재와의 역동적-역설적 상호관계를 통해서 하느님은 그분의 자유를 사용하여 유한자들이 자기를 실현할 수 있도록, 즉 그들의 자유를 충만하게 실현할 수 있도록 신적 은혜와 무조건적인 사랑을 부어주시는 것으로 이해된다.

(2) 신의 은총과 사랑

인간에 대하여 존재 자체로서의 하느님이 가지는 변증법적 관계는 인간이 존재와 비존재의 혼합이라는 이유로 존재 자체와 이중적 관계를 가진다는 사실로 설명된다. 이러한 이중적인 관계는 존재 자체에게 이중적인 특성을 부여하며 존재 자체를 창조적이면서도 심연적인 것으로 드러나게 한다. 신적 내재를 의미하는 창조적인 성격은 모든 존재들이 그들의 창조적인 근거에 의해서 무한하게 초월되고 있다는 사실에서 발견된다.[34] 틸리히의 존재 자체로서의 신 개념은 그러므로 정적이고, 생명 없는 실재를 가리키는 것이 아니다. 그것은 오히려 "생명"으로서의 하느님을 상징적으로 표현하려는 취지에서 이해되어야 한다. 신적 생명의 변증법적인 정식화를 확립하는 틸리히의 시도는 의심할 여지없이 통합, 자기-분리, 재결합의 삼중적인 구조로

---

34 Ibid., 237.

생명을 보는 그의 관점에 뿌리를 두고 있다. 이러한 관점에서 신적 생명은 신적 자유의 터전으로 드러난다.

신적 자유를 논하기 위해서 틸리히는 하느님 안에 있는 초월의 두 형식들을 다룬다. 첫 번째 유형은 유한한 모든 것 위에 존재하는 신성의 초월이다. 하느님 안에서 자유와 운명은 하나의 개념에 붙인 두 개의 이름이다.[35] 이러한 의미에서 하느님의 초월은 세계의 결정론으로부터 그분이 가지시는 자유인 반면에, 하느님의 내재는 그분이 세계의 창조적 근거가 되신다는 것을 가리킨다. 두 번째 유형의 초월은 자기-초월인데, 이 초월은 그 분이 창조의 근거가 되시면서 하느님 자신 안에서의 내적 분리뿐 아니라 피조물과의 관계에서 외적으로 분리되시는 것 둘 다를 포함한다.[36] 이러한 초월은 인간에 대한 신적 사랑뿐만 아니라 인간의 긍정과 자유의 형식 안에서도 나타나기 때문에 특별한 중요성을 가진다.

이러한 의미에서 신적 자기-초월은 신적 사랑이며 하느님은 이를 통해서 유한한 자유를 위하여 스스로를 초월하신다. 밖으로 나가고 다시 회귀하는 생명의 역동적 움직임의 견지에서 볼 때, '생명으로서의 존재 자체의 역동성은 곧 사랑의 역동성을 뜻한다. 존재 자체의 생명 과정은 분리로의 경향과 재통합으로의 경향을 모두 포함한다. 사랑은 그 존재론적 본성 안에서 이해될 때 이러한 두 경향의 통합이라고 하겠다.[37] 사랑은 생명이 가진 바로 그 힘과 일치한다. 그러므로 하느님을 사랑이라고 말할 때 그 의미는 신적 생명이 사랑의 속성을

---

35 Ibid., 248-249.

36 Ibid., 282.

37 이것이 틸리히가 사랑이 이질적인 것들의 연합이 아니라 소외된 것들의 재연합이라고 말할 때 의미했던 바이다(Cf. *LPJ*, 25).

가지고 있으며 그럼에도 그러한 사랑이 잠세태와 현실태의 구별을 넘어서 있다는 것을 뜻한다.[38] 결과적으로 탈자적 특성을 가진 신적 사랑은 인간의 자기-초월과 자유를 위한 여지를 마련하며, 인간 유한성에 포함된 질문에 대한 최후의 대답이 된다.[39] 여기서 신성한 사랑이 분화(differentiation)와 재연합(reunion)을 포함하기 때문에 신적 자기-초월이 그 실현을 위해서 유한한 존재들에 의존한다는 것이 분명해진다. 아울러 인간의 자유가 신성한 사랑에게도 본질적이라는 것도 분명해진다. 이것은 의심할 여지 없이 비존재가 하느님 안에 포함되어 있다는 사실에 기인한다. 그러나 역으로 비존재의 변증법적 본성은 신이 유한자들에 대한 사랑을 향하여 스스로를 초월할 수 있는 구조적인 가능성을 제공한다.

그러한 무조건적 사랑은 그 자체로 신적 자유이다. 틸리히는 이러한 신적 자유를 인간이 신앙과 자유를 얻을 수 있게 하는 은혜로서 이해한다.[40] 그는 다음과 같이 말한다. "만일 우리 자신이 본질적으로 어떤 존재인지에 대하여 우리가 결정을 내리며 그 결정이 당위적 성격을 가진다면 이러한 결정은 은혜로 말미암은 것이다."[41] 신앙을 "존재 자체의 힘에 의해서 사로잡힘"이라는 수동적인 방식으로 이해할 때, 역점은 은혜가 선물로 주어진다는 것에 있다. 왜냐하면 궁극적으로 신앙은 유한자의 자발적인 행위라기보다는 인간 자아가 탈자적으로 초월되는 영역인 존재 자체에 대한 반응이기 때문이다.[42] 이것이

---

38 *ST*, I, 280.

39 Ibid., 286.

40 Osborn, op. cit., 114.

41 Paul Tillich, *Biblical Religion and the Search for Ultimate Reality* (Chicago: The University of Chicago Press, 1955), 67.

의미하는 바는 은혜의 형태로 행사되는 신적 자유가 비존재의 위협에 저항하고 이를 극복하는 긍정적인 힘을 가리키며 따라서 신앙의 형태로 행사되는 인간 자유에 대한 신학적 선제조건이라는 것이다.

2. 인간의 자유

앞 절에서 나타난 것처럼 용기의 원천으로서 하느님은 인간 자유의 궁극적인 근거이기도 하다. 신에 대한 이와 같은 근본적인 이해는 신적 은혜와 사랑에 대한 신앙의 개념을 수반한다. 신앙은 이러한 틀 속에서 유한자가 비존재의 위협에도 불구하고 자기긍정의 힘을 달성할 수 있는 수단이 되는 신적 은사(divine gift)로서 이해되며 결과적으로 인간 용기의 실천적인 표현으로서 드러난다. 아울러 이제 인간의 용기는 신앙의 현실적 표현으로 간주된다.

용기와 신앙 사이에 놓인 이러한 본유적인 관계의 근저에는 인간의 본질로서의 자유가 있다. 틸리히의 사유 속에서 자유는 그의 인간학의 중심적이면서 근본적인 개념으로서 출현하기 때문에 이를 포괄적으로 다루는 것이 필요하다. 그는 자유에 대하여 논의할 때 환경 안에 있는 인간 실존으로부터 추상화 과정을 거쳐 결정론과 자유의지의 문제를 제기하는 것은 거짓된 질문들을 생산하며 담론에 혼란만 가져다준다고 본다. 자유가 곧 인간 실존의 의미라는 더 넓은 주제 안에서 정립되지 않는 모든 논의는 오직 오도하는 결론만을 이끌어내는 거짓된 시작점일 뿐이라는 것이다. 그러므로 인간에 대한 포괄적인 이해

---

42 Osborn, op. cit., 144.

를 위해서 자유의 개념은 용기와 신앙의 본유적 관계의 토대 위에서 훨씬 더 상세하게 논의되어야 한다. 이때 자유가 그의 근본 구조로서 자기-초월에 대하여 어떠한 관계를 가지는가에 특별히 역점을 두고 살필 것이다.

1) 용기와 초월

(1) 용기와 신앙

인간 실존의 유한한 행위로서의 신앙은 인간 자유의 신학적 기초로 이해된 신적 은혜와 사랑의 당연한 귀결이다. 신앙으로 말미암아 개인은 존재의 힘에 참여하게 되고 이로써 인격이 될 수 있는 용기를 획득한다. 이러한 신앙의 구조적인 정의는 틸리히가 다음에서 명백하게 지적하는 것처럼 용기에 대해서 신앙이 가지는 관계를 보여준다.

> 신앙은 존재 자체의 힘에 사로잡혀진 상태이다. 존재하려는 용기는 신앙의 표현이며 '신앙'이란 말이 무엇을 의미하는지는 존재하려는 용기를 통해서 이해되어야 한다. 우리는 용기를 비존재의 위협을 무릅쓰는 존재의 자기 긍정으로 정의하였다. 이러한 자기 긍정의 힘은 용기의 모든 행위 안에서 영향력을 발휘하는 존재의 힘이다. 신앙은 이러한 힘을 경험하는 것이다.[43]

신앙과 용기의 그러한 관계에도 불구하고 신앙은 유한자의 행위

---

43 *CTB*, 172.

로 남아있다는 이유로 역설적으로 불확실성과 의심이라는 요소를 지니고 있다. 그러므로 용기는 신앙의 확실성과 함께 불확실성을 수용할 수 있는 능력으로 간주되면서[44] '신앙의 역동성'의 존재론적 토대로서 드러난다. 이는 또한 신앙이 역설일 수밖에 없는 이유이기도 하다.

　　그러한 신앙의 역동적 성격은 주체-객체의 양극성의 관점에서도 표현된다. 신앙은 개인적인 행위라는 면에서 주체적인 차원을 가지며 존재 자체에 근거를 가진다는 점에서 객관적인 측면을 지닌다.[45] 틸리히가 "궁극적으로 관심하는 상태"(the state of being ultimately concerned)[46]로 신앙을 정의하는 것은 개체화와 참여의 구조적 통합성뿐 아니라 주체 객체 사이에 놓인 긴장을 모두 나타낸다. 모든 인간의 영이 자기-초월의 방향에서 무조건자로 향해 나아가려는 경향을 지니기 때문에 신앙에 대한 그와 같은 정의는 인간에게 보편적으로 적용할 수 있다고 본다.[47] 이러한 방식으로 신앙을 정의하고 나서 틸리히는 두 종류의 용기와 관련하여 신앙의 일반적인 두 형태들을 구분한 뒤 결과적으로는 양자를 모두 거부한다. 극단적인 형식에 있어서 용기는 "부분이 되려는 용기"와 "자기 자신이 되려는 용기"로 나뉠 수 있다. 신앙의 체험이 참여에 대한 강조화 개체화에 대한 강조라는 두 극단 사이를 끝없이 오가기 때문에 신앙이 신비주의적 연합의 신앙과 개

---

44 Paul Tillich, *Dynamics of Faith* (New York: Harper & Row, Publishers, 1957), 16.
45 틸리히는 신앙을 "모호하지 않은 삶의 창조" 혹은 "본질과 실존의 초월적인 연합"으로서 묘사한다. 그는 또한 신앙의 형식적 정의와 재료적인 정의를 구분한다. 형식적인 정의는 일반적이며 모든 궁극적인 관심에 적용된다. 재료적인 정의는 영적인 현존에 의하여 자유로이 사로잡혀 있는 것, "무한한 차이"에도 불구하고 영적 현존을 수용하며 충만을 예상하는 것에 특수하게 적용되는 것이다. Cf. *ST*, III, 129-133.
46 *DF*, 1.
47 Armbruster, op. cit., 53.

인적 조우의 신앙이라는 두 형태로 왜곡될 수 있는 것이다.

신앙의 신비주의적인 형식에서 개인은 스스로를 부분으로서 긍정하고 동일시에 도달하는 존재의 근거에 참여함으로써 궁극성을 얻기를 추구한다.[48] 이러한 유형의 신앙은 죽음과 무의미의 불안에 저항하여 용기를 제공하는 데에 특별한 효과를 가지고 있다. 개인은 집단의 외관상 지속되는 생명과 의미에 스스로를 던짐으로써 생명과 의미를 발견한다. 그러나 이러한 방식으로 얻어진 용기는 개인의 실상을 드러내는 죄책 의식이 발생할 때 더 이상 힘을 가지지 못하게 된다.[49]

다른 한편, 참여를 극단적으로 강조하는 것에 저항하는 신앙의 개인주의적인 형태는 개인적인 자아가 긍정되는 영역에 대해 역점을 두며 출현한다. 이러한 신앙은 인류 역사에서 다양한 형태들을 취해왔으며 실존주의 운동에서 가장 두드러지게 나타났다. 틸리히에게 실존주의는 죄책의 불안에 직면하여 개체성의 용기가 보여주는 가장 철저한 표현으로 드러난다. 그러나 거꾸로 말해서 이러한 유형의 신앙은 개체성이라는 한 극을 궁극적인 위치로까지 고양시키기 때문에 무의미의 불안이 일으키는 위협에 더욱 시달린다.[50] 이러한 개인적인 신앙이 제한될 수밖에 없는 이유는 개인적인 견지에서 존재의 힘에 사로잡히는 경험을 이해하려는 그것의 분투들이 비존재의 공격에 노출된 존재적 범주들에게 이러한 존재의 힘을 굴복시키기 때문이다.[51]

---

48 *CTB*, 157.

49 Ibid., 94.

50 Ibid., 152.

51 Osborn, op. cit., 104-105. 오스본에 따르면 개인적인 신앙은 비존재의 실존적 문제를 비존재를 초월에게 떠넘김으로써 다루려고 노력한다. 이때 초월 속에서 비존재의 문제는 하느님의 실존적인 문제가 된다. 그의 해석은 존재와 존재 자체 사이의 질적인 차이 때문에 개인적인 조우 속에 신비적인 요소가 어떻게든 내포될 수밖에 없다는 것을 제안

틸리히는 두 종류의 신앙 중 어떠한 형태도 본래적인 것으로 보지 않는다. 왜냐하면 양자 모두가 존재의 한 구성 요소를 위하여 존재의 근거를 희생하면서 결과적으로 비존재의 무수한 위협 아래에 놓이기 때문이다.[52] 그러므로 틸리히는 비존재의 위협을 넘어서는 용기의 형식을 발견하고자 한다. 그가 신앙을 자기긍정의 용기로 정의할 때, 그는 용기가 자기를 자기이자 세계의 일부로서 긍정하며 결과적으로 존재의 힘을 긍정한다는 점을 역설하고 있다. 그러므로 틸리히는 다음과 같이 설명한다.

> 만일 참여가 지배적이라면, 존재 자체에 대해 가지는 관계는 신비주의적인 성격을 띤다. 만일 개체화가 우세하다면 존재 자체에 대해 가지는 관계는 개인적인 성격을 띤다. 만일 두 양극들이 받아들여지고 동시에 초월된다면 존재 자체에 대해 가지는 관계는 신앙의 성격을 입게 된다.[53]

신앙의 행위에서 양극이 통합되어야 한다는 것은 이미 "궁극적으로 관심된 상태"라는 신앙의 정의에 포함되어 있다. 신앙의 대상은 자

한다. 그럼에도 불구하고, 또 다른 의미에서 신비적인 유형의 신앙은 스스로를 초개인적인 범주들로 평가되기 때문에 개인적인 신앙 유형보다는 진보한 것이라고 불 수 있다. 그러나 신비적 신앙의 유형이 그러한 이유는 참여의 극의 견지에서 그러한 것이기 때문에 신비적 신앙은 철저하고 온전한 형태의 신앙으로 스스로를 내세울 수는 없다.

52 *CTB*, 155. 이 점에 대하여, 오스본은 다음과 같이 결론을 내린다. "개인적인 신앙도 신비적 신앙도 충분하게 급진적인 변화인 완전한 구원을 제공해주지는 않는다. 인격주의(Personalism)는 무의미를 정복할 수 없다. 신비주의는 그것을 회피한다." Cf. Osborn, op. cit., 106.

53 *CTB*, 156-157,

아도 아니고, 자아의 세계도 아니다. 오히려 신앙의 대상은 둘 모두의 근거이다. 그러므로 자기 신뢰의 용기와 신비주의적 용기 모두는 존재의 근거에 대한 체험을 통과하는 절망의 용기가 요구되는 경계 상황에서 초월된다. 이것이 틸리히가 '받아들여짐을 받아들일 수 있는 용기'라고 묘사한 것이며 그러한 용기 속에서 인간은 존재 자체의 힘을 발견한다. "존재하려는 용기는 받아들여질 수 없음에도 불구하고 스스로를 받아들여진 자로 받아들일 수 있는 용기이다."[54] 이렇게 파악된 용기는 신앙이라는 행위가 가진 본래적인 통일성의 궁극적인 형태인 절대적 신앙으로 가는 통로라고 할 수 있다.

그러나 절대적인 신앙의 존재론적 의미를 체계적으로 이해하기 위해서는 자유와 신앙의 관계를 그 보편성에 특별히 역점을 두고 주의할 필요가 있다. 생명의 변증법적인 과정의 견지에서 신앙은 재연합을 향하는 자기분리의 단계 안에 있는 행위로서 간주되고 그러한 이유로 자기-초월의 성격을 시초부터 지니게 된다. 신앙에 대한 이러한 견해는 틸리히로 하여금 신앙을 자유와 동일시하게 한다. 이는 사실 그가 신앙을 "궁극적인 관심에 의해서 사로잡힌 상태"[55]로 정의한 것에 부합한다고 볼 수 있다. 여기서 신앙은 하느님의 무조건적 사랑에 대한 인간의 경험으로서 이해된다. 그러므로 신앙은 자유와 함께 절대적 신앙의 차원에서 완전하게 획득되는 인간 실존의 전체성과 힘을 위한 상보성으로 나타난다. 여기서 놓치지 말아야 할 점은 인간 실존의 완결성을 위한 신앙과 자유 사이의 그러한 연결이 궁극적으로 무조건적인 사랑으로서의 신적인 은혜에 뿌리박고 있다는 것이다. 이

---

54 Ibid., 164.
55 *ST*, III, 130; *DF*, 99.

때 무조건적인 사랑은 인간 자유의 역동적인 근거로서의 신 개념에 대한 또 하나의 상징으로 볼 수 있다.

(2) 절대적 신앙과 초월

비존재의 근본적인 위협이 의심과 무의미로 나타나는 경우 한계 상황이 발생한다는 바로 그 사실 때문에 역설적으로 절망에 대한 용기가 가능하다. 인간이 스스로의 존재와 의미에 대하여 궁극적으로 관심하고 있지 않다면 절망에 빠질 이유가 없기 때문이다. "우리의 절망 그 자체, 즉 삶과 죽음에서 자신으로부터 도피할 수 없다는 우리의 무능력이 오히려 우리의 무한성을 증언한다."[56] 따라서 절망에의 용기는 가장 극단적인 절망의 경험들을 받아들일 수 있는 용기이다. 인간은 의심과 무의미의 가장 극단적인 형태들을 받아들일 수 있어야만 한다. 이러한 이유로 틸리히는 다음과 같이 설명하면서 절망을 대하는 용기를 위한 기초를 놓으려 한다. "한 인간이 이 질문을 회피하지 않는다면 한 가지의 대답만이 주어질 수 있다. 절망을 받아들이는 것이 그 자체로 신앙이며 존재하려는 용기로 넘어가는 경계선 위에 놓여있기 때문이다."[57] 이것이 틸리히가 존재의 힘의 체험 또는 비존재의 가장 극단적인 출현 앞에서도 무조건자에 의해 즉각적으로 의식되는 힘으로서의 절대적 신앙을 묘사하는 방식이다. 극단적인 회의주의적 상황은 의심 안에 깔려 있는 이러한 신앙에서 너무나 두드러지기

---

56 Paul Tillich, *The Shaking of the Foundations* (New York: Charles Scribner's Sons, 1948), 23.
57 *CTB*, 175.

때문에 신앙은 구체적인 대상도 구체적인 내용도 가지지 못한다. "그것은 방향성도 없이 절대적인, 그냥 신앙일 뿐이다."[58]

존재와 의미를 재발견하기 위해 계시 대상들을 향하는 실존적인 신앙과 비교할 때 절대적인 신앙은 그러한 신앙에서 나타나는 상징들이 바로 이러한 상징들을 초월하는 것에 대해 철저하게 투명할 때 정당성을 확보할 수 있다는 것을 깨닫는 더 깊은 수준의 신앙이다.[59] 숙명과 죄책의 불안에 대한 의심과 무의미의 불안이 지배하는 상황과 관련하여 틸리히가 강조하는 것이 정당한지의 문제를 제쳐놓고라도 절대적인 신앙이 신비적인 연합과 개인적인 조우를 단순히 종합한 것과 동일시될 수 없다는 점은 매우 명백하다. 절대적인 신앙을 그 초월적인 성격의 견지에서 이해하는 것은 분명히 주체와 객체 사이의 긴장이 여전히 출현하는 자기 확신의 용기(the courage of confidence)보다는 더 나아간 것이다. 달리 말하면, 절망에의 용기로서 절대적인 신앙은 무조건자의 현존과 그로부터 철저히 단절된 경험 사이에 놓인 무한한 긴장을 받아들이며 궁극적으로 탈자적 재연합(ecstatic reunion)을 통하여 이 긴장을 해소한다.[60] 그러므로 절대적인 신앙은 다음 세 가지 요소들을 포함한다. 제1 요소는 무의미 안에서 의미를 경험하는 것이다. 제2 요소는 존재와 의미에 대해 비존재와 무의미가 의존한다는 것이다. 제3 요소는 받아들여짐을 받아들이는 것이다.[61] 굳이 강조할

---

58 Ibid., 176.

59 Theodore Runyon, "The Immediate Awareness of the Unconditioned and the Interpretation of History in the Theology of Paul Tillich" (Th.D. Dissertation, University of Goettingen, 1958), 83.

60 Paul Tillich, *The Protestant Era* (Chicago: The University of Chicago Press, 1957), xv.

61 *CTB*, 177.

필요도 없이 세 요소들이 모두 철저하게 역설적이라는 점은 주목을 요한다.

그러나 "심지어 절대적인 신앙도 주관적인 감정의 분출 혹은 객관적인 기초가 없는 기분이 아니라는 점"[62]은 확실히 짚고 넘어가야 한다. 특별히 절대적인 신앙의 제3 요소, 즉 받아들여짐을 받아들임은 필연적으로 "받아들임의 능력"을 자신의 객관적인 토대로서 전제한다. 그러므로 절대적인 신앙은 자율과 타율 사이의 긴장이 신율에 의해서 포함되고 초월되는 탈자적인 차원으로서 이해된다. 이때 신율의 포월적이고 탈자적인 성격을 통해서 인간의 자율성이 유지된다. 이러한 추가 설명을 통해서 절대적 신앙에서 주체-객체 양극성이 더 낮은 두 형태의 신앙에서 발견되는 양극성과는 매우 큰 차이를 가진다는 것이 보다 분명하게 드러난다. 매개되는 모든 것은 불가피하게 비존재와 얽히며 초월적인 신앙을 체험함으로써만 극복되는 상황에 놓이기 때문에 절대적 신앙 안에 나타난 존재의 힘은 비매개적으로 의식되고 체험되어야 한다는 요구가 대두된다. 그러므로 틸리히는 절대적 신앙 개념의 존재론적 원칙을 다음과 같이 기술한다. "인간은, 이론적으로나 현실적으로나, 주체와 객체의 분리와 상호작용에 앞서 무조건자를 즉자적으로 의식하고 있다."[63]

절대적 신앙 안에서 인간의 자기-초월은 존재 자체와의 완전한 연합을 향한다. 그러한 자기-초월의 토대 위에서 "하느님 위의 하느님"의 체험에 뿌리박은 절망에의 용기가 일어난다. 이것이 바로 절대적 신앙이 "유한한 이성의 기본적인 조건인 주객 구조를 초월한다"[64]

---

62 Ibid., 176.
63 *TC*, 22.

는 점에서 "탈자성"으로 경험된다고 간주되는 이유이다. 이러한 탈자성의 개념을 통해서, 정신에 새겨지는 총체성의 의미(a sense of totality in the state of mind)가 절대적 신앙에 더해진다. "절대적인 신앙은 결코 분리되고 한정된 것이 아니기에 따로 고립시켜서 설명할 수 있는 사건이 아니다."[65]

　탈자성의 개념을 통해서 총체성으로 파악된 자기는 이성적인 인식에 연관하여 더욱 중요하게 된다. 틸리히의 인식론 체계에서 주객 구도는 이성의 기본적인 구조이며 오직 이러한 구조를 통해서만 지식이란 것이 가능하게 된다. 그러나 분열이 지식에게 본질적이라면 그것은 또한 갈등과 모호성의 원천이 된다. 인간은 그들 자신의 힘으로 그러한 이분법을 극복할 수 없다. 그러나 인간은 분열이 극복되는 영역인 존재 자체와의 초월적인 연합을 획득할 잠재력을 가지고 있다. 여기서 초월적인 연합으로서의 탈자성은 이성의 깊이에로의 탈자적인 체험인 '이성의 성취'로서 나타난다. 이성에게 존재 자체와 비-타율적인 연합을 가능하게 만드는 깊이의 차원이 있기 때문에 절대적 신앙의 탈자성은 이성의 구조를 침해하지는 않는다. "탈자성은 통합된 자아의 중심성을 파괴하지 않는다."[66] 말하자면 절대적 신앙의 탈자성이 이성을 파괴하는 것이 아니라 오히려 보존하고 완성한다는 것이다. 더 나아가 이를 통해서 개인들의 힘을 넘어서면서 그들을 전적으로 포함하는 새로운 현실이 창조된다.[67] 이것이 바로 절대적인 신

---

64 *ST*, III, 112.

65 *CTB*, 188.

66 *ST*, III, 112.

67 Ibid., 119.

앙의 용기 안에서 "존재의 힘이 개별적인 자기들의 힘을 통해서 행동하기 때문에 자기는 스스로를 돌려받는다"[68]는 틸리히의 진술이 의미하는 바이다. 이 진술이 의미하는 것은 새로운 인간의 창조가 인간의 존재론적이고 이성적인 구조의 차원에서 존재 자체와 가지는 탈자적 재연합을 통해서 완성된다는 사실이다.

위 논의로부터 틸리히가 절대적 신앙의 탈자적 상황에서도 유한한 존재가 의미를 지니고 있다는 것을 분명히 하고자 하는 것을 확인할 수 있었다. 탈자적 재연합의 과정은 개체들과 그들의 결정들을 포함하기에 인간의 자율성을 그 자체로 긍정하고 포함한다는 것이다. 이 과정에서 자율적인 이성은 "신율적 이성"을 향하여 초월된다. 절대적인 신앙의 탈자성에 대한 이러한 접근은 인간 자유의 탈자적 충만(ecstatic fulfillment) 혹은 종말론적 본질화(eschatological essentialization)로서 절대적 신앙이 제시될 수 있는 견고한 토대를 제공한다. 틸리히가 인간을 '유한한 자유'라고 부를 때 그는 정확하게 자유의 탈자적 충만 안에 내포된 유한성의 조건을 지칭하고 있었던 것이다. 본 연구의 초점인 유한성과 자유 사이의 관계를 더 잘 이해하기 위해서는 이제 자유와 자기-초월이 고려되어야 한다.

---

68 *CTB*, 188. 개별적인 의미에 대한 인정은 극도로 중요하다. 왜냐하면 그것이 바로 유한성과 자유의 관계가 논의될 수 있는 토대이기 때문이다. 특히 이러한 논의가 자신의 본질적인 구조 안에 있는 인간의 충만으로서의 절대적인 신앙의 견지에서 수행될 때 더욱 그렇다고 할 수 있다.

2) 인간의 자유와 자기-초월

(1) 인간 자유의 본성과 의미

틸리히는 자유를 인간에게 실재의 구조와 의미를 경험할 가능성을 제공해주는 것으로 이해한다.[69] 이미 기술된 것과 같이 실재에 대하여 인간이 가지는 본래적 관계를 열어주는 자유는 자기-세계 상호관계의 견지에서 이해되어야 한다. 자유는 세계로부터 분리되면서도 세계와 연합되어 있는 자기의 총체성 및 중심성을 전제하기 때문이다.[70]

틸리히에 따르면 자유는 존재론적인 현실로서 심사숙고, 결정, 책임감이라는 내적 차원들에서 나타난다. 심사숙고한다는 것은 주장과 동기의 무게를 재보는 것이며 분리의 입장으로부터 선택의 가능성이라는 토대에서 내려진 결정 안에서 반응하는 것이다. 반면에 책임은 그러한 결정들에 대하여 한 개인이 짊어지는 의무를 가리킨다. 그러나 한 개인의 결정의 독립성은 실제로 결정에서 일어나는 사건의 일면일 뿐이다. 결정의 또 다른 측면은 무의식뿐 아니라 생물학적-사회학적인 요소들에 의해서 정해진다.[71] 틸리히는 일관성 있게 인간 자유의 존재론적 조건들과 구조적인 한계들을 강조한다. 말하자면 전체 자아의 시원적인 본질로서의 자유는 세계 속의 구체적인 상황이 지닌

---

69 *ST*, I, 182.

70 Ibid., 183. 자유가 인간의 실존에 스며들어 있다는 그의 확신에 어울리게, 틸리히는 인간의 자유를 인간의 기능의 일부, 특별히 "의지"와 동일시하는 의지주의적 관점을 거부한다.

71 *TC*, 124.

외적 요인들의 결정에 대해서 자기가 가지는 자유를 포함한다. 자유의 이러한 양상은 궁극적인 실재를 열어 밝히며 규제적인 상황을 극복하는 언어와 그것의 보편실재들(universals)의 능력에 의존한다.

자유는 본성상 인간 생명의 역동적인 과정으로 인하여 변증법적이다. 이 역동적인 과정을 통해서 현실의 주어진 구조들을 마주할 수 있는 능력은 또한 그 구조들을 초월하고 그것들로 회귀할 수 있는 능력이 되기도 한다. 자유는 인간이 그의 이성적 깊이에 따라서 현실을 초월함으로써 그것을 파악하기도 하고 조형하기도 한다는 점에서도 변증법적이다. 인간 자유의 모든 표현들은 '주어진 조건'으로부터의 해방이다. 만일 그렇지 않다면 이 '주어진 조건'이 인간의 사상, 가치, 활동 모두를 결정해버릴 것이다. 오직 주객 구도의 보편적인 토대로서 실재가 지닌 로고스 구조 즉 이해될 수 있는 구조가 주관적인 이성으로서의 자아와 객관적 이성으로서의 세계에로 육화되기 때문에 인간은 그의 존재론적 깊이에 따라 자유를 획득할 수 있다. 따라서 인간의 이성은 그것의 로고스 성격으로 말미암아 인간 자유의 구조로서 이해된다.[72]

더 나아가 자유는 존재와의 관계에서 그 자신의 변증법적 특성을 최고조로 드러낸다. 자유가 존재의 근거에게 인간을 개방시킬 수 있는 능력을 가지는 것처럼 그것은 또한 존재를 부인할 수 있는 힘도 가지기 때문이다.[73] 말하자면, 자유는 자기 자신의 본질에 반하여 결정을 내릴 능력을 포함한다. 그러므로 틸리히는 다음과 같이 진술한다.

인간은 그가 자기 자신과 그의 본질적인 본성을 부인하는 능력을 가지

---

72 Osborn, op. cit, 73.

73 *PE*, 123.

는 한에 있어서 자유롭다. 인간은 심지어 자신의 자유로부터 자유롭
다. 즉 그는 그의 인간됨을 포기할 수 있다.[74]

본질을 부정하거나 긍정할 수 있는 인간 자유의 능력을 강조하는
틸리히의 사유는 실존주의처럼 보이기도 한다. 그러나 그의 사상을
실존주의로부터 구별해내는 것은 실재의 로고스 구조에 대한 그의 흔
들리지 않는 신뢰이다. 만물을 조형하는 로고스의 힘이 없이는 어떤
것도 존재하게 될 수 없다는 것을 틸리히는 놓치지 않는다. 이것은 존
재가 자기를 실현하기 위해서 자유에 의존하기 때문에 자유가 존재론
적 실재라는 것을 도리어 확증해준다. 그러므로 자유와 관계하는 존
재는 인간 행위의 모든 순간에서 자유와 운명 사이의 양극적 균형을
요구하는 불변적인 구조로 나타난다.

그러나 자유가 인간 실존에서 나타날 때 자유의 변증법은 존재론
적으로 비존재에 뿌리를 두고 있다. 따라서 자유는 존재와 비존재에 동
시에 관계된다. 틸리히는 자유를 운명에 대한 존재론적 양극성에 둠으
로써 이러한 관계를 표현한다. 비존재에는 만일 운명이 자유를 제한한
다면 자유는 유한한 것임을 자유가 스스로 깨닫는다는 점이 내포되어
있다. 이것이 틸리히가 그리는 인간의 모습에서 '유한한 자유'가 뜻하
는 바이다. 유한한 자유라는 개념은 인간이 스스로를 자기-소외의 관
점에서 경험하며 자기-소외가 다만 유한성만이 아니라 자유에도 뿌
리를 박고 있다는 틸리히의 관점을 보여준다. 이것은 자유가 운명과
의 상호의존관계에서 자기 자신의 유한한 본성을 초월할 가능성을 포
함하고 있음을 보여주는 그의 존재론적 분석과도 분명히 일관성을 가

---

74 *ST*, II, 32.

진다.

위 논의를 통해서 비존재와 자유 모두가 인간 존재 구조의 본질적
인 현실이라는 점이 도출되었다. 앞서 언급된 것처럼 비존재는 인간
의 삶에 본질적이며 특히 인간의 자의식과 자기실현에 대해서 그러하
다.75 그러므로 이와 부합하면서도 역설적이게도 삶의 역동성을 위한
인간의 궁극적인 힘도 자유와 비존재를 통해서 스스로를 위하여 혹은
스스로에 반해서 결정을 내릴 수 있는 인간의 능력에 근거하고 있다.
그러므로 자유는 주어진 상황을 초월하고 나아가 자기 자신을 초월하
며 마침내 심지어 자유 자체까지도 반박할 수 있는 인간의 능력으로
구성된다. 여기서 인간의 자유는 자기-초월과 동일시된다. 그렇다고
해서 후자가 절대적 자아를 자율적으로 행사하는 것으로 해석되어서
는 안 된다. 왜냐하면 틸리히는 유한한 자유의 개념과 일관성 및 연속
성을 유지하기 위해서 세계, 운명, 무한자를 자기-초월의 개념에 포
함시키고 있기 때문이다.

(2) 인간의 자기-초월의 구조

자유는 자기-초월의 가능성이다. 그것은 인간이 실존의 필연적인
요소들, 심지어 자기 자신을 초월할 수 있도록 해주는 인간 생명의 근
본적인 특성이다. 다음 인용문은 자유를 자기-초월로서, 즉 개인이
되면서도 분리의 결정적 성격을 극복하기 위한 자기-초월로서 설정
하는 것을 보여준다.

---

75 Osborn, op. cit, 80-81.

인격은 자기 결정의 힘을 가지고 있거나 혹은 자유로운 존재라고 할 수 있다. 자유롭다는 것은 자기 자신에 대하여 힘을 가진다는 것, 자신의 주어진 본성에 매이지 않는다는 것을 의미하기 때문이다. 이것이 자유의 영원한 문제의 뿌리이다. 자유로운 자는 그가 종속되어 있으면서도 모든 인격적인 행위에서 그가 표출하고 초월하는 자기 고유의 본성, 법칙, 형식을 가진 이 특별한 개인으로서 자유롭다. 그의 본성과 모든 자연의 전체에 묶이고 그럼에도 자신의 본성 안에 머물며 동시에 그 위에 있는 방식으로 자신의 본성을 통제하는 것이 그 동일한 실재이며, 그 인간 개인이며, 그 인격이라는 것이다. 자유가 지닌 문제의 깊이는 그 동일한 존재 안에 있는 균열에 놓여 있다. 이 존재는 실존하지만 자신의 실존을 결정함으로써 자신의 실존과 관계한다.[76]

여기서 "자기-초월"의 의미가 결정적인 관건이다. 개인으로서의 인간은 세계의 현실에 개방되어 있지만 어떠한 방식으로든 그의 세계와 자신의 개체성을 초월한다. "인격의 자유는 다른 누군가를 위하든 전혀 그렇지 않든 간에 그 개인의 본성으로부터의 자유는 아니다. 그것은 개체성에 근거한 보편성을 위한 자유이다. 한 인간이 존재의 보편적인 구조에 의해서 변형되며 그 구조와 연합하는 것은 인격 안에서 일어난다."[77] 인간 생명은 자신을 초월하며 동시에 자기 자신으로 회귀하는 성격을 가진다. 인간의 윤리적, 이성적, 문화적 삶은 스스로를 상실하지 않으면서 절대적인 것을 향하여 자신을 초월한다.

이제 자기-초월을 둘로 구분하려 한다. 하나는 유한한 실존의 한

---

76 *PE*, 115-116.
77 Ibid., 116-117.

계 안에서의 자기-초월이고, 다른 하나는 유한자가 그러한 유한성을 포함하면서도 초월하는 존재 자체와의 탈자적 연합을 뜻하는 자기-초월이다. 비록 틸리히가 어떠한 의미에서는 생명의 모든 형태들을 놓고 생명의 다양한 특징들을 묘사하지만, 본 연구는 오직 인간의 생명에 대해서만 다룰 것이다.

① 유한한 실존의 한계 안에서의 자기-초월

틸리히에 따르면 잠재적인 존재를 현실화하는 생명은 자기-동일성(self-identity), 자기-창조성(self-creativity) 그리고 무한을 향한 초월로 표현되는 자기-초월이다. 자기-동일성 또는 중심의 현실화는 이러한 중심에서 나갔다가 다시 돌아오는 움직임인 자기-변형을 포함한다. 이러한 자기-통합의 움직임은 개체적 중심에서 나갔다가 돌아가는 능력에 초점을 두기 때문에 순환적인 자기-초월이라고 불릴 수 있다.

그러나 자기-통합을 포함하긴 하나 주로 자기-변형이자 자기-창조, 성장, 개인적인 자기-초월을 넘어서 생명의 새로운 중심들로의 이동을 포함하는 또 다른 형태의 자기-초월이 있다. 이러한 형태의 자기-초월은 수평적인 자기-초월이라고 명명된다.

세 번째 형태의 현실화는 수직적인 자기-초월이다. 이것은 유한성을 넘어 무한성을 향해 나아가려는 욕구로서 생명의 핵심적인 기능이다. 틸리히는 이 세 번째 운동을 특별히 생명의 자기-초월적 기능이라고 부른다. 그가 자기 통합의 행위와 생명의 성장이 지닌 특성들을 모두 지칭하기 위하여 "자기-초월"이란 용어를 사용할 여지를 남겨두었음에도 불구하고 그에게 자기-초월이 지니는 가장 중요한 의미는 유한한 생명의 자기-초월을 뜻하는 것으로 한정되지만 결과적으로는 인간의 존엄성이 이로부터 비롯된 것임을 천명하게 된다. 각 유형의 자기-초월을 틸리히가 어떻게 다루는지를 세부적으로 설명하는 것은 인간의 자기-초월의 의미를 더 정밀하게 밝힐 것이며, 특히 이 개념이 인간의 자유와 어떤 관계를 가지는지를 이해하는 데 도움을 줄 것이다.

자기-통합으로서 자기-초월

개체화와 참여의 존재론적 양극성에 기초하여 첫 번째 형태의 자기-초월은 개인의 자아에 강조점을 두고 있으며 자아가 자신과 세계로부터 분리되는 현상을 보여준다. 그 이유는 행위의 중심으로서의 자아 없이는 자유란 아예 존재할 수 없으며 초월도 분명 존재할 리가 없겠기 때문이다.

자기-중심성(self-centeredness)은 밖으로 나갔다가 스스로에게 회귀하는 과정을 위한 존재론적 토대이며 자기-중심성이 순환적인 자기-초월이라고 울리는 이유가 바로 여기에 있다. 인식적 기능의 견지에서 보면, 이러한 자기-초월은 자기-통합이라는 형식에서 현실화된다. 관계적 성격을 놓고 보자면 그것은 자아를 인격으로 구성하는 도덕으로 표현된다.[78] 그러나 자기-통합의 이러한 기능들은 세계로부터의 자아의 분리에 기반하고 있으며, 그렇기 때문에 중심적인 자아의 총체성과 정체성을 구성하는 요소인 자아-의식으로 통합된다.[79]

하지만 존재론적 양극성의 견지에서 보자면 자기-의식과 세계-

---

78 *ST*, III, 27, 38.
79 *ST*, I, 169-170.

의식은 상호의존적이다. 두 의식 모두 주어진 조건에 대한 자기의 초월에 의해서 구성되고 있다. 그러므로 이러한 자기-초월의 의식적인 경험으로서의 자기-인식은 더 나아가서 자아로부터 자아의 분리됨을 구성한다. "자기-인식의 차원에서 자기-초월은 지향성의 성격을 가지고 있다. 자기 자신을 인식한다는 것은 자기 자신을 넘어서는 하나의 방식이다."[80] 자기-인식 안에 있는 주체로서의 자아는 자기-대상화를 통하여 스스로를 초월하며 무한성을 향한 추구 속에 내포된 인간 생명의 궁극성에 대한 질문을 제기한다. 실재의 주객 구조가 자아-의식에서 극복되는 것은 아니며 오히려 유한성의 조건으로서 받아들여진다는 사실도 놓쳐서는 안 된다. 자기-통합의 중요성은 그것이 자기-초월의 과정을 시작한다는 데에 있으며, 그렇기에 자유의 시작이기도 하다는 데에 있다.

자기-창조로서의 자기-초월

자기-초월은 창조성의 근거이며 창조성은 역동성과 형식의 존재론적 양극성 때문에 가능하다. 자기-창조성은 우선 자기-통합을 포함한다. 하지만 그것은 주로 개별적인 자기-초월을 넘어서 생명의 새로운 중심들로 나아가는 움직임을 내포하고 있는 자기-변형이라고 할 수 있다. 그러기에 인간의 창조성은 인간의 지향성만큼이나 포괄적이다.[81]

자기-변형의 구체적인 현현으로서의 성장과 창조에서, 현 상태로 존재하는 것은 스스로를 넘어서 새로운 형태로 나아간다. 이때 옮겨

---

80 *ST*, III, 91-92.
81 *CTB*, 81.

간 새로운 형식은 원래의 실재를 보존하기도 하지만 동시에 변형하기도 한다. 생동성과 지향성의 양극성에 기초한 보존과 변형은 수평적인 이동인데, 구체적으로는 언어와 기술이라는 두 주요한 기능들을 가진 문화로 표현된다.[82] 그러나 인간의 문화적 행위는 주객 분열에 기반을 둔 이중성으로 인하여 모호하기 때문에 필연적으로 의미를 창조하기도 하지만 파괴하기도 한다. 그러한 양가적인 성격에도 불구하고 자기-창조는 개체가 형식들의 보존과 변형이라는 과정을 통하여 새로운 형태들의 생명을 창조하며 주어진 조건을 초월한다는 데에 그 중요한 의미가 있다.

무한성의 추구로서 자기-초월

자유와 운명의 양극성은 생명이 스스로를 초월할 수 있는 가능성을 창조한다. 이러한 의미에서 자기-초월은 궁극적이고 무한한 존재를 향하여 수직적인 방향으로 분투한다는 것을 의미한다. 그러므로 이러한 자기-초월은 앞서 살폈던바 중심으로부터의 순환적인 초월이나 수평적으로 이동하는 창조성의 초월과는 구별된다. "생명이 스스로로부터 자유로운 것에도 정도가 있으며 가장 낮은 정도에서는 자신의 유한성에 전적으로 묶여있다."[83]

이러한 수직적인 자기-초월은 유한한 생명이 스스로를 무한자를 향해 추동한다는 점에서 자기-초월의 참된 의미를 대표한다고 할 수 있다. 그러나 이러한 초월을 논할 때 틸리히가 인간이 오직 잠재적 무한에 대한 자신의 상상력에 기초하여서만 자신의 유한성을 인식할 수

---

82 *ST*, III, 61.
83 Ibid., 86.

있다고 주장한 것을 기억해야 한다. 이러한 의미의 무한을 유한자는 의식에서 소유할 수 없지만 체험할 수는 있다. 그러므로 유한성과 무한성의 양극성은 유한자의 특성을 넘어선 것이 아니기에 인간 유한성의 한계를 돌파하진 않는다. 이러한 점은 무한성이 추상적인 가능성에 기반을 둔 지향적 개념(directing concept)이기는 하지만 무엇인가를 구체적으로 만들어내는 구성적인 요소는 아니라는 틸리히의 앞선 설명에 의해서도 긍정된다. "무한성은 유한성이 사전 한계 없이 스스로를 초월하는 것이다."[84] 이러한 의미에서 무한성은 인간의 자기-초월을 유한성이라는 한계 안으로 제한한다.

그러나 이것은 존재 자체가 인간의 자기-초월에 연루되어 있음을 부정하는 것은 아니다. 오히려 존재 자체는 무한성과 동일시될 수는 없어도 무한성을 향한 인간의 추구에 스스로를 나타낸다.[85] 틸리히에게 있어 이러한 자기-초월은 생명의 성스러움이라는 방식으로 체험된다. 그러기에 수직적인 자기-초월은 무한성을 향한 노력에 깃든 인간의 노력을 강조한다. 그러나 수직적 자기-초월이 주객 분리를 완전히 극복하지는 못하기 때문에 유한한 생명이 가지는 모호성 안에 머물러있을 수밖에 없다.

② 인간의 자기-초월과 탈자성의 근거

앞 절에서 드러난 것처럼, 각 방향에 따라 갈래를 달리하는 인간의 자기-초월은 존재론적 양극성들 각각에 기초하고 있기에 여전히 유

---

84 *ST*, I, 191.
85 Ibid.

한한 실존의 한계 안에 머물러 있다. 유한한 자기-초월의 개념은 이전에 다룬 용기와 신앙의 관계를 이루는 중심 내용이기는 하지만 인간 자유의 의미를 충분히 표현하지는 않는다. 여기서 또 다시 존재와 존재 자체 사이에 관계에 들어있는 인간의 자기-초월의 토대를 설명할 필요가 발생한다. 궁극적인 의미에서 보자면 인간의 자유는 인간의 자기-초월에 드러나는 신적 현현과 관계되어야만 하기 때문이다.

틸리히의 사상에서 하느님은 존재와 의미의 근거이다. 존재 자체는 모든 것을 초월하면서도 모든 것의 근거가 되는 이중적인 성격을 가지고 있다. 그러나 신적 초월과 마찬가지로 신적 내재는 무조건자라는 표현과 더불어 이해되어야 한다. 그러한 존재 자체의 이중적 성격을 인간이 직관적으로 알 수 있는 것은 아니다. 왜냐하면 무조건자는 인간의 의식에서 그 전체가 직관되는 "형태"(Gestalt)로서가 아니라 요소, 힘, 요청 등으로 나타나기 때문이다.[86] 말하자면 무조건자는 만물의 정점에 있는 고정된 사물이 아니라 역동적인 사건이고 행위로서의 존재 자체이다. 그러므로 신적 생명의 자기-초월적인 특성은 비존재를 극복하는 존재의 힘으로 나타난다. 따라서 틸리히는 다음과 같이 주장한다. "무한한 자기-초월의 힘은 인간이 비존재를 넘어선다는 것, 즉 존재 자체에 속해있다는 것을 표현한다. 무조건자의 잠재적인 현존은 유한성에 들어있는 부정적인 요소를 부정하는 것이다."[87] 그는 더 나아가서 원래는 본질적 통합성의 형식 속에서 경험되고, 차후에는 실존적인 붕괴로서 경험되는 관계, 즉, 존재와 존재 자체의 관계의 회복을 위한 가능성을 기술한다. 더 나아가서 틸리히는 분리의 단

---

86 *TC*, 23.
87 *ST*, I, 191.

계를 뜻하는 자유의 창조적 기능을 지닌 인간이 신적인 자기-초월의 현현이라고 주장하기에 이른다.

신에 대한 자기-초월적인 개념은 공간적인 심상을 유한한 자유의 개념으로 대체한다. 신적인 자기-초월은 자신의 존재의 창조적 근거를 지닌 본질적 통합성으로부터 돌이킬 수 있는 피조물의 자유와 동일한 것이다. 그러한 자유는 피조물의 두 특성들을 전제한다. 먼저, 피조물은 신적인 터전(divine ground)으로부터 실질적으로 독립하여 있다. 둘째, 그것은 신적인 터전과 실체적인 통합 속에 머물러 있다.[88]

인간의 자유와 신적인 자기-초월이 일치될 수 있는 곳은 결국 무조건자에 대한 즉자적인 인식이다. 그렇기에 이것은 이성의 주체-객체 구조를 초월하는 탈자성의 차원으로 나아가는 존재-신학적 통로라고 할 수 있다.[89] 여기서 존재 자체는 탈자성 안에서 인간을 사로잡는 신적 은혜를 통해 인간의 자기-초월을 가능하게 하는 궁극적인 근거로서 드러난다.[90]

그러나 탈자적 자기-초월은 주객 관계를 붕괴시키지 않으면서, 즉 주체성과 객관성을 파괴하지 않으면서 그러한 관계를 극복한다. 그 이유는 탈자적-자기초월이 주체-객체에 "앞서는" 이성의 깊이와 다시 연합할 뿐 아니라 존재의 자기-세계 구조를 "넘어서" 존재의 근

---

88 *ST*, II, 8.

89 *ST*, I, 111-115, *ST*, III, 119.

90 Killen, op. cit., 68. 신성한 계시에 대한 그의 설명에서 틸리히는 은혜의 이론을 탈자성의 이론과 연관시킨다. 여기서 구원으로서의 계시는 실존적이고 동시에 탈자적인 것으로 이해된다. 여기서 탈자성은 충만이라는 은혜로운 상태이다.

거와 다시 연합하는 데에서 일어나기 때문이다.[91] 이것을 명백하게 긍정하기 위하여 틸리히는 다음과 같이 주장한다. "탈자성은 이성의 부정이 아니다. 그것은 이성이 스스로를 넘어서, 즉 주체-객체 구조를 넘어서 있는 정신의 상태이고 활동이다."[92] 생명의 모호성이 극복되는 초월적인 연합에서도 하느님은 인간에게서 그의 주체성과 자유를 박탈하지 않으신다. 왜냐하면 하느님은 주체와 객체의 균열보다 앞서 그리고 넘어 계시기 때문이다. 틸리히가 "하느님 위의 하느님"이라고 표현했을 때 이는 분명 유한한 존재자들과 탈자적으로 연합하시는 하느님에 대한 이해를 내포하고 있다.

그런데 이 대목에서 다음과 같은 질문을 제기하지 않을 수 없다. 어떻게 무한자로부터 유한자의 분리를 극복하는 탈자적 연합이 —특별히 유한한 인간 실존에서— 가능한가? 틸리히는 다음과 같이 대답한다.

유한자가 현실적으로 존재하는 실존적 상황이 무한자로부터 나온 유한자의 본질적 통합성에 대한 분리와 저항 둘 다를 포함하고 있기 때문에, 유한자는 현실적으로 더 이상 무한자에 대한 본질적인 통합에 의해서 규정되지 않는다. 오직 생명의 자기-초월에서만 무한자와의 본질적 통합에 대한 "기억"이 보존된다.[93]

---

91 *ST*, III, 256. 이것은 주체와 객체 사이의 분열이 바로 그 관계 안에서부터 극복될 수 없다는 것을 말하며, 따라서 세 가지 주요 유형의 자기-초월은 유한한 실존의 한계들을 넘어서 있다는 것을 확증한다.

92 *ST*, I, 111-112.

93 *ST*, III, 113-114.

여기서 틸리히는 무조건자에 대한 즉각적 의식에 기반을 둔 탈자적 자기-초월은 무조건적으로 필수적이라고 강조한다. 이러한 견지에서 무한자와의 본질적인 통합에 대한 유한자의 "기억"이 해석된다. 이러한 "기억"을 수단으로 하여 모든 유한한 생명은 존재 자체를 향하여 위로 상승하는 경향을 가지게 된다. 그러므로 탈자적인 자기-초월은 유한성의 한계 안에서 일어나는 결정적인 파쇄로서 유한성만을 고수하려는 절대성을 초월하며, 그렇게 함으로써, 인간의 자유와 자기-초월의 관계에 대한 질문에 최종적으로 대답해준다.

유한한 자기-초월과 이러한 탈자적 자기-초월의 다양한 형식들에 대한 틸리히의 설명을 보면 유한성의 특성으로서의 자기-초월과 유한성의 극복으로서의 자기-초월을 구별하는 것처럼 보인다. 그러나 이러한 구별의 정당성을 제쳐 놓고라도 위 논의로부터 모든 형태의 유한한 자기-초월은 탈자적 자기-초월을 향한 예비 단계라는 결론이 도출된다. 이것은 분명 무조건자에 대해 즉자적으로 의식할 수 있는 유한자의 내재적 가능성에 기인한다. 그러므로 탈자성은 틸리히의 존재 이해에 대한 부수적인 첨가물이 아니라 실재를 진정으로 실재되게 만드는 "존재하기"에 대한 그의 관점과 철저하게 부합되고 있다. 그것은 유한한 실존의 조건 아래에서 유한자와 무한자의 본질적 통합을 재발견한 것이며 그렇기에 인간 자유의 궁극적인 형식이 될 터이다.

IV. 자기-초월에 근거한 유한성과 자유의 역설적 얽힘

　앞의 두 장에서 우리는 인간의 유한성과 자유의 문제를 그 둘의 본래적인 관계에 중점을 두고 다루었다. 유한성은 인간의 본질적인 구조이지만 존재론적 차원에서는 실존적인 염려의 근원이기도 하다. 그 이유는 유한성이 잠재적인 무한성과 맺는 근본적인 관계, 즉 유한자가 무한자로 자신을 초월해 나아가려는 데 있다. 반면, 인간 실존의 근원적인 특성이라 할 자유는 유한자에게 자기 삶의 과정을 이끌어나가는 힘과 활력을 주는데, 이는 주로 인간성의 탈자적 완성을 향한 자기-초월의 형태로 나타난다. 하지만 앞서 살펴본 바와 같이, 인간의 유한성 자체는 존재론적 염려라는 딜레마를 안고 있고, 인간의 자유는 절대성과 무한성을 향한 무제약적 충동에 따른 실존적인 파멸의 위험에 노출되어 있다. 이로 인해, 유한성과 자유 둘 중 하나만으로는 유한한 자유의 상태에 있는 인간의 존재론적 의미를 제대로 구성할 수 없다. 이를 위해서는 유한성과 자유가 맺는 구조적인 관계가 즉 그 둘의 본질적인 연관이라 할 인간의 자기-초월성에 근거하여 새롭게 구축되어야 한다. 이 장에서는 이 문제를 보다 자세히 다룰 것이다.

　하지만 유한성과 자유의 관계를 보다 자세히 다룬다는 것은 그것을 단지 자기-초월성에 관한 논의로만 국한시키겠다는 것은 아니다.

도리어 그러한 구조적 관계의 근저에는 유한성과 자유 모두에 역동적인 요소를 제공하는 비존재의 존재론적 의미가 놓여 있다. 따라서 이 장에서는 우선 그 관계를 그것의 존재론적 근거라 할 수 있는 비존재와 관련하여 다룰 것이며, 다음으로는 그 관계의 신학적 구성을 위해 자기-초월과 관련하여 다룰 것이다. 여기서는 이렇듯 비존재와 자기-초월을 분리해서 다루지만 사실 그것은 개념상의 분리에 불과하다는 점을 잊어서는 안 된다. 비존재와 자기-초월은 실존적으로는 분리되어 있지만 구조적으로는 연관되어 있다. 비존재란 인간의 자기-초월을 위한 존재론적 근거이기 때문이다.

유한성과 자유의 관계를 체계적으로 공식화하는 것은 단순한 존재론적 구성의 문제가 아니다. 도리어 그것은 진정한 인간 자유에 관한 실존적인 인식으로 이어지며, 그러한 인식은 또한 인간에게 진정한 자기-이해의 가능성을 전해주기도 한다. 따라서 이 장에서는 이러한 틀에 따라 인간의 자유를 논의하되 유한성과 관련하여, 특히 진정한 인간성의 본래적인 의미에 초점을 두고 논의하고자 한다. 그리고 마지막으로 인간의 진정한 자기-이해의 가능성을 살펴보기 위하여, 유한성과 자유의 구조적 관계에 근거하여 인간을 '유한한 자유'로 묘사한 틸리히의 설명을 분석할 것이다.

1. 유한성과 자유

1) 관계를 위한 존재론적 근거: 비존재

앞서 살펴본 바와 같이, 인간의 유한성은 틸리히가 말한 존재와 비존재의 상호관계를 통해 구체적으로 분석될 수 있다. 그가 규정한 바에 따르면, 인간의 실존은 비존재에 의해 제약된다. 유한한 실존 안에서 존재와 비존재는 서로 밀접하게 연관되어 있다. 달리 말해, "인간의 유한성 혹은 피조성은 변증법적 비존재의 개념 없이는 이해될 수 없다."[1] 비존재는 자신의 변증법적 본성에 따라 존재에게 힘, 즉 생성과 변화의 가능성을 제공하는 잠재력과 같은 것으로 이해될 수 있다. 이처럼 유한성의 개념에는 본래적으로 비존재가 포함되어 있다.

인간에게 있어서 존재와 비존재의 상호관계는 팽팽하게 긴장된 변증법적 양상을 띠는데, 왜냐하면 현존하는 자아는 한편으로는 본질을 계시하고, 다른 한편으로는 본질을 왜곡하는 이중적인 특성을 동시에 지니기 때문이다. 우리는 이러한 실존의 특성을 존재와 비존재에 동시에 근거하고 있는 자유의 변증법으로 설명할 수 있다. '현존'하는 존재가 그것과 존재 자체가 맺는 관계에 변증법적으로 참여함으로써 얻게 되는 자기-긍정을 위해서도 비존재는 "반드시 필요하다." 틸리히는 다음과 같이 주장한다. "비존재가 없는 존재의 자기-긍정이란 진정한 의미의 자기-긍정이 아니라 고작 부동의 자기-동일성에 불과하다. … 비존재는 이렇듯 자기의 틀(자기-동일성)에 갇힌 존재를 해방시킨다. 달리 말해, 존재는 비존재를 통해 자신을 역동적으로 긍정하

---

1 *ST*, I, 189.

게 된다."[2] 자유가 지닌 자기-초월의 특성은 이렇듯 변증법적 비존재가 없이는 불가능하다.

하지만 비존재는 그저 존재와의 상호관계에만 머물지 않는다. 비존재는 자신의 변증법적인 본성을 존재 자체와의 상호관계로까지 확장시킨다. 이러한 상호관계를 통해, "비존재는 은폐된 신을 개방하고, 그를 권능과 사랑으로 계시한다."[3] 존재 자체에 속해 있는 비존재는 신으로 하여금 자기-초월로 향하도록 영향력을 행사한다. 비존재에도 불구하고 자신을 신적으로 긍정하는 것은 인간에게 용기와 자유를 주는 토대다. 비존재는 신을 생동하는 신으로 만들 뿐만 아니라 인간도 생동하는 유한한 자유로 만든다.

따라서 인간 실존 안에서 유한성과 자유는 변증법적인 비존재를 통해 서로 구조적으로 연관되어 있다. 그래서 틸리히는 다음과 같이 말한다. "그러한 자유는 실존의 토대가 아니라 유한성과 연합한 자유다."[4] 이러한 연합은 당연하게도 역설적인 연합이다. 그것은 변증법적인 긴장의 관점에서는 '모순'으로 보이기도 하고, 사물들의 이해에서는 본질적인 '대립'으로 간주되기도 한다.[5] "모순처럼 보이는 역설"[6]이라는 틸리히의 묘사는 이러한 연합이 지니는 변증법적 특성에 대한 매우

---

2 *CTB*, 179.

3 Ibid., 180.

4 *ST*, I, 165.

5 Howard A. Slaatte, *The Paradox of Existentialist Theology: The Dialectics of a Faith-Subsumed Reason-in-Existence* (New York: Humanities Press, 1971), xiii. 슬라테 (Slaatte)에 따르면, 역설은 기본적으로 다음 두 가지 유형이 있다. "일치적"(coincidental) 유형(either/or 유형)은 상관적인 대조를 강조하지만, "필수적"(elemental) 유형 (both/and 유형)은 대립을 사물들의 이해에 본질적인 것으로 본다.

6 *ST*, I, 57.

탁월한 설명 방식이다. 이를 통해 그는 유한성과 자유가 역설적인 연합의 방식으로 공존한다는 긴 설명 없이도 존재와 비존재의 얽힘을 통한 존재론적 계시를 말할 수 있게 되었다. 틸리히의 자유 개념이 본래는 유한자의 자유로 해석되지만 그것이 유한성을 향한 자유라는 뜻으로 새겨질 수 있는 것은 바로 유한성과 자유의 이러한 역설적인 관계구조에 따른 것이다.

유한성과 자유가 맺는 그러한 구조적 관계는 자기의 총체성을 정당화하는 실존적인 관점을 필요로 한다. 그러한 틀 안에서 유한성은 자기를 구성하고, 역으로 개별성으로서의 자기는 자유와 역설적으로 연합하고 있는 유한성을 드러낸다. 유한성과 관련해 보자면, 자유는 지속적인 존재의 드러냄이다. 자기-개방이라는 표현에서도 알 수 있듯이 개별성은 곧 특수성이다. 그러한 의미에서, 총체적인 인격, 즉 구체적으로 존재하는 총체적인 인간을 특징짓는 것은 바로 유한성과 자유다. 유한성뿐만 아니라 자유도 인간 실존에 내속하기 때문에, 유한성과 자유의 구조적인 관계 자체는 구체적인 상황적 조건들이 바뀌어도 근본적으로 변하지 않는다. 그런 점에서 이 관계는 자기의 통합을 위한 토대 구실을 한다.

어떤 이들은 틸리히의 존재론이 인간의 자유와 타협하는 지배적인 존재론의 양상을 띠고 있다고 비판한다. 만일 자유가 구체적인 개인에 대한 독자적인 표현이 아니라 존재의 근거에 대한 투명성으로 이해된다면 그럴 수도 있다.[7] 하지만 유한성과 자유의 역설적 연합이 변증법적 비존재에 근거한 것임을 정확히 이해하고 있다면, 틸리히의 존재론화(ontologization)가 가진 문제는 그저 용어적인 문제에 불과하

7Osborn, op. cit., 258-259.

다는 것을 알게 된다. 이는 형이상학적 환원주의와는 전혀 다른 것이기 때문이다. 앞서 언급했듯이, 틸리히는 자신의 신학방법론에서 존재론과 실존주의 사이의 균형을 강조한다. 그는 그 둘 중 어느 하나도 과소평가하지 않는다.

이러한 설명에도 불구하고 존재-신학이라는 그의 체계 구성은 여전히 애매하다. 비존재는 정복의 대상일 뿐만 아니라 변증법적이고 긍정적인 실재라는 양가적 특성은 특히나 이해하기 어렵다. 그가 말하는 비존재 개념의 존재론적인 의미는 분명하지 않다. 물론 비존재의 개념화에 담긴 이러한 애매함에 대해서는 존재와 비존재의 상호관계가 지닌 복합적이고 다차원적인 구조와 관련해서 앞서 설명한 바 있다. 달리 말해서, 틸리히의 이론적인 공식화가 지닌 애매함은 부분적으로 존재론적 실재들의 모호한 본성과 신비스런 특성들 때문이라고 말할 수 있다.

비록 유한자가 무엇인지는 애매하지만, 앞서 논의한 바, 유한성과 연합을 이룬 자유는 유한성의 부정적 요소를 제거할 수 있는 가능성을 지니고 있으며, 자유와 연합을 이룬 유한성은 변증법적 비존재에 근거한 자아에게 자유를 위한 구체적인 개별성과 역동성을 준다. 그러한 구조적 관계는 비존재에 대한 긍정적인 이해를 위해서도 매우 중요한 의미를 지닌다. 그리고 이는 인간의 자기-초월이 갖는 탈자적 차원을 통해서도 확인될 수 있다.

2) 관계를 위한 신학적 구성: 절대적 신앙에서의 탈자적 자기초월

인간에 대한 틸리히의 존재론적 분석에서 살펴본 바와 같이, 인간의 유한성은 그것과 반대되는 무한성과의 대비를 통해 분석될 수 있다. 무한성은 잡아내기보다는 단지 가리키는 지시개념이라는 점에서, 무한성과 유한성의 대립은 여타의 존재론적 대립들과 구별된다. 틸리히의 존재론적 분석에 있어서, 무한성은 하나의 구체적이고 특수한 무한한 존재로 이해되지는 않는다. 도리어 그것은 자신의 유한성을 자각하고 있는 인간 자신이 참여하는 것이다. 그런 점에서 무한성은 인간의 본성에 대해 전적으로 이질적인 것은 아니다. 여기서 틸리히는 잠재적인 무한성을 향해 자신의 유한성을 초월해 나가는 과정에서 도리어 자신의 유한성을 경험하게 되는 인간의 독특함을 강조하고 있다. 이처럼 그에게 있어 무한성은 유한성을 부정하는 것이 아니라 도리어 유한성에 깃든 부정적 요소를 극복하게 하는 비존재의 힘이다.[8]

유한자의 무제약적인 자기-초월의 과정에서 잠재되어 있던 무한성은 스스로를 드러내기 시작한다. 그런 점에서, 우리는 무한성을 유한자의 역동적이고 자유로운 자기-초월이라고도 규정할 수 있다. 여기서 무한성은 인간의 자기-초월이 향하고 있는 개념화된 지점으로 나타난다. 그리고 이와 같은 실재의 로고스 구조를 통해, 무한성은 인간에게 존재 자체와 연합할 수 있는 존재론적 가능성을 준다. 그렇다고 해서, 존재 자체가 무한성은 아니다.

틸리히가 보기에, 존재 자체는 유한성과 무한성의 대립을 초월해 있기 때문에,[9] 존재 자체와 연합하거나 재연합하는 인간의 자기-초월은 단순히 유한성을 극복하는 것이 아니라 존재의 근거 안에서 유한성을 극복하면서 동시에 그것을 유지하기도 한다. 이러한 존재 자체

---

8 *ST*, I, 191.
9 Ibid.

와의 재연합이란 외부의 어떤 소원한 존재와의 연합이 아니라 자기-소외, 즉 존재 자체로부터 분리된 자아의 극복을 의미한다. 그러한 의미에서, 자기-초월의 힘이란 곧 존재 자체가 가진 힘의 계시다.[10]

　틸리히가 말하는 자기-초월의 개념을 보다 잘 이해하기 위해서는, 역동성과 형식의 존재론적 대립을 떠올려 볼 필요가 있다. 그러한 대립 안에서 자기-초월은 역동성이라는 극단과 형식이라는 극단을 모두 포괄하는 보다 넓은 개념으로 이해되곤 한다.[11] 자기-초월이 갖는 그러한 변증법적인 의미는 자기-현실화를 위한 세 가지 근본기능, 즉 인간의 실존적 삶에서 일어나는 자기-통합, 자기-창조, 자기-초월에 관한 틸리히의 논의에서도 확인할 수 있다. 앞서 '유한한 실존의 한계 안에서의 자기-초월'이라는 제목의 절에서도 논의했듯이, 그 세 가지 근본기능 모두는 중심으로 집약된 존재를 초월하려는 운동을 포함하고 있다.[12] 이러한 관점에서, 틸리히는 "자기-초월"이라는 용어가 삶의 세 가지 기능 모두에 적용될 수 있다고 주장한다. 물론 "자기-초월"이라는 용어는 유한한 삶이 자신을 초월하여 존재의 근원으로 나아가는 수직적 충동이라는 의미로 더 많이 쓰이긴 하지만 말이다. 하지만 여기서 말한 유한한 삶의 세 가지 주요 기능들은 따로 분리될

---

10 Hammond, op. cit., 139-141.

11 인간이 지닌 역동성과 형식은 생명력과 지향성으로 불린다. 틸리히는 인간은 자신의 제한된 환경을 넘어서는 자기-초월을 통한 보편적인 참여의 힘을 소유하고 있다고 말한다. 왜냐하면 인간의 생명력은 본질적으로 "무제한적인 지향성과 연합되어 있기" 때문이다(ST, I, 190). 여기서 자기-초월은 유한성과 자유의 구조적 관계를 이루는 역동적인 구성요소로 드러난다는 사실이 재차 확인된다.

12 자기-완성적 기능에 있어서 자기-초월은 중심으로부터 나와서 중심으로 되돌아가는 순환운동이다. 자기-창조적 기능에 있어서 자기-초월은 새로운 중심들을 산출하기 위하여 세계와 상호작용하는 수평운동이다. 그리고 자기-초월적 기능에 있어서 자기-초월은 유한한 삶을 초월하여 존재-자체로 나아가는 수직운동이다.

수 없다는 것을 반드시 명심해야 한다. 왜냐하면 그것들의 동시적인 상호작용이 인간 실존을 구성하기 때문이다. 이는 진정한 자기-초월에서는 하나가 동시에 세 가지 방향 모두로 운동한다는 것을 의미한다. 이것이 가능한 이유는 세계의 깊이와 상호작용하는 인간의 깊이가 존재의 근거에서는 상호-공속하고 있기 때문이다. 진정한 자기-초월에서는 자기-현실화를 위한 이 세 가지 기능 모두가 동시에 상호작용한다. 이것이 곧 탈자적 자기-초월의 의미다. 역사적으로 표현하면, 탈자적 자기-초월은 초역사적인 존재 자체의 힘이 인간 삶의 역사적 차원으로 들어와 그것을 종말론적인 역사로 이끌어가는 결정적인 순간이다. 이러한 상황에서 역사는 구체적인 것과 무제약적인 것을 통합하면서도 변화시켜 나가기 위해, 그 둘을 연합하는 수평적이고 수직적인 운동을 수행한다.[13] 그러한 의미에서, 탈자적 자기-초월이란 역사가 완성되는 사건 혹은 인간의 자유가 영원에 이르는 순간이라 할 수 있다.[14]

탈자적 자기-초월이야말로 절대적인 신앙의 핵심적인 활동이라는 점에 다시 한 번 주목해보자. 자신의 완전함에 머물러 있던 인간은 절대적인 신앙을 통해 스스로를 초월한다. 절대적인 신앙에 근거하여 존재 자체와의 완전한 연합을 향하는 탈자적 자기-초월은 인간이 궁극적인 힘에 직접적으로 그리고 분명하게 참여하는 차원 그리고 이러한 힘이 분명하게 현존하고 계시되는 차원을 의미한다. 이는 자신의 궁극적 의미에 이른 인간의 자유가 곧 신적인 자기-초월의 존재론적

---

13 *PE*, 48.

14 틸리히는 역사의 완성을 "카이로스"(Kairos)라고 부른다. 카이로스는 시간적인 과정상의 두드러진 순간, 영원한 것이 시간적인 것을 뒤흔들고 변형시키는데 인간 실존의 심연에 하나의 위기를 창조하면서 시간적인 것으로 침입해 들어오는 순간이다.

계시를 의미한다는 명제를 통해 더욱 분명해진다. 이 명제가 말하는 것은 인간의 자유란 존재의 근거에 대해 투명하다는 것을 뜻하는 것으로만 이해될 수 있다는 것이다. 하지만 인간 자유의 투명성이 인간 자아의 개별성을 무화시키지는 않는다. 즉 신은 인간에게서 그의 주체성과 자유를 박탈하지 않는다. 왜냐하면 그는 주체와 객체의 분리보다 앞서 계시기 때문이다.[15]

따라서 절대적인 신앙의 탈자적 자기-초월이 강조하는 것은 신과 인간의 통합이 아니라 그 둘의 대면과 대화다. 인간의 자유가 뿌리를 두고 있는 탈자성의 개념에도 불구하고, 총체적인 인격성의 의미는 존재 자체의 힘 안에서 유한한 존재가 자신의 탈자적 자기-초월을 통해 비존재의 위협에 맞서 자신을 지켜나가는 절대적인 신앙에 그렇게 철저히 귀속되지는 않는다. 삶의 삼중적 과정과 관련하여 표현된 틸리히의 관점에 따르면, 탈자적 자기-초월에서의 재통합은 분열된 실존과 본질적 유한성, 즉 실존적인 조건 하에서 존재 자체와 연합을 이룬 유한성과의 화해다.[16]

앞서 살펴본 바와 같이, 틸리히는 절대적 신앙의 탈자적 상황에서 조차 인간의 궁극적인 의미를 인식하고 있다. 초월적인 연합의 과정은 분명 개인들과 그들의 결단을 포함하고 있기 때문에, 인간의 자율성도 신이 유래하는 신율의 깊이의 차원에서 유지된다. 탈자적 자기-초월은 유한한 자아를 배제한다기보다 인간의 본질적 존재를 진정으로 실현시켜준다. 틸리히가 인간을 유한한 자유라고 부른 것은 바로

---

15 결국, 인간 자유에 대한 신학적 표현인 구원은 절대적 신앙의 투명성에 있는 자아의 부정적 차원을 제거하는 것을 뜻한다.

16 Hammond, op, cit., 175.

이러한 탈자적 자유의 실현에 깃든 유한성의 의미를 긍정하는 것이다. 이것이 곧 그가 말하는 피조성, 즉 유한자가 무한자의 표식을 담지하고 있는 피조성, 즉 탈자적 재연합의 과정에서도 부정되지 않는 창조적 선이라는 신학적 개념이다.

유한한 구조로의 무조건적 침투라 할 수 있는 탈자성의 관점에서 볼 때, 유한성의 특성이라 할 자기-초월과 유한성의 극복이라 할 자기-초월 사이의 구별은 이제 더 이상 적합하지 않다. 대신에 탈자적 자기-초월을 위한 존재론적 근거에 나타나는 자신의 모든 형태들 안에서의 유한한 자기-초월이 중요하다. 여기서 인간의 자기-초월에 근거한 유한성과 자유의 구조적인 관계가 풍부하고 온전하게 인식된다. 인간에 관한 한, 유한성이 없이 자유란 결코 존재하지 않는다.17

앞서 살펴본 그러한 관계가 갖는 존재론적 의미에 관한 논의에 들어가기에 앞서, 온전한 상태의 인간에 대한 틸리히의 존재론적 분석이 그러한 공식화된 명제와 일관성이 있는가를 따져 물어볼 필요가 있다. 틸리히의 자유 개념은 본래 절대적 신앙의 투명성을 통해 드러나는 유한성의 부정적인 차원으로부터의 자유를 뜻한다. 그는 이러한 방식에 따라 자유를 유한성을 극복하는 것이라고 말하기도 한다. 그는 탈자적 자기-초월은 인간에게 유한성의 염려를 극복하게 하는 궁극적인 용기를 준다고 주장한다. 하지만 이후에 그는 자유를 유한성을 진정으로 긍정하고 용감하게 수용하는 것으로 여긴다. 이러한 의미에서, 그의 자유 개념은 비존재의 위협뿐만 아니라 존재 자체와의

---

17 인간본성에 대한 지식은 본질적으로 인간 유한성에 관한 물음에 대한 신학적인 답변을 포함하고 있다는 틸리히의 주장은 유한성과 자유의 관계에 대한 인식론적 설명이라 할 수 있다.

탈자적 연합에서조차 스스로를 유지해나가는 유한자를 위한 자유를 뜻한다고 할 수 있다. 이러한 비교 분석은 모든 삶을 지탱하는 힘과 의미라 할 수 있는 존재 자체에 대한 강조로부터 개별자가 갖는 자유의 중요성에 대한 인식으로의 전환을 이룬다. 하지만 이러한 전환이 비일관성을 뜻하지는 않는다. 왜냐하면 인간 자아에 있어서 염려를 극복하는 것은 자신의 총체성에서 유한성을 제거하는 것이 아니라 도리어 변증법적 비존재를 이해함으로써 유한성이 갖는 긍정적인 특성을 확인하는 것이기 때문이다. 인간의 유한성은 본래 인간이라는 창조된 선을 의미한다. 그리고 이로써 탈자적 자기-초월의 차원에 있는 변증법적 비존재를 통해 인간의 자유와 연합될 수 있다. 그러한 의미에서, 틸리히의 존재론적 체계는 유한성과 자유의 관계를 구성하는데 매우 적합하고 기여하는 바 또한 크다고 할 수 있다.

2. 인간성에 대한 구성적 자기 이해

1) 역설적 연합을 이루는 유한성과 자유

절대적 신앙에서 나타나는 자기-초월의 탈자적 성격을 통해서 유한성과 자유의 구조적인 관계는 자신의 충만한 의미를 여과 없이 드러낸다. 이러한 관계는 자신의 변증법적 연합에 근거하고 있기 때문에, 그것은 유한성과 자유 모두에 중요한 존재론적 의미를 부여한다. 자유와 역설적 연합을 이루고 있는 유한성은 존재의 힘 안에서 스스로를 자유롭게 긍정하고, 유한성과 역설적 연합을 이루고 있는 자유는 유한자에게 탈자적 자기-초월의 가능성을 주기 위하여 유한자에 자신을 정립한다. 하지만 유한성과 자유의 역설적 연합은 그러한 본래적인 관계.공식에 제한되지 않는다. 도리어 그러한 연합은 유한성의 조건 하에서 자유의 탈자적 실현을 위한, 달리 말해, 인간성에 대한 구성적 자기-이해를 위한 존재-신학적 토대로 드러난다.

여기서, 유한성과 자유의 역설적 연합의 의미를 설명하기 위해서는 인간의 자유와 관련한 자기-모순의 개념을 살펴보는 것이 중요하다. 자기-모순이라는 개념은 이미 자유의 개념에 포함되어 있기 때문에, 자기-모순을 자기-초월과 연결시키는 것은 정당해 보인다. 왜냐하면 틸리히에 따르면, 자기-초월은 "자유의 가장 근원적인 특성"이기 때문이다.[18] 틸리히는 "어떤 주어진 상황을 초월하는 능력은 자신을 초월하는 무한성 안에서 자신을 상실할 가능성을 의미한다[19]"고 말하는데, 여기서 그는 자기-모순을 마치 자유와 자기-초월을 위한 유일한 가능성인 것처럼 말하고 있다. 그는 더욱 강하게 말한다. "결국 자신과 자신의 본성 사이의 모순적인 힘을 간직하고 있는 한 인간은 자유다. 심지어 인간은 자신의 자유로부터도 자유롭다. 즉 그는 자신의 인간성마저도 포기할 수 있다."[20]

이 대목을 보다 자세히 살펴보면, 자유의 개념에 포함되어 있는 자기-모순은 가능성으로 나타난다는 것뿐만 아니라 탈자적 자기-초월로도 향해 있다는 것을 알 수 있다. "자기-초월"이라는 용어의 뜻이 애매하기는 하지만, 틸리히의 용법에서는 자기-모순의 의미가 들어

---

18 *ST*, III, 303.

19 Paul Tillich, "The Conception of Man in Existentialist Philosophy", *Journal of Religion* XIX (July, 1939), 208.

20 *ST*, II, 32.

있지는 않은 것 같다. 틸리히는 인간 실존이 존재의 근거에 의존하고 있다고 말하는 대목에서, 자기-모순을 존재의 근거에 저항하는 유한한 형식으로 설명한다.

> 인간은 실재 전체와 연합함으로써 자신의 자유를 현실화한다. 이러한 현실화는 구조적인 의존성, 즉 자신의 자아를 견지하는 힘, 존재의 근거로 되돌아가는 데 저항하는 가능성을 포함하고 있다. … 피조된 실존은 이중의 저항, 즉 자신이 뿌리를 두고 있고, 자신이 의존하고 있는 존재의 근거에 대한 저항과 비존재에 대한 저항을 포함하고 있다.[21]

이 구절이 말하는 것은 유한한 존재가 존재 자체에 참여하게 됨으로써 그에게는 자기-모순의 가능성도 동시에 주어진다는 것이다. 자기-모순은 자유가 존재하는 한에서만 존재한다. 그런 점에서 유한자의 자유 그 자체가 자기-모순의 근거다. 이 구절의 결론은 다음과 같다. "창조적인 삶으로서의 신은 유한자뿐만 아니라 비존재도 포함하고 있다. 물론 비존재는 지속적으로 극복되고, 유한자는 신적인 삶의 무한성과 지속적으로 재연합하기는 하지만 말이다."[22]

자기-모순의 가능성은 자유가 자신의 가능한 계시들 가운데 하나라 할 자기-모순을 포함하고 있다는 것을 의미할 뿐만 아니라 유한자와 자유의 구조적인 관계를 재확인시켜주기도 한다. 유한자와의 역설적 연합이 자기-모순마저도 하나의 가능성으로 포괄하고, 자신과 유한자의 관계를 나타내며, 자신의 진정성을 확신하게 하는 그러한 방

---

21 *ST*, I, 261.
22 Ibid., 270.

식으로 자유는 실현된다. 이러한 함의가 현재의 목적에 주는 중요성이라면, 그것은 인간을 위한 자유는 언제나 유한성과의 연합 속에서 드러난다는 점이다. 우리는 여기서 유한한 초월의 다양한 형태를 띠고 있는 유한성이야말로 절대적인 신앙 안에서 일어나는 탈자적 자기-초월로서의 자유를 위한 존재론적 토대라는 점에 주목할 필요가 있다. 유한성과 자유는 그 양자 모두가 인간 실존의 종말론적 본질화를 위해 서로가 서로를 동시에 필요로 하는 불가분의 관계를 구성한다. 틸리히에게 있어서, 유한한 자유에서 상대적인 자기-모순은 가능하지만, 유한성과 자유가 맺고 있는 역설적 연합을 붕괴시킴으로써 유한성과 자유 둘 중 하나를 제거하는 절대적인 자기-모순은 가능하지 않은 것으로 보인다.

인간 실존이라는 틀 안에서, 유한성과 연합을 이룬 자유의 근원적인 중요성은 그것이 지닌 변증법적 구조의 역동적인 특성에 있는데, 그 주된 이유는 그것이 자기-초월과 맺는 본래적인 연관 때문이다. 자유의 이러한 역동적인 특성이 일종의 자기-예속의 형태라 할 자기-절대화로부터의 해방을 가능케 한다. 인간의 자기-초월은 탈자적 차원에서 참된 자기성에 대한 진정한 재발견에 이른다. 결국 인간 자유의 탈자적 실현은 자유의 인격화와 구체화를 통해 이루어진다고 하겠다. 자유는 유한성과의 연합을 요구하는데, 그 이유는 유한성이 자유에게 개체적인 자기됨을 부여하기 때문이다. 역으로, 인간 유한성에 대한 탈자적 수용은 유한성에 대한 적극적이고 자유로운 긍정을 의미하는데, 그러한 긍정은 바로 자유를 통해 가능한 것이다. 여기서 유한성과 자유의 역설적 연합이 갖는 본질적인 의미가 인간의 진정한 자기-이해를 위한 존재-신학적 토대라는 점이 드러난다.[23]

    지금까지 논의한 바, 인간은 "유한한 자유"다. 이는 곧 자유란 본질적으로 유한성의 조건 안에서 실현된다는 것을 뜻한다. 유한성의 조건은 인간 자아의 구체성과 개별성을 필요로 한다. 이러한 규준으로 인해, 틸리히의 전체 체계 중 존재론적 체계는 비판적으로 평가될 수도 있다. 틸리히는 개인의 구체적인 인격성을 존재론화한다는 점에서 개별적인 자아를 지나치게 형식적이고 추상적으로 다룬다는 비판을 받기도 한다. 왜냐하면 그가 사용하는 존재론적 개념화는 구체적으로 실존하는 실재들을 형이상학적으로 추상함으로써 얻어진 것들이기 때문이다. 틸리히는 자신의 존재론화가 환원주의적 추상에 근거하여 질적인 변형을 가한 것이 아니라고 주장하면서 그러한 비판을 모면하고자 하지만, 그럼에도 불구하고 이러한 비판은 인간 자아 내부에서 일어나는 유한성과 자유의 연합을 위한 형식적인 요구가 갖는 실천적인 영향과 관련해서는 여전히 타당하다. 이러한 비판은 실질적으로 그의 존재론적 시도의 문제점을 지적하지만, 사실 그러한 존재론적 시도는 유한성과 자유의 역설적 연합의 관점에서 구체적인 인간적 상황들에 대한 존재론적이고 실존적인 반성들을 드러낼 개념적이고 용어적인 명료함을 필요로 할 수밖에 없다.

---

23 자유의 구체화와 인격화는 자기-절멸(self-annihilation)과는 구별되는 자기-부정(self-denial) 그리고 자기-탈각(self-evacuation)과는 구별되는 자기-비움(self-emptying)을 통해 이루어진다. 틸리히는 인간 실존에 대한 그리스도적 이해의 과정에서, 진정한 실존 양식을 뜻하는 '새로운 존재'(New Being)라는 개념을 내놓는다. 그는 예수 그리스도를 인간을 신과의 탈자적 연합에 이르게 하는 최후의 계시로, 참된 인간성의 실현이라는 인간 자유의 궁극적 의미의 구현으로 설명한다. 구체적으로 말해서, 예수가 내린 자기-부인의 명령(마태 16:24; 마가 8:34; 누가 9:23)과 사도 바울이 자기비움의 찬가(Kenotic Hymn)에서 찬양했던 예수의 자기-비움적인 사랑과 희생은 탈자적 자유에 근거한 진정한 실존을 향한 인간의 삶이란 무엇인지를 보여주는 결정적인 사례라 할 수 있다.

하지만 틸리히의 용어 사용에 관한 이러한 논쟁이 인간에 대한 그의 이해를 상쇄시키지는 않는다. 그의 존재 신학은 실로 인간 자아에 관한 '실존적인' 이해를 명료하게 드러내준다. 그의 입장은 보편적인 인간학의 중요성을 갖는다. 그의 신학적 인간학은 유한성과 자유의 역설적 연합의 관점에서 인간 실존을 집중 조명한 것이다.

2) 유한한 자유로서의 인간 실존

유한성과 자유의 역설적 연합은 "유한한 자유"라 할 인간에 대한 진정한 자기-이해를 가능케 한다. 인간은 자유다. 그 자유는 곧 유한한 자유라 할 자신에 대한 선택의 조건이다. 자아는 유한자로서의 자신을 선택하고, 자신의 결단을 통해 필연성을 자유로 변환한다. 그리고 이를 통해 진정한 자기됨(selfhood)을 얻게 된다. 따라서 실존적인 결단의 참모습은 유한한 자유라 할 바로 그 자아의 구조에서 탈-은폐된다. 인간이 지닌 하나의 특성이라 할 자유는 인간으로 하여금 자신의 유한성을 진정으로 자각하고 그것을 실존적으로 수용할 수 있는 가능성을 열어준다. 자유에 관한 긍정적인 이해에 근거해서만 유한한 자유의 개념은 틸리히가 존재론적 체계를 위해 사용한 실존적 접근을 통해서 해명될 수 있다.

모든 실존적인 접근법들은 자유야말로 인간 실존을 규정하고 해석하기 위한 핵심개념이라는 데 한결같이 동의한다. 이러한 관점에 따르면, 자유는 이성보다 우선하며, 그것은 인간의 근원적인 이미지로 이해되기도 한다. 하지만 이는 이성이 무가치하다고 말하는 것이 아니라 단지 실존에 뒤따라 나온다는 것을 의미한다. 달리 말해, 과거

합리주의적 전통에서는 이성에 의해 폭력적으로 제거되었던 실존이 이제는 이성보다 앞선다는 것이다.[24] 실존적인 관점이 강조하는 것은 자유란 인간 자아에 부착된 한갓 특성이나 속성 정도로 간주되어서는 안 된다는 것이다. 달리 말해, 자유는 인간 실존의 총체적인 본성이다.[25] 이것이 인간이 "유한한 자유"로 이해될 수 있는 근거다. 하지만 반복해서 말하지만, "유한한 자유"란 인간에 대한 목적론적 관점을 말하는 것이 아니다.[26] 왜냐하면 유한성과 연합하고 있는 자유는 인간 삶의 목적이 아니라 인간의 자기-현실화의 과정에 포함된 제한된 특성이기 때문이다. "유한한 자유"는 자아의 연합이 잔재하는 자아나 불변하는 토대에서 저절로 주어지는 것이 아니라,[27] 유한성의 맥락 안에서 자유를 현실화하려는 노력을 통해 얻어지는 것이라는 것을 의미한다.

이러한 자유의 현실화 과정에서, 유한한 자유로 규정된 인간은 필연성과 가능성 사이의 긴장을 지속적으로 유지한다. 왜냐하면 필연성

---

24 Calvin O. Schrag, *Existence and Freedom: Toward an Ontology of Human Finitude* (Evanston: Northwestern University Press, 1961), 176-177. 고전적 합리주의에 따르면, 인간은 추상적이고 우주론적인 이성의 담지자다.

25 틸리히는 자유를 다음과 같이 규정한다. "자유란 자기중심적인 자아가 전체 중의 일부나 일부의 과정이 아닌 바로 그 중심에 의해 반응이 결정되는 그러한 방식의 자극에 대한 반응으로 설명되어야 한다고 나는 생각한다. 중심이란 모든 의도들과 충동들, 인상들, 통찰들 그리고 감정들이 한 데 응집된 지점이다. 그것들 중 어떤 하나가 중심을 규정하는 것이 아니다." Paul Tillich, "What is Basic in Human Nature", *American Journal of Psychoanalysis* XXII (September, 1962), 118.

26 실체라는 개념이나 정해진 목적들을 전제하는 목적론적 관점은 결정론적 세계관의 한계를 결코 벗어나지 못한다. 그런 점에서 그것은 창조적인 행위를 설명하기에는 부적합한 방식이다. 실존주의의 주장에 따르면, 인간은 자신을 미리 정해진 목적으로 이끄는 어떠한 내적인 목적도 갖고 있지 않다. 왜냐하면 그런 목적이 있다는 것 자체가 인간의 자유와 직접적으로 모순되기 때문이다.

27 Schrag, *op. cit.*, 190.

은 자유로운 실존적 결단을 통해서도 제거되지 않으며, 가능성도 유한성에 대한 구조적인 강조를 통해서도 제거되지 않기 때문이다. 만일 필연성이 사라진다면, 유한성은 소멸될 것이며, 인간은 무한자 혹은 절대적 자유가 될 것이다. 만일 가능성이 현존하지 않는다면, 자유는 사라질 것이며, 인간은 자기-중심성(centered self)을 상실할 것이다. 하지만 필연성과 가능성이 균형을 이룬다면, 인간은 계속해서 유한자와 현실화된 자유로 남을 수 있다. 이는 인간 자아가 운명을 지닌다는 것을 뜻한다. 그러므로 자아에 대한 틸리히의 구성적 이해는 역설적으로 연합하고 있는 유한성과 자유를 포함하고 있지만 또한 이러한 연합을 운명이라는 역사적인 맥락 안에 두고 있다. 그래서 그는 다음과 같이 말한다.

> 인간은 유한한 자유다. 이것이 인간의 구조다. 모든 인간은 이러한 구조, 즉 자신이 인간과 세계 그리고 신과 맺고 있는 관계에 속해 있다. 인간은 우리가 신에 대해서나 말하는 그러한 무한한 자유가 아니다. 또한 인간은 우리가 자연에 대해서나 말하는 그런 유한한 필연성도 아니다. 인간은 자유다. 하지만 그 자유는 유한성과 연합을 이룬 자유다.[28]

여기서 우리는 인간을 "자유로운 유한자"라고 하지 않고 "유한한 자유"라고 설명하는 틸리히의 표현법이 인간에 대한 존재론적 구조가 갖는 긍정적이고 구성적인 측면에 근거한 그의 실존적인 선택이었다

---

28 Paul Tillich, "Man and Society in Religious Socialism", *Christianity and Society*, VIII (Fall, 1943), 13.

는 점을 알 수 있다.

자유가 인간 실존과 맺는 관계는 자유가 그저 의식의 상태가 아니라 존재의 운동이라는 점을 나타낸다. 이것이 바로 "유한한 자유"의 진정한 의미다. 여기서 중요한 것은 의식의 자유가 아니라 존재의 자유다. 자유가 없는 유한한 존재는 자기 안에 고정되어 있을 수밖에 없으며, 그래서 존재론적일 수도 실존적일 수도 없다. 이러한 관점에 따르면, 존재에 대한 존재론적 질문은 궁극적으로 자신의 현실화 과정에서 일어나는 자유를 향한 실존적인 추구를 의미한다.

"유한한 자유"는 피할 수 없는 유한성과 부정할 수 없는 자유라는 맥락 안에서 이해되어야 하는 진정한 실존에 대한 존재론적 표현이다. 틸리히는 인간의 유한성 안에서 진정한 인간 실존을 위한 잠재력을 본다. 그는 다음과 같이 설명한다.

> 우리는 우리의 무한성을 통해 지속적으로 극복되고 보존되는 유한성을 상상해볼 수 있다. 우리는 우리의 영원성을 부정하는 것이 아니라 영원성 안의 한 요소인 일시성에 대한 경험을 갖고 있다. 우리는 우리가 가진 무성(nothingness)을 대면할 수 있다는 바로 그 사실이 또한 우리는 그러한 무성을 초월할 수 있다는 확신을 포함하고 있다는 느낌을 알고 있다.[29]

우리는 자유와 연합하고 있는 유한성을 실존적으로 수용함으로써 인간의 한계를 진정으로 이해하게 된다.

---

29 Paul Tillich, "The Conception of Man in Existentialist Philosophy", *Journal of Religion* XIX (July, 1939), 210.

우리 자신의 한계를 받아들이는 것은 지혜에 이르는 결정적인 단계다. 어리석은 자는 자신의 유한성 안에 정립된 한계들에 저항한다. 그는 무한한 힘과 지식을 갖고자 한다. 반면 지혜로운 사람은 자신의 유한성을 받아들인다. 그는 자신이 신이 아니라는 것을 알고 있다.[30]

유한성과 관련하여, 진정한 인간 자아는 죽음에 대한 새로운 태도를 담고 있다. 실존의 시간성은 극복될 수 없다. 진정한 자아는 자신이 죽어야만 한다는 것을 알면서도 그것을 긴박한 선택상황에서 결단을 위한 요소로 삼음으로써 자신을 용감하게 긍정한다. 그리고 자유와 관련하여, 진정한 자아는 인간의 타락을 긍정적으로 받아들이기도 한다. 비록 타락이 극복될 수는 없다고 하더라도, 그것은 자유를 통해 진정한 자기-긍정의 가능성을 주는 실존적인 기획으로 변모된다. 그러한 방식으로, "유한한 자유"는 유한성의 맥락성과 자유의 창조성 사이의 실존적인 통합을 구성하기 위해 끊임없이 노력한다. 그래서 유한한 자유는 유한성과 자유의 역설적 연합에 근거한 인간의 진정한 자기-이해를 위한 궁극적인 개념이 되는 것이다.

---

30 Paul Tillich, "The Beginning of Wisdom", *Pulpit Digest* XXXVI (June, 1956), 30.

결론

인간의 존재론적 근본 구조로서의 유한성은
그것의 초월을 통해서만
비로소 체험될 수 있다.

인간의 유한성의 초월을 통해 체험되는 것은
무한계의 차원이라기보다는
유한성 자체이다.

이 유한성의 초월은
존재론적 가능성으로서의 죽음, 즉 무에 대한 실존적 체험으로서
존재의 깊이에로의 자기초월이며
따라서 인간의 실존적 동인인 자유로 이해될 수 있다.

여기서 한계를 새겨내는 유한성과 한계를 넘으려는 자유는
역설적인 연합을 이루며
이러한 역설적 연합은
인간의 본래적 자기 이해를 위한 실존적 근거가 된다.

******

인간은 본질적-실존적으로 자유가 가진 유한성과 창조성의 연합이다. 인간의 구조적인 요소인 유한성과 자유는 공유된 의미의 변증법 안에서 실재를 가지고 있다. 그러한 요소들의 변증법적 통합성 때문에 그들은 서로를 결정하며 더불어 존재 자체의 근거에 존재론적으로 뿌리박음으로써 궁극적인 의미를 가진다. 그러므로 그것들 사이의 구조적인 관계는 인간의 본래적인 자기 이해를 위한 존재론적 토대로서 수용되며, 특히 인간 자아의 통합성과 총체성을 위한 토대가 된다.

위에 서술한 간략한 요약이 이 연구의 핵심 주장이다. 본 연구는 틸리히의 존재론적 신학이 개진하는 유한성과 자유의 관계가 변증법적 정식화를 위하여 충분한지 그리고 더 나아가서, 인간에 대한 본래적인 자기-이해를 도모하는 데에도 부족함이 없는지를 가늠하려고 시도하였다. 이러한 목적에 부합하여 틸리히의 존재론적 체계를 특히 유한성과 자유의 관계에 역점을 두고 분석하고 평가했다. 그렇기에 본 연구는 틸리히의 사유를 해석하면서도 인간의 자기-이해의 실존적 재구성에 보다 큰 의미를 두고 있다고 할 수 있다.

이 연구는 틸리히의 존재론적 신학 안에서 펼쳐진 인간론을 위한 방법론적 기초를 점검하는 것에서 시작했다. 변증적 신학에 대해서 틸리히가 강조했던 것이 그의 신학 체계 안의 인간론에서도 그대로 일관성을 유지한다. 신학 체계에서 상호관계 방법론이 실재의 역동적이고 변증법적인 구조에 따라 요청되었다. 이러한 방법론적 틀 안에서, 인간 유한성에 대한 틸리히의 존재론적 분석은 자기-중심성과 자기-귀속성의 대극적 긴장이라는 견지에서 다루어졌다. 인간의 유한성은 존재론적으로 주어진 한계로 이해되며 이 구조는 잠재적인 무한성을 향한 자기-초월의 욕구에 의하여 인식되고 체험된다. 인간의 유한성이 인식될 때 비존재의 위협에 대한 실존적 체험으로서 존재론적 불안이 야기되며 용기 있는 자기-긍정이 이 위협을 극복한다. 여기서 자신 안으로 불안을 떠맡으려는 존재론적 용기는 그 뿌리인 존재 자체의 힘에 의하여 가능해진다.

인간 자유에 대한 신학적인 해석에서, 용기의 원천으로 묘사된 존재 자체는 신적 은혜와 무조건적인 사랑을 통해서 인간 자유의 궁극적인 근거로서 출현한다. 유한성에 대하여 가지는 본유적인 관계에 대하여, 자유는 용기와 신앙 사이의 내적 연결을 통해서 이해된다. 존재론적 용기의 신학적 표현인 신앙은 존재가 그것의 근거로서 존재 자체에 대하여 가지는 관계의 범위 안에서 자유를 정립하기 때문이다. 여기서 자기-초월의 개념은, 유한한 범주와 탈자적인 범주 사이의 구분과 함께, 자유의 특징들과 한계들을 발견하기 위하여 분석되는 방식으로 존재론적 의미를 확보한다. 이러한 맥락에서 자유의 변증법은 비존재의 존재론적 의미와 관련해서 구체적으로 강조된다. 절대적인 신앙과 탈자성의 개념을 통해서 인간의 자기-초월은 궁극적인 의미에서 인간 자유의 근본적 특성으로 이해된다.

탈자적인 자기-초월의 견지에서 이해된 인간과 존재 자체의 관계는 이 맥락에서, 특히 탈자적 재연합 덕분에, 핵심적인 현안으로 부상한다. 틸리히에 따르면 존재와 존재 자체의 상호관계는 체험보다 앞서는 무조건적인 것에 의한 즉각적 의식 덕분이라는 그의 존재론적 원칙에 기초한다. 그러므로 존재 자체와의 탈자적인 연합은 절대적인 신앙의 차원에서 존재-신학적 즉각성을 강조한다. 이때 발생하는 질문은 다음과 같다. "절대적인 신앙에 있는 탈자적인 자기-초월이 인간의 본성을 붕괴시키지 않고도 인간 존재와 존재 자체의 연합으로서 진정 기능할 수 있는가?" 그러나 이 개념을 더 면밀히 살펴본 결과 틸리히가 상황을 역전시키는 것처럼 보인다. 그가 탈자적인 연합의 상태를 생명의 삼중적 과정의 마지막 단계로서 설명할 때 그는 구체적인 개인의 의미가 탈자적으로 성취된다는 본질화를 이야기한다. 여기서 본질화는 종국적 구원의 경지를 일컫는다.

틸리히가 말하는 인간의 자유라는 개념을 다소 상세하게 묘사하면서 본 연구는 유한성과 자유 사이의 구조적 관계를 명료화하려는 주요 목적을 달성하길 시도하였다. 이 시도는 먼저 존재론적 토대로서 비존재의 관점에서 이루어졌으며, 그 후 신학적 구성을 위한 탈자적 자기-초월의 관점에서 수행되었다. 이 논의 속에서 비존재가 그의 역설적 성격을 통해서 훨씬 더 긍정적인 의미를 획득하며, 따라서 탈자적 자기-초월을 위한 존재론적 토대를 제공하고 있다는 점은 주목할 만하다. 이러한 주장은 실제로 틸리히의 변증법 또는 양극성의 원칙이 대립적인 것들의 역설적 얽힘이라는 그의 사상적 구도에 기반하고 있다는 점에 의해서 정당성을 확보한다. 이 원칙은 연합이 신적인 것의 통합 안에서 개별적인 구별들을 유지하면서도 초월하는 대립요소들의 종합이라고 주장한다. 이러한 주장이 정당하게 받아들여질 수 있는 것은 유한성과 자유의 관계가 궁극적으로 존재 자체의 완전한 통합에 근거하고 있기 때문이다. 이러한 해석을 놓고 볼 때, 이 연구는 유한성과 자유의 관계가 역설적 연합이라는 틀 안에서 확립되기 위해서는 신학적인 차원이 필수적이고 불가피하다는 것을 보여준다는 점에서 부차적으로 기여하고 있다.

4장의 2부에서 언급된 것처럼, 자유는 유한성과의 역설적인 연합 안에서 충족되며, 역으로 유한성은 자유와의 역설적인 연합을 통한 피조적 실존의 본질적인 선함으로서 자유롭고 용기 있게 긍정된다. 인간의 자유는 유한성과 연합하지 않을 경우에 그 자체로 추상적이고 개념적인 자유가 되어서 현실화될 수 없게 된다. 인간의 유한성은 자유와 연합하지 못하면 자기-현실화를 제거하려 드는 숙명론적 결정성으로 변하게 된다. 이러한 이유로 유한성과 자유는 인간 자아에게 유기적 총체성을 제공하기 위하여 그리고 긍극적으로 인간의 본래적인 자기-실현을 위해서, 역설적으로 연합해야 한다.

이 지점에서 어떻게 유한성과 자유가 역설적 연합을 이루는가에 대한 질문이 제기된다. 존재 자체와의 탈자적 연합에 기반한 실존적인 결단을 통해서만 유한성과 자유 모두가 역설적 연합에 이를 수 있으며 인간에게 본래적인 자기-이해의 가능성을 수여한다. 이러한 틀 안에서, 틸리히의 "유한한 자유"라는 개념은 실존적 통전성을 표현함으로써 인간 자신이 의미를 지닌다는 것을 긍정하게 한다. 결과적으로 인간됨의 구성적인 자기-이해를 위하여 신학적 인간학의 관점이 필수적이라는 점이 반복적으로 확인된다. 이러한 자기-이해가 유한성과 자유의 역설적 연합에 기반을 두기 때문이다. 그러한 연합은 존재 자체와의 탈자적인 연합이라는 신학적 차원 없이는 구성될 수 없다. 여기에서 주체로서의 인간에 대한 참된 자기-이해가 대상으로서의 세계에 대한 모든 접근이 적절하게 확보될 수 있는 출발점이 되어야 한다는 것을 덧붙일 수 있을 것이다.

결론적으로, 틸리히의 존재론적 신학은 유한성과 자유 사이의 역설적 연합을 구성함으로써 인간성에 대한 보다 적절한 자기 이해에 기여하는 것으로 평가된다. 그렇다고 해서 틸리히의 존재론적 체계 전체에서 아무런 문제가 없다고 하는 것은 아니다. 오히려 우리의 이러한 비평은 그의 존재론적 구도, 특히 비존재와 같은 문제적인 개념들에 대해 보다 더 급진적인 역설적 통찰을 개진할 필요가 있다는 제안을 포함한다.

한국 그리스도교를 향한 뜻

미워할 수 없는 신은 신이 아니다! 잠시라도 미워할 이유가 없는 신은 하느님이 아니다! 언뜻 황당하게 들리지만 이제 이 책을 마무리하는 마당에는 그 깊은 뜻을 절절히 공감하지 않을 수 없을 것이다. 우리가 그토록 원하고 갈망하는 신을 왜 미워하겠는가? 미워할 이유가 도대체 무엇이겠는가? 그러나 신을 미워한다는 것은 무엇보다도 모순과 부조리의 현실에서 겪을 수밖에 없는 아픔에 정직하겠다는 것을 뜻한다. 이런 현실에서 신을 미워하는 것을 신성모독이나 불경스러운 태도로 간주한다면 신에게 아부하고 위선을 떨겠다는 것밖에 안된다. 이게 바로 종교 강박이라면 신을 미워할 수도 있다는 것이야말로 해방이다. 신을 미워할 자유야말로 오히려 신의 사랑을 생동적으로 체험할 터전이 된다. 구약성서가 보여주는 선지자들의 절규가 그 좋은 증거다. 그들은 신을 옹호하려고 나서지 않았다. 아니 반대로 따지고 떼쓰고 울부짖고 몸부림쳤다. 신은 그렇게 미움을 받으면서 그들을 사랑했고 결국 그들은 신을 미워하면서 신의 사랑을 체험했다. 그러기에 미움 받을 수 있는 신이 좋은 신이다.

이에 비해서 신정론(神正論)의 신은 나쁜 신이다. 신정론이란 무엇인가? 전능하고 지선(至善)하신 신이 창조한 이 세상에 악과 고통이 넘쳐나는데도 불구하고 그런 악은 형이상학적으로 본질이 아니라 현상에 불과하다든지 심지어 더 큰 선을 위해서 작은 악을 허락하신다든지 하는 방식으로 신의 전능과 지선의 공존을 지키려는 발상이다. 그러나 악이 범람하고 고통으로 절규할 수밖에 없는 세상에서 신만 홀로 전능하시고 지선하시다면 그런 신이 어떻게 좋은 신일 수가 있겠는가? 아니 그런 신이 도대체 세상과 무슨 관계가 있는가? 세상의 악과 고통에 초연한 듯이 전능과 지선을 깔끔하게 엮어내면서 군림하는 신이 참으로 좋은 신인가? 아니 그러고도 신인가? 이런 신이야말로 오히려 나쁜 신이 아닌가? 이런 식의 신정론이라면 오히려 신성모독이 아닌가? 아니 달리 생각해도 전능과 지선을 인간이 지켜드려야 할 만큼 신이 그렇게 나약한 존재인가? 그러고도 신인가? 이래서 신정론은 자가당착이다. 그런데 그런 신성모독과 자가당착의 신정론이 우리에게 깊은 강박으로 자리 잡아왔다. 전제군주에 대한 아부와 공포의 분위기를 물씬 풍기는 방식으로 말이다. 이래서 종교는 신경강박증이 되었고 심리적 억압기제가 되었다. 그래서 잠시라도 미워할 수 없는 신은 참된 의미에서 신이 아니고 폭군일 수밖에 없다. 반대로 미워할 수 있는 신은 해방이고 자유다.

우리 사회에서는 크고 작은 일들이 일어나면 늘 팔자나 운명, 또는 '하느님의 뜻' 운운하면서 어떤 방식으로든지 근거나 이유를 붙여 풀어내려 한다. 그러나 삶의 모순이나 부조리는 그것이 그렇게 이유를 붙여서 풀릴 수 없다는 것을 가리킨다. 왜 모순일 수밖에 없는 것을 아닌 듯이 무마하고 희석시키려고 하는가? 그것이 결국 우리 스스로를 억압하고 기만하는데도 말이다. 끔찍한 비극이나 고통스러운 질병 등을 죄에 대한 벌로 보는 태도가 좋은 증거이다. 병자를 죄인으로 만든다. 아폰 사람을 나쁜 사람으로 만든다. 아니면 기껏해야 무엇인가 더 좋은 선물이 기다리고 있는 통과의례 같은 것으로 보려고 한다. 그러나 선물이 없으면 어쩔 것인가? 인간희롱일 수밖에 없지 않은가? 이 대목에서 "잠시라도 미워할 이유가 없는 신은 결코 하느님이 아니다"라는 말씀은 알량한 자가당착으로 빠질 수밖에 없는 신정론을 정면으로 뒤집는다.

그러나 신정론은 한가한 이론으로만 끝나는 것이 아니었다. 우상화의 원형이었다. 아니 원흉이었다. 그러기에 이 단언은 나아가서 우상화에 대한 일침으로서도 소중한 뜻을 지닌다. 누구인들 우상을 숭배하려고 하겠는가? 종교학자들이 이구동성으로 말하지만 그 무엇을 우상으로 알고 섬기며 숭배하는 바보는 인류 역사상 전혀 없었다. 자기 나름대로는 순교를 불사할 정도의 믿음으로 붙잡고 나아간 신념이기도 했으니 착각이었을지언정 그 자체로 우상숭배는 아니었다. 그러나 결국 우상숭배가 되고 말았다. 많은 경우에 그랬다. 우상은 돌이나 금으로 새겨놓아야만 하는 것은 아니었다. 어떤 것도 그 자체로 우상인 것은 아니다. 내가 그것과 관계하는 방식이 그것을 우상으로 만들 수 있다. 내가 원하고 좋아하는 방식으로 그려놓고 그 테두리 안에서만 붙잡고 믿으면 그렇게 된다. 그러니 우상은 절대로 미워할 수가 없다. 미워하면 우상이 되지 않는다. 그래가지고서는 우상이 될 자격이 없다. 그러기에 "잠시라도 미워할 이유가 없는 신은 결코 신이 아니다"라는 말은 우상 파괴를 요구하는 선언이 된다.

틸리히는 그의 종교철학에서부터 철학적 신학, 조직신학, 종교론, 신앙 성찰, 문화신학 그리고 설교에 이르기까지 우상 파괴라는 주제를 철저하게 관통시켰다. 그의 이러한 통찰이 한국 그리스도교와 교회에 대해서는 어떠한 뜻을 지닐까? 하느님 나라의 건설을 위해서 사회 현실에 참여하기보다는 이를 세속적 오염이라고 몰아가면서 스스로를 분리하는 종교주의를 내세우는 우상화가 깊게 깔려있는 한국교회에는 특히 타율적인 신앙의 문제가 주요한 관건이 될 터이다. 내가 자발적으로 믿는 것은 인간적인 생각이라 하여 억누르면서 시키는 대로 복종하는 것이 신앙의 마땅한 태도라고 길들여져 왔다. 거슬렀다가는 어떤 일이 일어날지도 모른다는 공포의 조장과 함께. 그래서 더욱 타율적일수록 더욱 경건해 보였다. 그러나 다른 한편으로는 이에 대한 반동으로 교회를 뛰쳐나간, 그래서 더 이상 교회에 안 나가는 '가나안' 교인들이 폭발적으로 증가한다. 물론 이런 부류들 중에는 타율적 신앙에 대한 과도한 반동으로 자율적 비신앙으로 몰려나가는 사람들도 적지 않다. 그래서 방향은 서로 정반대이지만 타율적 신앙의 우상숭배뿐 아니라 자율적 비신앙의 자기도취도 함께 검토되어야 할 과제이다. 자기도취는 소위 독실하게 보이는 신앙뿐 아니라 그러한 자율적인 비신앙에서도 발견되니 말이다.

덧붙여서, 자연물을 초자연적으로 경배하지 않았다고 해서 우상숭배를 극복했다고 할 수는 없다. 설교에서 자주 언급되는 권력이나 돈과 같은 현실적인 힘에 대한 숭배가 교회 안에서 팽배하고 있는 실태도 우상숭배 사례로 거론된다. 물론 그러하다. 그러나 이를 벗어났다고 하여 그러한 문제로부터 자유로울 수는 없다. 이유인 즉 하나님 또는 하느님이라는 이름으로 여전히 자신이 절대로 미워할 수 없는 신의 모습을 그려놓고 이를 붙잡고 늘어지는 것을 독실한 신앙으로 간주하기 때문이다. 우상숭배를 벗어났나 했더니 곧바로 '확신'이라는 이름의 자기도취에 빠진다. 오죽하면 '확신의 죄'라는 자성적인 비판까지 나왔겠는가? 게다가 자기도취와 우상숭배는 한 짝으로 얽혀 자기도취적 우상숭배(narcissistic idolatry)가 된다. 이렇게 되면 도저히 헤어날 길 없는 교만과 착각, 독선으로 뭉친 강박과 독단일 수밖에 없다. 그런데 이러한 문제는 구체적으로 믿음의 역동성이 포함해야 하는 의심과 회의, 심지어 미움의 가능성을 적극적으로 긍정하고 수행함으로써만 극복될 수 있다. 지금까지 살펴본 바와 같이 틸리히는 그의 심오한 역설적 통찰로써 우리에게 이를 일깨워준다.

마지막으로, 무엇보다도 다시금 주목하고 싶은 것은 틸리히를 포함하여 현대 사상가들이 함께 주목했던 '물음을 묻는 인간'이라는 새로운 자화상이다. 삶에서 물음이 지니는 가치를 새삼스레 일깨워주거니와 믿음이 살아 움직이게 하니 말이다. 물음은 모르면서도 모른다는 것을 알아야 물을 수 있으니 삶에서 모름을 겸허히 받아 새기는 지혜의 길로 이끌어가기 때문이다. 뿐만 아니라 바로 이런 이유로 믿음을 삶에 맞닿게 해주기 때문이다. 이유인즉, 묻지도 않은 물음에 대답이라고 밀어붙이는 폭력이 카리스마를 빙자하여 난무하는 교회 현장에서 물음은 그 자체로 모름을 향한 자유를 믿음에게 선사해주기 때문이다. 옛날에는 '믿고 알거나 알고 믿거나'라고 했지만, 모르고도 믿을 뿐더러 믿고도 여전히 모르는 것이 우리 삶이기 때문이다. 사도 바울조차도 '지금은 보이는 것이 희미하다'고 고백했다. 그런데 그렇게 모르고 희미하기 때문에 믿음이 살아 움직인다. 나아가 '그 때에는 얼굴을 맞대고 볼 수 있을' 것을 기대할 만큼 성숙하게 된다. 아울러 억지로라도 대답으로 새겨 기만적으로라도 평안을 얻으려는 대답강박이 짙게 깔린 종교적 현실에서 '다만 앞을 향해서 달려갈 뿐'이라는 바울처럼, 물음은 그저 물음만 가지고서도 우리 삶에서 뜻을 이루어 가시는 사건으로서의 하느님을 기다리는 믿음으로 우리를 이끌어줄 것이기 때문이다.

참고문헌

1, 2부

틸리히의 저작

틸리히, 폴/남성민 옮김·정재현 해설.『문화의 신학』. 서울: IVP, 2018.

틸리히, 폴/최규택 옮김.『믿음의 역동성』. 서울: 그루터기하우스, 2010.

틸리히, 폴/정진홍 옮김.『성서적 종교와 궁극적 실재 탐구』. 대한기독교서회, 1984.

틸리히, 폴/유장환 옮김.『조직신학』. 서울: 한들출판사, 2001.

틸리히, 폴/황필호 역.『종교란 무엇인가?』. 서울: 전망사, 1983.

틸리히, 폴/김광남 옮김.『흔들리는 터전』. 서울: 뉴라이프, 2008.

참고도서

스미스, 윌프레드 캔트웰/길희성 옮김.『종교의 의미와 목적』. 왜관: 분도출판사, 1997.

정재현.『신학은 인간학이다: 철학읽기와 신학하기』. 왜관: 분도출판사, 2003.

_____.『티끌만도 못한 주제에: 사람됨을 향한 신학적 인간학』. 왜관: 분도출판사, 1999.

_____.『우상과 신앙: 종교적 인간에 대한 철학적 성찰』. 파주: 한울아카데미, 2019.

_____.『종교신학강의: 다종교상황에서 그리스도교인이 가야할 길』. 서울: 비아, 2017.

카우프만, 고든/기독교통합학문연구소 옮김.『신학방법론』. 천안: 다신글방, 1983.

포이어바흐, 루트비히/강대석 옮김.『기독교의 본질』. 서울: 한길사, 2008.

Tracy, David. *The Analogical Imagination: Christian Theology and the Culture of Pluralism*. New York: Crossroad, 1987.

3부

일차 자료

A. 단행본

Tillich, Paul. *Biblical Religion and the Search for Ultimate Reality*. Chicago: The University of Chicago Press, 1955.

_____. *The Courage to Be*. New Haven: Yale University Press, 1952.

_____. *Dynamics of Faith*. New York: Harper & Row, Publishers, 1957.

_____. *The Eternal Now*. New York: Charles Scribner's Sons, 1956.

_____. *A History of Christian Thought*. Edited by Carl E. Braaten. New York: A Touchstone Book, 1968.

_____. *The Interpretation of History*. Trans. by N. A. Rasetzki and Elsa L. Talmey. New York: Charles Scribner's Sons, 1936.

_____. *Love, Power, and Justice: Ontological Analyses and Ethical Applications*. London: Oxford University Press, 1977.

_____. *The New Being*. New York: Charles Scribner's Sons, 1955.

_____. *The Protestant Era*. Trans. by James Luther Adams. Chicago: The Universtiy of Chicago Press, 1948.

_____. *The Religious Situation*. Trans. by H. Richard Niebuhr. Cleveland: Meridian Books, 1967.

_____. *The Shaking of the Foundations*. New York: Charles Scribner's Sons, 1948.

_____. *Systematic Theology*. 3 Vols. Chicago: The University of Chicago Press, 1951-63.

_____. *Theology of Culture*. Ed. by Robert G. Kimball. London: Oxford University Press, 1980.

_____. *What is Religion?* Trans. by James L. Adams. New York: Harper & Row, Publishers, 1973.

B. 논문

Tillich, Paul. "The Beginning of Wisdom." *Pulpit Digest* XXXVI (June, 1956), 27-31.

_____. "The Conception of Man In Existential Philosophy." *Journal of Religion* XIX (July, 1939), 201-215.

_____. "Existential Analyses and Religious Symbols." *Contemporary Problems in Religion*. Edited by Harold A. Basilius. Detroit: Wayne University Press, 1956.

_____. "Existentialism and Religious Socialism." *Christianity and Society* XV (Winter, 1949), 8-11.

_____. "Human Nature Can Change." *The Nature of Man in Theological and Psychological Perspective*. Edited by Simon Doniger. New York: Harper & Row, 1962.

_____. "Man and Society in Religious Socialism." *Christianity and Society* VIII (Fall, 1943), 10-21

_____. "Reply to Interpretation and Criticism." *The Theology of Paul Tillich*. Ed. by Charles W. Kegley. New York: The Pilgrim Press, 1982.

_____. "What is basic in Human Nature." *American Journal of Psychoanalysis* XVII (September, 1962), 115-121.

이차 자료

Allen, E. L. *Existentialism from Within*. London: Routledge & Kegan Paul Ltd., 1953.

Armbruster, Carl J. *The Vision of Paul Tillich*. New York: Sheed & Ward, 1967.

Borowitz, Eugene B. *A Layman's Introduction to Religious Existentialism*. Philadelphia: The Westminster Press, 1965.

Brown, Delwin. *To Set at Liberty: Christian Faith and Human Freedom*. New York: Orbis Books, 1981.

Bultman, Raymond F. *A Blueprint for Humanity: Paul Tillich's Theology of Culture*. Lewisburg: Bucknell University Press, 1980.

Clayton, John Powell. *The Concept of Correlation: Paul Tillich and the Possibility of a Mediating Theology*. New York: W. de Gruyter, 1980.

Cochrane, Arthur C. *The Existentialists and God*. Philadelphia: The Westminster Press, 1956.

Guardini, Romano. *The Focus of Freedom*. Trans. by Gregory Roettger. Baltimore: Helicon Press, 1966.

Hamilton, Kenneth. *The System and the Gospel: A Critique of Paul Tillich*. New York: Macnillan Co., 1963.

Hammond, Guyton B. *Man In Estrangement: A Comparison of the Thought of Paul Tillich and Erich Fromm*. Nashville: Vanderbilt University Press, 1965.

_____. *The Power of Self-transcendence: An Introduction to the Philosophical Theology of Paul Tillich*. St. Louis: Bethany Press, 1966.

Heinemann, F. H. *Existentialism and the Modern Predicament*. New York: Harper & Brothers, Publishers, 1953.

Hodgson, Peter C. *New Birth of Freedom: A Theology of Bondage and Liberation*. Philadelphia: Fortress Press, 1976.

Hook, Sidney, ed. *Religious Experience and Truth*. New York: New York University Press, 1961.

Hopper, David. *Tillich: A Theological Portrait*. Philadelphia: J. B. Lippincott Co., 1968.

Keefe, Donald J. *Thomism and the ontological Theology of Paul Tillich*. Ledion: E. J. Brill, 1971.

Kegley, Charles W. Ed. *The Theology of Paul Tillich*. New York: The Pilgrim Press, 1982.

Kelsey, David H. *The Fabric of Paul Tillich's Thought*. New Haven: Yale University Press, 1967.

Killen, R. Allan. *The Ontological Theology of Paul Tillich*. Kampen: J. H. Kok, 1956.

Kuhn, Helmut. *Encounter with Nothingness: An Essay on Existentialism*. Honsdale, Ill: Henry Regnery Co., 1949.

Macleod, Alistair M. *Paul Tillich: An Essay on the Role of Ontology in his Philosophical Theology*. London: George Allen & Unwin Ltd., 1973.

Macquarrie, John. *Existentialism*. Philadelphia: The Westminster Press, 1972.

Mahan, Wayne W. *Tillich's System*. San Antonio: Trinity University Press, 1974.

McKelway, Alexander. *The Systematic Theology of Paul Tillich: A Review and Analysis*. New York: Dell Publishing Co., 1964.

Martin, Bernard. *The Existentialist Theology of Paul Tillich*. New York: Bookman

Associates, 1963.

Orr, Robert Rickering. *The Meaning of Transcendence: A Heideggerian Reflection.* Missoula, Mont.: Scholars Press, 1989.

Osborn, Robert T. *Freedom in Modern Theology.* Philadelphia: The Westminster Press, 1952.

Osborne, Kenan B. *New Being: A Study on the Relationship between Conditioned and Unconditioned Being according to Paul Tillich.* The Hague: Martinus Nijhoff, 1969.

Runyon, Theodore, "The Immediate Awareness of the Unconditioned and the Interpretation of History in the Theology of Paul Tillich." Th.D. Dissertation, University of Goettingen, 1958.

Schrag, Calvin O. *Existence and Freedom: Towards an Ontology of Human Finitude.* Evanston: Northwestern University Press, 1961.

Slaatte, Howard A. *The Paradox of Existentialist Theology: The Dialectics of a Faith-Subsumed Reason-in-Existence.* New York: Humanities Press, 1971.

Spier, J. M. *Christianity and Existentialism.* Trans. by David H. Freeman. Philadelphia: The Presbyterian & Reformed Publishing Co., 1953.

Tait, L. Gordon. *The Promise of Tillich.* Philadelphia: J. B. Lippincott Co., 1971.

Thatcher, Adrian. *The Ontology of Paul Tillich.* London: Oxford University Press, 1978.

Thomas, J. Heywood. *Paul Tillich: An Appraisal.* London: SCM Press, Ltd., 1963.

Wheat, Leonard F. *Paul Tillich's Dialectical Humanism: Unmasking the God above God.* Baltimore: Johns Hopkins Press, 1970.

Wild, John., Co-ed. *Christianity and Existentialism.* Evanston: Northwestern University Press, 1963.

_____. *Existence and the World of Freedom.* Englewood Cliffs, NJ: Prentice-Hall Inc., 1963.

Williams, J. Rodman. *Contemporary Existentialism and Christian Faith.* Englewood Cliffs, NJ: Prentice-Hall, Inc., 1965.

정재현(鄭載賢)

연세대학교 철학과, 문학사
Emory University 신과대학원, 철학적 신학, MTS
Emory University 일반대학원 종교학부, 종교철학, Ph.D.
성공회대학교 교수 역임
현재 연세대학교 연합신학대학원 종교철학 전공주임교수
　　　연세대학교 미래융합연구원 종교와사회연구소 소장
　　　연세대학교 신과대학 부설 한국기독교문화연구소 소장
　　　한국종교학회 종교철학분과위원장, 한국종교철학회 회장

저서
『티끌만도 못한 주제에』
『신학은 인간학이다』(한국학술진흥재단 지원 우수연구도서)
『자유가 너희를 진리하게 하리라』(문화체육관광부 선정 우수교양도서)
『망치로 신-학하기』(대한민국학술원 선정 우수학술도서)
『묻지마 믿음 그리고 물음』
『종교신학 강의』
『우상과 신앙』

역서
수하키, 마저리.『신성과 다양성』
알렌, 디오게네스『신학을 이해하기 위한 철학』
오메로드, 닐.『오늘의 신학과 신학자들』
토마스, 오웬.『요점조직신학』(공역)

공저
『언어철학연구』,『믿고 알고 알고 믿고』,『기독교의 즐거움』
『대화를 넘어 서로 배움으로』,『공공성의 윤리와 평화』
『나는 어떻게 죽을 것인가』